U0113800

我的曾祖

左宗棠

左景伊 著

中国文史出版社
CHINA CULTURAL AND HISTORICAL PRESS

图书在版编目（CIP）数据

我的曾祖左宗棠 / 左景伊著. — 北京：中国文史
出版社, 2019.8
ISBN 978-7-5205-1588-7

Ⅰ.①我… Ⅱ.①左… Ⅲ.①左宗棠（1812-1885）
—传记 Ⅳ.①K827=52

中国版本图书馆CIP数据核字（2019）第264632号

责任编辑：梁玉梅

出版发行：	中国文史出版社	
社　　址：	北京市海淀区西八里庄69号院　　邮编：100142	
电　　话：	010-81136606　81136602　81136603（发行部）	
传　　真：	010-81136655	
印　　装：	北京新华印刷有限公司	
经　　销：	全国新华书店	
开　　本：	16开	
印　　张：	27.25	
字　　数：	460千字	
版　　次：	2020年3月北京第1版	
印　　次：	2024年1月第3次印刷	
定　　价：	69.80元	

自 序

约在 10 年以前，我还不曾想起要为先曾祖父宗棠公写点什么，更不用说一本完整的传。那时我对他老人家的生平其实了解得不多。幼时在家中书房里，有一只书柜，存放一整套的《左文襄公全集》，但我从来没有去认真翻阅。原因很简单，那时既看不懂，也没有兴趣。从上小学、中学，一直到上大学，学校里课程繁重，应付考试还来不及，有点闲暇，宁愿去看小说、电影，上操场玩玩球，也不会埋头在故纸堆中。在大学里读的是理工科，及至工作之后，对文史方面的书籍涉猎更少。1939 年长沙大火，家中所有的文物书籍，包括这一套《左文襄公全集》，都付之一炬。因此长期以来，我所了解有关曾祖父的情况，只限于在历史教科书里极有限的材料和家中流传的一些故事。后来我也看过一些清末民初的笔记小说，其中有一些关于曾祖父的故事；还有三本专门写曾祖父的书，给我的印象比较深刻。有两本书我读过，还接触过其中一位作者；另一本未读过，但却与它的作者会见过。

一部是陈其田先生的英文著作：*Tso Tsung Tang, Pioneer of the Modern Dockyard and the Wollen Mill in China*（《中国现代造船厂和毛纺厂的开拓者》）。1936 年我就读于北平清华大学，那时在燕京大学任助教的表姐饶毓苏告知我，陈其田教授约我去谈谈。我如约去燕大经济系会见了陈先生，他告诉我正在写这本书，希望我能提供一些有关曾祖父的资料和照片等，我答应尽力去办。1937 年暑假回家，不想几天后抗日战争爆发，清华南迁，燕大留在北平，我和陈先生因此没有机会再接触。这本书据说1938 年在北平出版，我始终没有读过它，从书名看，当是写曾祖父办洋务的事。

1939—1940 年我在重庆上大学时，读到另一本英文著作，W. L. Bales 的 *Tso Tsung Tang, Soldier and Statesman of Old China*（《左宗棠，旧中国的军事家和政治家》）。书中详细内容现在已记不起来了，但印象一般，所叙述的事实大致早已知道，也收集了一些遗闻轶事，有些显然是不可靠的。这是最早的一本外国人写的曾祖父的传记。作者是一位美国军人，书中对曾祖父给予很高的评价；也难为他读了许多中国史料，包括一些野史，在当时就算是一本较详尽的曾祖父的传了。尽管这本传不能说有什么特色，但可表明曾祖父在外国人心目中是一位值得敬重的爱国英雄。

1949年上海解放前后，大姑父夏敬观告知我，有一位秦翰才先生是专门研究文襄公的，想来和我谈谈，我表示欢迎。一天，翰才先生到武进路我的寓所造访。他当年五十余岁，中小个子，戴副深度近视眼镜。他说正在写一部《左宗棠传》，希望我为他收集家中流传的逸事，并提供文物照片等。他还送了我两本他的著作：《左文襄公在西北》和《满宫残照记》。在我的印象中，他是位严肃而正直的学者，我们谈了约半小时，几乎没有见他露出笑容，只是全神贯注谈他对文襄公的研究——他的毕生的事业。我答应了他的要求。不久写了一篇曾祖父的逸事，大都是家中流传的故事。十余天后我到他的工作地点——靠近苏州河的一家银行，去拜访他，将写好的材料交给他，他默然地接受了。因为是在工作时间，没有多谈。以后我还想为他收集一些家中的文物照片，但不久我就离开上海去北京工作。那时工作既忙，运动又一个接着一个，和翰才先生就失去联系了。那次在上海苏州河畔是我们最后的一面。直到1983年底，才听说他已于1968年含冤去世。1986年岳麓书社出版了他的遗著《左宗棠逸事汇编》，我写的那几则逸事也在书中刊出了。

《左文襄公在西北》这部书，我当时翻阅过，但一直没有细读，因为后来多年从事自然科学研究工作，与文史距离较远；当时的环境也不鼓励人们去钻研封建时代的人物，即使是自己的先辈。直到最近几年，我才细读这本书，觉得它收集资料丰富，是迄今比较详尽、公允的一部书，也可以说是研究曾祖父的一本经典著作，可惜只限于叙述西北的事迹。

以后史学界的情况是大家都知道的，特别是到了史无前例的"文革"时期，封建时代的绝大多数有名人物都被批倒批臭了，更何况镇压过农民运动的曾祖父。造反派批判我说："你的家庭是最黑最黑！"我想，曾祖父收复新疆，为国家民族立下了不朽的功勋，而今落得这样个说法，心里不是滋味。虽然我坚信历史终会恢复本来面目，但却也不敢和造反派顶嘴。当时自然不会去埋头研究曾祖父的历史。

"四人帮"倒台后，特别是中央的拨乱反正政策实施以来，史学界出现了令人鼓舞的现象，对历史人物的评价逐渐恢复了实事求是、严肃认真的态度，在报刊上发表了一系列肯定曾祖父收复新疆的重大功绩，以及为办洋务恢复名誉的文章。我最早看到的是杜经国先生1978年发表在《光明日报》的论文，以后陆续有董蔡时、杨东梁、沈传经、耿士信、刘泱泱诸先生，以及《湖南师范大学学报》的"笔谈左宗棠"专辑等大量文章发表，作者大多采取了比较客观、公允的态度，虽然其中也有些论点，主要是对曾祖父早期活动的评价，作者并不能苟同。80 年代初期，国家副主席王震公开发表了几次谈话，充分肯定了曾祖父收复新疆为中国人民立下的功劳。王老当时是中央政治局委员兼国务院副总理，他的谈话极有分量，这对于历史学界拨乱反正产生了重大的影响。

1983 年夏天，我遇到了一件麻烦事，是与曾祖父有关的大事，也是他老人家死后遇到的不幸。我收到在长沙家人的来信，曾祖父在杨梅河的墓被盗了。据说是在"文革"末期的 1974 年，盗墓之风盛行。一位农民认为曾祖父是清朝大官，墓中必有宝藏，因此掘开了墓，打开棺木，发现曾祖父遗体未腐，面目栩栩如生，但宝物却没有。盗墓者一气之下，就将他老人家遗体抛弃在墓旁，恨恨而去。后来有好心的老农民黄大爹挖了一口浅坑，将遗体放入，用浮土掩埋好。当时不要说远在外地的我，就是在长沙的家人也不知道这个情况。直到 1989 年之后，也还是这位好心的人辗转告知了长沙的家人，我们这才知道。作为后人，听到这样的事，我们都很痛心，也很发愁。修墓要花一笔钱，我们的财力都不充裕，但还可以设法筹募。更重要的是，曾祖父是一位历史人物，社会上还有争议，"文革"的阴影并未完全消除，如果不得到政府的同意，私人修墓恐怕也有困难。在无可奈何之下，我想到求助于王震将军，就贸然写了一封信给王老，希望他能给以帮助，其实也是姑且试试看的意思。

不到一个星期，8 月 23 日晚 8 时许，王老派了一位何参谋来接我，到了西城区他的寓所。他见了我第一句话就是："我刚从青岛回来，看到你的信，找你来谈谈，晚了一点了。"我听了很感动，他老人家这么忙，这么快就约见我，已经大出我的意料，他还这么谦和，也真叫我这个后辈不敢当了。他的第二句话也是开门见山，说："左公的墓我会通知国务院转告湖南地方办理，你不用操心了。"我放了一大条心。

这晚我们就不用谈修墓的事。他对曾祖父收复新疆的事迹很感兴趣，对史学界近来开展的重新评价曾祖父的业绩给予重视，说：

"史学界最近做了一件有意义的工作，对令曾祖做出了正确、客观的评价，这对海内外影响都很大。左宗棠在帝国主义瓜分中国的历史情况下，力排投降派的非议，毅然率部西征，收复新疆，符合中华民族的长远利益，是爱国主义的表现，是值得我们后人发扬的。"

那晚他谈兴很浓，谈到曾祖父的功绩和对洋务派的评价，又谈到左公柳，兴致勃勃地吟诵了"新栽杨柳三千里，引得春风度玉关"那首有名的歌颂左公柳的诗；还殷殷询问左公后代的情况。这些情况在我后来发表的那篇访问记中都已有详细记载，这里就不赘述。

直到晚 11 时许，我们的谈话才结束，临别前他赠给我一套他亲自签名批阅的《左文襄公年谱》（共 4 册），是台湾商务印书馆出版的。大陆已多年没有印售过这本书。他还谆谆嘱我，今后多研究曾祖父的事迹。

从王老赠书以后，我这才开始用心研读有关曾祖父的史料，除了《年谱》外，还较细心地涉猎有关的专著和报刊文章。由于王老曾嘱我找一找《左文襄公在西北》的作者秦翰才先生，显然他对这本书和作者很有好感。我已多年没有和秦翰才先生联系，因此征得王老同意，写一篇访问记，提一提这件事，估计会得到回应的。不久我将写好的文章寄给王老，王老做了些修改，并且将题目改为《左宗棠的爱国主义精神在历史上闪光》。这篇文章在《光明日报》发表后，获得了意料不到的热烈反应。各地报刊和文摘报，以及港澳报纸大都迅速做了转载或介绍。我还收到许多读者来信，他们对王老肯定曾祖父为祖国做出的贡献和爱国主义精神，几乎一致赞扬他的远见卓识。海外亲友也迅速看到了这篇文章或它的摘要，他们对王老所说的话都十分感奋："要尊重历史，对历史人物要恢复其历史的本来面目。凡是对国家民族有功的人，都应该给予他以应有的历史地位。"他们认为，从王老的谈话中可以看出，中国共产党是尊重历史、尊重历史有功人物、尊重传统文化的。王老的谈话对海内外人士和统战工作都产生了积极的影响。

其后几年间，国内学术界兴起了一股"左宗棠研究"的热潮。《左宗棠年谱》《左文襄公全集》《左文襄公在西北》《逸事汇编》和几本有分量的评传和研究论文集等都陆续出版。1984 年和 1985 年还分别在苏州和长沙举行了两次"左宗棠学术讨论会"，收到了百余篇论文，《人民日报》和《光明日报》都分别做了报道。特别是 1985 年 11 月在长沙的那次会议，由湖南社会科学院、湖南师范大学、湖南省哲学社会科学学会等联合主办，同时也是纪念曾祖父逝世 100 周年和长沙曾祖父墓修复落成。王震副主席于会议闭幕之日赶到长沙，第二日接见了大会主持人和左氏后裔中的几位代表。王老听取了大会的汇报，并指示说："左宗棠为中华民族立了大功，有功就是有功嘛！评价历史人物，账不要算得太细，搞得太烦琐，有些事可以求大同、存小异，发扬百家争鸣的精神。"

我开始较认真地研读有关曾祖父的历史，是在王老赠书之后，当时并没有要写点什么的想法。后来应《湖南师大学报》和长沙"左宗棠学术讨论会"之约，写过一篇短文和一篇较长的文章，又亲自参加了长沙的会议，听到许多代表的发言。几年来还读到许多报刊文章和几本新出的评传和专著，因而萌生了为他老人家写一部较详尽、完整、客观，更为符合史实的传记的意图。写《左宗棠传》的目的有下列几个：

（一）曾祖父的一生纵贯19世纪20年代到80年代。从青年时起，经历了鸦片战争、英法联军（第二次鸦片战争）、太平军、捻军、回民起义和收复新疆的战争，直到1885年病逝于中法战争前线的福州。中国近代史中一些重大事件，他都参与而且是主角。当时中国正处在内忧外患交织，特别是西方列强侵略、压迫、瓜分的危局，帝国主义与中华民族的矛盾是当时最主要的矛盾。曾祖父一生中与英、俄、法等帝国主义以及国内投降派进行了坚持不懈的斗争，收复了沦陷于英俄走狗安集延匪帮13年之久的新疆，为国家和民族建立了不朽的功勋。为曾祖父战斗的一生写一部翔实、详尽、公正、客观的传，将是一件有意义的工作。现在海内外还缺乏这样一部优秀的传，如果能写成功，它将是一部富有教育意义和现实意义的爱国主义教材、一部简明的中国近代史。对于培养和发扬人们的爱国主义和民族团结精神将是十分有益的。

（二）通过阅读大量曾祖父本人的著作以及同时代和后代人有关他的生平的介绍和评论，我感到虽然近年来史学界做了大量拨乱反正的工作，对若干问题重新给予了公正的评价，对曾祖父收复新疆的功劳和抗击英、俄、法帝国主义的爱国主义行动和思想，给予了肯定和赞扬，正如王震副主席所说，是史学界做的一件有意义的工作。但是由于多年来"极左"思潮的影响，许多问题并不是一下子都可以搞清的，偏见也不是立时可以消除的，它对于社会的影响更非几次学术讨论会就能解决，因此我感到有必要运用历史唯物主义的观点和方法，客观地、实事求是地写一本曾祖父的传记，还历史以本来面目。这可能有助于澄清近代史中存在的一些重大问题。有关曾祖父的一些史实，特别是某些流传广泛、众说纷纭的问题，如他在太平军革命早期和晚期的思想转变，他和胡林翼、曾国藩结成湘军核心（联盟）的意图和后果，他和洪秀全会见之谜，他和曾国藩交恶的内幕等，书中阐述了作者经过仔细研究后提出的见解和推断。所有书中的论点，包括作者自己的和引自众多史家评家的，自然不免会在读者中引起不同的反应。我想，即使引起一些争议，百家争鸣，对于推动近代史的研究，也将是有益的。

（三）我自幼在家中常听到长辈和兄姊们谈到曾祖父的趣闻轶事，有若干在外未曾流传，对于了解曾祖父的生平也是可贵的史料。还有，关于曾祖父的身后、子孙和亲友的情况，一位伟人的后代是如何生活和逐渐凋零的，等等，也可能会使人们感兴趣，也有借鉴的意义。所以，想以"传"的形式，将这些珍贵的"史料"都记录下来，否则就会流失了。

1991年初，我开始着手《左宗棠传》的准备工作，草拟了提纲，分了章节，广泛搜阅了有关书籍文章，准备工作花了半年，原计划写十六七万字，20余章。从1991年7月开始写，写下来却打不住，许多重要的内容不能割弃。约一年后完成了初稿，已有了较大的扩充。又经过几个月的修改补充，今年6月14日全稿完成，共70章，约40万字。完稿的那天，我十分高兴，总算了却了一桩心愿。

曾祖父是于民族国家有大功的历史人物，多年来却又议论纷纭，成为一位有争议的人物。写他老人家传的目的，是还历史以本来面目。因此，虽然一般文学传记允许有合理的想象，甚至一些虚构的情节；即使是严格的史传，也未必每件事、每句话都有可靠的根据。我写这本传虽然也以文学传记的形式来写，但严格地尊重事实，力求客观地、实事求是地反映历史事件和人物。所有重要史实，以及传主和同时代人的活动和言行，都根据可靠的史料，不做任何虚构。书中所记曾祖父和同时代人的谈话、通信和活动，都分别引自他们的书信、家书、诗文、奏稿、批札、日记、年谱，以及《清史稿》和其他可靠的史料。谈话、书信和奏稿等一般都照录原文，遇到比较生涩的文言文，则改译成白话，以便于读者阅读。书中还引用了当时的新闻报道和大量近现代人著作中的材料，以及一些政治家、史学家和舆论界（包括西方）的有关评论，如严复、章太炎、孙中山、毛泽东、王震、包尔汉、埃德加·斯诺和许多史学家的精辟论点。本书在叙述中，尽可能罗列事实，和传主及同时人的言行，少摆或不摆观点，让事实本身做出结论。在众多的史家评论中，既有赞扬，也有批评指责，书中都如实反映。作者本着一个正直的史学工作者的原则，不为尊者讳，不为亲者讳，相信众多的读者都能和作者一样，会从事实得出的结论中，对比分析各家的评论，得出自己的观点。

读者如有兴趣查阅原文，可从附录的书目中查找。史实以及当时人物的言论和活动可以按照时间从年谱、书信、奏稿等史料中查出。各家评论一部分可从评家专著中找到，没有列专著的众多评家，则可从列出的几种研究、讨论论文集，以及《笔谈左宗棠》《左宗棠逸事汇编》等书中找到他们的原文，只有一些零星散见的资料，未在参考书目中一一列出。

在引用的众多资料中，有几本书值得特别提一提。一本是罗正钧的《左文襄公年谱》（光绪二十三年刊，即1897年，以下简称《年谱》），这本书收集资料较丰富，对曾祖父的生平事迹、家庭教养、师友渊源、理想抱负、思想人格，以及抗击英、俄、法帝国主义侵略、收复新疆战役等方面，都有较完整的叙述。有些是第一手材料，基本上客观、公正、翔实，这样一部按年月日编排的史料，可作为写《左宗棠传》的基础和提纲。当然，清代人的著作不可能要求它具有现代人的观点，还需要大量的删节和增补。不过《年谱》作者具有实事求是的态度，选材既慎重，又大胆，也有远见，很是难得。例如在太平军初起义时，曾祖父曾抱着中立的态度，隐遁深山，多次谢绝清政府的邀请；又如太平军入山寻索曾祖父，《年谱》都秉笔直书，这些在当时对谱主是不利的，而近代史家却又几乎从不提及这类有关曾祖父早期政治思想动态的重大事件。又如《年谱》中详载了曾祖父与李鸿章塞海防之争、与沈葆桢借洋款之争、与郭嵩焘割地议和之争等，作者显然站在谱主一方，对方却都是赫赫有名的人物，特别是李鸿章当时还健在，而且正权倾朝野、炙手可热。《年谱》作者的目光和勇气是可敬佩的。《年谱》也有缺点，不仅在若干观点上，在史料上也有许多疏漏，如曾国藩和左宗棠失和是当时一件大事，《年谱》却只字不提。这可能是因作者碍于曾国藩和左宗棠两家情面，也许是他独具慧眼，已觉察出"曾国藩和左宗棠失和"不同于寻常的失和，可能还有内幕，也很难说。

秦翰才的《左文襄公在西北》也是一本史料丰富、观点正确的书，可惜内容主要只涉及曾祖父在西北的事业。他辑录的《左宗棠逸事汇编》提供了散见于清末民初各种书籍中的有关材料，虽名为"逸事"，但包含了大量的史料，如曾国藩、王闿运、翁同龢等的日记，陈其元、薛福成、欧阳兆熊等的笔记，曾纪泽的《中俄谈话录》等，都是可信的史料。当然，许多论文、专著和评传也提供了大量材料和有益的意见，这些都对写《左宗棠传》提供了帮助。在此谨向所有这些作者，已故的和健在的，致以诚挚的谢意。

本书中有一些家中流传的故事，大都是我听长辈和兄姊们所谈，或是亲身经历。至于外间流传的逸事，在清末民初的笔记小说中出现很多。本书只采用那些经过研究、选择确认基本正确的材料。有些即使是流传很广的故事，经过分析研究后，如发现疑窦很多，则概不采用，力求保存全书历史的真实性。举一二例如下：

曾祖父与曾国藩以联语互嘲，这个故事流传极广。我首次听到，是在上初中时听一位历史教员讲的，家中长辈们却从不曾提到这个故事。故事说：曾公与我曾祖父意见常有不合，有一次两人又争执起来，曾公出联云："季子敢云高？！与吾意见常相左。"曾祖父字季高，上联将他的姓字嵌入。曾祖父迅即对云："藩臣多误国，问尔经济有何曾？！"这副联语在多种笔记中都有记载，文字互有异同，如一种异文云："季子自命太高，隐不在野，仕不在朝，与我意见大相左。""藩臣以身许国，进未能战，退未能守，问君经济有何曾？"（蔡丕：《趣园记事》）

据各种笔记载，作联互嘲的时间是曾祖父未出山时，一种说法是曾祖父赴京应考，常到曾公府第访谒时的事。另一种说法是曾祖父任湖南幕府时事。前一种说法显然不确，因为曾祖父于道光十八年（1838年）前三次赴京应试，并未去曾府访谒曾公。曾公于道光十八年始中进士，并未当什么"藩臣"或武将，当时国内外均未发生战争，责备曾公是"进未能战，退未能守""误国"的"藩臣"，未免太荒唐无稽了。这一说法至少证明在时间和地点上是编造的。

曾祖父自咸丰十年率楚军进江西以后，就未再与曾公会面。以后他转战赣、浙、闽，曾公坐镇江南。天京攻克后，两人又因洪福瑱下落事而"失和"，极少互通音信。嗣后曾祖父又去西北，曾公由直隶转江宁，不久卒于两江总督任所。所以他们如有互嘲的事，一定是在曾祖父出山以前，第二说在时间上是说得过去的。

考曾祖父与曾公最后一次相聚，是在咸丰十年三四月间，他们与胡公林翼同会于宿山曾军大营，当时是曾祖父出山前夕，官樊构陷事件尚未了结，曾、胡两位有意拉他出来，加入镇压太平军的行列。据曾公日记，三人谈处极欢，经常谈到深夜，不外是商讨天下大势和如何对付太平军。这时正是曾、左、胡核心形成的时期，三人同德同心，曾、左两人在此时不可能互嘲。

再往前追溯，咸丰二年曾祖父在湖南巡抚张亮基幕中，始与曾公交往；咸丰四年在骆秉章幕中，与曾公过从密切，"无一日不见，无一事不商"。当时曾公已是在籍的侍郎，奉旨督办团练（即后来的湘军）。曾祖父并无官职，只是一幕客。他们之间意见有分歧，是不可免的，也是事实，但是不可能互相嘲讽以致谩骂。曾公上联还只是一般嘲讽，曾祖父的下联则太不客气了，那时曾公并没有做出什么"误国"的事，曾祖父更不至于骂他一窍不通，"问尔经济有何曾"就含有"一窍不通"的意思。曾公逝后，曾祖父挽联云："谋国之忠，知人之明，自愧不如元辅；同心若金，攻错若石，相期无负平生。"曾公生前对曾祖父也赞誉备至，如咸丰十一年曾公奏陈："左宗棠平日用兵，取势甚远，审机甚微。"同治元年与曾祖父书云："弟当危急之际，明知事不能行，每每不自持而陈说及之。胡润帅（林翼）昔年亦多不自持之时。独阁下向无此失，从未出决办不到之主意，未发强人以难之公牍，故知贤于弟远矣。"这哪里有一点"季子敢云高"的意思？可知他们两人相互敬重。互相嘲骂的联语显然是好事文人看到他们后来"失和"而编造出来的。联语显然对曾公有贬抑之意，正如曾公门生薛福成所谓当时人"往往右左而左曾"，并为此愤愤不平。对这一类流传虽广，似乎又饶有"风趣"，但却毫无佐证的"逸事"，本书一律不采用。

还有一类属于迷信的传说，也不采用，即使是在我家中流传的，如《年谱》开卷引四叔祖父孝同公《先考事略》云："将生之夕，祖妣梦有神人自空中止于庭，谓'牵牛星下降'，惊寤而府君生。空中忽有光如白昼，灯烛皆掩。"我自幼也听祖母谈过"文襄公是牵牛星下凡"。这当然是迷信、无稽之谈。在当时迷信盛行的封建时代，毫不足怪。妇女一般在临产前身体困乏，心情紧张，精神恍惚，产生幻觉，这也是可能的，但这是另一回事。曾祖父自然不是"牵牛星"下凡，因为根本就不存在什么"牵牛星"神。对这一类带迷信色彩的传说都不采用。

本书沿袭清代史料中采用的农历（阴历）月日，年岁用虚岁，路程用里（华里），重量用斤，换算成公里、公斤（千克）都很方便，只是由农历换成公历，要查一查万年历。

在书中对传主和其他同时代人如何称呼，是我考虑了许久的问题。我们这一辈在家中称曾祖父为老爷爷，与父辈或子侄辈谈及，则大家都称文襄公。如果书中用这两个称呼，文字会显得累赘，特别不仅是对曾祖父一人的称呼，同时代的许多重要人物，如陶文毅公澍、林文忠公则徐、胡文忠公林翼、曾文正公国藩、李文忠公鸿章等，都是我的长辈，大都有亲戚关系。照中国的旧礼法，对长辈不能称名，如书中都用文毅、文忠、文正公等称呼，必将影响行文的流畅，对读者而言将很不方便，全书的可读性会大大降低，写传的目的和预期效果都将受到损害。因此，我决定暂时站在家庭之外，以一个研究清末历史的中国人的身份，仿效史家的写法（如《清史稿》）来写这段历史。当然，不仅在称呼上，在写作态度上作者也必须站在家庭之外，以一个普通中国人的立场，客观、公正地来写这段历史，不仅不为文襄公讳，也不为几位文忠公和文正公等讳，就事论事，实事求是。只有这样，这本传才能成为有价值的书，才能为读者接受。

本书从开始写作直到出版，始终受到许多长辈、亲友和同事的鼓励、支持和帮助，首先要感谢已故国家副主席王震，是他的赠书和对我以及整个史学界的鼓励，使我从此产生写《左宗棠传》的动机。大姐姈如知道我准备写传后，以80余岁的高龄，在去世前几个月（1984年）用颤抖的手给我写了几页信，使我获得了一些极有价值的家中史料。表弟饶毓菁远在重庆，也热心给我寄来了他多年收藏的一批有关曾祖父事迹的剪报，报纸都已发黄，可见他珍藏之久。他们三位都已先后作古，不及看到本书，实在是十分遗憾的事！

在美国波士顿定居40余年的三姐敬如于1991年初回国探亲，在家中住了半年。她得知我正着手写《左宗棠传》，又看了我写的几章回忆录，就积极鼓励我将书写下去。后她又从美国来电话并写信给我，表示全力支持，对此我十分感激。在国内的四姐景福、六姐景玉、七姐景善也都纷纷表示支持。几位姐姐和在巴黎的达哥（景权），以及九妹景范、九妹夫梁赐龙等，还热心抄寄了一些有用的资料。十妹景成和十妹夫陆宗华为本书联系出版付出了辛勤的努力。我的研究生和同事刘幼平君帮助本书目录和书稿的整理打印，而且也提供了一些资料。我还得到了其他许多友人的帮助，这里不再一一列举，并致以衷心的感谢！

还要提一提内人袁俊华，40余年来她既承担了全部家务，过去又为我的几本著作（自然科学方面的）抄录、整理书稿，这本书稿也不例外，其中也凝聚着她的心血和汗水。

我希望，本书能提供给读者一些近代史知识，了解帝国主义侵华的真相，激发爱国主义的热忱。曾祖父在去世前看到国事凋敝、列强侵略未已，在遗疏中哀叹："遗恨平生，不能瞑目！"历史已经过去，现在国家已初步繁荣昌盛，各族人民亲密团结，曾祖父如地下有知，也当含笑瞑目了。

左景伊

1993 年 10 月 8 日于北京

再版序（代）

先父左景伊辞世已逾十三年。中国文史出版社慧眼识珠，出版他生前撰写的《左宗棠传》（更名为《我的曾祖左宗棠》），在此谨简记父亲生平，以为纪念。

父亲自幼聪颖好学，初中毕业时，他以湖南全省会考第二名的成绩考入长沙明德中学学习，1936 年，又以优异成绩考入北平清华大学化学系。1937 年抗日战争爆发，清华大学被迫南迁，父亲随学校先后转入长沙临时大学和湖南大学借读。1938 年学校继续向昆明南迁，成立了西南联大。当时国民政府为了尽快培养抗战急需的军工人才，决定从全国的大学中招收一批优秀的二、三年级学生进入重庆的中央兵工专门学校大学部，父亲毅然报考了该校应用化学系，准备以自己的学识报效国家，当时这批学生其后有不少成为新中国成立后尖端科研的栋梁之材。毕业后，他被分派到泸州国民政府二十三兵工厂任技术员，加入了抗日战争的行列。1944 年，考取国民政府兵工署公费留美学习资格，赴美国学习，1946 年学成归国，开始了自己钻研科学、报效祖国的艰辛历程。

新中国成立之初，父亲进入中央重工业部化工局工作，当时腐蚀与防护学科领域与其他许多学科一样，在国内尚是一片空白，他率先开垦了这块处女地。20 世纪 50 年代初编译出版了我国首部腐蚀科学著作，随后在沈阳化工研究院创建了我国第一个腐蚀研究室，主持召开了多次全国性腐蚀会议，在《人民日报》撰文介绍腐蚀科学，推动了我国该学科科研和教育工作。他带领研究室人员在国内率先研究开发了漆酚树脂、不透性石墨、酸洗缓蚀剂、化学镀镍、非金属衬里、阴极保护、阳极保护等多项当时在国际上也具有先进水平的技术，并在阴极保护、应力腐蚀破裂等领域开展了卓有成效的理论研究工作，在国内学术与工业界产生了重大影响。由于他的出色工作，50年代后期他被评为沈阳市先进工作者。他带领的研究室青年科研人员，其后大多数都成为国内化工、石化领域的知名防腐蚀专家。

"文革"中，父亲被打成反动技术权威，关在牛棚失去自由一年，其后又被下放农场劳动。尽管如此，1974年，在"文革"迫害尚未结束及科研条件非常有限的情况下，他还研究解决了当时兰化公司丁烷氧化脱氢攻关中遇到的材料在高温氯化氢气体中的腐蚀难题，得到相关部门的高度评价。

1978年，父亲调入北京化工学院。1979年，中国腐蚀与防护学会成立，他被选为学会首届副理事长。他带领数名教师在应力腐蚀及防护研究领域又获得了一批重要成果，先后发表论文90余篇，出版论著多部，编写的《腐蚀数据与选材手册》先后发行数万册。在理论研究方面，提出"腐蚀破裂三阶段理论"，证实裂缝内部的加速反应，专著《应力腐蚀破裂》受到同行专家的高度评价，关于应力腐蚀破裂方面的研究获得1988年国家教委科技进步一等奖和1993年国家教委科技进步二等奖，国际著名腐蚀权威、比利时教授Pourbaix曾给予很高的评价。1991年，父亲首批获得政府特殊津贴，后又获得原化工部颁发的"对化工事业做出突出贡献的优秀专家"荣誉称号。

对于晚清政治人物，曾有评论曰：曾国藩会做人，左宗棠会做事。父亲恰是继承了先祖的遗风，对国家和社会有着强烈的责任感，一生致力于科学技术研究，为人耿直，治学严谨，在学术研究中直言不讳，在科学面前有一种坚持不懈、追求真理的执着精神。他一生心系祖国，始终关注国家的社会和经济发展。他于1956年加入九三学社，曾任北京市、沈阳市、兰州市政协委员、常委和第六、七届全国政协委员，以强烈的爱国热忱，为国家与民生大计建言献策。曾受邀参加了1958年7月在北京召开的"民主党派中央扩大会议"，受到毛泽东、周恩来等国家领导人的接见。2001年，九三学社北京市委成立50周年，他当选为28名九三学社优秀社员之一。父亲一生的历程，可以说就是同时代许多爱国知识分子的缩影。

父亲自幼酷爱文学，曾以"孝若"等笔名在《论语》《宇宙风》等报刊发表诗文，青年时期翻译狄更斯小说《孤儿泪史》。晚年更是在从事专业工作之余，查阅了大量文史资料，本着科学严谨的态度，为先祖左宗棠撰写了《左宗棠传》，出版后受到读者好评，有史学家誉为"资料翔实，论证允惬""文采灿然，叹为观止"。但原版书因为发行量小，不少亲友后来索书而不得，父亲深以为憾。鸦片战争以后的一段时期，中国人民饱受了帝国主义者的侵略和压迫，先祖左文襄公为维护国家主权和领土完整做出了杰出的贡献，但坊间关于左文襄公的研究书籍还较少。今《我的曾祖左宗棠》由中国文史出版社重新出版发行，使更多的人能够通过不同的视角了解中国近代的一段重要历史，也是满足了父亲生前的愿望。

左禹

2019 年 10 月 10 日

目 录
CONTENTS

第一章 "燕颔封侯望予季"

童年和少年——家庭的宠儿——读书梧塘，"孤露贫寒"

19 世纪初叶，中华帝国的上空彤云密布，预示着暴风雨即将来临，两千多年的封建统治已临近末日。清王朝统治中国已有两百余年了，经过康乾盛世，到嘉庆皇帝当政时，政治腐败，贪官污吏横行，民不聊生。西方列强的兵舰已经逼近国门。中华民族已临近生死存亡的紧急关头了。

在湖南省湘阴县东乡，有一座村落名叫左家塅，因为村里聚居的人家大多姓左。左家的祖先在南宋时因避兵乱，由江西迁来，到此已有五六百年了。几百年来，也出了一些人物，如南宋时一位汤盘公中了进士，还当上两浙采访使；明代一位心南公当过知州，参与了名将熊廷弼的军事，等等。但究竟这些还是

湘阴县左家塅

不太著名的人物。大部分族众以务农为业，在左家塅这块不算肥沃的土地上辛辛苦苦地世代耕作。其中也有一些读书人家，有几亩薄田、几间房舍，出过几位秀才，但生活仍很清苦。这个村子和中国其他许多地方一样，外表上看去似乎很安静、满足，实际上多数人过着贫困的生活，潜伏着一触即发的危机。

嘉庆十七年（1812年）十月初六日晚上，这里有一户姓左的九口之家，一家人正兴奋又焦急地等待着家中第十个生命的降临。在那间宽敞的堂屋内，围坐在昏暗的油灯旁的是将诞生婴儿的祖父母、父亲和三个姐姐、两个哥哥。母亲余夫人不安地躺在隔壁卧室内，她今年已38岁，她所期待的将是她的最后一个孩子。祖父名人锦，字斐中，又号松野，是一位老秀才（国子监生），以前授徒为生，现在已年近八旬，只在家看看孙子。父亲名观澜，字晏臣，又号春航，也是秀才（县学廪生），因为家贫，祖先传下数十亩薄田，不足以供养九口之家，他终年在外开馆授徒。塾师的收入微薄，平时仅能维持温饱，遇到荒年，粮食就买不起了，余夫人只得用糠屑做饼给家人充饥。虽然是一户读书人家，过的却是最底层的生活。时间已不早，产房里还没有动静，于是各自安息。余夫人也困倦入睡。天将微明时，她恍恍惚惚，做了一个稀奇的梦，从梦中惊醒，一个男孩诞生了。全家欢天喜地，父亲和祖父商量后，给取名叫宗棠，字季高，因为在兄弟辈中是老三，也是最后一个孩子的意思。

婴儿的出生给全家带来了欢乐，但也增加了这个寒素的家庭的负担。母亲奶水不足，又雇不起奶妈，只好用米汁喂养。母亲亲自将米饭嚼成汤汁，这是很辛苦的事。然而婴儿喝米汁不能饱，又缺乏营养，就日夜啼哭。时间久了，肚皮和肚脐都突出来。以后长大了，仍然是腹大脐浅。余夫人每想起这一段往事，总不免伤心。

宗棠生下后，父亲还得外出授徒，就由母亲和祖父母照管。三岁时，祖母去世了。从四岁开始，随祖父松野公读书识字。家中有两间屋子，屋前有几株高高的梧桐树，还有一口池塘，取名为"梧塘书屋"。祖父就在这里教孙儿们读书。左宗棠很喜爱读书，也欢喜梧塘书屋。夏天来临的时候，梧桐树上长满了八角形的叶子，浓荫覆地，宗棠在屋内咿咿呀呀地念书，聆听屋前树上无休止的吱吱的蝉鸣声。散了学，他就和哥哥们拿着竹竿打树上的蝉儿。他还爱蹲在池塘边看鱼群在塘内游来游去。阳光和白云倒映在塘水上，引起了他的许多幻想。到了秋天，梧桐叶上结满了桐子，秋风过处，桐叶纷纷飘落，他就从桐叶上收取那些桐子。屋后有一座小山，山上长满了灌木和野花，他常爬上山去玩。

松野公发现这个小孙子特别颖悟。有一次，他带着宗棠上山，采了一大把毛栗子。松野公叫宗棠带回家，分赠给兄姊。宗棠将栗子均分成五份，送给三位姐姐和两位哥哥，却没有给自己留下一份。松野公非常欢喜，夸赞说："这个孩子从小就知道公平地分东西，又不自私，知道谦让，左家的门庭将来一定会靠他发扬光大的。"

左宗棠只随祖父读了一年书。次年，父亲带他到长沙。再一年，祖父去世了。祖父母都活到80岁，在当时算是高寿了。

去长沙的那年是嘉庆二十一年（1816年），春航公在长沙左氏宗祠内设馆授徒，并将全家从湘阴乡间迁来。左氏宗祠在贡院东街北侧，旧址即在现在的中山东路国货陈列馆东边，是松野公、春航公父子为族人创建的。进大门有一间供祭祀的堂屋，东侧是一个天井，后面有几间住室，是备族人来省城办事、应试等临时居住的，所以也叫"左氏试馆"。春航公租借了几间居室，辟一间书室作为授徒之用。那年，大哥宗棫（字伯敏）17岁，二哥宗植（字景乔）13岁，宗棠五岁。兄弟三人都跟着父亲读书。另外收了一些亲友介绍来的学生，都是些大孩子，像宗棠这样年龄的不多。

宗棠六岁开始读《论语》和《孟子》。他接受能力很强，每天早早就背诵完功课，于是蹦蹦跳跳地到各处玩耍，有时还遛到哥哥们身旁，听听父亲讲课。因为是父亲宠爱的幼子，哥哥和同学们都让他几分。春航公也不大管他。他在书馆里愈加得意扬扬，有一个和他同岁的同学，叫左世望（字叔豫），是长沙人，和他就大不一样了。世望字写得不好，春航公督责他很严，他整天伏案写字，目不旁视，战战兢兢，眼里还含着泪水。宗棠在一旁看着，很同情他。对他勤学苦练，也很佩服。世望后来文章写得很好，但是考试不得意，只做了一名训导小官，几十年后宗棠和他仍互通音信。

有一次，春航公教两个哥哥读一篇文章，其中有一句是："昔之勇士亡于二桃，今之廉士生于二李。"春航公问他们："二桃的典故出自什么地方？"哥哥们还没来得及回答，宗棠就在旁应声说："古诗《梁父吟》有这一句：'一朝被谗言，二桃杀三士。'"春航公很惊异，因为一般五六岁的小孩是回答不出这样的问题的。原来二位哥哥在平日朗读诗文时，宗棠在一旁听着，就记住了。春航公看出这个儿子颖悟过人。母亲余夫人也发觉这个小儿子与众不同，她曾和家人说："将来老三有封侯的希望。"对一个乡下孩子，母亲居然会想到将来他封侯，恐怕是过奢的希望了。40余年后，二哥宗植写了一首诗怀念远地的宗棠，诗中有一句是："燕颔封侯望予季。"① 又隔了十余年，是 60 余年后了，这一预言果然实现，可惜祖父母、父母亲和哥哥、姐姐都没有能等到这一天。

宗棠在 19 岁前，一直和哥哥跟随父亲读书。春航公对两个哥哥督责很严，他们读书都很勤奋，尤其是二哥宗植学习优异，12 岁就中了秀才。隔了三年，大哥宗棫也考中秀才。宗棠九岁开始学作制艺（八股文），也读些历史书。他很仰慕古代那些有成就、有节气的人物。他从小就自高自大，喜欢开玩笑、说大话，自认为天下事没有什么不可以办到的。十四五岁时，他作文熟练了，自以为八股文写得很好。他的笔下快捷，每当完成一篇文章，就自己夸耀一番，还拿给同学看。同学们看到他的稚态，也不和他争论，只是微笑不语。他后来回忆起这段生活，觉得很可笑，但也很有趣。

那时正值封建王朝末世，民生凋敝，社会动荡不安。各地常有会党闹事、农民起义等，此起彼伏，流言纷起。当他 10 岁时，长沙城中忽然传来一片离奇古怪的谣言，说是有一群纸人作怪，夜里乘人睡熟，将他们的辫发剪掉。湖南市井中喜欢传听谣言，有些传谣者还说得有声有色。据说纸人剪辫的谣言是从浙江传来的。

满人入关后，强迫汉族男子剪去四周头发，留下当中一绺辫子。那时有"留头不留发，留发不留头"之说，是民族间一种压迫歧视的手段。当时汉人曾为此反抗，做出牺牲。可是经过一二百年，留辫的习俗养成了，一旦失去辫子倒会惶惶然，见不得人，怕人当作怪物、异类。纸人剪辫的谣言其实带有反清的鼓动性，可能是各地会党制造出来的。

宗棠对这些谣言很怀疑。他半夜睡醒来，就摸摸脑袋，发现头发并未被剪去，知道不过是骗人的谣言，于是又安然入梦。早上来到街上，看到一群群家鸡在各处乱窜。原来有谣言说："家鸡已变邪怪，长了四个翅膀，五个爪子，咬人即死。"大家相诫不要接近它。鸡群于是一时猖獗起来。闹了将近一个月，谣言才渐渐平息。处于内地的古老封闭的长沙城，在社会大潮流的冲击下，也逐渐不安宁起来，这也是世局将大乱的前兆。

宗棠 11 岁时，族人议定要将左氏宗祠迁回湘阴原籍。买了一些木料，堆积在祠院中。祠院是宗棠日常游嬉的地方。他常到木堆中玩耍，爬上爬下。那天看到一棵大木，中间有一大孔。他对着这个黑黝黝的孔窥视了很久。那天晚上

_____

① 自注：是母亲的语意。

做了一个梦，梦中他探身到孔内，前进了几步，忽然别有天地，是一处有山有水、林木茂密、风景清幽的地方。他沿着山坡拾级而上，一路松竹交映，石径荦确。登到山顶，有一座古寺。他走进寺内，见是吕祖修炼之处。香炉内燃烧了半炷香。他取下香，然后循旧径下山，走到半路上惊醒了。这个奇梦他一直记着。40余年后他在杭州，一次游天竺、灵隐，恍惚是当日梦中所见。

他在12岁时，开始留意书法。最早接触到的一本字帖，是宗植从劳崇光（字辛楷，后来做过两广和云贵总督）处借来的北海《法华寺碑》。宗棠已懂些书法，爱玩不置。对同时先辈钱南园（讳沣）的书法也很佩服。许多年后，他回忆当时看南园先生的字是"皆平原（颜真卿）遗法"，画的马则"风鬃雾鬣，筋骨显露，笔力仿佛古篆，不敢逊视"。后来他自己的书法也很有名，在行隶之间，自成一体，偶尔作篆书，也有独到之处。

虽然家境寒素，他那一段少年时期的读书生活是很愉快的。但是不久家中发生了一连串不幸的事件。自祖父母相继去世后，道光三年（1823年）大哥宗棫也因病去世，只活了25岁。大哥的死，对父母是重大的打击。春航公从此对宗植和他的管教就不那么严峻了。余夫人多年来一直过着清苦的生活，养育了六个孩子，含辛茹苦，吃过糠，嚼过米汁，身体本来孱弱，宗棫的死，使她伤心万分，不久就恹恹成病。医生诊看后，说身子太虚，要用上好人参滋补。家中哪里有钱买参，春航公各处借贷，好不容易买了不到一两的参，但是于事无补，余夫人终于在道光七年（1827年）十月去世了。

春航公为筹办余夫人的殡葬费和生前的医药费，欠了几百两银子的债。靠他那坐馆的微薄收入，如何还得起？每到年关逼近，更是窘迫万分，于是只好将家中什物拿去典当，宗棠为此也常常上当铺。长沙当铺的柜台是有名的高，宗棠年少身矮，在柜台前要伸着头、跷着脚才能和柜台里面的掌柜、伙计打个照面，他家里又没有什么值钱的东西，掌柜很瞧不起这个穷少年，没有少给他白眼。

春航公辛苦了一生，还欠了一身债。他经受不了接连丧子、丧妻的痛苦，道光十年，即余夫人逝世后两年多，也在长沙病逝。他和余夫人都只活了53岁。景乔兄弟将父母合葬在长沙城北史家坡，这时姐姐们都已出嫁，一个美满的十口之家，就只剩下兄弟二人，还有一位寡嫂，领养了一个孤侄。嫂子的生活最困难，兄弟一商量，就将祖遗的48石谷田全部送给嫂嫂。宗植、宗棠兄弟二人从此相依为命。他们不仅无田无产，而且还继承了一笔债，这笔债直到几年以后才还清。

兄弟二人感情极好，但性格却不相同。宗植文字优长，处世谨慎小心；宗棠则才华横溢，性格豪迈，对一切事都有自己的看法。因为生活所迫，宗植常年寄食在外，谋一个小差使糊口。他到过邵阳、新化、武昌、北京等地。宗棠年纪还小，先在长沙城南书院内学习，领取些膏火费（助学金）维持生活。以后也到各地授徒。兄弟二人年终回家相聚，互相看看一年来的诗文著作，谈谈古今大事和学术问题，非常愉快。两人的见解不同，又常常争论不已。宗棠虽然比哥哥小九岁，但争论起来毫不相让。嫂嫂于是为他们调停，给每人温一盅酒，二人喝罢酒，又心平气和了。壮年以后宗棠外出，宗植在家乡，许多年不见面。宗棠常常回忆起少年时这些趣事。

第二章 "万里江山眼底横"

贺氏兄弟的知遇——"一见推为国士"

　　春航公去世的那年，有一位有名的学者回到了长沙，他是江苏布政使贺长龄（字耦耕），因母亲去世回籍。清朝规矩，父母亲去世，做官的给假一年，回原籍居丧，名为"丁忧"。贺长龄是《皇朝经世文编》的主编，这本书收集了清初至当时有关"经世致用"（实用性）的文章，如地理、水利、军事、农业、海事（海外各国情况）等，在当时有很大的影响。左宗棠早几年就已经注意地理、军事等实用的学问了，对贺长龄仰慕已久，因此去向他求教。

　　贺长龄也很喜欢这个年轻人。长龄藏书很多，无论什么书，他都愿借给宗棠。有些书藏在楼上，他不顾上了年纪，总是亲自上楼替宗棠取书，爬上爬下，不辞辛苦。宗棠每次还书给他，他还一定要问宗棠有些什么收获，认真和宗棠讨论一番。虽然年龄和地位相差悬殊，但他待宗棠既像待学生那样循循善诱，又如朋友间互相切磋，对宗棠频频来借书丝毫也不厌烦。宗棠喜欢读书，但没有钱买书，跟随贺长龄读了不少书，而且也跟他学到许多东西。长龄是嘉庆、道光两朝名臣，道德学问为世所重。他为什么这样器重一个十几岁的少年呢？原来他和宗棠交谈几次之后，发现他年纪虽轻，见识却极不平凡，便推重他为"国士"。贺长龄对左宗棠说："方今天下真正的人才十分缺乏，以后千万不要急急忙忙找一个小官职就当，这样会屈限你的成就。要耐心些等待，干那些能发挥你的才能的事业！"后来左宗棠常记着贺长龄这句话，他多年隐居在农村，以耕读为生并自娱，没有去干那些卑琐的小官职，也谢绝过许多次友人的邀请。

　　贺长龄居丧一年后，回原任去了。他离长沙后，一直没有忘记这位杰出的年轻朋友。六年后他当了贵州巡抚，曾几次写信邀请左宗棠去贵州和他共事。因为知道宗棠家贫，说要用重金礼聘。那时左宗棠已接受在陶澍家中教其孤子之约，因而辞谢了他的邀请。

贺长龄离长沙后，他的弟弟贺熙龄（字光甫，号庶龙）仍留在长沙。贺熙龄也是一位有名的学者。他原任湖北学政，也因丁忧在家，长沙城南书院就请他主持讲席。城南书院是长沙三大书院之一，很有些名气。宗棠由长龄介绍进去。他一是慕熙龄的名去读书，另外也是为了得到一点膏火费，以维持生活。除了春航公外，贺熙龄就是左宗棠一生中唯一的一位老师了。熙龄教学生的方针与一般人不同，他不重视八股文，和哥哥长龄一样，注重"经世致用"的实学。他用汉宋以来实学家的著作教学生，这正符合宗棠的志趣。

贺熙龄也和长龄一样，特别看重左宗棠。后来他在一篇题赞宗棠祖父松野公画像的文章《左斐中像赞》中，还提到他这个得意学生，说："左季高少年时就跟我学习，我看他卓然能自立，问他学习又确然有所得，考察他的行为言语，则循循然有规矩，不敢有所放逸。我当时就觉得他很不同于众。"宗棠也十分敬爱这位老师，他自称从学10年，实际上他只从读了一年。贺熙龄在长沙住了九年，左宗棠经常不在长沙，但他常和老师通信，既讨论学习，也谈论国家大事，有什么学习上的成就，必向熙龄汇报。遇有牢骚苦闷，也向老师宣泄。十年如一日，二人之间感情深厚，既是师生，又如朋友一般。

左宗棠在城南书院时，还结识了一些朋友和同学，如罗泽南（字仲岳，号罗山）、丁叙忠（字仲伦，号秩臣）、邓显鹤（字湘皋）、邹叔绩（名汉勋）等，都是志同道合之士。他们都不注重八股文和辞章利禄，而专讲求实用之学。如罗泽南，当时就很有些名气，以后又成为湘军著名将领。

道光十九年（1839年）秋天，贺熙龄准备回北京。他的朋友和学生共10人会集在长沙城南，饮酒话别。在座的除左宗棠、邓显鹤、罗研生、邹汉勋等人外，左宗植也来了。有一位汤山人蟆是位画家，即席画了一幅《城南饯别图》，大家都题了诗，罗研生和左宗植还给画和诗作了序。可惜画和诗没有流传下来。宗棠和罗研生一直送贺熙龄到湘江岸边，看着老师乘坐的小舟顺流而下，孤帆远影，消失于碧空尽头。他二人又横渡湘江，爬到岳麓山顶，夕阳在山，飞鸟乱鸣，唯见湘水悠悠远去，他们留恋不已。下山回到舟中后，二人既兴奋，又思念，一直热烈谈论贺熙龄的道德、学问和今后行止等。宗棠后来写信告诉贺熙龄说：那天晚上他们兴奋得一夜没有入睡。

贺熙龄到汉口后，转而沿长江东下，准备到南京转大运河北上。当他乘船到达九江时，当夜月明如昼，他想起在城南书院的往事和几天前湘江岸边送行的情景，他特别思念自己最得意的学生左宗棠，就写一首《舟中怀左季高诗》：

六朝花月毫端扫，万里江山眼底横。
开口能谈天下事，读书深抱古人情。

贺长龄誉左宗棠为"国士"，贺熙龄在诗中也这样称誉他，只是表达得更生动些。他在诗中加注说："季高近弃词章，为有用之学，谈天下形势，了如指掌。"宗棠读到诗后，十分感动。他后来向女婿陶桄说："我早年言大志大，对当时名公时贤都看不上。庶龙师以诗赞誉我，我觉得过分了。但是现在回忆起来，老师对我期望之殷，这种感情确实是很不寻常的。"

贺熙龄于次年到京，道光二十年（1840年）二月外放山东道监察御史，六月又转至四川道监察御史。九月间，因眼睛有毛病，身体也不好，请假回长沙，仍在城南书院主讲。这年发生了一件震撼中国朝野的大事：鸦片战争爆发。接着林则徐被罢免、遭戍。道光二十一年英军占据香港，进犯浙江。次年进犯南京，清朝廷和英帝国主义者签订了屈辱的《江宁条约》（即《南京条约》）。左宗棠那时正在安化乡间任教，他接连写信给贺熙龄，一方面因乡居闭塞，想从贺熙龄那里打听些消息，一方面也发泄自己对时局的不满，痛骂当政者的无耻，还提出几项抗英的建议。贺熙龄和林则徐、左宗棠都是一路人、爱国者。但贺熙龄只是一个学者，告退的官员，无权无势，于时局无能为力。眼看着外敌欺凌，国势颓危，也只有彼此发发牢骚而已。

道光二十六年十月贺熙龄逝世，享年58岁。去世之前还有一段佳话。那年八月宗棠的长子孝威出生。熙龄知道了，非常高兴，说："这孩子该做我的女婿。"他去世后，同学罗研生等告知宗棠：老师遗命不可却。从此贺熙龄和左宗棠由师生关系又变为亲家了。当时左宗棠并不是知名人物，不过一个穷教师而已。贺长龄、贺熙龄兄弟对一个年轻的穷书生的知遇，不仅当年令宗棠感动万分，即使百载而后，也足令人怀念不已。

贺熙龄死后，左宗棠写了一副挽联：

宋儒学，汉人文，落落几知心，公自有书遗后世；

鼎祖增吉读至人手经公知找…鉋手之曰
乃靴古贤志建功立業…遭隙时会
而能详也家乡彭榜英嚴为…城南
現肆萊去後隽有十二人揭偃如…为以
辛免无遍御里棂亊自甞为…但綜先
生兰至之人知三至五至为师六…骐龠人之椽
會耳寂麓指頃坦齋篱…以为筆修

贺熙龄手迹

定王台, 贾傅井, 行行重回首, 我从何处哭先生!

定王台在长沙城东, 贺长龄的住宅即在附近。宗棠常和友人刘蓉 (字孟容, 号霞仙)、李续宜 (字克让, 号希庵)、王鑫 (字璞山) 等在定王台会晤长龄、熙龄兄弟, 就学请业。贾傅井在城南书院附近, 宗棠每经过这些古迹, 行行重回首, 物是人非, 感伤不已。

第三章 "身无半亩，心忧天下"

与诒端夫人结婚——幸福而又潦倒，"庑下栖迟赘客惭"

春航公去世前为左宗棠订了一门亲事，对方是湘潭周家。道光十二年（1832 年）左宗植和左宗棠一同参加乡试，试后尚未发榜，宗植就带着弟弟来到湘潭，为他完婚。周家是有钱人家，宗棠是穷书生，他就招赘在周家。

周夫人名诒端，字筠心，和宗棠同年生。自古称"女子无才便是德"，一般家庭都不让女儿受教育，但诒端夫人读了很多书，又会作文写诗。原来她家学渊源，父亲衡在先生已去世。母亲王太夫人自幼能诗，婚后和衡在先生夫唱妇随。她的居室取名为"慈云阁"，后来她的诗汇集成册，名为《慈云阁诗抄》。周夫人有一个妹妹，名诒蘩，字茹馨，也会作诗。姊妹二人自幼都由王太夫人教读。周夫人不仅能诗，而且性情贤淑，婚后伉俪情深。左宗棠因为贫穷，招赘岳家，在当时，对一个男子来说是件羞耻的事，因为表明他还不能自立，养不活妻子。在宗棠是无可奈何的事，而诒端和王太夫人丝毫也不轻视他。

婚后不久，乡试发榜，宗棠中了举人。这又是一件大喜事。举人地位比秀才高了不少，在地方上就有点名气了，而且还可希望中进士。这年冬天，宗棠进京会试，那时结婚刚几个月。周夫人一面积极为他治行装，鼓励他上京，盼望高中，一方面也难舍难分。不想宗棠离家不久，不知从什么地方传来了谣言，说他半路上得了病，而且病得很重。这话原瞒着周夫人，不知怎么偏偏又给她听到了一些。她一着急，倒真的得了病了。中医说是肝气上犯。后来宗棠回家，虽然名落孙山，身体倒是好好的。然而周夫人肝气的毛病一直没有好。她本来体质不强，以后健康状况就更差了。

尽管周家不嫌弃这位穷女婿，可是长期依靠岳家，白吃白住，总不是件体面的事。何况左宗棠又是刚直高傲的人。隔了一年，他就向周家租了几间房子，在周家桂在堂西院，总算是独立门户了。他的连襟张声玠（字奉兹，号玉夫）和茹馨夫人也租住周家西院，两家只隔一个院子。张声玠也是举人，考进士未中，和宗棠一般潦倒。他们二人为衣食所迫，终年谋食在外，到年底才回家度岁。那时他们就互相办点酒菜，在一起喝酒谈心。将一年来所作的诗文拿出来，互相评论，谈谈时事，发发牢骚，还说说笑话，每次都尽欢而散。这一段生活过得还很愉快。虽然穷愁潦倒，也算是黄连树下弹琴、苦中作乐吧！

　　左宗棠本来对八股文没有兴趣，两次会试未中，就更讲求实用的学问。道光十六年（1836 年）他住在周家西楼，专心研究地理。他计划根据古今书籍和手中有的几种地图，画出一幅全国地图，再画出分省、分府图，加以详细说明。另外又从今上溯到古，画出明、元、宋朝直至古代的地图。每次画好一张草图，就交给周夫人描绘，周夫人总是不厌其烦地协助他，经过年余，图画成了。后来宗棠在陶家教课时，看到新资料，又做了补充修改，可惜这些地图没有流传下来。

　　宗棠在书房内读书写字，周夫人点一炉香，煮一壶茶，在一旁正襟危坐，拿一册史书默读。宗棠经常和她讨论历史，遇到有些不清楚的地方，需要查书时，周夫人就随手从书架上捡出第几函第几卷。十之八九，要找的答案就在那里。

　　在这几年间，宗棠曾三次去北京参加会试。当时交通不方便，去一次来往得好几个月。道光十七年（1837 年）他去醴陵渌江书院任山长，三年后又到安

渌江书院近影

化陶家任教，时间就更长，前后约九年。他和周夫人相聚时间不多，只在岁暮回家。平日做客孤单，十分思念家人。周夫人也同样想念宗棠。她特地送一个枕头给他，亲手绣一幅"渔村夕照图"在枕套上面：一叶轻舟，系在绿杨树下，远山笼翠，碧水含烟。还绣上她写的一首诗：

> 小网轻舠系绿烟，潇湘暮景个中传；
> 君如乡梦依稀候，应喜家山在眼前。

左宗棠常年作客他乡，每当孤枕寒衾、难眠之际，乡愁缭绕，枕在夫人亲绣的图画上，默念起这首美丽多情的诗，自然心中宽慰许多。周夫人独居在周氏西楼，也真是"西楼望月几回圆"了。

左宗棠在 25 岁时，一贫如洗，会试又连连失意，但他仍满怀壮志，写了一副对联挂在书房内：

> 身无半亩，心忧天下；
> 读破万卷，神交古人。

这首对联道出了他自幼就爱国家、爱人民，并愿为之奋斗终生的心愿。这也正是中国历代知识分子的可贵的信念："天下兴亡，匹夫有责。"这首对联当时就流传很广，后来的革命家也常引用"身无半亩，心忧天下"的话。两年后贺熙龄寄赠他的诗："六朝花月毫端扫，万里江山眼底横。"与这副对联的意思如出一辙。宗棠自己也很欣赏这副对联。30 年后他已做了大官，又重写这副联语，交给儿子挂在家中书室内。他还说："三十年前我写下这副对联勉励自己，至今还常想起。虽然现在成就不大，德薄能鲜。过去所说，不免有些夸张，自己也感觉惭愧。但是我想，年轻人应该有高大的志趣，这是没有错的。"

道光二十年（1840 年）他 29 岁，已有了四个女儿，但为了生活，仍然终年奔波在外。那年开始到安化小淹陶家坐馆。生日前夕，他写了《二十九岁自题小像》八首诗，其中第一和第六首云：

其一

犹作儿童句读师，平生至此乍堪思。

学之为利何所有？壮不如人他可知。

蚕已过眠应作茧，鹊虽绕树未依枝。

回头廿九年间事，零落而今又一时。

其六

九年寄眷住湘潭，庑下栖迟赘客惭。

娇女七龄初学字，稚桑千本乍堪蚕。

不嫌薄笨妻能逸，随分齑盐婢尚谙。

赌史敲诗多乐事，昭山何日共茅庵？

　　和他同辈的人，有的考中进士、点了翰林，飞黄腾达。他三试不第，仍是一个乡村教师，穷愁潦倒。赘居在岳家，的确是令人羞惭的。但他想起远在湘潭的贤惠的妻子和可爱的女儿，还是感到生活的幸福，他在诗末自注云："素爱昭山烟月之胜，拟买十笏地，它日挈孥老焉。"这个微小的志愿后来也没有办到。

　　周夫人读了他的诗后，写了一首诗和他：

　　　　轩轩眉宇孤霞举，矫矫精神海鹤翔。

　　　　蠖屈几曾舒素志，凤鸣应欲起朝阳。

　　　　清时贤俊无遗逸，此日溪山好退藏。

　　　　树艺养蚕皆远略，从来王道重农桑。

　　她见他牢骚太多，安慰他暂时退藏。农桑之事自有乐趣，也是远略，人才总会有出头之日的。

　　周夫人不仅会作抒情小诗，也熟读历史，还写了几十篇咏史诗，评论古代人物，从秦始皇直到明代的张居正。她遗留下来的诗有130多首，收在诗集《饰性斋遗稿》内。可是她体弱多病，婚后一年生了长女孝瑜（字慎娟），感到十分劳累。她结婚时带来了一个陪嫁侍女，姓张，因家中贫困，自幼就典卖给周家，一直陪伴着周夫人。周夫人仁慈宽厚，从不以婢仆待她，二人感情如同姊妹。周夫人第二年又生了次女孝琪（字静斋）。孝琪患了小儿麻痹症。周夫人以为自己不宜再多生孩子了，就劝宗棠收下这位侍女为妾。

　　周夫人的母亲王太夫人据说善于"人鉴"，即俗话说的会看相识人。宗棠贫穷的时候，是王太夫人看中了他，认为是非凡人才，所以富家收了穷女婿。侍女陪嫁也是她的意思。她认为女儿将来子息艰难，这个侍女体格健壮，倒可能多生儿子。当时的社会普遍希望多生男孩。宗棠在妻子和岳母的劝告下，纳下了侍女为妾，这就是后来的张夫人。当时家中称她为"姨"，多年后改称"老姨"。直到30余年后，周夫人去世，才扶正为夫人。

从前周夫人操劳家务，十分辛苦，张夫人嫁后，就将家中柴米油盐、浣洗、缝纫所有家务都一手揽过来，让周夫人能多休息。第二年（道光十七年）周夫人又生了一个女儿孝琛（字少华），张夫人早一个月也生了一个女儿孝琳（字湘娵）。又隔了九年，周夫人才生下第一个男孩孝威（字子重），这也是她的最后一个孩子。隔了八个月。已经是次年（道光二十七年）了，张夫人也生了一个男孩孝宽（字子厚）。周夫人体弱，没有奶水，两个男孩都由张夫人哺乳。每次她都先将孝威喂饱了，然后再喂孝宽。张夫人以后又生了孝勋（字子建）、孝同（字子异）两个儿子，真是应验了王太夫人的人鉴。张夫人始终敬重、奉侍周夫人，周夫人也始终爱护这位老实贤惠的妹妹。她们的感情保持了一生。

第四章 "迢遥旅路三千，我原过客"

科举道上的坎坷——三试礼部不第

在封建社会中，等级森严，贫富悬殊。上层的王侯将相、达官富商、土豪劣霸，过着骄奢淫逸、纸醉金迷的生活；在社会的底层，是广大农民和市井小民，也包括为数不少的"低级"知识分子——所谓"寒士"。这些人终日辛勤劳动，衣食不周；遇到荒年，只能吃糠、咽草、逃荒，以致饿死道旁。底层人要想改善生活，就需往上爬。统治者给他们准备了一条途径，就是通过科举做官。所以一般家庭望子成龙，对子弟从小就延师课读；即使是穷苦人家，只要有可能，也想方设法让儿子识字读书，将来如能考中科举，就可能得个一官半职，其中少数人也能飞黄腾达，真所谓："十年窗下无人问，一举成名天下知。"

清代的考试制度分为三级：第一级是府县考，考取了称为秀才，未考上的称为童生，因为考生大多是十几岁的小孩。但如果上了年纪还未考上，也仍称为童生。《儒林外史》中的范进，50多岁了，也还是个童生。秀才是最低级的科名，但比童生地位又高得多，在村里谋一名教席是很容易的。但秀才不是官，在社会上还是被人瞧不起，常有"酸秀才"之称。

第二级称为乡试，每三年一次，由全省秀才去省城赶考，取中了称为举人。乡试在秋天举行，所以也称"秋闱"。举人的地位比秀才高多了，虽仍不是官，但在地方上可以当个乡绅，出头露面，也可出任教谕、训导、山长等教育方面的工作。更重要的是作为跳板，可以去京师参加三年一度的会试。

会试在春天举行，也称"春闱"，会试取中了，称为进士，这是知识分子的最高荣誉。进士还要参加殿试，是皇帝亲自选门生，考定名额。第一甲第一名就是众所熟知的状元了。中了进士，就可以顺顺当当做官。一部分优秀的选人翰林院，称为翰林，这是最高"学术职称"。一般的进士至少也可外任知县。虽然是起码的地方官，但也有实惠。俗话说："三年清知府，十万雪花银。"一个寒儒当上官，就可夫荣妻贵，显亲扬名，发财致富。

当然，也有许多知识分子深受儒家传统的优良教导，应考不是为升官发财，而是为施展一身抱负，"穷则独善其身，达则兼济天下"。在历史上由科举成名的人，世有许多好官、学者、文人等。科举只是一块敲门砖。

清代科举内容是沿袭明代，主要考八股文。八股文又称制艺或时文，是一种特殊格式的文章。要写成四段，每段又分为二小段，因此称为八股。题目是由考官随意从"四书"中选取一句，例如左宗棠考过的题："大德不逾闲"是一题，"言必信，行必果"又是一题段。考生得根据古人的意思发挥成文，所以又称为"代圣贤立言"。考生必须熟读"四书五经"，否则连题目都看不懂。这种文章毫无意义，是显而易见的。几百年来，集中国内千百万聪明才智之士，日日夜夜，都花在背诵几千年前的几本古书上，绞尽脑汁，写一篇摇头摆脑的八股文，是何等的浪费！当时的一些有识之士，如陶澍、龚自珍、魏源、林则徐和贺长龄、贺熙龄兄弟等，虽然自己也是从科举出身，有进士的荣誉头衔，但他们却反对八股文，提倡实用的学问。他们倡导向西方学习，在列强的炮舰压力下，"师夷长技以制夷"。但当时这还只是一股新兴的思潮。广大知识分子除了科举一途外，还没有别的出路。他们依然苦读"四书五经"，以博取进身之阶。

左宗棠的父祖辈都是知识分子，他们也希望通过科举获取功名，摆脱困境。但是命途多舛，几代都只考中秀才。春航公在儿子们幼小时，就教他们读"四书"，左宗棠8岁学作八股文，15岁参加童子试，16岁参加长沙府试。这两次都是考秀才的甄别试。知府张锡谦很欣赏他的文章，准备取作冠军，后来因照顾一位老年考生，就将左宗棠取为第二名，知府还当面奖励了一番。接着还有最后一次院试，由学政亲临主持，考取了就为秀才。不料宗棠母亲恰于此时去世，他回家奔丧，没能参加院试，因而这次没有取得秀才资格。

两年后（道光九年）他在居丧期间，从书肆买到两本书：一本是顾炎武的《郡国利病书》，另一本是顾祖禹的《读史方舆纪要》。顾炎武是清初著名学者，他曾首倡经世致用之学。《读史方舆纪要》是一部地理书，除记载山川形势外，也叙述一些古今战史和战守机宜。左宗棠以前接触的不过是"四书五经"和典范八股文等，得到这两本书，如获至宝，早晚研读，还加以评论。他既首肯顾氏书"所载山川险要，战守机宜，了如指掌"，又指评他"考据颇多疏略，议论也有欠妥之处"。除了《郡国利病书》外，他还购到了齐召南（字次风，乾隆时人，地学家）的《水道提纲》等书，对有用的材料都抄录在笔记本上。他还藏有一部《皇朝经世文篇》，这部书名义上是贺长龄主编，实际上是魏源（字默深）代他编辑的，全书密密麻麻都有他的批注。他的一些同学和亲友只知读八股文可以做官，见他读这种"无用"的书，都暗暗笑他。他有他自己的主张，人家笑他，他读得愈勤奋。两年后，他遇到贺长龄、贺熙龄兄弟，两位前辈也教导他研求有用之学，不要专重八股文。他又从贺长龄处借阅了许多实用书籍。他对"经世致用之学"越来越感兴趣，越来越觉得八股文无用。他后来说："八股越做得入格，人才越见得庸俗低下。"

尽管如此，他仍然读些八股文，参加科举考试。他认为："读书不是为科名，但没有科名就难以养活自己，因此为科名而读书，也是人之常情。"他仅仅把科名当作进身之阶和谋生之术。由于他花了很大的精力钻研实学，八股文就不会作得那么"入格"；兴趣在实学，八股文的味道可能就不那么正统，入不了一般试官们的眼。当然，也可能有些真才实学的人会赏识他。那时湖南巡抚吴荣光（号荷屋）在长沙办了一个"湘水校经堂"（在今湖南大学内），收取一些学生教以经学，还给些生活补贴。道光十一年，左宗棠正当父母去世不久，就进了校经堂。堂内经常举行考试，他一连得了七次第一，引起了吴荣光的注意。

第二年服丧期满，可以应考了。他还不是秀才，由于急切希望考中举人，可以谋取较好的工作，于是借钱捐了一个与秀才相当的监生，这样就可以直接应乡试。清代晚期，监生可以用钱买，但是举人、进士则不能买，必须通过考试。考试也很严格，试卷都密封，试官如收受贿赂，可能处以死刑。那年的湖南乡试正考官是徐法绩（字熙庵），副考官胡鉴（字藕湾），还有几位阅卷考官，称为同考官。宗植、宗棠兄弟均应考。宗植中了解元（第一名举人）。宗棠出考场后，抄了一份底稿送给老师贺熙龄。贺熙龄看后说："文章虽好，但是不合程式，恐怕没有考官会赏识。"果然，阅卷的同考官在左宗棠卷上批了"欠通顺"三字，他于是落选了。

说来也是幸运，这一科考试是为道光皇帝五十大寿特别开的"万寿恩科"，皇帝下诏各省试官在落选的"遗卷"中，再择优录取一些，以示恩典。那时副考官胡鉴在试院中病逝，徐法绩一人披阅了5000多份卷子，选中了六份，左宗棠的卷子居首位。按规定，试卷先要由同考官阅后推荐给考官，然后才能取中。同考官没有推荐的卷子，考官不再取阅。徐法绩就将宗棠这份卷子交请同考官补荐，而且要将原批语"欠通顺"改一改。不料那位同考官不同意，说："中不中是考官的事，荐不荐是我的事。你要中就中，批语我不能改。"徐法绩告诉他这是奉皇上谕旨办事，其他同考官一齐相劝，又将文卷给各位同考官传阅，大家看看经文卷不错，这才改了评语为"尚通顺"，取中了第18名。当时同考官和监考官都怀疑这份试卷是"温卷"（关系户），当密封打开，监考官吴荣光一看是在校经堂考七次第一的左宗棠，赶忙向徐法绩道贺，说他取得了真正人才。其他同考官也有些听说过左宗棠其人，于是群疑释然。兄弟二人同时中举，宗植还得了解元，这是左家从未有过的光彩。

第二年正月，兄弟齐赴京师会试，这是他们第一次去京师，不幸二人均落第。在京师时宗棠写了有名的《燕台杂感》七律八章：

其一

世事悠悠袖手看，谁将儒术策治安？
国无苛政资犹赖，民有饥心抚亦难。
天下军储劳圣虑，升平弦管集诸官。
青衫不解谈时务，漫卷诗书一浩叹。

其二

纪烈全金功亦巨，李悝策魏术非疏。
公孤自有匡时略，灾异仍来告籴书。
不惜输金筹拜爵，初闻宣檄问仓储。
庙堂衮衮群公在，休道功名重补苴。

其三

西域环兵不计年，当时立国重开边。
橐驼万里输官稻，沙碛千秋此石田。
置省尚烦它日策，兴屯宁费度支钱？
将军莫更纡愁眼，生计中原亦可怜。

其四

南海明珠望已虚，承安宝货近何如？

攘输齿俗同头会，消息西戎是尾闾。

邾小可无惩蚕毒，周兴还诵旅獒书。

试思表饵终何意，五岭关防未要疏。

其五

湘春门外水连天，朝发家书益惘然。

陆海只今怀禹迹，阡庐如此想尧年。

客金愁数长安米，归计应无负郭田。

更忆荆沅南北路，荒村四载断炊烟。

其六

青青柳色弄春晖，花满长安昼掩扉。

答策不堪宜落此，壮游虽美未如归。

故园芳草无来信，横海戈船有是非。

报国空惭书剑在，一时乡思入朝饥。

其七

已忍伶俜十年事，惊人独夜老雅声。

一家三处共明月，万里孤灯两弟兄。

北郭春晖悲草露，燕山昨日又清明。

宵深却立看牛斗，寥落谁知此际情？

其八

二十男儿剌促长，穷冬走马上燕台。

贾生空有乾坤泪，郑綮元非令仆才。

洛下衣冠人易老，西山猿鹤我重来。

清时台辅无遗策，可是关心独草莱？

在诗中抒发了对国事民生的悲叹，在朝衮衮诸公缺乏长治久安之策，在野小民炊烟长断，生计可怜。他亦哀叹自己身在草莱，人微力薄，报国无门。特别引人注意的是，在第三首诗中，他已看到西域问题的重要，提出了新疆置省和屯垦政策，还注意到西北给养和运输的困难。在嘉庆道光年间，已有一批学者注意研究新疆，如龚自珍（号定盦）、魏源、徐松（字星伯）等人。左宗棠曾研究他们的著作。他认为："道光朝讲经世之学者，推默深与定盦。实则龚博而不精，不若魏之切实而有条理。"龚自珍写了一篇《西域置行省议》，左宗棠不赞同他所拟郡县建置，但钦佩他的建省原则。左宗棠在京师还会见了徐松，徐松将自己有关新疆的著作，如《西域水道记》等赠给他。左宗棠那时只是一个22岁的青年，已经在筹划治理新疆，想不到50年后，他真的来到新疆治理。他给陶桄的信中说："五十年间志愿，到今尚行之不尽。"这表明他从少年起就对新疆有一番抱负，虽然后来也没有能完全实现。

他当时已看到天下将乱，在第四首诗中，已预见西方列强将为患于中国，警告必须加强国防。他的预言不幸而言中，七年后，就爆发了鸦片战争。

他在京师还拜会了一位大名人、他的老师的老师阮元（字伯元，号芸台）。他对这位一代宗师十分佩服，说他"博古通今，文教武功，早已震惊寰宇"。那年阮元已70岁。左宗棠以一少年后辈，聆听他的教诲，对他的言论风采，钦仰不已，印象深刻。直到左宗棠去世前一年，为阮元的题诗作跋时，还记下了这次会晤。

他还结识了一些朋友，其中一位是胡林翼，后来成了莫逆之交。他们的结识，对他一生的事业起了重大的影响。

春榜放后，他点检南归，行前给座师徐法绩写了一封信，说今后将要"讲求时务之所急"，主要研究"荒政及盐漕河诸务"。归来后，从此立志研究国家急需的实学。

三年后，他又赴京会试。这一次几乎取中了。或者说，已经中了，但又被刷下来。阅卷的同考官翰林温葆深，很欣赏左宗棠的卷子，极力推荐上去。主考官也很欣赏，说是"立言有体"，取中为第15名。当时进士名额各省都有一定的限额，后来一清查，湖南省多了一名，湖北少了一名，因此就将左宗棠名字取消，补上一名湖北人。虽然温葆深争取了一番，但没有成功。只将左宗棠取为"誊录"，意思是文章虽好，但名额已满，只好请屈就史馆当名抄写员，以后年资久了，还可补个知县，他29岁写诗说："聊欲弦歌甘小僻，谁能台省待回翔?！"就是指的这件事。他没有屈就誊录,他的师友如贺长龄早就告诫过他:"幸无苟且小就。"他的高傲的个性和非凡的才具使他也不会干这类工作。

他回湘经襄樊,正遇汉水盛涨,狮口堤溃裂,河水泛滥成灾,所乘的船在淹没的树木、村舍上航行,船工的篙插在屋脊上,飞驰而过。由樊城到长沙只用了13天,当时算很快了。

他回家后,就和周夫人共同绘制地图,研究地学和军事学。三年以后,他又参加了会试。这也是他最后的一次会试。他经过洞庭湖时,顺便游了洞庭君祠。洞庭君是传说掌管八百里洞庭的湖神。到汉口后,遇见同去考试的同乡欧阳兆熊(字晓岑)。欧阳兆熊比他大五岁,中举人却比他迟四年,然而欧阳兆熊后来中了进士。左宗棠得意扬扬地告诉欧阳兆熊,他作了一副《题洞庭君祠》的对联:

迢遥旅路三千,我原过客;
管领重湖八百,君亦书生!

兆熊听了很为惊讶,觉得联语"意态雄杰",口气好大,将来定是一位了不起的人物。他后来写了一本书,名《客窗春呓》,书中追述了这段往事。

这次会试又落第。左宗棠下定决心,以后不再参加科举考试了。他又注意起农业,开了试验田,写了农书,还准备做一辈子的农人。然而他以后又曾多次表示过要再参加会试,那是太平军起义后,他在幕府时期,是想以考试为借口,脱离幕府。最后一次,当他遭到官文、樊燮构陷时,毅然脱离湖南幕府,动身去北京会试,还真的到了襄樊。他说:这次也并不是真想考进士,只是为了躲避仇家的借口。但后来被胡林翼追了回来。从此,他再不提会试了。

这次会试虽未去成,但在北京却留下了一段笑话。那是咸丰十年(1860年),左宗棠的名气已很大,皇帝也点过他几次名。京师的考官们都互相告诫,"这次务必要取中左宗棠",因为考官都渴望收录真正的人才为自己的门生。后来看到一份卷子,文章"奇特雄伟",大家怀疑定是左宗棠的卷子,就取中了,发榜时原来是另一人,即湘潭的黎培敬(字开固,号简堂)。左宗棠这次根本没去京师。黎培敬也是一位人物,后来成为名太史,放了贵州学政,因为招抚苗民考生有功,又升任藩司和巡抚,他曾自题联云:

人若不自知，愿诸君勤攻我短；

弊去其太甚，与尔民率由旧章。

颇有些愿开展批评和自我批评的雅量。

左宗棠的科举道路是坎坷的，也可说命运不济。但是如果他果真中了进士，点上翰林，他的后半生可能又是另一番面目了。他自幼就不重视科举，这注定了所追求的是有价值的另一条生活道路。

第五章 "大江流日夜，翘首公归"

受陶澍激赏——"目为奇才，一见订交"

道光十七年（1837年）巡抚吴荣光邀请七次考第一的得意门生左宗棠，到醴陵渌江书院当山长。书院招收青少年和儿童，每人给少许膏火费。山长相当于现在的中小学校长兼主任教师，待遇菲薄。书院很穷，经常请不到教师。宗棠不在乎生活清苦，对教学抓得很紧，管理严格，他发给每个学生一本日记，命他们将所学功课随时记载。太阳落山后，将学院大门上锁，他亲自查阅功课，奖勤罚懒，对不用功和说假话的学生，就停发膏火费，用它奖给潜心苦读的人。学生进步很快。

他在书院那年，遇到了一位大人物——两江总督陶澍。陶澍字云汀，湖南安化人，嘉庆、道光两朝名臣。他在两江任上办理盐务、漕运、水利等，为地方做过许多好事。他手下有许多能人，如林则徐、贺长龄、贺熙龄、胡林翼等。林则徐任江苏布政使时，屡受陶的提拔，升任巡抚，陶还保荐林则徐之才可当两江总督。如果不是他的提拔，林则徐可能出不了头，近代史可能又是一番模样。所以单凭这点，陶澍也确是历史有功人物。那年陶澍到江西阅兵，顺便请假回原籍扫墓，道经醴陵，住在行馆中。他在休息时，看到厅中挂了几副对联，是知县为欢迎他而准备的，其中有一副联语是：

> 春殿语从容，廿载家山，印心室在；
> 大江流日夜，八州子弟，翘首公归。

印心石屋是陶澍年轻时随父亲读书的地方，在家乡小淹石门潭边。因为潭中有一块石头，矗立在巨流中，形状像一颗印章，陶家书室就取名为"印心石屋"。道光皇帝在召见陶澍时，听他谈起幼年读书的事，亲笔为他题写了"印心石屋"的匾，这是陶澍很引为荣幸的一段故事。他看了这副对联，很是赏识，就问是何人所撰。知县告诉他是渌江书院山长左宗棠写的。陶澍是爱才的人，就命请来见见。

知县赶紧去找左宗棠，通知他陶宫保请去会见。宗棠素性戆直、倨傲，从来不阿附权贵，奔竞干谒，他回答说："他做他的总督，我做我的山长，他想见我，他来看我好了。我又无求于他，为何要去见他？"知县劝了几次也无用，知道他的犟脾气，只得回去禀报陶澍。

陶公是极为宽厚的人，即改容亲往书院，二人虽然地位悬殊，一见却极为投机。第二天宗棠才到行馆回拜。陶澍和左宗棠纵论古今大事，谈到晚上，还留他在行馆住一宿。陶澍赏识左宗棠是位"奇才"，他得知宗棠次年将赴京会试，临别时再三嘱咐："会试毕，不论中与不中，务必绕道南京，来督署衙门盘桓几天。"陶澍对宗棠能不能考中进士并不在意。即使宗棠不中进士，依然是一位值得爱惜的人才。陶澍本来就是一位注重实学的人。

次年宗棠会试又落第，秋天回家时就绕道南京，拜会了陶澍。陶澍留他在总督署中住了几天。陶澍虽然公务很忙，但有暇就来看左宗棠，无所不谈。临别时，他提出要和宗棠结为姻亲，他的幼子桄（字少云）年方六岁，宗棠长女孝瑜五岁，二人年龄相当。当时陶澍是名倾天下的总督，又比宗棠年长很多，而宗棠是乡村塾师，落第举子，无论在年龄、资望、门第等方面都相差悬殊。宗棠认为"齐大非偶"，辞谢了陶公。陶澍说："季翁之言差矣，若论门第名位，你将来功业必在我之上。至于年龄，只要儿女相当就行了。"他还恳切地说："我已年老，将来幼子和家事都要托付于你。"宗棠还是推辞，因为在当时等级森严的社会中，门第悬殊的婚姻常会带来不愉快的后果。陶澍只得作罢。但是他的识人之明和打破旧俗、偏见的勇气，实在是少有的。

这次是左陶第二次会见，也是最后一次。虽然只会见两次，但交情之深，却古今罕有。第二年陶澍死于南京任所。家眷回到湖南家乡后，贺熙龄写信给左宗棠，要他去安化陶家教孤子陶桄读书。熙龄是陶的亲戚，又是宗棠的老师，宗棠于是遵命到安化小淹陶家坐馆，一去前后有八年之久。陶家藏书很多，还有清朝宪章和陶澍的奏疏、书信等。宗棠在教课之余，遍览了所有图书文献，对世事的了解、政治的得失，又有了很多的收获，对他后来的事业有很大的帮助。

30 余年后，他在新疆征途中，和人家谈起，在陶家看到过一件疏稿，那时就知道英国已和浩罕暗中勾结，不知何以朝廷诸公都没有注意到这样的重大事件？他办洋务、造枪炮时，又回忆说："在陶家曾看到一份档案，有个洋人名雷壬士，曾制造一枚水雷献给朝廷，那还是道光年间，不解何以后来仿制洋枪炮的人谁也不记得这件事了？"他认为这都是些极为重要的事。

陶府中有一大部头《图书集成》，左宗棠找到其中的《康熙舆图》和《乾隆内府舆图》，又继续钻研地理，将在周氏西楼绘制的地图加以考订修改。他从《图书集成》中看到有"英圭黎来朝"的记载，考证是康熙朝英吉利就曾派使节来过。可见他读书认真、细心，而且涉及的都是与军事、地理、外交等有关国家命运的学问。

陶家每年送他束脩金 200 两银子，他的经济状况比以前好得多。每到年底回湘潭周家，可以带点钱回去过年了。以后他做了督抚等大官，每年薪俸 2 万两银子，他仍只寄家中 200 两，作为一年用度。其余钱都捐散掉。他说："在陶家坐馆就只 200 两，省吃俭用足够了，断不能多寄。"

陶澍的寡妇孤儿带着一大笔家资回到穷乡僻壤的小淹，当地的本家和邻里以为他们可欺，都想来侵占财产。贺熙龄早看到这点。左宗棠到陶家后，贺熙龄和他、胡林翼一同商量，他们劝陶夫人取出一部分钱财，主动分送给族间和邻里中的穷苦人家。遇到有无赖来敲诈，就以诚意相待，能帮助的酌情帮助，非分的要求以理说服，严词拒绝。族人和邻居既受到陶家恩惠，又无隙可乘，以后一直能和善相处。贺熙龄和胡林翼偶尔来小淹看看。左宗棠不仅是陶家教师，主要是靠他的帮助，陶家得以平安无事。

道光二十七年（1847 年），宗棠在陶家教课已是第八个年头。那年第二子孝宽出生了，长女已 15 岁。陶桄也已 16 岁，在旧社会已是可以结婚的年龄。陶夫人命女婿王师璞和左宗棠说："是陶澍的遗命，愿两家结成秦晋之好。"贺熙龄也劝左宗棠不要再推辞。那时陶澍已去世多年，门第悬殊的问题消除了。左宗棠感念陶公的知遇，加之老师的敦促，就答应了这门亲事。距陶公初次提出已时隔九年了。

那年八月，孝瑜和陶桄完婚，次年陶家搬到长沙。宗棠也在长沙徽国朱文公祠设馆授徒，陶桄仍跟他学习，学生中还有制炮专家黄冕的三个儿子黄瑜、黄上达、黄济和益阳周振之（字华甫）的儿子开锡等。振之是位"名宦"，道光十八年宗棠在京会试时，曾住在他家。开锡（号受山）后来跟随宗棠西征。

几年以后，太平军起义，攻占了江南各地。曾国藩率领湘军东征，因为军饷缺乏，向各省募捐。湖南当道决定要有钱人家捐输。大家认为陶家当了二十几年的督抚，是个大户头，非捐巨款不行，左宗棠正在巡抚幕府，他就秉公办理，对陶家来一次清产核资，把陶家所有房产券等拿出来上交，核算结果，一共不到5万两银子。5万两银在当地算一个富户，但是督抚每年的正当收入就有二三万两，干了20余年，只积下这点钱，大家才知道陶澍真正是个清官！

几十年后，左宗棠也去世了，他留下的钱比陶澍还要少得多，当时的舆论对此感叹不已！

第六章　"和戎自昔非长算"

鸦片战争爆发——为抗英献策

道光二十年（1840 年）左宗棠正在小淹教书，发生了一件大事：中英鸦片战争爆发了。西方列强的炮声震惊了沉睡几千年的神州大地。中央之国的人民擦擦眼睛，昏昏然，惶惶不知所措。皇帝和王公大臣们更是惊恐万分。也有少数明智之士事先已预见到"夷祸之可虑"，曾做过一点介绍"夷情""夷务"的工作。而今听到炮声，知道他们担心的那一天终于到来了。左宗棠可算是后者之一，也是这些人中最年轻、默默无闻的一个。

道光皇帝和文武大臣被英国几条军舰吓慌了，派了一个昏庸卖国的大臣琦善去和英国人交涉，初步结果是，英方答应将军舰撤出天津，而清朝廷却将坚决禁烟的林则徐和邓廷桢扣上"误国病民"的罪名，撤职查办，后来又流放到新疆，由卖国投降的琦善去广州接任两广总督，继续与英国人办理交涉。

当林则徐在虎门销毁鸦片时，全国人民欢欣鼓舞。但后来林则徐被撤职拿问，大家的心都凉了，惶惶然也不知今后将是何结局。左宗棠在小淹听到广州禁烟、英军挑衅时，已预感到西方列强侵略。他对西方情况还不熟悉，就去详细查阅自汉唐以来有关外国的记载和历代对外交涉的书籍。好在陶家的藏书很多，他从文籍中了解到，英国当时是西方列强中最富强的国家，而且一贯四处掠夺，包藏祸心，为时已久，决不可轻视。但是，他认为只要全国上下一心，积极奋战，敌人是可以击退的。

后来他听到坚决抗战的林则徐被撤职，投降卖国的琦善反被重用，十分忧愤。接着又传来英军索取香港，并且攻占了沿海一些领土的消息，他感到事态严重。小淹是偏僻的乡村，消息闭塞。那时贺熙龄正从北京告假回长沙。贺熙龄也是一位爱国派，反对议和。长沙消息较灵通，他又与京师官员们有书信来往。因此左宗棠常写信给贺熙龄，请他将时局发展情况随时告知，他的一些牢骚和愤懑无处发泄，也就都向这位尊敬的老师倾诉，他还认真研究对付英军的战守机宜，写了六篇军事策略：

一、《料敌》。对敌人有全面、正确的了解：国力、军员、军械、运输、后备力量等。

二、《定策》。确定军事、外交策略。

三、《海屯》。沿海军舰、炮台、兵员等的配备。

四、《器械》。增强军舰、枪炮、弹药等力量。

五、《用间》。重视对敌人的情报、侦察工作，了解敌人虚实、动向。

六、《善后》。计划好战后事宜。

他还提出了一些具体的抗敌措施，如增设碉堡，简练兵卒，更造船炮等。并建议发动海上渔民、水勇，乘坐小艇，用木炮黑夜袭击英舰。他认为英军劳师远征，舰只、兵员不多，补给不足，只要严阵以待，是可以击退的。决不可屈膝投降。他以为他提的策略对战争有用，但却无处投诉，没有人会采纳他这样一个乡村穷教师的意见。他写信告知贺熙龄，贺熙龄很同情他。但自己是一个退休官员，也丝毫无能为力。

道光二十一年（1841年），局势更恶化了。琦善的投降政策彻底失败，英军占领了香港，又向广州进逼，清军节节败退。道光皇帝于是又仓皇将琦善革职拿问。左宗棠对投降派气恨极了，写信给贺熙龄说："琦善以奸谋误国，贻祸边疆，应当斩首军前。"他认为投降派的所作所为，长了敌人志气，灭了自己威风。从此西方人更蔑视中国，中国将士丧失了信心，以后东南海隅可能会长期遭受敌人的侵略了。他的判断不幸而言中。

他的友人黎光曙（后改名吉云）任御史，是一位敢说话的官，对英军入侵一直很关心，上过几次奏疏。他比左宗棠年长许多，但很器重宗棠，写信征求他的意见。宗棠说："当前要务是严惩那些主和、投降的人，也要追究那些作战失误的将领。不这样办，人心就不能振作，国威也从此不振。"他也知道，世局已如此糜烂，黎光曙也不过一名小官，人微言轻，朝廷哪能听得进去？

那年左宗棠正30岁，对国家前途忧心忡忡，写了四首《感事诗》发抒他的愤懑：

其一

爰水昏波尘大化，积时污俗企还淳。

兴周有诰拘朋饮，策汉元谋徙厝薪。

一怒永维天下祜，三年终靖鬼方人。

和戎自昔非长算，为尔豺狼不可驯。

其二

司马忧边白发生，岭南千里此长城。

英雄驾驭归神武，时事艰辛仗老成。

龙户舟横宵步水，虎关潮落晓归营。

书生岂有封侯想，为播天威佐太平。

其三

王土孰容营狡窟，岩疆何意失雄台。

痴儿盍亦看蛙怒，愚鬼翻看导虎来。

借剑愿先卿子贵，请缨长盼侍中才。

群公自有安攘略，漫说忧时到草莱。

其四

海邦形势略能言，巨浸浮天界汉蕃。

西舶远逾狮子国，南溟雄倚虎头门。

纵无墨守终凭险，况幸羊来自触藩。

欲效边筹裨庙略，一尊山馆共谁论？

  在第一首诗中，左宗棠明确摆出自己的观点："和戎自昔非长算，为尔豺狼不可驯。"对付掠夺成性的帝国主义侵略者，卑躬屈膝求和决不是可行的策略。

  第二首诗是赞抗英英雄林则徐、邓廷桢等。他们坚决抗敌，并不是为了"封侯"等私心杂念，而是为了爱国。"书生岂有封侯想，为播天威佐太平。"不仅是林则徐，一切爱国的知识分子在外敌入侵时，都应该团结起来，共同抗敌。

  第三、四首既叹奸佞之徒引狼入室，朝中衮衮诸公束手无策，又叹自己空有一番才略，报国无门。"一尊山馆共谁论？"一名乡村穷塾师，谁能听取你的意见呢？

时局不仅没有好转，不久英军舰又驶往浙江沿海，相继占领了镇海、宁波。左宗棠在山村中听到了这些消息，越发忧虑。他写信给贺熙龄说："国家就败坏在几个庸臣、奸佞之手。竟没有一个敢说话的人。时局坏到这样，真是古今未有！"他还抱希望于林则徐，认为只有林则徐复出，收拾局面，还能固守东南半壁。但他也慨叹："恐怕遯翁是出不来了。"他还说："天下没有不能办好的事，没有不能战胜的敌人，也不是缺乏会办事、能克敌制胜的人物。"无疑，他认为西方列强是可以战胜的，他也有雄心为国驰驱，求长治久安之策。但他也认识到："目前局势败坏到这样，要改变朝廷中昏庸腐朽的现状，一时是不可能的。"他只有慨叹"国家前途茫茫"，也渐渐由积极变为消极。

第二年（1842年），英国军舰由吴淞口沿长江长驱直入，开到南京城下。清朝廷在大炮口下与英国签订了丧权辱国的《南京条约》，割让香港，赔偿鸦片烟款，五口通商，承认领事裁判权和内河航行权等。鸦片战争是西方帝国主义侵略中国的第一战。实际上清军并没有认真作战，只是挨打。《南京条约》签订，从此我神州大好河山就陷入英、法、俄、日、德等西方列强包围、瓜分的局面。

左宗棠在小淹听到这一连串不幸的消息，既气愤又忧伤，他向贺熙龄说："时局到了这步田地，真梦想不到，古今所未有，纵有能人出来，也无能为力了。"他感到世事茫茫，前途黯淡，思想变得十分消沉，想找深山僻处，隐居下来。

鸦片战争中，左宗棠只是一个二十几岁的乡村教师，"身无半亩"的平民，但也是"心忧天下"的爱国者，怀着满腔报国热情，积极地为抵抗外国侵略出谋划策，几乎达到了狂热的程度。他难道没有考虑到他自己的卑微的地位吗？他恐怕是太不自量力了。但是，他的哲学是"尽其在我"，他是"知其不可而为之"，这是中国知识分子在儒教传统下的一项优良品德。当然，他的意见不会被采纳，他的善良的愿望不可能实现。于是，他想逃避这丑恶的现实。"苟全性命于乱世"，这是诸葛亮的哲学。但是时代已不同，要找一个桃花源已不可能了。诸葛亮终究会被请出来。这是时代的不幸，也是时代的大幸！

第七章　"长为农夫以没世"

柳庄的生活——"田水琮琤，别有一段乐意"

鸦片战争之后，左宗棠想"买山而隐"，但他是个"无产者"，祖传的几十亩薄田已送给了寡嫂。他在陶家坐馆，每年得到束脩200两银子，省吃俭用，直到道光二十三年（1843 年），手中有了些积蓄，于是在湘阴东乡柳家冲买了70 亩地。他自己设计、建造了一座小庄园。园内除了稻田外，还有坡地和水塘。他在屋门前题署了"柳庄"二字。他高兴地说："从此我才有个家了。"

第二年秋天，周夫人率领三个女儿从湘潭迁来。王太夫人疼爱女儿和外孙女，也带了孙女同来。左宗棠虽然仍在安化教书，但也经常回家，一家人热热闹闹。王太夫人从前教儿女读诗，现在又教孙儿女、外孙女读书。每天晚上，全家欢聚在一起。孩子们朗诵唐诗，一会儿是"春眠不觉晓，处处闻啼鸟"，隔会儿又是"床前明月光……""慈母手中线……"引起全家一阵阵的欢笑。念诗声和欢笑声一直传到大门外。

周夫人来柳庄后两年，孝威出生。那年正值久旱。左宗棠在安化教馆，八月的一天晚上，他做了一个梦。梦中雷电大作，似乎紧紧缠绕了他的身体，窗外大雨如注。醒来后很高兴，以为久旱该下雨了。几天后柳庄的信到，正是做梦的那天周夫人产下一男婴。因此宗棠给他取个号，名"霖生"。因为得子迟，夫妇二人都很钟爱。宗棠不常在家，周夫人亲自管教孝威。三岁就教识字。周夫人用薄木片削成一寸见方的字片，写上《千字文》，每天教孝威认几个字。她又找了一本旧书《养正图》讲解给他听。那是一本讲述历代好人好事的书，一边有文，一边有图。她对儿子很严格，坐立姿势不规矩，衣履不整洁，都要教导他改正。

周夫人自得了肝病后，一般都素食。家中省俭度日，平时也少吃鱼肉，只有逢年过节，祭祀祖先，或是来了客人，这才宰鸡杀鸭。初一、十五是"打牙祭"的日子，全家上下都有肉吃。这时总是烧一大锅厚厚肥肥、五花三层的"拳块肉"，加上青葱和调料，香喷喷、热腾腾的，这是孩子们最高兴的时候了。周夫人总是将肉先送给工人和仆妇们吃。平日她对仆妇们很慈爱体贴，仆妇患病时，她必去看望，并送药去。仆妇们和她感情很好，当她们辞工回家时，常常是含着一泡眼泪离开。周夫人对邻里中的贫苦残疾人，总想法周济他们一些，虽然自己也并不富有。

左宗棠是在农村长大的，自幼就在田头劳动，对农业既爱好也熟悉。会试三次失败后，就开始钻研农业，勤读古今农书，还亲自从事农业试验。在湘潭周家时，就种植桑树，养蚕、缫丝。周夫人也理解和支持他。她认为，民以食为天，宗棠重视农业，具有远见。他们写诗互相唱和，歌颂种桑、养蚕和从事农业的乐趣，周夫人诗说："树艺养蚕皆远略，从来王道重农桑。"周夫人最了解宗棠，当时局势昏暗，暂时退藏溪山。她安慰宗棠："书生报国心常在，未应渔樵了此生。"（《秋夜偶书寄外》）尽管农业十分重要，也有无穷乐趣，但国家处于内忧外患、危急存亡之际，左宗棠满腔爱国热情，他决不可能一辈子退隐深山的。

左宗棠那时大部分时间还在安化，每次回到柳庄，他就专心钻研农事，兴致勃勃，似乎忘了自己曾一再嗟叹的时事。柳庄虽小，总是自己占有的一块试验基地，除了水稻外，还种茶、桑、竹和其他树木，也养蚕、种菜、种花等。他雇用了少数有农业经验的长工师傅，农忙时还雇用短工帮忙。每次从安化回来，就和雇工一起下地，进行各项农业试验。每天早晚在田垄上巡视农作物生长情况，自己起了一个别号："湘上农人"。他准备在种桑、竹、蔬菜的经验成功后，推广到农民中去，让广大农民都获得利益。他的农桑业都很成功，茶园收入可以了清当年的农业税。湘阴现在盛产茶，就是他那时首倡和推广的。

在柳庄的生活，是他一生中从事农业活动比较集中和频繁的一段时期，他说，"少小从事陇亩"，"于农书探讨颇勤"，"于农事颇有所窥"。从农书上学到一些方法，作为理论指导；同时向老农学习，通过亲自种植来验证其效果，这是一种科学种田的方法。他自认在所钻研的学问中最优长的是农学，而不是地理、军事、政治等。他俨然以农学家自居，还批评当时的农学家与当时各类学者犯了同样的毛病："急于求成，目光短浅，自误误人。"他写信给同学罗研生说："近人著书，多选那些易于成名的空洞内容，有关实用者绝少。我近来读了不少新书，真正好书不过数种而已。可见学问之敝和人才之衰！我认为农事为人生第一要务。这方面的书又特别少。我早就想写一部农书，这也是人世间不可少的书。"早在道光十八年（1838年），他刚27岁时，就写过一篇《广区田图说》，极力推广古代分区种田的区田制，他认为有六善三便，可以节水、省肥、积水保墒、防虫害、省劳力、亩产高等。到柳庄后，他的农业经验更为丰富。道光二十五年（1845年），他写了一部《朴存阁农书》，"朴存"是他自己起的别号，书共十余卷，分门别类叙述各种农事。他去世后，这部残稿还存留在家中，以后几经变乱，已失散了。

柳庄是个美丽的地方，有山有水，左宗棠很爱柳庄，也从农业劳动中充分享受大自然的乐趣。他曾把这段田园生活描绘给贺仲肃（贺熙龄的儿子）听，他说："我每天和工人们忙忙碌碌，在田间劳动。看到秧苗茁壮地长出来，田水琮琤流过，鸟儿在枝头乱鸣，湿润的泥土里露出一片片新草。多么美好的景象！我真想邀请知心好友到柳庄来，一同领受这段乐趣呢。"

他在柳庄村前屋后种了十来棵梅树。每到冬尽春来，梅花盛开，一片红艳，幽香扑鼻，给寂寥的山村增添了无限生机。他从安化乘舟归来，风雪载途，看到村前梅花在寒风中怒放，妻女迎候门前，真正感受到天伦之乐了。后来他请友人杨季鸾（字紫卿）将梅花画下来，题了一首诗，诗中有句云：

> 柳庄一十二梅树，腊后春前花满枝。
>
> ……
>
> 大雪湘江归卧晚，幽怀定许山妻知。

他是想将柳庄经营成一个桃花源吧？这是不可能的。他当时的志趣是，一辈子做个农夫，后来曾向友人说："自戊戌（1838年）罢第归来，即拟长为农夫没世。"若干年后他还谈起柳庄这段往事，说："早年我爱好种田种菜，不愿做官，要求不高，容易满足，也不想外出经营活动。这样我才心安理得。"但是，他早年这个希望，后来因时局的迅速变化，终未能实现。

第八章 "男呻女吟四壁空"

在柳庄救灾——"吾不欲见一饿毙之人"

　　左宗棠和夫人在柳庄度过了短短的一段幸福生活，可是也有不尽如人意的事。那几年天气异常，年成不好，先是一连几年干旱，到了道光二十八年（1848年），又阴雨连绵，发生洪水。柳庄的田禾被淹没，家中储存的一点谷子也都发了芽。一家十二口人吃不饱。由于洪水泛滥，疾疫流行，家人全得了病。左宗棠这时又常上当铺去，家中稍值钱的东西都拿去典卖。回到家来，妻子儿女愁容满面，有的还躺在床上呻吟。他还苦中作乐，将杜甫的《同谷歌》念给周夫人听："此时与子同归来，男呻女吟四壁静。"还幽默地说："我想把'静'字改为'空'字，'男呻女吟四壁空'，这就更符合我们目前的景况了。"

　　这是他一生中最苦的一段经历。虽然全家饿病，四壁空空，但他仍出来为救灾奔跑，和同邑一些志同道合的人士找有钱的人劝捐，并在族里积谷备荒。第二年又发大水，他将积谷分济给左家塅族人和柳庄邻里。柳庄距湘江仅十里，是来往要道。灾民从洞庭湖和湘江沿岸纷纷逃来，往内地就食。扶老携幼，每天总有上千人经过柳庄，一路上饿死、病死的不少。左宗棠将仓中谷子全部拿出来，每天煮几大锅稀饭，施舍给过路饥民。他懂些医道，自己配了一个治时疫的药方，在家中熬制成丸药，免费给患病的灾民服用，救活了不少人。他和周、张夫人率同仆妇，亲自在柳庄门前照顾过往的灾民，分发食物和药品。那几年不是闹水灾，就是闹旱灾，他们全家经常节衣缩食，省下钱积些谷子备荒救灾。周夫人陪嫁的首饰也典卖光了。道光三十年，左宗棠在族中建立了"仁风团义仓"，他买了四百石谷捐入义仓，找了几位公正人士管理，他和周夫人又卖掉了家中许多物件，经他们惨淡经营，这个义仓维持了许多年，救活了不少人。

那时左宗棠还是一个"寒士"，主要靠教书的微薄束脩度日。但左家世代虽然贫寒，却有一个乐善好施、扶贫济困的传统美德。曾祖父逢圣公天性淳厚，对父母、祖父母都很孝顺。祖父患病时，他和父亲定师公朝夕侍奉。他还常到河边洗涤祖父的脏衣，一面洗涤，一面想起祖父的病情，泪流满面，乡人见了，都赞叹他的诚挚。他自己很穷，看到附近高华岭过往行人往往口渴难忍，得不到一口水喝，就在岭上摆一个茶摊，免费请路人喝茶。乾隆十七年闹灾荒，他将衣服典当，换了几个钱，还找了愿做好事的有钱人合伙，在袁家铺摆了个粥摊，施给过路灾民。逢圣公做这些好事，在当地是有名的。祖父松野公受了逢圣公的教诲，也乐善好施。他在族中修建义仓备荒，自己虽穷，首先捐出谷米，并劝族人捐献。后来遇到荒年，族人老少都有救济粮吃，没有饿死的。

左宗棠出生后，家境更贫困。但他家"七代秀才"，受儒家人道主义的教诲，遇到比他们更为贫困、亟待相助的人，总是想方设法，竭尽所能去帮助别人。在左宗棠青年时代，还有过这样几件事：道光十二年（1832年）他预备去京师参加会试，那时正寄居岳家，穷得拿不出旅费。周夫人将自己的陪嫁银百两给他。准备动身时，听到嫁给朱家的大姊寿清正陷于极端贫困之中，穷到了"揭不开锅盖"的境况，他于是毅然将这100两银转送给大姊，解救了燃眉之急，周夫人并不怪他。可是路费没有了，不能参加会试。幸好一些亲友知道了，纷纷凑点钱，才得以成行。

他那次会试落第，在北京盘桓了半年。友人送了他300两银子，于是起程回家。一天傍晚，他投宿在路旁一家小客店内。吃过晚饭后，正在房中休息，忽然听到隔壁的喧闹声音，就走过去看看。原来是来了四五个壮汉，围着一位穷苦的老太婆讨债，一面还大声责骂。老太婆哭哭啼啼，只要寻死。那些人闹了一阵，临走前恶狠狠地对老太婆说："你别想赖债，明天我们还要来的！"左宗棠等那些人走了，就询问老太太是怎么回事。那老太婆哭着说："欠了人家300两银子，还不起债，只有一死罢了！"宗棠用好言劝慰她："不要着急，明天我自会替你想法的。"第二天，那几个壮汉又来了，宗棠便过去和他们说："这位老太太还不起债，你们把她逼死，也于你们无益。我是一个过路旅客，于心不忍，想帮帮忙。但身边钱也不多。我愿意拿出200两银子代她还债。可是余下的数目，你们也不要再追究，否则我也不管了。"那几个壮汉想想不错，有这位好人代还债，多少能收回大部分欠款。否则逼死了人，一个钱收不回，还要吃官司。因此同意了。左宗棠请了地保来，拿出200两银子，叫大家具结。事情办好后，他动身回家。到家中时，身边已经不名一文。那时家中很穷困，周夫人想他在外多日，帮人写文章、教书等，多少能带点钱回来。不想始终不见他将钱拿出来，而且还一言不发。周夫人明白他的脾气，也不去问他，自己回到娘家借了点钱，敷衍充作家用，让全家过得高高兴兴。后来周夫人才知道这件事，她很高兴，向家人说："这是做好事呀！"宗棠一生慷慨，周夫人也是一个慷慨的人。她深信左宗棠，同情他的所作所为。

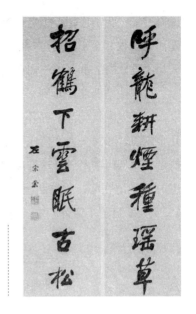

左宗棠手书

左宗棠后来做了大官，经济条件不同了，但依然过着俭朴的生活。薪俸的大部分都捐给灾民，或助捐军饷，帮助贫困的亲友和不相识的寒士等。史料上有过许多记载，如：同治八年（1869年）湖南发大水，他捐薪一万两。光绪三年（1877年）山西、河南大旱，陕西、甘肃也发生灾荒，他捐薪一万两，一些官员在他倡议之下，也纷纷捐款。同治三年（1864年）任浙江巡抚时，将一万两交公；后来兼任闽广总督，就将总督薪俸用来修理巡抚衙署。宁波海关送给他8000两银子，这是巡抚可以"名正言顺"地接受的官场陋规，他将这笔钱全部转给浙江赈局。光绪四年（1878年）兰州修理城垣，他命将所有修城费用都由他的薪俸支付。同治九年（1870年）他写信告知儿子，他不会拿出钱来给家中买田地，"此非所以爱子孙"。他当年的养廉金将捐助给兰州书院一万两，次年还要拿出一万两寄给湘阴赈灾。

他做官后屡屡捐款救灾，自以为区区何足道。对青年时的救灾活动，却有美好的回忆。一次他捐了一万两银子给湖南赈灾后，写信给儿子说："我现在每年养廉银有二万两，捐一点点钱，帮助乡里，这算什么呢！要是有人提起，你们就告诉他，这是不足道的事。回想道光二十八九年间，我和你母亲在柳庄散米散药，情景恍如昨日。那时我只是一个穷书生，人家赞我是行义举，那倒还说得过去。我常说，一个老百姓能救人一命，就是一项'功德'，因为他手中并无活人之权。至于高官厚禄者，本来就掌握了千百万人的命运，他能救活一些人，原是分内之事；还不知在他手中没有被救活的人有多少呢！"

后来他到西北，每到一处，首先就办理赈抚。他告诉孝威等说："自入关陇以来，首以赈抚为急。吾不欲今吾目中见一饿毙之人、吾耳中闻一饿毙之事。"几十年前，和周夫人在柳庄散米散药，看着一群群面黄肌瘦、衣不蔽体的灾民，扶老携幼从门前走过，这样凄惨的情景，始终不能忘记。自幼家中贫寒的情景，也时刻铭记在心，他告诉孝威说："吾家积代寒素，先世苦况，百纸不能详。"《二十九岁自题小像诗》中，有一首叙述当年苦况：

> 十数年来一鲜民，孤雏肠断是黄昏。
> 研田终岁营儿脯①，糠屑经时当夕飧②。
> 五鼎纵能隆墓祭，只鸡终不逮亲存。
> 乾坤忧痛何时毕，忍属儿孙咬菜根。

幼年的苦况，青年的经历，使左宗棠在一生中都对穷苦无告的人民抱有无限的同情。

---

① 父授徒长沙先后廿余年，非俪脯无从得食。
② 嘉庆十二年，吾乡大旱，母屑糠为饼食之，仅乃得活。后长姊为余言也，伤哉。

第九章 "是能读三坟五典，八索九丘"

湘江舟中夜话——与林则徐历史性的会见

道光二十九年（1849 年）的冬天，洞庭湖的洪水过去了，柳庄又恢复一片宁静。十一月的一个下午，左宗棠正和工人们在柳庄门前，一面沐着温暖的阳光，一面谈论明春的备耕情况。忽然看到远远尘埃起处，一骑快马从南方飞驰而来，一直抵达庄前。使者下马后问清了情况，将一封急件交给左宗棠，宗棠拆信看后，面露喜色，赶紧回到房中，告知周夫人，即刻收拾行装，要到长沙去一趟。周夫人料到有重要事情，但不知他何以如此兴奋。宗棠将信给周夫人看。原来是林则徐卸任云贵总督，告病回里，途经长沙，舟靠湘江岸边，特来信约左宗棠速去长沙一会。林则徐是左宗棠素所钦仰的伟人，能得到他的邀请，和他会面，确是没有想到的事，哪能不兴奋！林则徐是名倾中外的大臣，左宗棠只是草泽野夫。何以林则徐知道左宗棠，而且还遣专人远远来到山村中敦请他，约他会见呢？原来林则徐和左宗棠之间有一段曲折而有趣的渊源。

在鸦片战争中，林则徐以一个坚定的抗敌英雄和伟大的爱国者的形象，出现在全国人民面前，博得了普遍的钦敬。他后来的不幸遭遇又得到广大人民的同情。左宗棠早在青年时代就从贺长龄、贺熙龄兄弟和陶澍、胡林翼等口中听到林则徐的一些情况，后来在小淹陶家读到陶、林的书信来往，对林则徐的印象是一位有学问、有能力、有操守的官员和学者。在鸦片战争中，他更清楚地认识到林则徐的伟大人格和爱国主义精神。他对林则徐的佩服和崇敬之心无以复加。当林则徐点燃销毁鸦片的火焰时，他的心也沸腾起来。当林则徐被撤职遭戍时，他的热情立刻冰凉了。他虽然身在小淹乡下，但心却随着林则徐，远到了新疆充军的边荒。当林则徐遭戍归来，他的心也随着入关。他写信告诉胡林翼说："少穆宫保忽而到西北，忽而到东南，行程几万里，渡过大海，穿越沙漠，他是一个'罪人'，谁愿意跟着他游荡呢？但是，他哪能知道，还有一个山林枯槁之士、无官无职的穷书生，却心神依倚，一直追随在他的左右呢。"这番话流露出他对一位伟大的爱国者的衷心的倾服。

几年后，道光皇帝慑于舆论的压力，赦免了林则徐，并恢复了他的官职。道光二十八年（1848年），鸦片战争已过去六七年了，林则徐又当上了云贵总督。那时胡林翼任安顺知府，正好是林则徐的部下。他就将左宗棠推荐给林则徐，说左宗棠"有异才，品学为湘中士类第一"。林则徐忙要胡林翼去请左宗棠来云贵督署工作，但这年正逢左宗棠大嫂要为儿子世延完婚，另外左宗棠已接受陶家教课的聘约，因此回信婉辞，并表示未能跟随仰慕已久的林则徐左右，十分遗憾。如果左宗棠和林则徐能合作共事，不知又会做出怎样一番事业？

第二年林则徐因病告退还乡，从云南回福建原籍，经过湖南。那年冬天十一月二十一日（1850年1月3日）林则徐的官船到达长沙，停靠湘江岸边。湖南文武官员知道这个消息后，都纷纷来拜会这位名满天下的大臣。林则徐却想起了一个人。他即刻命从人到湘阴县柳庄专请左宗棠来长沙一会。当江岸上轿马纷纷攘攘之际，林则徐看到从人递上一张大红拜帖，上写"湖南举人左宗棠"，赶忙叫"快请"，同时吩咐对其他来客一概挡驾。他亲自到船头迎候。

左宗棠匆匆忙忙上船，走过跳板时，大概是因为心情紧张，一脚踏空，落入水中，从人赶忙扶起。进舟舱盥洗更衣后，两人就畅谈起来。天色已晚，林则徐命将官船乘着湘江乱流，驶到西岸岳麓山下一个僻静处停泊。舟中掌起灯，摆上酒，二人一面喝酒，一面纵谈天下古今大事，越谈越投机，一直谈了一夜，林则徐的两个儿子也在一旁侍听。左宗棠后来回忆当时美好的情景说："那天晚上，江面上的清风吹起一阵阵浪花，击打着柁楼，咯吱咯吱地响了一夜，它似是一曲美妙的伴奏，与谈话声互相响答。我们坐在船窗下，一直谈到东方发白，曙鼓频敲，才互相告别。"

这一幅"湘江夜话图"，一方是年逾花甲、名满天下，因为爱国而遭逢失败、挫折的退职总督，一方是年方37岁的落魄举人，因为爱国而满腔热情、满腹才华无处施展的"湘上农人"。他们为什么谈得如此投机呢？他们究竟谈了些什么呢？根据左宗棠后来的回忆，他们谈的内容很广泛，谈到了——

湘江夜话

天下大势：林则徐对付过英国侵略者，认为英、法尚不足畏，他的失败是由于朝廷的投降政策。俄罗斯将是今后中国的大敌！左宗棠一直注视着列强对东南沿海的侵略，但认为西北塞防与东南海防同样重要。应根据形势的发展，来确定重点的推移。他后来在西征中，深刻认识到俄罗斯对新疆的野心，同时也不忽略英、法、日在东南沿海的狡谋。

新疆建立行省：林则徐在遣戍新疆时，发现新疆是一片大好河山，但是建制不对。以前魏源和龚自珍就曾提出新疆建省之议。左宗棠在道光十三年23岁时，在其所作《燕台杂感》诗中，也考虑到了建省，所以二人的意见不谋而合。林则徐认为新疆是广沃之地，但是屯政不修、地利未尽，以致沃饶之地不能富强。如在南八城兴修水利，广种稻田，富饶将不减东南。他曾在吐鲁番伊拉里克及各城办理屯务，大兴水利，修建坎儿井（地下水道），可惜还未完成，就奉旨入关，殊为遗憾。左宗棠在《燕台杂感》诗中也已考虑到屯田的事。以后他在新疆大办屯垦，广植桑麻，提倡养蚕，还将江南蔬菜移植到西北。他所到之处，都大办水利。这些既是他年轻时的夙愿，也无疑继承了林则徐的遗志。

他们还臧否当今人物：林则徐告诉左宗棠，张亮基、胡林翼、黄惺斋是他任云贵总督时的左右手。他们对已故的陶澍和贺长龄都表示钦佩。

他们还对朝政腐败、吏治不修、人才凋敝都有相同的看法。他们讨论如何对付帝国主义的侵略，一致同意魏源的主张："师夷长技以制夷。"办洋务，造枪炮，造轮船，林则徐以前在广东就有意过，但没有办成。后来左宗棠在福州，创办了我国第一所现代化造船厂，在兰州设厂制造枪炮和织呢，完成了林则徐未竟之志。

林则徐将自己在新疆积累的全部资料送给左宗棠，包括地理、边防以及俄国的动态等。还对左宗棠说："我已老了，眼看着俄国虎视眈眈，终久会为西北边患。我虽有御俄的志愿，但是力不从心了。多年来留心人才，今后西定新疆，抗击俄人侵略，唯有寄希望于你了。"

临别前他写了一副对联赠给左宗棠：

> 此地有崇山峻岭，茂林修竹；
> 是能读三坟五典，八索九丘。

这副联语据说是乾隆时著名文人袁枚（字子才）为他的随园题写的，后因受人讥评，自己吹捧太过，就撤下了这副对联。林则徐用它赠给左宗棠，是见他对这位年轻人的赏识之深和期望之高。

这副对联与贺熙龄十年前赠左宗棠的诗："六朝花月毫端扫，万里江山眼底横。"表达的期许是相同的。在祖国数千年灿烂文化、大好锦绣山河中，人才辈出。有济世之才、通古今之变，欲挽狂澜于既倒者，今后责任既重大又艰巨啊！林则徐后来还多次向胡林翼等谈起这次会见，称赞左宗棠是"非凡之才""绝世奇才"。

这是左宗棠第一次会见林则徐，也是唯一的一次。这是一次历史性的会见，后来在左宗棠收复西北，经营新疆，抗击英、俄、法列强的事业中，产生了巨大的影响。

林则徐回到福建后，并没能休养多久。第二年（道光三十年）广西天地会起义，占领了几个县，声势浩大。清朝廷于是又起用林则徐为钦差大臣，前往广西镇压。当他刚到达广东潮州时，突然染病去世。他在临终前还不忘记左宗棠，命次子聪彝向咸丰皇帝代写遗折，折中一再推荐左宗棠为难得人才。隔了一个月（十月二十一日），左宗棠在长沙黄冕寓馆中，午夜听到噩耗，他和黄冕不禁相对失声痛哭。他写了一封充满激情的悼唁信给大公子镜枫，还写了一副传诵一时的挽联：

> 附公者不皆君子，间公者必是小人，忧国如家，二百余年遗直在；
> 庙堂倚之为长城，草野望之若时雨，出师未捷，八千里路大星颓。

在挽联中歌颂了林则徐的伟大，鞭挞了卖国求荣的小人。他叹息林则徐"出师未捷身先死"，并不单是指去广西的镇压使命，而是哀叹林则徐一生坎坷，竟以失败告终。

左宗棠后来封侯拜相，但他认为，与林则徐会见是他一生中"第一荣幸"。

第十章　太平军金田起义

隐居与出山——"静观时局变化"，初入湘幕

林则徐逝世后一个月，广西形势突变，战乱进一步发展。道光三十年十二月十日（1851年1月11日），由洪秀全、杨秀清等领导的农民军，经过长期准备，在桂平金田村起义，太平军发展迅猛，如火燎原，顷刻震动了中国大地。

湖南和广西比邻，很快就得到了金田起义的消息。左宗棠早就预料天下将大乱，如今果然风雨来了，战祸迫在眉睫，他需要为个人、家庭以及邻里考虑应付的对策。他对形势进行了分析研究，经过周密考虑，做出了初步打算：先隐居起来。

他对太平军起义的最初的、直观的反应，是世俗的和传统的观点，与多数知识分子和中等阶层相同，反对内战，厌恶暴乱，愿意过太平日子。在几千年的封建统治下，造反即犯上作乱，是大逆不道的行为，是要杀头灭族的。儒家的思想教育是忠君报国，安分守己。满人入主中国已两百多年，正统思想深入人心。官吏们不用说，对那些深受儒家教育及影响的知识分子和广大市民，特别是那些生活能过得去的阶层而言，"造反"是一个不受欢迎的字眼。不仅仅是思想教育的熏陶，他们还懂得"造反"就意味着接连而来的社会动乱，战争破坏，将失去安定的生活。而且他们还特别慑于封建法律的威力，和"造反"牵连的后果是异常严重的。造反者被称为"大逆不道"的"贼""匪"，一般人自然不愿意与"贼""匪"为伍。左宗棠并不愿意天下大乱，他曾提出自己的希望："但愿长为太平有道之民。"这其实也是世世代代被压在底层的中国人民可怜的愿望。

但是，当左宗棠对形势进一步分析和思考时，就得出更为复杂的看法。他认为天下将大乱，是有一定根据的。他曾分析形势说："当今国事败坏已极，朝廷上下相蒙，贤奸不分，对外屈膝投降，内部贪污腐化，外敌侵略无已，各地盗贼纷起。"这已形成天下大乱的局面，只待一根导火线来点燃了。他对中国历史是精熟的，君主昏庸，政治腐败，改朝换代是正常、必然的，

美国人绘制的太平军士兵

腐朽的政权迟早会崩溃，换上一个清明的政府也未尝不好。另外，满族入主中国以来，对汉人采取歧视压迫的政策。汉人社会中普遍存在"扶明灭清"的思想。从左宗棠的一生言行来看，他虽没有狭隘的民族主义或大汉族主义思想，但对满人上层统治者的腐朽无能早就极为不满。由一个汉族为主的开明政府来取代腐朽的满族王朝，对中华民族来讲，未必不是一件好事。当他进一步思考之后，就认为没有必要去维护这样一个摇摇欲坠的王朝。这是他和曾国藩、胡林翼、李鸿章等人不同的地方。曾国藩、胡林翼等在太平军起义后，立即站在清王朝一方。即使是林则徐，当他得到清廷命他去广西、任剿灭起义军的钦差大臣时，也毫不踌躇，立即欣然就道。

那么，左宗棠既然对起义者赋予一定同情，又不愿参与镇压行动，以他自负济世之才，何不立即参与起义者的行列，助一臂之力呢？这当然不是简单的事。左宗棠是极为谨慎小心的人，太平军究竟是怎样的性质？起义的目的是什么？领导者是一些什么样的人物？有没有比较正确的政治和军事纲领？他们是一个小宗派组织？还是能广泛容纳各类人才的开明政权？他还了解得很少。当然，他也没有机会去接触太平军的领袖人物。因此，他既不愿站在清王朝一方，又不愿站在太平天国一方，而是采取中立的态度。他也知道，从长久说来，中立是不可能的。战祸又迫在眉睫，当前首要的任务是保护自己和家人，可能时也保护邻里、桑梓，免受战争的无情蹂躏。

鸦片战争后不久，左宗棠就有了隐居的想法。他曾写信告诉贺熙龄，准备"买山而隐，为苟全之计"。后来因连年水、旱灾，他的隐居计划未能实现。太

平军起义后，眼看战火即将烧到家门口，情况危急了，他于是决定迁往深山隐居避乱。他在本县还有几个志同道合的亲友：一位是郭嵩焘，字筠仙，是有名的学者，中过进士，当上翰林院庶吉士，现正值丁忧在家。左宗棠和他是要好的朋友，郭嵩焘也认为应躲一躲战祸。嵩焘的弟弟昆焘（号意诚）、左宗棠的哥哥宗植等也都同意这种想法。道光三十年秋，左宗棠和郭嵩焘二人亲自到湘阴附近考察，找到了一块险僻之处，地名青山，在湘阴东部，与长沙交界，又名东山，距左宗棠旧居十余里。那一带群峰错互，山谷深邃，还有一些洞穴，是避乱的好地方。他们看中了其中一个"白水洞"，准备在紧急关头来此避难。

乱世中入山避难，左宗棠认为是可行的办法。他提出了历史根据，并曾告知贺熙龄。明末战祸纷起，有一位孙夏峰带领了几千人躲入易州五公山，又有一位魏敏果奉母亲逃入蔚州德胜砦，后来都得以免难。左宗棠很佩服他们的高明，认为处此乱世，值得仿效。

那年道光皇帝逝世了。第二年咸丰皇帝即位，是为咸丰元年（1851年）。左宗棠正好40岁。皇帝新即位，特颁恩诏开孝廉方正科，以搜集乡野遗才。郭嵩焘和湘阴县士绅都推荐左宗棠应举。左宗棠早已打算做一辈子"农夫"，现又准备隐居深山逃避战乱，并不愿进入仕途，因此谢绝了乡里友人的推荐。

这一年春天，左宗棠来到长沙，遇见了在城南书院结识的老友罗泽南。罗泽南是湘乡人，虽然只是一位秀才，但学问优长，著作丰富，著有《小学韵语》《周易附说》《方舆要览》等，在家乡讲学，慕名来学的很多，很有名望。他来

罗泽南画像

长沙住在贺长龄公馆里，又在城东定王台开馆讲学。左宗棠和友人刘蓉（号露仙）去定王台拜会了罗泽南，还会见罗泽南的几位学生：李续宜（字希庵）、王鑫（字璞山）和李杏春等。罗泽南这次对应举孝廉方正倒很积极，并获选中。这几位湖南学人后来都成了湘军中的主力将领，但大都早死。

这年的战事主要在广西境内。到了八月，太平军进抵湘、桂边界的永安，湖南已风声鹤唳，实行戒严。但总算平安度过了这一年。

次年（咸丰二年）太平军进入湖南。他们攻陷全州时，夺取了几百艘船只，准备由湘江顺流而下，直取长沙。左宗棠友人江忠源（字岷樵）率领楚勇在新宁予以阻击，太平军转而东向，连克江华、蓝山、桂阳州、郴州等地。那时湖南巡抚原是广东花县人骆秉章（字吁门），清朝廷命他回京师待命，另调云南巡抚张亮基（号石卿，江苏铜山人）接任。张亮基还未到达，太平军领袖西王萧朝贵已于七月二十七日率五万大军直抵长沙城下。骆秉章仓皇布置防守。二十九日，萧朝贵亲自在阵前指挥，为城中大炮击毙。太平军攻势稍缓。左宗棠正在柳庄，他按照原定计划，于八月中秋节后，率领全家老小搬到白水洞，临时盖了些茅草房。许多亲友也跟来避难，有二哥宗植、周夫人的妹妹茹馨和两个儿子，还有郭嵩焘和两个弟弟昆焘、崑焘带着全家也来了。

左宗棠的避地隐居计划是有长久打算的。他认为太平军来势凶猛，主要目的是攻占大城市，如长沙、岳州等，因此必须快速行军，无法在中途停下来劫掠。他们择一处高山深谷住下，不向外宣扬，不与太平军为敌，他认为："是我无害于贼，贼无所忌于我，亦无所利于我也。"太平军当然也不会与他们为敌了。他说得异常明白露骨，尽管他还需要按照当时清朝统治下的惯语，称太平军为"贼"，但他却在"贼"与"官军"之间采取完全中立的态度，简直是"贼我不分"了。

然而左宗棠的长久打算却没能维持多久。胡林翼和新任巡抚张亮基原来都是林则徐部下，彼此很要好。湖南危急，张亮基受命于危难之际，胡林翼认为是急需人才之时，就极力向张亮基推荐左宗棠，一连写了几封信，介绍说："我深知左季高，他的才学品行超冠群伦，为人廉洁耿介，刚直方正，性情善良，实在是忠肝义胆，与社会一般人士简直大不相同。他胸罗古今地图、兵法，熟知本朝国章，又精通时务。他还有一个特点，不重视名利，即使他的谋划成功，也不愿受赏。相信您一定会赏识他的。"

张亮基收到胡林翼的信，非常高兴。当他抵达常德后，立即派专人带上礼物到湘阴白水洞去延请左宗棠。照理，左宗棠应当欣然就命，因为正是施展抱负的机会。但是他早已有隐居的打算，因而复信辞谢。那时太平军已将长沙城包围，张亮基于八月十九日到达城外，二十四日傍晚在未及合围的北门城下一角登梯进城。他又立刻派人去请左宗棠。

宗植和郭嵩焘、昆焘兄弟本来是和宗棠"志同道合"，同在山中避难，这时都动摇了。他们劝宗棠说："以堂堂巡抚一省之长，卑辞厚礼来请一寒士，这种事也许古代还有过，而今是多年不见了。应该答应他，以成全他礼贤下士的美名。"同时他又收到胡林翼和江忠源的敦请信。江忠源正率一支军队在长沙城南作战，看到局势危急，就想起了左宗棠。但是，最能打动左宗棠的是胡林翼的信。胡林翼最为深知左宗棠，他提出了两点意见，说："张公想念你如饥似渴。张公是一时无两的肝胆血性人物，林文忠公最赏识他。他实在是文忠公一流人物。你最敬服文忠公，为什么不能和张公一起工作呢？"这是第一点。他又说："我决不会劝你到一个难处和不可去的地方。只是想起家乡祸在眉睫，不能不和你说。区区愚诚，不但未蒙深察，反而回信讥诮。你怎能不想想？固然你可以独善其身，但看到家乡糜烂，能忍心吗？而且，如果湖南全部被太平军占领了，你那柳家庄、梓木洞①能单独保住吗？"

关于第一点，张公是林公一流，左宗棠还不能深信。对于第二点，他想想倒也不错，战争是残酷无情的。战火蔓延开来，家乡将遭到涂炭，不仅是战斗双方将有惨重伤亡，还会有许多老百姓在战火下丧生，房屋财产都将遭受巨大损失。宗棠对家乡的感情很深，"保卫桑梓"的思想是根深蒂固的。胡林翼说得也不错，如果湖南全省被占领，柳庄和白水洞困在一隅，也不能过太平日子。因此，他在宗植和郭氏兄弟的敦劝下，改变了主意，应邀到长沙参加了张亮基的幕府，这是他第一次出山。

张亮基和左宗棠一见如故。左宗棠提出几条策略，张亮基都接受了，不久将军事权都交与他。那时太平军领袖天王洪秀全从郴州率大军已到长沙，围攻很急，左宗棠日夜筹划防守，太平军硬攻未下，就穿地道用地雷攻城，也被击退。两个月后，洪秀全看看攻不下来，就撤围北上，长沙于是解围。

左宗棠在湖南幕府的时间不长。太平军退后，他帮助张亮基整饬吏治，安定社会秩序，又平定了一起浏阳"征义堂""会匪"。所谓"征义堂"，开始是以地方团练出现，由于主持和参与者良莠不齐，又混进了土匪、痞棍，欺霸于地

———————————

① 梓木洞与白水洞指同一个地方，是大地名与小地名之别。

方，形成为一种黑社会组织，它本身并没有明确的政治纲领，只具有破坏性。他们看到太平军声势浩大，也想投奔过去。左宗棠提出策略，江忠源率兵去浏阳，迅速将其平定。

从咸丰二年八月下旬到咸丰三年正月张亮基离长沙止，左宗棠在湘幕只有四个月。他一心一意帮助张亮基维持湖南局面，他对亲友公开说："我只是为了保卫桑梓才勉强出来的。"他说的是实话，但却很大胆，因为这明确地表明了他的立场，并不是为了保卫清王朝。在当时封建统治下，这种言论也算是危险的了。当然，除了"保卫桑梓"外，他很可能还有打算，他是自负很有才华、又负有时望的人。他也很希望他的才能有实践的机会。他知道才能只有在斗争实践中提高。在湘幕中从事政治、军事活动无疑是一个锻炼的好机会。至于"敌我关系"，他倒并不介意。古语说："成则为王，败则为寇（贼）。"随时势的转移，贼我关系是可以改变的。

足以证明左宗棠这种思想的，就是他虽身入幕府，却从没有坚定、长久的打算，一有机会就准备回山隐居。张亮基任湖南巡抚没有几个月，那年冬天太平军攻占了武昌，随即又放弃了它。次年正月东下安庆。张亮基奉命调署湖广总督，左宗棠本不愿随去，但张亮基多方劝说，左宗棠因张亮基很尊敬、信任他，才勉勉强强随同到武昌，他自己说是在强迫之下去的。

那时骆秉章署湖北巡抚，江忠源任湖北按察使。左宗棠仍旧兢兢业业做他的幕府工作，但时间不长。太平军于二月攻占南京，不久又占领镇江、扬州等江南大城市。接着在南京建都。骆秉章于四月调任湖南巡抚，江忠源也调去江

晚清的长沙天心阁

南大营，张亮基则于八月调任山东巡抚。于是，左宗棠借这机会离开了湖广总督幕府。他在鄂幕结识了一位幕友王柏心（字子寿），王柏心曾做过林则徐的幕府，是一位有计谋、有远见的人。他和王柏心于九月初四日一同乘船回家，顺路到王柏心在湖北监利的故居"莭园"，盘桓了几天。九月二十二日抵湘阴县城，第二天就回到25公里外的白水洞家中。

那时太平军正节节得势，清军在田家镇又打了一个大败仗。骆秉章听说左宗棠回湘，立即派人带着书信、礼物来请，连请了几次。宗棠不肯再出山，他写信告诉内弟周诒晟（字汝充）说："这几年我已耗尽了心血，决心不再参与和太平军作战的戎幕工作。从此匿迹销声，埋名隐姓，藏到深山荒谷之中，再不和人世间来往了。"

左宗棠这次在山中住了有半年之久。这期间，江忠源和曾国藩都曾来邀请他出山共事，但他拒绝了。直到咸丰四年（1854年）二三月间，太平军又打回湖南，进逼长沙。经过湘阴时，很不寻常地扬言要到白水洞寻找左宗棠。这时骆秉章又派人数次到山中来请，左宗棠于是于三月间再度到长沙，加入了骆秉章幕府。这次他还是说是"不得已""勉强去一趟"。骆秉章在《自订年谱》中也记载说："上年冬，左季高先生已自武昌回湘阴，屡次函请到省帮办军务，不就。咸丰四年三月同婿陶桄到省捐输，极力挽留，始允入署襄办，仍不受关聘。"左宗棠不接受正式聘约，将来说走就可走。《清史稿》说，骆秉章是用计将左宗棠赚入的。据说他派人将左宗棠爱婿陶桄抓起来，扬言陶桄抗捐，左宗棠很生气，急忙赶到抚署。骆秉章迎出来，拍手大笑说："哪里有陶文毅公的儿子、左季高的女婿，可以被抓起来的道理？"这样左宗棠就被赚入了抚署。这个传说虽不一定可靠，但所有史料都表明，当时人们都知道，他原来确是不愿意参与镇压太平军的行动的。

他虽然只是一名在籍举人，但是在湖南的声望已很高。既是陶澍、又是贺熙龄的亲家，受到贺长龄、林则徐、胡林翼、郭嵩焘等人的高度赞扬和推荐，两任巡抚再三敦请，他的消极中立的表现不单引起人们的注意，而且也是危险的。如果清王朝扣他一顶"立场不稳"的帽子，恐怕是适合不过了。的确，后来甚至引起了皇帝的怀疑。

他的名声越来越大。

有一次咸丰皇帝在养心殿问郭嵩焘："你可认识左宗棠？"

郭嵩焘说："我们从小就相识。"

咸丰又问："你们自然有书信来往？"

郭嵩焘回答："有信来往。"

咸丰就说："你写信告诉左宗棠，说是我的意思，他应当出来为我办事。左宗棠不肯出来，是何缘故？"

郭嵩焘吓了一跳，赶紧解释说："他为人刚直，与人不容易相处，所以不愿出来。如果皇上天恩用他，他一定会出来的。"把话搪塞过去。

事后他立即写信告知左宗棠皇上问他的详细情况，让左宗棠有所警惕。

当时社会对左宗棠这一时期中的不寻常表现，曾有过一些猜测和传说。有人说左宗棠想投靠太平军。还有人说他去会见过洪秀全，因为二人意见不合，才分手的。大多数历史学家对左宗棠抱消极、观望态度的这段历史避而不谈。也有个别眼光敏锐者注意到了这点，认为左宗棠是在静观时局的变化（如杨东梁）。他打算"匿迹销声，埋名隐姓"的时候，王柏心写了一首诗赠他：

武库森然郁在胸，归来云壑暂从容；

人从方外称司马，我道山中有伏龙。

多垒尚须三辅戍，解严初罢九门烽；

何当投袂平妖乱，始效留侯访赤松。

王柏心是左宗棠知己，深知左宗棠胸罗万卷兵书，非等闲之人，素以诸葛亮自命。现在是伏处山中，待时而动。他企盼左宗棠能早日出山，建功立业，然后再学张良归隐深山。

左宗棠和林则徐、曾国藩、胡林翼、骆秉章、郭嵩焘、王柏心、魏源等都是封建时代的知识分子，但是当面临清王朝生死存亡的时刻，他和同时代人的态度却如此地不同，这应该怎样理解呢？

就政治和社会地位说，林、曾、胡等都是现任或卸任清王朝的大小官吏，有的官还很大。如曾国藩是侍郎，林则徐是总督，骆秉章、张亮基为现任巡抚，胡林翼为现任知府等，他们都中了进士。左宗棠则只是举人，三次会试不第，身无一官半职。儒教"君君、臣臣"，"君使臣以礼，臣事君以忠"，对左宗棠来说，他既未当官，就没有维护清王朝的责任。其次，就经济地位来说，当了现任官，不用说，经济状况比老百姓好得多。曾、胡等的家庭也远胜过左宗棠。曾国藩父、祖都是较富的地主，胡林翼的父亲也是京官（詹事），而左宗棠家是几代秀才，靠教书束脩为主要生活来源，吃过糠屑，吮过米汁，年轻时经过多次饥荒，自己和全家救过灾。他了解、同情农民和社会下层的困苦生活，对于贪污腐败的统治集团一直是痛恨的。当然，人的思想变化很复杂，它还受环境、教育、师友、际遇等的影响。也有与左宗棠情况相似的人，如罗泽南、王鑫、李续宾、续宜兄弟等，也只不过是秀才，有的连秀才也不是，但他们参加清军就没有犹豫过，左宗棠出山前，他们都已成为湘军中坚分子。而左宗棠则徘徊观望，几乎达 10 年之久。

第十一章　"横览七十二州，
更无才出其右者"

胡林翼——"一生真知己"

太平军兴后，左宗棠从最初隐居山中，直到参与湘幕，经历了一番曲折。他本意"隐姓埋名"，不问世事，在众多亲友邀劝之下，终于为"保卫桑梓"而出山。即使出山后，他仍然想抽身引退，匿迹荒山，在同时代人中是仅见，也可见他思想深处自有想法。在邀劝推荐他的众多亲友和官员中，有二哥宗植，友人胡林翼、曾国藩、江忠源、罗泽南、王柏心，地方大员张亮基、骆秉章，京官宗稷辰、潘祖荫等，他终于出山，真有"斯人不出，如苍生何"的光景。其中，胡林翼是推动他出山最热心、积极，最有影响的一位。

胡林翼是怎样一个人呢？在中国近代史上，他的名声远低于曾国藩、左宗棠，可能因他去世较早。有些人以为他一生只做了一件大事：镇压太平军。实际上，他是有功于中国近代史的人。他是一个才华横溢、胆识过人的人，对人和事都有独特和深刻的看法。他尤其重视人才的发掘，人称他"荐贤满天下"。在他推荐的众多人才中，有两位杰出人物：林则徐和左宗棠。如果不是他的极力推荐，林则徐和左宗棠可能是另一番命运，近代史也将改写。

胡林翼，字贶生，号润芝，湖南益阳人，道光十六年进士。陶澍素有知人之明，看中了微时的胡林翼，招为女婿。陶任两江总督时，年轻的胡林翼住在岳父的督署内。林则徐任江苏布政使，是陶的下属。胡林翼比林则徐小二十余岁，但过从甚密。他极钦佩林则徐的人品学问，在岳父面前竭力推荐，林则徐很快由布政使升任江苏巡抚。后来陶澍又奏保他才力能胜任两江总督。陶去世

胡林翼画像

不久，林则徐调任湖广总督，因而点燃了鸦片战争之火，揭开了近代史上悲壮的一页。

胡林翼和左宗棠关系很深。他们是世交、同学、好友，又兼亲戚。而最重要的还是二人志同道合，意气相投。胡林翼的父亲云阁公（讳达源）与春航公同读书于长沙岳麓书院，感情挚笃。嘉庆十七年六月胡林翼出生，四个月后，左宗棠也出生。两位父亲异常高兴，买酒对饮，互相庆贺。胡林翼和左宗棠都是贺熙龄的学生。左宗棠和陶澍结成亲家后，和胡林翼也成了亲戚，胡林翼倒比左宗棠小了一辈。咸丰六年，胡林翼妹同芝又嫁给左宗棠侄儿左澄（癸叟），即宗植的长子。左宗棠告诫子侄们，决不可与胡林翼以平辈相待，应尊之曰先生。他说："我父亲与胡云阁先生是挚友，我和咏芝又是二十多年的老朋友。我的立身行事，咏老知道最清楚，他看重我迥非他人可比。他的年龄比你们大上一倍，你们切不能只看亲戚辈分，我们家庭两代朋友、世交关系，远重于亲戚关系。"胡林翼信中称左宗棠为"丈"，左宗棠称他为"兄"，彼此十分敬重。

左宗棠第一次会见胡林翼是在道光十三年（1833年）。那年正月，他抵达京师参加会试。胡林翼住在父亲家中，左宗棠来胡家拜访，二人一见就成为好友。二人谈论古今大政，臧否时事。对朝廷腐败、官吏无能、人民生活困苦、各地闹事，西方列强日益逼近中国、虎视眈眈，他们深感忧虑，都预感到天下将大乱。

左宗棠因为对事物常有独特的见解，被认为是喜欢"抬扛"的人，他和宗植就经常争执不已。但是和胡林翼却一见如故。二人谈得如此投机，白天谈了一天，还嫌不够，晚上又连床夜话，有时谈一整夜。北京的春天风沙大，夜间春寒料峭，有时也会惊雷闪电，下起一阵春雨。他们不管外面刮风下雨，却越谈越兴奋，谈到悲伤处，互相唏嘘叹息，高兴时，宗棠高唱起来，林翼在一旁打拍子。他们还不时说说笑话，讥讽时政，评论人物。他们都是刚过二十的青年，宗棠中了举人，林翼连举人也还没考上。宗棠后来回忆林翼当时纵言阔步，气豪万夫，是才华横溢、不可一世的人物。亲友们看到他们高谈阔论、又哭又笑的情景，都惊奇不已，不知他们在忧叹些什么。云阁先生倒很同情他们，也赞赏他们胸怀大志和心忧天下的精神。但是谆谆告诫，要他们谨慎小心些。清政府在京师的耳目很多，多讥评时政，可能会引起麻烦的。

这次会试失败。道光十八年（1838 年）左宗棠第三次来京会试，住在同乡周振之（字华甫，号铁门）家中。周振之是个京官，他的儿子开锡后来是左宗棠的学生，又成为西征军中的得力部将。左宗棠和胡林翼再度会晤，彼此的认识和交情又更深一层。左宗棠这次会试又失败，胡林翼却在两年前中了进士。后来胡林翼写信给他，回忆这次会见说："我在铁门家中对你已了解至深了。那时我已是你的一生真知己。"

左宗棠回到家后，决计不再会试。此后以授徒为业，整年奔波在外，岁暮才回湘潭岳家，和家人团聚。道光二十年，他被邀请到安化陶家坐馆。那年他已 29 岁，侘傺无聊，对着自己的小像写了八首诗。

诗中回忆了儿时家中的艰苦光景、兄弟间的友爱、婚后家庭生活的乐趣，尽管赘居岳家，不免惭愧。又感到岁月悠悠，自己年纪已不小，"犹作儿童句读师"，前途茫茫，未免难堪。他的心情是矛盾的，一方面处此乱世，"愿长为农夫以没世"，一方面又不愿埋没，"圣明何事耻端居"，不甘心庸庸碌碌过这一辈子，愿为国家做些事情，诗中的积极愿望是后来推动他为民族国家建立功业的动力。

他在陶家坐馆，一坐就是八年。道光二十八年（1848 年）胡林翼因丁父忧，回到益阳老家。他经常来小淹陶家，帮助岳母处理家事。旧友重逢，二人都高兴异常，似乎有谈不完的话。他们都精通历史，常以历史为鉴，借古论今。白天谈不完，晚上连床夜话，又回到九年前在京师初会时的情景，这时鸦片战争刚结束，屈辱的《南京条约》已签订。他们对外敌的侵略、当权者的卖国投降，感到痛心疾首。但是书生报国无门，不会有人来理睬他们。

他们之间既无所不谈，也常常开开玩笑，互相吹嘘。左宗棠以诸葛亮自诩，诸葛亮是以"鞠躬尽瘁，死而后已"的精神忠于蜀汉的，同时也是"不使内有余帛，外有赢财"的介节之士。左宗棠以诸葛亮的"忠介"自励。他也自以为"足智多谋，用兵如神"，可和诸葛亮比美。其实，照史家陈寿的记载，诸葛亮的军事才能并不高明，那是《三国演义》渲染出来的。左宗棠自比诸葛亮，也有开玩笑的意思，但是在友人中却传开了。胡林翼、郭嵩焘、曾国藩等在谈话和书信中，往往有"诸葛"二字，那便是指左宗棠，宗棠有时也以此自称。其实，诸葛亮只辅助了一个偏安王朝，而且是在内战中以失败告终，左宗棠的功业和军事才能是超过诸葛的。

道光二十四年（1844年），左宗棠曾去长沙，见到老师贺熙龄。当他回到小淹时，才知道陶澍夫人已病逝。翌年胡林翼来吊岳母之丧，在小淹住了10天。这次又畅谈一番。

左宗棠和胡林翼虽然是莫逆之交，但性格却又不全同。宗棠自说是"刚而褊"（刚直而褊急），林翼是"通且介"（正直但通达圆熟）。宗棠考虑问题周密，性子太直，有什么话就说，也不管对象、时间和地点。林翼告诫他："虑事周密固然好，但太过分则反有害。论事太尽，话说得太绝都不好。说话宜不着边际。"宗棠对前面的意见心悦诚服，对最后一句则不以为然。当然，这又是处境不同，胡林翼已是官员，见了上司、下属，有时不免打打官腔，泛泛而谈，这是应付仕途的手段，并非出自本心。

道光二十六年胡林翼入京报捐了知府，二十八年实授贵州安顺。那几年左宗棠仍处困境之中。有一年灾荒歉收，家中穷得精光，米缸中一粒米也没有了，家中值钱的东西也差不多典当光了。幸好胡林翼从贵州派人来，送了一笔钱给他，全家这才高高兴兴过了一个丰富的年。

他们之间的境遇差别已越来越大，左宗棠30余岁了，还蛰居在乡村，常自嗟迟暮，以为自己一辈子也不一定能出头了。看到天下大乱，就更加坚定了隐居山林的愿望。胡林翼是积极进取的人，坚决反对左宗棠隐居的消极打算，他尽了最大努力，决心要把左宗棠拉出来，在风雨飘摇的局势中，共同干一番伟大的事业。

胡林翼自认是左宗棠一生真知己，他对宗棠了解很深、评价极高，亟盼宗棠摆脱困处山乡的窘境，投身到社会中来，一展才华和抱负。他在给郭嵩焘的信中评论左宗棠说："横览七十二州，更无才出其右者。倘事经阅历，必能日进无疆。"他认为尽管左宗棠有才有学，但必须经过一番阅历（实践），才能日精月进，趋于完善成熟的境地，干出一番伟大事业来。这和宗棠的认识是一致的。他一荐左宗棠于林则徐，二荐于湖广总督程裔采（字晴峰），三荐于张亮基，称他"有异才，品学为湘中士类第一"，"才品超冠等伦"。左宗棠多次谢绝邀请，最后，还是胡林翼的信起了决定作用，促使他加入张亮基幕府。

胡林翼对他的生活也十分关心。咸丰七年（1857年）他在骆秉章幕府中已工作了三年，在长沙没有住宅，家人仍住在柳庄。胡林翼劝他将家迁来长沙，

左宗棠曾孙女婿梁赐龙在长沙城内司马桥左宗棠故居大门留影（1987年拆毁前摄）

又和骆秉章两人共凑了 500 两银子，在北城司马桥买下了一所住宅，送给左宗棠。全家从此移居长沙。这所宅子靠近郊区，以前是宋代爱国词人辛弃疾任湖南安抚使时的练兵故地，原来的寨子名"飞虎"，有一座桥，名"司马"。宅虽靠近城市，却似山村，有些空地，家人种了些蔬菜，又在池塘内养了几百尾鱼。左宗棠很喜欢这所宅子，虽然居住时间不长，后来征战在外，还经常怀念它，希望功成身退后，终老于是宅。但是这个愿望没有能实现。

几年后，左宗棠受樊燮、官文陷害，几遭不测，又是胡林翼和郭嵩焘等挺身而出，解他于危难。胡林翼还几次疏荐给咸丰皇帝。咸丰十年，左宗棠在城南金盆岭练兵，胡林翼知道他没有养廉金，幕府待遇菲薄，他又"不私一钱"，特意写信给同在湘幕的郭昆焘，说："季公不顾其家，应请吁门前辈饬盐茶局，每年筹三百六十金以赡其私，此亦菲薄之至。鄂中营官有家私者均不止此。若季公非有廉可领者也。"又写信给左宗棠，劝他用钱不必过于拘谨，虽赞他"不私一钱"，但也批评他"小廉曲谨"，信中说："尝笑世无不用钱之豪杰，亦决无自贪自污自私自肥之豪杰。公之小廉曲谨，妇孺知名矣。不私一钱，不以一钱自奉，又何疑而不以天下之财办天下之事乎？！"

第十二章　太平军入山索宗棠

重入湘幕——靖港战败——湘潭大捷——长沙解围

咸丰四年（1854年）三月左宗棠再度进入湘幕，正值长沙危急，太平军石祥贞、林绍璋部队于年初由湖北攻入湖南。二月攻占岳州和湘阴，后又一度退出，为王錱部队收复。三月初十日太平军再度攻占岳州，乘胜南下，进逼长沙以北的靖港。另一支部队由林绍璋率领，取道宁乡，直趋长沙南面的湘潭。

当太平军于二月占领县城时，扬言要到梓木洞去找左宗棠。他于三月应骆秉章聘到长沙。三月间太平军攻湘潭时，一部分部队又经过湘阴。宗棠惦念家人，就亲自带领了一百名楚勇回到湘阴，将家人护送出山，太平军派了30余人到梓木洞搜寻，但是宗棠和家人已先走一步。他自己已经回长沙，家眷由勇丁送到湘潭，二十七日晨到达县城，因太平军已逼近湘潭，他们立即转到辰山周夫人家中暂住。当他们离开湘潭县城不到一个时辰，太平军就蜂拥而至，翌日攻占了县城。

那时长沙上下数十里都是太平军，长沙处于包围之中。守城部队主力是新建的湘军，统帅是在籍侍郎曾国藩。曾国藩，字伯涵，号涤生，湖南湘乡人。嘉庆十六年（1811年）生。家中世代以务农为生。祖父玉屏公开始读书，父麟书公是一名秀才。曾国藩于道光十八年中进士，二十年任检讨，二十三年典试四川，后转为侍读，迁内阁学士，不久任礼部侍郎，署兵部侍郎，可谓官运亨通、少年得志。他是一位博学多才的人。在京师时与倭仁、何桂珍等师事大学者唐鉴，治义理之学；又与友人梅曾亮等为词章考据。他文学优长，师宗桐城派古文家方苞、姚鼐，在当时朝野已啧啧有名。咸丰二年因母去世丁忧回家，恰逢太平军从广西进入湖南，旋又攻占武昌。清朝廷派去镇压的满人将领钦差大臣赛尚阿和副都统乌兰泰等屡战屡败，于是想起了起用汉人。他们第一个选择了在籍侍郎曾国藩，因为正规军八旗和绿营已失去战斗力，湖南兵单势危，咸丰二年底下旨命曾国藩帮办团防。曾国藩欣然接旨，他认为现任营官不可用，起用了一批书生，大多是秀才或童生，如罗泽南、罗信南、王鑫、彭玉麟、杨载福等，最初从农民和市井中招募了 500 名勇丁，经过一年余的训练和实战，人员不断补充，他办的团练已逐渐壮大，成为一支能与太平军抗衡的力量。这就是近代史中著名的湘军。

咸丰四年初，湘军总兵力已达万余人：陆军 13 营，5000 余人；水师 10 营，约 5000 人；战船 240 艘，座船 230 艘。曾国藩原在衡州练兵，长沙危急，他率领水陆各军万余人驰援长沙。陆军由塔齐布和罗泽南率领，水军由彭玉麟、杨载福等率领。

长沙北面的靖港、西面的宁乡、南面的湘潭，都为太平军占领。曾国藩到长沙后，会同骆秉章召集文武各官研究对策。多数人认为首先应攻打靖港敌人，只有左宗棠主张应先支援湘潭。骆秉章和曾国藩采纳了左宗棠的意见。原来塔齐布的军队奉命支援宁乡，改命他去攻打湘潭之敌；并命彭玉麟和杨载福率水师五营支援。曾国藩也准备次日亲率五营前往督战。

当日半夜，长沙乡团来紧急请师，说："靖港敌人不过数百，他们以为我军去攻湘潭了，不防备我们，可趁此机会将他们赶走。团丁已架好浮桥，机不可失。"大家听了跃跃欲试，曾国藩也改变了主意，认为攻打靖港可以牵制湘潭太平军，于是第二天改率水师前往靖港。

塔齐布的部队于四月初一日到达湘潭，直抵城下。他们还不知道县城已被太平军占领，准备开进城里。而城中太平军也没有料到清军会突然到来，毫无准备。两兵相接，湘军不能退，只能进，太平军仓皇应战，又以

曾国藩画像

为官军大至，无心恋战，于是往后撤，这一撤就溃败了。湘军乘胜追击，水师也赶到助战，湘潭城迅速被湘军夺回。

四月初二日，曾国藩率领留守长沙的水陆各军攻打靖港，不意守靖港的太平军力量并不薄，众炮齐发，曾国藩的船队不能逼近。曾国藩命令团丁牵缆领船前进，太平军派出小队人马，将牵缆者歼灭，船队仍然不能前进，水师于是大乱。陆军和团丁与太平军接战，团丁没有经过严格的战阵训练，尽是些乌合之辈，看到太平军就仓皇逃跑，官军也随之败退。他们争先恐后抢渡浮桥，岂知新建的浮桥是门扉、床板凑合搭成的，人多拥挤，桥也塌了，有百余人落水而死。

曾国藩看到官军溃退，命人在岸边竖立一面令旗，亲自仗剑立在旗下，下令说："过旗者斩！"但是溃败的兵士们都仓皇从旗旁绕过，狂奔而逃。曾国藩见制止不住，又气又急，愤然投水自杀。幸亏近岸水浅，随行标兵三人赶忙将他拉住，他斥责标兵们快走开。他的随员章寿麟也从舱后钻出来，将他从水中拉起。曾国藩本来不许章寿麟跟来的，问他从何而来，章寿麟是因头一天曾看到曾国藩写了寄给家中的遗嘱，知道他下了必死的决心，因此偷偷赶来，躲在船舱里，他骗曾国藩说："刚才听到湘潭大捷，所以特来报告鑫。"曾国藩还不相信，又询问详情，章寿麟编派了一通，曾国藩稍微安心些。他们就从停舟地铜官回到长沙城下南湖港，当夜得到军报，湘潭果真大捷，上游水战中破损的败船断桨沿湘江顺流而下。

湘潭这一仗，太平军死亡万余人，战船几乎全部覆没。作为湘军统帅的曾国藩虽然在靖港战败，甚至投水欲自尽，但湘潭大捷却树立了湘军的威名，太平军从此遇到了一支劲敌。

次日早晨，左宗棠听到曾国藩从靖港兵败回长，就从城内缒城出来，到舟中探视，看到他疲惫不堪，衣服上还沾染泥沙痕迹。左宗棠责备他说："现在大事尚可为，不应该为一次挫败就寻死。"曾国藩睁大了眼睛，一言不发，只叫从人将纸笔拿来，将所存的火药、子弹、军械数目详细写下，嘱左宗棠代为保管。那时他的意志还没有完全恢复过来。

曾国藩初次领兵，还缺乏经验，手下人才又不多，这次战败后，深受教训，认为兵不在多而在精。于是裁撤了部队中老弱无用者，只留下精壮5000余人，并上奏自请处分。布政使徐有壬和按察使陶恩培本来就讨厌曾国藩，也趁机要求骆秉章奏劾他，并遣散湘军，但是骆秉章没有同意。朝廷因湘潭大捷，不仅没有责备曾国藩，还提升塔齐布署湖南提督。

靖港的太平军得知湘潭大败，就退回岳州，不久又攻陷常德。陆路的太平军绕过江西的萍乡、万载与湖北通城的军队会合，准备再度南下。左宗棠建议骆秉章，奏调胡林翼督赵启玉各军进击常德，江忠淑军由平江挺进通城，塔齐布和罗泽南二军在新墙会合，待机北上。曾国藩也率领湘军水师和两广增援的水师由长沙驶抵岳州。不想水师遭到太平军的伏击，打了一次败仗。广东水师统领陈辉龙、湘军水师营官褚汝航等阵亡。但是塔齐布和罗泽南的陆军打了胜仗，太平军秋官右正丞相曾天养阵亡，韦志俊等率余部退回武昌。岳州为清军收复，不久，江忠淑军又收复通城。这样，太平军已全部退出湖南，他们攻占湖南的企图再次受到挫败。

　　左宗棠看到家乡已平靖，"保卫桑梓"的任务已告一段落，就向骆秉章提出辞呈，仍要回乡隐居。骆秉章不允许他辞职，曾国藩也再三慰留。他一则是在压力之下，另外呢，自入幕以来，骆秉章很尊重、信任他，对他推心置腹，所策划无不听从，他也得以有所作为。骆秉章和曾国藩坚决慰留，他们私人交情也很好，实在推却不过，只得又留下来了。他在给女婿陶桃和妻弟汝充的信中，表达了他的心情，说："长沙大局略定，思更名隐姓，窜匿荒山，而中丞推诚相与，军事一切，专以相付，不得不留此共相支撑。""世局日艰，兄昼夜撏撦无少休息，徒以吁公、涤公拳拳之故，不能抽身。使岳、常、澧早无事，则兄径归矣。"他的隐居初衷到这时还没有绝念。

　　他在骆幕中一留，直到咸丰九年底，将近六年之久。骆秉章对他的信任也是逐步加深的。一年以后，就全权信任他，将重要军政事务都交付他处理，骆秉章只画诺签字而已。他的权力很大，外间传说甚至超过巡抚。属僚有事上白骆秉章时，骆秉章总是说："去问季高先生。"凡是左宗棠同意的，骆秉章也同意，左宗棠不同意的，骆秉章也必不同意。

　　有一次巡抚衙门的辕门（外大门）发炮，骆秉章听到了，忙问何事？旁边的人告诉他："是左师爷在发军报折子。"骆秉章点了点头，慢吞吞地说："把折稿拿来看看吧。"按例，发军报折是很隆重的事，一般得巡抚亲自主持。骆秉章连折稿都没有看，几声炮就发出了，可见左宗棠专权之甚，也可见骆秉章对他信任之深。骆秉章是位涵养很深的人，他暇时常到幕府去坐坐，左宗棠和另外几位幕友高谈阔论，证据古今，谈笑风生，骆秉章只是在一旁静听。

　　骆秉章幕府中很有一些才智之士，像郭昆焘、黄冕等。骆秉章对他们都很信任，引起了一些人的忌恨和诽谤。因为有些幕客并没有中上举人、进士，嫉妒的人就说，在湖南是"幕友当权，捐班用命"。骆秉章不理睬他们，还辩解说，幕友们办的事都是他本人裁决定夺而后施行的。至于人才应量能力使用，本来就无科甲、捐班之分，那些闲话根本不用去管它。

许多年以后，骆秉章早去世了，左宗棠收复新疆，立了大功，拜相封侯。有一次他问一位友人："我和骆文忠公相比如何？"友人说："你不如骆公。"左宗棠问是何缘故，友人说："骆公幕府中有你，你的幕府中却没有像你这样的人。由此看来，你不如他。"左宗棠听了哈哈大笑。他一生对骆秉章十分倾服。

第十三章　"骆秉章之功，皆左宗棠之功也"

幕府生涯六年——减轻民赋——
增加岁收——外援五省——内清四境

在湖南幕府的六年中，左宗棠尽心竭力襄赞骆秉章，办理湖南的军、财、民、政各事。他的目的是保卫家乡，执行的方针是"内清四境，外援五省"。虽然太平军已退出湖南，但随时都可能再来。他一方面关心湖南省境内的治安，一方面也关心邻省，积极支援出征的湘军。

咸丰四年闰七月，曾国藩由岳州前线回到长沙，准备率大军出湘东征。在出征前的一段日子里，他与左宗棠密商对付太平军的策略，以及天下大势。他们几乎天天相见，事事相商，可谓亲密无间。不久曾国藩率大军北上，八月攻克武昌和汉阳，连下黄州、兴国、蕲州各城，又在田家镇打了一次胜仗；十一月，水陆各师进薄九江。曾国藩十分得意，湘军军威大振，却露出了骄气。左宗棠觉察到湘军虽然节节得手，但"将士之气渐骄，主帅之谋渐乱"，败象已露。便连写数信给曾国藩，劝他持军务必须慎重，不宜轻进。但曾国藩正在兴头之上，不予答复。左宗棠同时也写信给罗泽南，罗泽南倒是接受他的意见，回信说："也许你以为我会忌其言之太直，我此身日在过中，力求药石而不得，敢忌医乎？！你所说'骄之弊宜若易免，然时时对勘亦若为难'，诚有道之言。"他在信末写了一首诗：

事业极伊吕，浮云过太虚；

翊兹一战绩，已出二年余。

诗意是说：即使如伊尹、吕尚的王佐事业，也不过如浮云掠过太空；何况湘军这一战绩，已迁延了两年余才得手，有什么可值得骄傲呢?！

"骄兵必败"，当主帅的都知道这句哲言，但诚如左宗棠所说，虽时时对照检查，却又难于避免，这次曾国藩就没有能避免"骄兵之弊"。他于十二月率兵进攻湖口。太平军翼王石达开、春官正丞相胡以晃、冬官正丞相罗大纲都已率援兵赶到。石达开已看出湘军"将士皆骄，兵分势单"的弱点，用了一个"诱敌深入，分割围歼"之计，先将湖口守兵撤离，诱湘军水师一部分进入鄱阳湖，然后迅速派兵重新封锁湖口，将湘军水师分成两截。二十五日太平军派出许多小舟，在九江江面纵火焚烧湘军战船，曾国藩座船也被烧，他仓皇逃走。陷在鄱阳湖内的水师不能出长江。湘军的骄傲引起了一次惨重的失败。

次年（1855年）正月，太平军乘胜反攻湖北。湖广总督杨霈亲率重兵驻守黄州，准备抵御。但他是个庸碌之辈，不懂军事，将部队都开到前线，意图孤注一掷，省城后方空虚。左宗棠后来批评他，是犯了俗话所说"低棋不顾家"的毛病。太平军来攻，他又不知道如何应战，还未及接战，全军就溃败。太平军乘胜追击，轻易地再次攻占了武昌。巡抚陶恩培和署按察使武昌知府多山等自杀，两湖局势又一次为之震动。

骆秉章和左宗棠详细调查了湖北战况后，由骆秉章上疏奏劾杨霈，杨不久被免职，由荆州将军官文接任。那时胡林翼已由贵州知府奉诏调湖北，升任按察使。他曾随曾国藩军东征九江，武昌再度失守后，补署布政使，不久又补署湖北巡抚。他的官运亨通，又善于团结人。满人官文是一个颟顸无能的官僚，胡林翼和他相处得很好。二人积极整顿兵力，准备反攻武昌。曾国藩和罗泽南也率湘军东来。骆秉章派遣鲍超、王明山率水师沿湘江北上支援湖北。太平军方面，石达开和护天豫胡以晃、卫天侯黄玉昆等也从安庆增援，双方处于胶着状态。

太平军看到在湖北一时不能取胜，突然改变主攻方向，于十月转攻江西，连克瑞州（高安）、临江（清江）、新昌（宜丰）、袁州等，进图吉安。江西形势紧急，曾国藩困守南昌。左宗棠向骆秉章建议说："江西是军事要地，如果被太平军占领，那么不仅江、浙、闽、广四省都易遭到攻击，而湖南也更危险了。为保卫湖南计，必须出兵支援江西。"骆秉章听从了他的意见。左宗棠定下三路援赣之策：南路由酃县、茶陵攻吉安；中路由浏阳、醴陵攻袁州；北路由平江攻义宁（修水），直取瑞州。曾国藩有四个兄弟：国潢（字澄侯）、国华（字温甫）、国荃（字沅甫）、国葆（字季洪）；国华和国葆已随他出征，国荃还在家中，他于是自请募集勇丁二千人，加上周凤山新募二千人，从南路攻取吉安。北、中二路则由刘长佑、萧启江于咸丰六年二月分别率军由长沙、浏阳出发。三支军队到江西后，迅速稳定了局面，在湖北的胡林翼部队也取得了较大的胜利，于十一月收复了武昌和汉阳，湖南形势又一次安定下来。

这种稳定的局面没能维持多久，几年后，石达开的部队进入了湖南。原来在咸丰六七年间，天京的太平王朝内部发生了大变乱、大屠杀，洪秀全指使北王韦昌辉杀死了东王杨秀清及其属下两万余人，后又杀死韦昌辉。石达开赶回天京护驾，却遭到洪秀全的猜忌，被迫于咸丰七年五月率领他的部队离开天京，采取分裂主义的独立行动。他不去支援影响全局的湖北战场，却由安庆转入江西，后来又进入浙江、福建，旋又退回赣南。他虽一路披坚斩锐，取得一些局部胜利，但是遭到清军处处堵击，形单势孤。咸丰九年二月，他的大部队进入湖南，声势浩大，人马队伍走了六天六夜，不绝于途。他的意图是通过湖南转入湖北、四川。连年来湘军多数已开到外省，省内军力单薄，仓促间赶紧征集各方部队防堵，石达开军已经接连攻陷宜章、兴宁、郴州、桂阳州等地，湖南大为震动。

左宗棠多年来一直是处于幕内参赞军机，所谓"运筹帷幄之中"。这次看到军情紧急，前线将领意见不一，行动缺乏统一指挥，加之他从来没有亲临战阵，也希望锻炼自己，增加实战经验，就向骆秉章提出请求，要单身到前线去指挥军事。但是骆秉章倚他为左右手，不愿他远离，没有答应。

五六月间，湖南重镇宝庆（今邵阳）被石达开三十万大军重重包围。湘军刘长佑、刘坤一、田兴恕等在外围堵击，胡林翼又调李续宜军五千人由湖北来援。左宗棠得到围城守军送出来的一份"敌我兵势地图"，他将图挂在墙上，早晚详细研究。当将领们商讨作战方案时，多数人认为重兵应配备在东面，以保护省会，进攻方向应从东向西。左宗棠从兵势分析，认为东面敌人兵力雄厚，北面薄弱，应从北面进攻。争论了两天，最后采取了左宗棠的意见。湘军由宝庆北面的新化进兵，获得大胜。石达开军败退到东安，由东安又进入广西兴安，湖南于是再度解围。

左宗棠执行"外援五省，内清四境"的方针，除了对付鄂、赣二省的太平军外，湖南军队也多次援助粤、桂、黔三省。广东的红巾军、广西的会党和贵州的苗民起义，都曾侵入湖南，湘军也曾派赴三省助剿。湖南本境内也不安宁，会党起义此起彼伏，有些还准备出省与太平军会合。另外还有盐枭、烟枭，与广东、贵州各枭都有联系，也时常闹事。左宗棠协助骆秉章"内清四境"，对境内不安宁的因素进行了严厉镇压。

这次太平军攻入湖南，暴露了省内军力的空虚，这几年自从曾国藩率军出征后，湖南的良将精兵大多已出省了，而且遭受很大损失。罗泽南、江忠济、王鑫、李续宾、曾国华等高级将领相继阵亡或病故。靠着湖南的支援，省外湘军总算维持了下来，虽然作战也时有失利，终究将太平军的活动限制在长江下游江淮一带。湖南虽然不断经受小的骚扰，但大致还算平安无事。

湖南支援五省，不仅是派兵出去，而且还要供应军饷和军械、船炮等。咸丰四年湖南设立了船炮局，由丁善庆、黄冕、李概等负责，左宗棠亲自主持。黄冕是位制炮专家，以前在甘肃，后又在长沙造过炮，是用熟铁造的。左宗棠自己也设计了一种劈山炮，改用铸铁制成。炮身长五尺，外形如大抬炮，能装半斤子弹，射程四五里。每艘舢板左右各列炮一门，可俯可仰，可前可后，在当时算是一种利器了。一部分船炮运到了湘军前线，曾国藩很欣赏劈山炮，认为是水陆两用的利器。

最困难的是筹饷。湖南是个中等偏下的省份，自己的财政本来就拮据，哪来的钱供应邻省的军饷？左宗棠协助骆秉章采取开源节流的办法。开源的主要途径是收厘金。厘金是一种货物税，厘是值百抽一的意思，实际上厘税往往超

清末湘军

过百分之一。咸丰三年在扬州曾首办厘捐，后来曾国藩在汉口也曾抽厘税。咸丰五年黄冕首先在常德设厘局，郭嵩焘和左宗棠都极力赞成，以为是筹饷的唯一途径，他们建议骆秉章在全省推广，由郭嵩焘和知府裕麟总理厘金总局。这样每年可收得厘金100万两左右。后来又设立盐茶局，抽取盐税和茶税，每年也可收得三四十万两，款项几乎全部供给军饷。

左宗棠还协助骆秉章做了两件有益于人民的事：罢大钱和剔漕弊。咸丰四年，清朝廷因财政困难付不出军饷，就由户部通知各省自行铸造当十、当五十、当百大钱。六月湖南开铸，但是新钱与流通多年的旧制钱相比，含铜量远远不够，是一种"劣币"。于是不法官商争相私铸大钱，甚至将私铸大钱照面值减半抛售，也有利可图。结果市场混乱，老百姓拒收新铸大钱，民情汹汹，准备要罢市了。骆秉章和左宗棠商量，决定停用大钱，用制钱八成收缴。几天后收回大钱16万贯，而由官局铸造的仅有9万余贯，其余都是私铸。他们又严查舞弊官员，查出管事官员和长沙府家人、炉头等参与私铸，狠狠办了一下，绞决二人，革职数人，风潮才平息下来。不久户部又发下纸币八万两，搭放军饷。骆秉章认为当百大钱有铜一两五钱，尚且不能用，一张钞纸当银三两，百姓更不肯用了。就以湖南无官钱铺不能用钞，上报户部，拒不在湘发钞。这两起金融风波算是平安度过，人心也大快。

清代的"漕粮"其实是一种粮食税。由于北方缺粮，要由南方征粮经大运河北运，政府就借口在地丁（土地、人口）税之外，再征收一些粮食。原来为数也不多，但湖南漕粮积弊很深，浮收滥取，名目繁多，贪官劣绅又从而挟持勒索，农民苦不堪言。佃户除纳租外，所得租谷不够一家食用，因而纷纷退佃，另谋生路。既苦了老百姓，政府也收不上钱粮。咸丰五年已到七月，还没有人纳粮。骆秉章和左宗棠很着急，下令各州县裁汰陋规，鼓励地方人士提出革除积弊的方案。不久湘潭有一位举人周焕南到省城藩司提条陈，建议地丁和漕粮照原来规定略有增加，但是浮收滥取部分则全部取消。这个建议本来很好，但却遭到藩、臬、粮道和府县等层层反对，而且反将周焕南押回原籍。左宗棠知道后，大为不满，建议骆秉章采纳周焕南的意见，骆秉章同意了，就先从湘潭做起，随后各州县纷纷仿行，免去浮折漕粮后，每年减少赋税数百万两，百姓负担减轻，而纳粮却较以前踊跃，政府每年的收入也增加数十万两。

左宗棠还十分重视整饬吏治。他认为天下之乱是由于政治不修明，政治不修明是由于人才不出。所以对属吏必须赏罚分明，贪官劣吏及不称职的官员，必须严惩和罢免，还必须重视人才。他认为目前人才极为缺乏，用人不宜苛求，而应从宽录用。否则，有一部分需要培养、磨炼和激励而后能成才的人，就得不到出头之日了。他说自己用人的方法是："吾察人颇严，用人颇缓，信人颇笃，此中自谓稍有分寸也。""凡用人，用其朝气，用其所长，常令其喜悦，忠告善道，便知意向所至。勿穷以所短，迫以所不能，则得才之用矣。"可见他是善于用人才、培养人才和发掘人才的。有些人才可能是因有些本领，敢说真话，自己有一定主张，又不肯附和、阿谀，因此上级不欢喜，同僚也嫉妒，成了孤立、不受欢迎的人，成了诽谤的目标。如黄冕、王鑫、裕麟、萧启江等，当时口碑都不好。经左宗棠仔细考查，不满意他们的人却又说不出他们究竟有什么错误，因此左宗棠决定仍照样信任、重用他们。对于犯有错误的人，也不是一笔抹杀，而是全面考察。如咸丰四年王鑫军在岳州战败，以致影响曾国藩军败退靖港，曾国藩很不满。但左宗棠认为王是少有的大将之才，不能以一时一事做定论，对他慰勉有加。因此王鑫终身感激。后来左宗棠西征军中有许多王鑫旧部老湘营，为收复新疆立下了战功。

左宗棠还举荐了一批"勤干廉明""守洁才长"的州县官员，也罢免了一些"才质昏庸""庸懦无能"和"年力衰迈"者。当然都是通过骆秉章来办的。咸丰五年还参劾提督多顺庸劣、候补臬司魁联擅离防地，二人都被罢免。这是两名被罢免的最高级官员，而且都是满人。他这种赏罚严明、敢作敢为的作风，博得了社会的好评，但自然也遭到了许多人的嫉恨。

这几年左宗棠确是煞费苦心，特别是为筹措军饷，更是伤透脑筋。他给王鑫的信中说："湖南所界六省，均同时不靖。左支右绌，饷竭才乏，如何堪之?！"又说："吾省受邻省之累，如穿敝衣而行荆棘之中，挂肤刺目。"可想见他当时的困难。

经过左宗棠的苦心经营，湖南获得了几年的平靖。吏治整饬，积弊有所剔除，财政收入增加，百姓负担减轻。以岁入居中下的省份，还能以人力财力支援邻接五省，因此受到朝廷内外的赞扬，有些人以为诸葛亮治蜀也不过如此。咸丰五年十二月御史宗稷辰（字涤甫）荐举全国人才，以左宗棠列为第一，说他不求荣利、通权达变，迹甚微而功甚伟，若使独当一面，必不会次于胡林翼诸人。由此，咸丰帝也知道了他。咸丰六年，曾国藩奏他接济军饷有功，朝廷命赐以兵部郎中衔。胡林翼又奏荐他将才。第二年咸丰帝下了一道上谕给骆秉章，准备调他帮助曾国藩办理军务，但骆秉章舍不得放他，以湖南军事方急，奏留了他。后来又奏他运筹之功，被诏赏加四品卿衔。

湖南这几年的治绩，当然首先应归功于巡抚。但一些人包括肃顺和郭嵩焘，都说："骆秉章之功，皆左宗棠之功也。"这话有一定道理，但也不尽全面。骆秉章知人善任，就是了不起的才干和品德。左宗棠对骆秉章是始终佩服和推崇的。他认为骆秉章"德政既不胜书，武节亦非所短"。有德有才，并非如世俗所云"才不胜其德"的庸人。

经过六年的幕府生涯，由于骆秉章的推诚相与，左宗棠的政治和军事才能得到实际锻炼的机会，年轻时代所学在许多方面已得到应用。史家认为："宗棠生平功业，权舆于此。"（杨书霖）"宏才得展，实自入湖南巡抚幕始。"（鲁昔达）近代史学家也说："八年的幕府生涯，是宗棠生平事业发展中的一个重要阶段。……可以说，没有这一段幕府生涯，宗棠就不可能有稍后的飞黄腾达，他的后期也就不可能焕发出如此夺目的光彩！"（刘泱泱）

第十四章 "乘虚捣其巢穴香港，痛创敌军于天津内陆"

第二次鸦片战争——为抗击英法侵略军献策
——"万园之园"圆明园被烧毁

　　左宗棠在湘幕六年中，还协助骆秉章办理了一件重大外事，提出了抵抗西方列强侵略的方案。虽然没有得到清朝廷的采纳，但充分显示了他对付帝国主义侵略的勇气和才干。

　　鸦片战争后不久，太平军战事起，国内连年战乱，形势更加危急，大清帝国的外强中干，已彻底暴露。西方列强看到英国首先得到好处，也都不甘心落后，纷纷跃跃欲试，企图在这块肥沃的土地上大肆掠夺一番。英国也并不满足于《南京条约》中所攫取的那些权力，胃口越来越大。正如左宗棠所说："我愈俯，敌人愈仰；我愈退，敌人愈进。"不久就发生了英法联军进攻中国的事件。

　　咸丰六年（1856 年），即《南京条约》签订后 12 年，左宗棠正在湘幕，在广东发生了所谓"亚罗号事件"，英国借口这一件小事，突然发动对广州的攻击。亚罗号船是一只海盗船，船主是中国人，雇用了一名英国船长，悬挂英国国旗作掩护，在沿海劫掠客商。中国当局抓了 12 名中国水手。英国帕麦斯顿政府正准备对中国发动一场新的侵略，因此小题大做，气势汹汹。法国的拿破仑第三皇帝也借口有一名法国教士在广西西林被杀害（西林知县否认有此事），即所谓"马神甫事件"，也决定参加战争。咸丰七年十一月，英法军舰联合驶进珠江口，占领广州，俘虏了包括总督叶名琛在内的全部清朝大员。

　　叶名琛是一个昏庸的官僚。他身居要职，整日无所事事，只知道扶乩请仙。

遇有大事，更是要请神降旨，自己毫无主张。广东是华南门户，西方列强侵略，首当其冲。但是叶名琛对付敌人的态度是：既不备战，敌人进攻时，又不防守抵抗，也不和敌人议和。这样眼睁睁看着敌人杀进城来，他既不自杀，以身殉职，又不投降，还不逃走。他被英国人抓到军舰上，后又被送往印度监禁，两年后死在加尔各答。当时人编了一条顺口溜，讽刺并痛斥他："不战、不和、不守、不死、不降、不走，古之所无，今之罕有！"像这样一个空前绝后的昏庸人物，竟然被安放在两广总督这样重要的职位上，清朝廷吏治、用人的腐败，也可想而知了。

英法侵略军占领广州以后，成立了一个以广东巡抚柏贵为首的傀儡政府，命他继续以巡抚名义向清朝廷遣送奏章，但都须经过英法侵略军的审核。可笑可气的是，清廷对这样一件重大的事，竟懵然一无所知，咸丰帝根据叶名琛以前的报告，认为敌人无足畏，叶名琛是从扶乩中来判断敌人的情况，朝廷却信以为真，大为放心。英法军占领广州之后一个多月，咸丰帝还在十二月二十七日的上谕中说："叶名琛既窥破底蕴，该夷伎俩已穷，俟续有照会，大局即可粗定。"这时叶名琛已被英国人监禁，咸丰帝却还在嘉奖他。

湖南和广东毗邻，两省商旅往来频繁。广东发生的事情，湖南很快就能知道。英法侵略战争起后，左宗棠十分关心，也很焦急。他从广东来的商人中了解了详细情况，又对广东过境的官方文件仔细查核，将真实情况报告骆秉章，代骆秉章拟了奏疏，报告广州已失守的真情，清朝廷这才恍然大悟。左宗棠还通过骆秉章的奏折，揭露了叶名琛平日不能团结民心、临战又不能预为戒备，只知道扶鸾降乩，搞迷信活动，祈求神佛保佑。广东的失败，是叶名琛等地方官愚昧无知、一味求和乞降所造成的，并不是"夷人狡悍难防所致"。他在奏中指出："只要经理得宜，民心团结，士气宏扬，敌人亦何能为患？！"

他当时已意识到英法舰队可能北上，对京津进行威胁，写信给胡林翼，对广州战役战败、政府屈辱投降的表现十分愤慨，说："夷务屈辱至极，恐将更有不堪者。"他还提出抗拒侵略的策略："窃意华夷杂处，衅端之开必速，彼时以一支劲旅护天津，而后与之决死战，当可得志。但只求勋旧诸公勿参异论以惑视听，则吾事谐矣。"

他提出派重兵驻守天津，抗击敌人入侵，不失为一条很好的策略。但是他也认识到，王公大臣中有很多投降派，可能会加以阻挠。在当时妥协投降的议论甚嚣尘上之时，他却坚决抗敌，毅然以抗拒英法侵略为自己的责任。咸丰八年正月，他通过为骆秉章草拟的奏折，提出了一套抗拒英法的完整计划。奏中说："香山、东莞、新安三镇，民气最强。但得一二好州县暗为布置，许以重赏，令其密相纠约，勿漏风声，飘忽而来，趁夷兵赴省之时，乘虚捣其巢穴，夺其辎重炮械，则逆夷回顾不遑，安能久踞省城，肆其要挟？亦未尝非制夷之一奇。……天津内河水面窄狭，非夷船之利，诚能制之于陆，一面痛创，亦当不敢妄有要挟之心。总之，制夷宜于内河，宜于陆战，不宜与之角逐海口。"

他的两条计策，一是兵法上所说："出其不意，攻其无备。"派奇兵直捣英军老巢香港，广州敌人将不得不后撤回援，这也是围魏救赵之计。另一计是重兵驻守天津，引敌从海上登陆。他一向认为西方列强海军强大，在海上颇为厉害，清军非其敌手；陆上作战，则不过尔尔，双方势均力敌。中方兵力兵源胜过敌人，可围而聚歼之，消灭敌人于内河内陆。他这两条建议如能被清廷采纳，也许英法联军打不到北京，圆明园也不会被烧毁了。

可是清朝廷毫无与英法侵略军作战的决心。当英法联军开始进攻广州时，咸丰皇帝下谕旨说："此次已开兵衅，不胜固属可忧，亦伤国体，胜则该夷必来报复。……当此中原未靖，岂可沿海再起风波！"他既不愿失败，又害怕战胜，一时战胜了，害怕敌人增援，战事扩大。清朝廷认为心腹之患是太平军，是"家贼"，外敌倒是次要。在内乱未平之际，对外敌可以屈膝投降，因此对这项建议不予理睬。虽然清朝廷内部也有极少数人主张采取强硬态度，当英法联军北上驶抵天津时，翰林院学士潘祖荫提出："英法联军任情要挟，决不可与之议和，议抚不如议战，用兵不如用民。"清朝廷认为"中原寇盗未平，军饷短缺，又值海运尚未全数抵津"，因而仍然曲意姑容，对敌人进攻丝毫不做准备。

咸丰八年（1858年）四月，英法军舰开到大沽口外，四月突然攻击大沽炮台，强迫清政府签订了中英、中法《天津条约》。除了要求无理赔款外，又扩大了《南京条约》中所享受的特权。俄、美两国也趁火打劫，打着"调停"的伪善幌子，诱逼清政府签订了中俄、中美《天津条约》，除了没有索取赔款外，英法得到的特权，他们也都得到了。

咸丰九年五月，英、法、美公使带着舰队到达大沽口外，他们这次是到北京换约。清政府预先通知他们，军舰不要随便驶入大沽口，但侵略者公然不顾国际法，径直驶入大沽口。不想这次中国炮台给予痛击，英舰有四艘被击沉，另几艘受伤，海军上将何伯受伤，登陆部队伤亡也很大。由"中立者"美国的兵船相助，英法侵略军才得以退出大沽。

英法不甘心于这次的失败，咸丰十年初派出更大的舰队来华，并向清政府宣战。当清政府还在梦想和平、毫无准备的情况下，英法联军迅速在北塘口登陆，占领了天津，然后又打到北京，放火烧毁了被誉为"万园之园"的圆明园，掠走了所有的珍贵文物。咸丰皇帝早已逃到热河，恭亲王奕䜣奉皇帝命和英法侵略军缔结了《北京条约》，除了又增加赔款外，还将以前不平等条约中的各项特权更加扩大、更具体详细。通商口岸更多，外国兵舰可以在内河任意航行，外国人可以在内地随意游历，税率更低，鸦片成为合法进口商品等。这次英法联军的侵略战争又称为"第二次鸦片战争"，林则徐的抵制、销毁鸦片完全成为徒劳了。

左宗棠对待外敌的态度是非常坚决的，对国内的"叛乱"则采取慎重的态度，这和朝廷衮衮诸公大相径庭。当鸦片战争爆发，他还只是一名乡村教师，就凭着一股爱国热情，向朝廷献计献策，但是，"欲效边筹裨庙略，一尊山馆共谁论"？他这个山村小民的意见无从上达，也没有人理睬他。太平军战事起，他却不是那样积极，多次谢绝朋友和官方的邀请，徘徊观望了很长一段时间，这就明显表示了他对内战和外战的不同态度。

这次英法联军发动第二次鸦片战争，他的地位已有所变化，虽然仍只是幕僚，但能通过巡抚来揭露广州傀儡政权的实质，提出抗拒英法的建议和策略，并且毅然以抗拒英法侵略为己任，表示湖南可以去帮助两广解围，说："论局势须吾省为两粤一解北急。"那时虽然太平军内战正炽，他却主张派重兵去防守天津，狠狠打击侵略军。湖南正处在太平军经常犯扰之际，他宁愿将湖南事务摆在一边，带兵到广东去和英法联军作战。他重视外敌侵略更甚于内战的态度，是很明显的。

清朝廷认为：攘外必先安内，内部不平静，对外敌可以妥协投降。左宗棠显然有不同的意见。他认为：国内的安定、统一固然十分重要，但当外患严重时，决不能以内部问题为借口，向敌人屈膝求和，而应根据当时当地的具体情况，分出缓急轻重，恰当地抽调一部分精锐力量，抗拒外侮，这是必须也完全可以做到的。他的意见虽然没有被清廷采纳，但是对当时社会却产生了一定影响。

这次是左宗棠在湖南幕府中参与的最后一项重要决策。当英法联军攻进北京城时，他已经离开湖南了。

第十五章 "国家不可一日无湖南，
湖南不可一日无左宗棠！"

官、樊构陷事件——命运的转折——"侧身天地，四顾苍茫"

左宗棠帮助骆秉章整饬湖南腐败的吏治，罢免、惩办了一批贪官污吏，也得罪了一大批人。嫉恨他的人背地里谩骂他，无非说他骄横跋扈，超越了幕府的权限。咸丰九年（1859年），他的好友王柏心写信告诉他说，遇见自湖南来的朱伯韩侍御，他们二人都谈起左宗棠的才干，但也都听到许多诽谤他的话，"闻言者积毁，深为不平"。朱伯韩还自告奋勇，说到京师要为他排除谣诼。可知那时诋毁他的人很多，正如胡林翼后来上奏为他辩解所说："名满天下，谤亦随之。"

咸丰九年是左宗棠入湘幕的第六个年头，发生了震动一时的"樊燮事件"，也称为"官樊构陷事件"，促使左宗棠的命运和事业起了一个急遽的变化。

樊燮是湖南永州镇总兵，在当地有权有势。可他有一些劣迹，曾动用军中银钱作为镇署中零用花销，还曾私自役使兵弁为他抬轿等。咸丰八年骆秉章到北京见皇帝时，告了他一状，后来查实参奏，奉旨将樊燮革职查办。樊不服，向湖广总督衙门控诉。总督官文是骆秉章顶头上司，过去二人有矛盾，公事上骆秉章常给他碰钉子，他记了恨，认为太不给他面子。后来打听到湖南巡抚衙门的事是由幕府左师爷操办，又把怒气转到左宗棠身上。加之，也许是更重要的原因，一些满族上层人士近几年看到汉人逐渐当权，如胡林翼、曾国藩、骆秉章等纷纷得势，正十分嫉恨，因此想借樊燮告状的机会，压一压汉人的气焰。朝廷正在重用汉人，对胡、曾、骆等大员不能轻易动手，对一个小小的幕客还是无所顾忌的。

因此官文接受了樊燮控告，立即奏报朝廷，说是永州知府黄文琛等与湖南巡抚幕客劣绅左某，商同陷害总兵樊燮，还加油添醋一番。官文是满洲贵族大员，皇帝当然信任他，就下旨将本案交官文和湖北正考官钱宝青审办，密旨中说："如果左宗棠确有不法情事，可即就地正法。"事态显然很严重了。

骆秉章是当事人，矛头是针对他的。他当即将进一步查明的樊燮劣迹上报，说明樊是诬控。胡林翼是湖北巡抚，对"密旨"已有所闻。他和左宗棠是生死之交，虽然焦急万分，但和骆秉章都是官文下属，火头上又不宜和官文硬碰。皇帝是一贯偏听满大臣的，他以为如果在朝廷内部有得力的人出来讲话，事情才会有转机。

咸丰帝有一位宠信的大臣：满人肃顺。他是首先倡导重用汉人的朝廷内臣。自满清入关建立王朝以来，一直对汉人歧视猜忌，兵权向来不交给汉人。太平军起义后，清军连连战败，满人将领如都兴阿、胜保等都是些既不懂军事又不懂政治、颟顸无能的人。清王朝处于摇摇欲坠之际，肃顺深知只有起用汉人，才有希望挽救王朝。湘军的兴起，曾国藩、胡林翼等被重用，掌握军事大权，都与他极力支持有关。他以前已经听到关于左宗棠的一些情况，当得知谕旨拿问左宗棠的消息后，便告知了幕客高心夔（号碧湄）。

高心夔是有名的文人，肃顺儿子的家庭教师，他又告知著名文人王闿运（字壬秋），闿运也为肃顺门客，他又告知郭嵩焘。郭嵩焘当时任翰林院编修，听了大吃一惊，因他和左宗棠是同乡好友，自己不便率先说话，就托王闿运和高心夔向肃顺求救。骆秉章和胡林翼也同时写信给高心夔，托他向朝廷疏通。高心夔和王闿运于是向肃顺说情。肃顺说："我作为朝内大臣，一人也不好在皇上面前讲话。须得朝内外有疏保荐左宗棠，我这才好开口。"

郭嵩焘赶忙找了和他同在南书房（皇帝的书房）值班的少詹潘祖荫，请他给皇上保荐奏疏，并对潘祖荫说："如果把宗棠搞走了，湖南就会垮台，东南大局也就完了。"

潘祖荫于是给皇帝上了一疏，说："湖南军队不仅保住了本省，还支援了江西、湖北、广西、贵州，所向克捷。固然是骆秉章调度有方，实则由左宗棠运筹决胜。此天下所共见，也在皇上圣明洞鉴之中。"接着他说了两句传诵一时的话："国家不可一日无湖南，湖南不可一日无左宗棠。"

他将一个无官职的左宗棠的作用提得很高，竟身系国家之安危，要是给那班气量狭小、妒贤嫉能的当权者听见，可能反会给以打击陷害，使人才永远出不了头。潘祖荫最后介绍了左宗棠为人"赋性刚直，疾恶如仇……湖南地方上的恶官劣吏，因为满足不了私利，就图谋陷害"。他还直接指出："湖广总督官文听信浮言，处理太轻率。宗棠不过是一在籍举人，去留无足轻重，但是楚南事势关系太大，不得不为国家惜此人才。"

奏疏上去后，谕旨一直没有下来。实际上咸丰帝很重视这事。他早听说左宗棠这个人，自四年前宗稷辰向他荐举后，就注意了。以后遇到自湖南来和认识左宗棠的人，常常问他的情况。咸丰六年七月，胡林翼又专奏举荐，说："深知左宗棠才学过人，于兵政机宜、山川险要，尤所究心。前陶澍、林则徐均称为奇才，宗稷辰也已举荐，该员秉性忠良，才堪济变，孜尚气节，而过于矫激。面折人过，不少宽假。"胡林翼不仅陈述了左宗棠的优点，也指明了他的缺点。并说他"虽不愿居官任职，但仍据实胪陈圣听，以备将来随时起用"。咸丰帝因此下谕旨询问骆秉章："湖南举人左宗棠前经曾国藩奏保，复经骆秉章奏，该员有志观光，俟湖南军务告竣，遇会试之年，再行给咨送部引见。现当军务需才，该员素有谋略，能否帮同曾国藩办理军务，抑或无意仕进，与人寡合，难以位置，着骆秉章据实际陈奏。"骆秉章因湖南军事紧急，不肯放他走，上奏留他在湖南幕府。

咸丰八年十二月初三日，咸丰帝在养心殿西暖阁召见郭嵩焘，想进一步了解左宗棠的情况，他问郭嵩焘："左宗棠才干怎样？"郭嵩焘说："他才干极大，料事明白，没有办不了的事，人品尤极端正。"咸丰又问："左宗棠多少岁？"郭嵩焘答："四十七岁。"咸丰说："再过两年就是五十了，精力也将衰竭了。趁现在年力尚富强，可以出来干事，莫自己糟蹋，须得去劝劝他。"他又直截了当地叫郭嵩焘写信告知左宗棠皇上的意思，他"应当出来为我办事"。咸丰又问："听说他想会试？"郭嵩焘答："他是有这个意思。"咸丰叹口气说："左宗棠何必以进士为荣！文章报国与建功立业相比，究竟何者更重要？！他有这么大才，应当出来办事才好！"对左宗棠想再参加会试，咸丰帝是不以为然的。其实，左宗棠并不是真想再去会试，只是以此作为脱离幕府的借口。

这次发生樊燮事件，咸丰帝看到潘祖荫奏疏，主意拿不定，就向肃顺说："当今天下多事，如果左宗棠确实长于军事，当然可以弃瑕录用。"肃顺是识大局的人，趁此奏道："听说左宗棠在骆秉章幕中筹划军谋，迭著成效。骆秉章之功，皆左宗棠之功。人才难得，自然应当爱惜。请皇上将中外保荐各疏密寄官文，着他重新考虑。"咸丰帝采纳了他的意见。官文知道朝廷有意用左宗棠，只得具奏结案，一场风波就此了结。

左宗棠当樊燮事件发生后，心灰意懒，决意退出湖南抚署，他原意仍回柳庄隐居。但一些朋友知道后，竭力劝他。王柏心写信给他说："去岁听到有关你的事情，深抱不平。功高为人所忌，自古有之。但是受到游词相蔑，你就必欲拂衣还山，绝口不谈世事，以自明其高蹈，此乃浅之为丈夫，非所望于达节之士也。"他又替宗棠出主意，劝他平定太平军以后，再布衣还乡，长揖不受赏，这才是英豪壮志、奇杰美谈，比他这样悻悻去国，"不可同日而语矣"。可见友人们对他期望很大，但也可看出王柏心虽是知己，但还不及胡林翼之深，对宗棠思想深处还不完全理解。

左宗棠不久打消了"还山"的念头，一来是友人劝告，另外还有一层顾虑，郭嵩焘已经告知他咸丰帝的谈话，皇上已在怀疑他何以不愿出来办事，现在樊案已基本了结，皇上已面谕郭嵩焘，通知他"出来为我办事"，他怎能明目张胆地和皇上对抗？因此他想出一条路，向骆秉章提出要参加会试，以为摆脱幕府的借口。骆秉章看到形势虽已缓下来，但官文恶意未消，皇上下一步意图如何，还不明了。左宗棠忧谗畏讥，在抚署也待不下去，就同意他去京会试。咸丰九年十二月他脱离抚署，次年正月由长沙启行。临行前友人李概（字仲云）看他行装不足，慨然赠予 300 两银做路费，他去京会试是堂堂正正的行动，别人不便阻拦。他给刘坤一（字岘庄）的信说："特欲借会试一游京师，脱离此席。"说出了此行的真意。

他离长沙后，一路上大风大雪，三月三日到达襄阳，风雪未止。这时胡林翼派了专差送来一封密信，说："现在攻讦诬陷你的人并不甘心，网罗四布。……鄂帅（官文）正在策划构陷的办法，京师谣诼纷纭，千万不能去，以免陷入罗网。"并劝他去英山驻地一聚。

左宗棠于是踌躇了，他侧身天地四顾苍茫，不得已回头去找胡林翼商量。他是自信心极强的人，但常接受胡林翼的意见。现在无路可走，不如到曾国藩和胡林翼麾下领一支兵，去锻炼实战能力，其实也是无可奈何、违心之事。那时潘祖荫的保荐虽未批下来，胡林翼已料到咸丰帝迟早会重用左宗棠，他不赞成宗棠去京师会试，也不拟留他在幕中，因为皇上为他的出处正在考虑，于是劝他先回湖南暂居，等候旨意。

那时曾国藩驻军安徽宿松，准备进军安庆。听说左宗棠抵达英山，就派专人持函迎接他来宿松，共商军事。三月二十六日左宗棠到宿松，在曾营住了20余天。不久胡林翼也从英山赶来。此外李鸿章、李瀚章（字筱泉）、李次青（名元度）、曾国荃等也都来到宿松，他们在一起畅谈天下大势，尤以曾、左、胡三人在一处聚谈最多，往往从早饭后一直谈到深夜。这次宿松会晤十分重要，关系到湘军今后发展动向，自然也关系他们个人和国家的前途，以及清朝的命运。

左宗棠原来准备会晤曾国藩之后，就回湖南隐居。此时也正好接到家信，儿子孝威患病，他决定立即回家。他给刘长佑的信说："回去后，将屏迹山林，不闻世事。"看来他虽然和曾国藩、胡林翼谈得很投机，也出了不少主意，但他隐遁的思想直到这时仍未消除。当他正准备动身时，曾国藩接到了上谕，皇帝在考虑左宗棠的安排，询问曾国藩的意见，上谕说："左宗棠熟悉湖南形势，战胜攻取，调度有方。现在形势紧张，是否令左宗棠留在湖南襄办团练，还是调到该侍郎军营效力？"责曾国藩研究回答。这道上谕实际就是潘祖荫奏疏的批复。胡、曾一看都知"天心大转"，樊案已了，劝左宗棠打消隐居念头，回湖南静候圣旨。左宗棠于是于四月十八日起程回湘。

曾国藩和胡林翼商量后，就立即奏陈皇帝说："左宗棠刚明耐苦，晓畅兵机，现在正是需要人才的时候，无论委派何种差使，使其安心任事，必能感激图报。"胡林翼也随即上奏保荐说："左宗棠精熟方舆，晓畅兵略，在湖南赞助军事，立有功劳，名满天下，谤亦随之。为人刚直激烈，对坏人坏事不少宽饶，心固无他。我与他是同学又兼姻亲，咸丰六年曾保荐过他。应请天恩令其速在湖南募勇六千人，以支援江西、浙江和皖南。"

樊燮事件曾一度使左宗棠陷入危困之境，但咸丰帝接到潘祖荫、曾国藩、胡林翼的保荐疏后，就决心起用他。咸丰十年五月他回长沙后不久，就接奉诏书，以四品京堂候补，随同曾国藩帮办军务。他随即在长沙招募了五千人，成立了楚军。从此，他就打消了隐居山林的念头，告别了家乡，率领楚军东征西讨，开始了几十年的戎马生涯。

第十六章 "我忧何诉？我喜何告？ 我苦何怜？我死何吊？"

楚军东征——咸丰薨——胡林翼死

楚军成立后，集中在长沙城南金盆岭，进行战前短期训练，它共设四营和四总哨，每营 500 人，每总哨 320 人，总共 3280 人，由各县招募来。左宗棠招请了崔大光、罗近秋、黄少春等旧将弁，担任营、哨军官，选人的标准以勇敢朴实为主。选精锐 200 人为亲兵，分成八队。楚军总共 5000 余人，由王鑫堂弟开化（字梅村）总全军营务，刘典（字克庵）和杨昌濬（字石泉）为副手。王鑫旧部老湘军 1400 人也收入楚军，由王鑫弟王开琳任统领。

左宗棠原是奉命去长江下游，帮办曾国藩军务。出发前，因石达开率部将由贵州入川，朝廷意思是让他改去四川督办军务，遭到曾国藩和胡林翼的反对。左宗棠自己也不愿去川，而愿入吴。他们都认为如左宗棠去川，形势孤单，不易成功，三人联合更有利。曾国藩和胡林翼就以江皖战事紧急，上疏请留左宗棠援安徽。

不久广德、宁国都被太平军攻占，清廷接受了胡、曾的意见。左宗棠遂率楚军于八月从长沙出发，经醴陵进入江西，原想去祁门与曾国藩军会合。半路上听到太平军已占领徽州，于是左宗棠率部队由南昌经过乐平，进驻江西东北门户景德镇。到景德镇不久，正有一支太平军别部由广东进入赣南，准备进占景德镇。左宗棠派王开琳的老湘营击退了它。这支别部就逃往景德镇东南的德兴，拟与据守该处的太平军会合，左宗棠派王开化、杨昌濬率部队在半路截击，王开琳的老湘营又从后追来，太平军出其不意，大败而逃，楚军乘胜收复了德兴，又昼夜追赶，两天后收复了婺源，太平军逃往浙江。楚军出师首战告捷，收复两要地，在江西站稳了脚跟。这也是左宗棠的第一次实战。

太平王朝自咸丰六年（1856年）内讧，石达开出走，形势一度陷入危急。后来由李秀成、陈玉成等重组核心，于咸丰八年八月在浦口击破江北大营，歼清军万余人，咸丰十年三月又击破江南大营，歼敌数万人，清军主帅和春自杀。太平军重振了威势，连克苏州、常州，进入浙江，攻陷嘉兴。清朝廷看到形势不妙，只有倚靠湘军，于是实授曾国藩为两江总督，并任钦差大臣，掌握江南江北军政大权。

曾国荃画像

曾国藩的大本营在祁门，他的第一个目标是夺取安庆。安庆是天京西南的重要门户，据长江中游，扼鄂、豫、苏、浙、赣五省咽喉。他和曾国荃、胡林翼的部队包围了安庆。太平军为了解安庆之围，派出南北二路军再次西征，以转移清军兵力，目标是会师武昌。北路由英王陈玉成、南路由侍王李世贤分别率领。十一月各路军包围了祁门，只剩西南通往景德镇的一条路，全靠左宗棠为后援接济。左宗棠军攻克婺源后，准备进攻徽州，因为太平军定南主将（后升堵王）黄文金率领数万部队攻击建德，

一连攻克了彭泽、昌都、鄱阳等县，声势很大。于是左宗棠命收兵回守景德镇、婺源、浮梁，黄文金率五万人来攻，左宗棠守军只有五千人，他定了一个小小的计策，命黄少春部队从后面绕击，以少胜多，将黄文金击退。

太平军准备再度大举进攻，曾国藩急忙调鲍超部队来增援。鲍超是有名的勇将，左宗棠则有谋略，二人定下一条计策，由鲍军正面出击，楚军守屯，另外派一支军埋伏在后路。咸丰十一年正月，黄文金又来进攻，不幸中了圈套，大败而走。楚军和鲍军收复了建德，祁门于是解了围。

曾国藩对左宗棠初战告捷，十分欢喜。他在楚军收复德兴、婺源二城后，上奏为左宗棠请赏，得旨由四品京堂升为三品京堂候补，仍只能算是一个小官。

祁门解围后，他又上奏为左、鲍表功："臣在祁门，三面皆贼，仅留景德镇一线之路以通接济，该逆欲得甘心，赖左宗棠之谋、鲍超之勇，以守则固，以战则胜，乃得大挫凶锋，化险为夷。"清朝廷下诏嘉勉。

咸丰十一年二月，侍王李世贤的部队又进入江西，声势浩大，攻破了婺源，侵入平乐、鄱阳，进窥浮梁、景德镇。眼看楚军将被包围。左宗棠派王开琳和罗近秋去邀击敌军，不料王开琳中了埋伏，败逃回来，部将陈明南战死。李世贤军队突然从小路偷袭景德镇，那时景德镇已由曾国藩命建德屯将陈大富驻守，陈大富抵挡不住，投水而死，景德镇迅即被太平军攻克，清军吃了一次败仗，左宗棠于是率楚军退守乐平。

三月，太平军和楚军在乐平进行了一场大战。李世贤的前队被击退后，派出三路大军进攻。楚军兵少，左宗棠命令坚壁不出，太平军没有攻下，等到日中，太平军松懈下来了，楚军看到时机已至，突出反击，太平军被击退二十里。

几天以后，李世贤将大军都调到乐平，决心要把它攻下。乐平是个小城，城墙已坍坏，左宗棠下令营兵们沿城墙筑一道壕堑，从城东南的小河里引水注入城外堰内，使敌骑难以前进。三月十三日李世贤大军兵临城下，号称十余万，将乐平围困数十重。楚军困守在壕内，只有五千人。太平军几次扑壕，楚军寂然不动，等到太平军临近时再予还击，太平军没有得手，一直相持到深夜。

第二天中午，李世贤决定将主攻方向由东北转到城西，加紧进攻，守壕楚军死伤很大，眼看要支持不住了。左宗棠于是果断地下令反击，由王开化率队出西路，王开琳出东路，他自己与刘典出中路，听鼓声起，三路同时跳出壕堑，与太平军短兵相接。太平军毫无预料，在楚军横冲直撞之下，纷纷败退。那天正值大风大雨，河水骤涨，人马溺死的很多。这次战役，李世贤军损失五千余人，他自己也只身逃走。与此同时，曾国藩军在徽州却打了败仗，溃退到休宁。由于楚军的胜利，祁门后路肃清，曾国藩才得以后顾无忧，于是移驻东流。楚军出师不及一年，取得这次大捷，更加巩固了在江西作战的地位，也加强了清军在江、皖的作战力量。

李世贤在乐平军败后，率大队进入浙江，接连攻下龙游、汤溪、金华、遂昌、义乌、处州、严州等城，失之桑榆，收之东隅，浙西南几乎全部为太平军占领。清朝廷看到浙江地方部队不中用，就命左宗棠率楚军入浙支援，并且诏授他太常寺卿，封他一个挂虚名的官。但是曾国藩因为皖南还不巩固，奏请暂时仍留左宗棠守住婺源，以保住江、皖不稳定的形势。楚军因此仍留驻在景德镇一带。

这年六月，左宗棠和刘典一同来到新收复的婺源。婺源是一座小城，地处皖、赣、浙交界，因为是南宋大儒朱熹故里，倒很有名，素称文献之邦。城在万山之中，人民无隔宿之粮，全靠从外地水运粮食。商船一日不到，百姓就要挨饿。婺源属徽州，徽郡山多田少，商多农少。徽商虽有钱，但水运时时梗阻，常有手握金珠而饿死的。近八九年因清军与太平军在这里往来作战20余次，地方上损失严重。左宗棠到婺后，看到人物凋残，遗黎皮骨仅存，慨叹不已。他写信告知孝威说："湖南在东南是一块福地，你们没有经历过战争的残酷，哪能知道人世间有如此苦难，非言语所能尽。因此告知你们一点情况。"

他在婺源结识了任教谕的夏炘（字心伯，号弢甫），夏炘著了一部《述朱质疑》，对朱陆异同，辨析颇精。左宗棠也讲朱子之学，和他很谈得来。夏炘不仅和他讨论学问，又懂兵法，每天到营幕来，常和他谈论些作战机宜，又为他筹办军粮。左宗棠在婺源住了三个月，为百姓吊死扶伤，与婺源人相处很好。临行时，婺源士民送万民伞和旗牌的络绎不绝。后来夏炘还常和他联系。

几个月后。左宗棠军收复遂安，夏炘写信给他说："钺下以五千士卒，当全浙数百万之敌，来谕谓'慎以图之，当可无患'。愚以为慎于前攻，亦当慎于后顾。得尺则尺，得寸则寸，乃吾人拳拳弗失之学，用兵何独不然！前此诸帅只知前攻，而所复疆土不转瞬而复失之，百姓之遭蹂躏更甚于未复之时。钺下自乐平、浮梁，而婺、而遂安，前后所得，无复再失，此钺下之师所以超越诸将也。惟愿后此常守弗失。未得之地慎于前攻，不可轻犯贼锋，以堕诡计。已得之地，慎于回顾，不使贼出我后，顿失前功。"

左宗棠认为他说得很对。"得尺则尺，得寸则寸"，不单是学问之道，学到的必须巩固，能为己所用，如随学随忘，则是白学。用兵之道亦然。左宗棠自出师以来，每得一地，必加以巩固，决不轻易放弃。后来西征时也严守这条原则，这是他取胜之道，也是夏炘所说"所以超越诸将"之处。太平军也恰恰在这方面犯了严重的错误，攻城陷地很顺利，但旋即放弃，没有巩固的后方基地，形成流寇主义。这也是他们在军事上失败的重要原因之一。

左宗棠到婺源后，国内发生了几件大事。七月十五日咸丰帝病逝于承德行宫。他是于前一年英法联军进入北京之前，逃往承德的。他死后由年仅六岁的载淳即位，改元同治，慈安、慈禧两宫太后垂帘听政，实际则由同治帝生母慈禧掌权。不久就发生了一次宫廷政变：由于以肃顺为首的八大臣反对太后听政，分别被处死、流放、免职，而由道光帝第六子恭亲王奕䜣当政。因为太平王朝仍然盘踞天京，势力尚未衰退，清朝廷还要利用湘军，所以慈禧对曾国藩和湘军将领仍信勉有加。十月，曾国藩奉诏办理苏、皖、赣、浙四省军务，他的势力进一步扩大到浙江。

八月一日，长期被包围的安庆终于为曾国藩军攻下，这是湘军的一次重大胜利、太平军的重大挫折。太平军西上武汉的通道受阻，曾军解除了后顾之忧，又能抽出包围安庆的军力，增援对天京的进攻。从此，太平军形势日蹙一日，开始走下坡路了。

八月二十六日，胡林翼在武昌病逝。他病危时致信给左宗棠，与他诀别，勉励他和曾国藩继续未竟的事业。左宗棠得信后，急忙派人专程去看望，并送药物给他。使者看到胡林翼"血尽嗽急，肤削骨峙"，显然是患了肺结核或肺癌，这在当时都是不治之症。胡林翼是湘军三领袖之一，足智多谋，富有政治头脑。他的死是湘军集团的重大损失，对左宗棠也是一个重大打击。他在军中，不能前去吊丧，写了一篇情真意挚的祭文，文首谈到与生俱来的两家交情："詹事文学，读书麓山，两家生子，举酒相欢。"而后谈到在京师初遇："纵言阔步，气豪万夫，我歌公哥，公步我趋。"他遭官、樊构陷时，是胡林翼同情和帮助他："我方忧谗，图隐京门，晤公英山，尊酒相温。公悯我遭，俛焉若尽，忧蕴于中，义形于色。"然而，当他们商定大计，取得了初步成功时，"何图我公，积劳成瘵，中兴可期，长城遽坏"。失去了一生真知己，也失去了事业上的一个最忠实的伙伴，他只有长叹涕零。祭文结尾说：

> 悠悠我思，不宁惟是，交公弱年，哭公暮齿。自公云亡，无与为善，孰拯我穷？孰救我褊？我忧何诉？我喜何告？我苦何怜？我死何吊？追维畴昔，历三十年，一言一笑，愈思愈研……有酒如兹，有泪如丝，尽此一哀，公其鉴兹。

30年的交情萦怀于心，但是逝者已矣，左宗棠似乎从此更觉孤独寂寞了。曾国藩读了祭文，不禁评论说："祭润帅文，愈读愈妙，哀婉之情，雄深之气，而达以恢弘之气。"他对胡林翼的死也不胜伤感。

第十七章 "客日强而主日弱，终恐非计"

进军浙东——反对"借洋兵助剿"——"士民嗜利忘义，
争附洋人"——"费中土至艰之饷，贻海疆积弱之忧，
人心风俗，日就颓靡"

咸丰十一年底，江西太平军被鲍超军多次战败，但李世贤大军则在浙江继续得手，八月攻占严州、绍兴，十月攻占宁波、台州。浙江省除杭州外，只剩衢州、温州、湖州还在清军手中。温、湖二州四围都是太平军，清军只控制了衢州与江西接壤的通道。清朝廷看到江西已缓和，浙江却紧急，就诏命左宗棠赴浙督办军务。左宗棠奉旨后二日，十一月二十八日太平军攻陷杭州城，巡抚王有龄自缢身死。曾国藩这时也认为浙江亟待救援，密疏荐左宗棠为浙江巡抚，并写信给左宗棠说："目下经营浙事，全仗大力，责无旁贷。"十二月，朝廷下旨任命左宗棠为浙江巡抚。左宗棠于咸丰十年八月领兵出征，不过一年余，就由四品京堂候补升为地方大员，可说是升官快捷之至了。

楚军初出湘时只有五千人，后来陆续增加到八千余人。但是兵力和将领仍远远不够。左宗棠奏请调广西臬司蒋益澧（字芗泉）任浙江布政使，并募兵三千人随来；又调湖南总兵刘培元任衢州镇总兵，也募兵三千。培元熟悉水战，衢州是水陆通途，命他设立水师，帮助陆军作战。这样，楚军兵力达到一万余人，兵力较前雄厚了。

左宗棠研究了浙江的局势，认为太平军攻陷全省各地，如摧枯拉朽，浙事之败，首先是由于当局者有依赖心。军兴之始，浙省竭尽全力供应金陵、皖南各军的饷需，希望依靠他们的力量保全本省，因而对于练兵选将漫不经心。浙

皖清军失败后，又赶忙收集败兵残将，给以重饷，以为可以一战。结果兵越多，饷越困难，军令不行，以守则逃，以战则败，因此局势一发不可收拾。他认为当今最重要的是要申明赏罚，给兵将发足饷，但对兵员应严加淘汰，补募一批真能作战的勇士，因此将蒋益澧和刘培元调来。对付太平军的策略，应该是"避长围，防后路"，先使自己巩固，宁肯缓进，断不轻退。这是他一贯的军事思想，也就是如夏炘所说："得尺则尺，得寸则寸。""既慎于前攻，也慎于后顾。"

曾国藩对左宗棠的军事才能很为欣赏。当左宗棠提出全军援浙的策略时，曾国藩赞扬他"平日用兵，取势甚远，审机甚微"。同治元年九月，苏州、常州的太平军反攻包围金陵的清军，皖南太平军又攻占宁国县城，徽州告警。曾国藩急请左宗棠派蒋益澧军增援。但是益澧军正在汤溪与太平军对峙，无法抽调，只派了王文瑞军越过界岭，在休宁、歙县之间驻屯，示以威慑。曾国藩后来认识到所提要求不仅办不到，也于大局不利，复信给左宗棠说：

> 弟当危迫之际，每每不自持而陈说及之。胡润帅昔年亦多不自持之时，独阁下向无此失，从未出决办不到之主意，未发强人以难之公牍，故知贤于弟远矣。

曾国藩认为左宗棠的谋略、在考虑处理问题上，不仅远胜于他，也胜过胡林翼。胡林翼死后多年，他每当与左宗棠谈及军事、人才、国家大势时，总念念不忘胡林翼，总是以胡、左、曾三人并列，可见他们三人关系非同一般。

同治元年正月，楚军进入浙江，收复了浙西的开化，太平军退到遂安、常山一带。楚军乘胜追击，二月又收复遂安，太平军损失很大。左宗棠命令王开来和王文瑞分守开化和遂安，亲自率大军向衢州进发，三月抵达江山，在清湖击败李世贤军，李世贤本人也几乎被抓获。六月，楚军进抵衢州城外，刘典、杨昌濬部队攻城北，刘培元、王德榜攻城东南，太平军败退，衢州解严。李世贤退到金华。李世贤在浙江一路披荆斩棘，所向无前。但是进入浙江，他就连吃败仗。遇到楚军这支老对手，又吃了一次败仗。

这一战后的一二年间，清军和太平军形成了拉锯战。太平军人数众多，勇武善战，势力仍然强大。左宗棠采取的对策是：步步为营，每得一地，决不轻易放弃。这样，太平军占领的地盘越来越小，日蹙一日。同时太平军在江苏的形势也不利。李鸿章军于同治元年三月从安庆增援苏州、上海；曾国荃军于五月进窥金陵，前头部队已进驻雨花台；彭玉麟的水师也已到达护城河口。天京危急，李世贤奉洪秀全命，率一部分部队回援天京，在浙西的太平军群龙无首，陷于被动地位。

那年四月，因失守宁波被革职的原宁绍台道张景渠从定海招收了一批海盗，收复了太平军占据的定海，然后又与英国驻宁波领事夏福礼和英舰队司令刁乐德克密商，于十二日联合英法海军进攻宁波，英舰"会战号"首先发炮攻击，经过数小时炮战后，登陆占领宁波城。同时仙居民团也趁此收复了台州城。这次战役，太平军进行了英勇的抵抗。法国舰队司令耿尼、英国将领科诺华等28人被打死，英国舰长克莱吉受伤，太平军戴王黄呈忠、首王范汝增也受重伤撤走。这是在浙江首次发生的"借洋兵助剿"事件。

清朝廷"借洋兵助剿"太平军，在近代史上普遍被认为是一件不光荣、屈辱的事。借洋兵的事来源很早，咸丰三年当太平军进逼南京时，就有些人（如苏松太道吴健彰）提出请美、英、法派海军进入长江，帮助阻止太平军前进。美国驻华公使麦莲也主动表示，愿意帮助对付太平军，但是遭到咸丰帝的拒绝。咸丰四年，清军邀请法国海军陆战队协同作战，攻陷由小刀会起义军占领的上海县城，这是第一次"洋人助剿"的实例。但在随后的谈判中，咸丰帝拒绝了英国提出的"助剿"建议。

咸丰十年，又有两淮盐运使乔松年建议请英军助剿，咸丰帝在奏折上批云："若藉资夷力，后患无穷。"英法联军侵入京师，与清廷签订了《北京条约》后，法公使向奕訢表示，愿帮助共剿太平军。咸丰帝经考虑后，还是认为"藉夷剿逆，流弊滋多，自不可贪目前之利，而贻无穷之患"。所以终咸丰之世，"借洋兵助剿"虽建议多次，也曾在上海实行一次，但终未被清廷正式批准。

慈禧太后掌权后，改变了态度。她与奕訢都赞成与外兵合作，"同心灭贼"。同治元年三月上谕宣称："借师助剿一节，业经总理衙门与英法驻京使臣商酌。"同时指示江苏巡抚薛焕"与英法两国迅速筹商，克日办理"。还说："上海为通商要地，自宜中外同为保卫。"

上海的一些官员、士绅、买办等本来就极端崇洋媚外，早就希望靠外国兵力来消灭太平军。以道员吴煦和杨坊为首，与一个美国人华尔合作，于同治元年（1862年）二月拼凑了4500人的洋枪队，后来改名为"常胜军"，主要由中国民勇组成，另雇有100余名外国领队官任训练和指挥。这是一种中外混合军。

另外，英法两国还派出军舰和陆军，直接参与对太平军的战事，并供应军械、运输等。此后，"洋师助剿"就成为合法了。

利用洋师和洋船的主要人物是李鸿章，他字少荃，安徽合肥人，道光二十七年进士，曾从曾国藩讲求经世之学，是曾国藩门生。太平军占据金陵后，他曾在家乡协助办理团练，后来加入曾国藩幕府，很受曾国藩的器重。同治元年命他回家乡招募淮勇七千人，又配备一部分湘军，成立了

李鸿章像

独当一面的淮军。曾国藩又奏荐他任江苏巡抚，以上海为基地，配合围金陵的曾军，进窥苏、常一带。

李鸿章回家乡组建了淮军，由安徽去上海，如走陆路困难重重，沿途都是太平军。他于是与英商订立合同，重价雇用英轮，将淮军八千人分批运到上海。他这次与洋人合作得手后，很得意，说："华夷混一，局势已成，我辈岂能强分界画。"他看不起吴煦、杨坊这批人，认为他们"外交之术过趋卑谄"，"所以媚洋人者无微不至"。他也不愿外国直接出兵攻打苏州、常州和南京，以免外国人夺了头功。但对局部利用外国兵，像华尔的"常胜军"这类组织，则完全赞同。

曾国藩在对待"借洋师"上和李鸿章有相同的观点。李鸿章还未到上海时，曾国藩就明确地说："宁波、上海皆系通商码头，洋人与我同其利害，自当共争而共守之。"李鸿章到上海后，向曾国藩报告他对洋人的态度是："可从则从，断不与之失和，上海总要洋人保护方好。"他又表扬华尔一番，说："华尔打仗实系奋勇……鸿章近以全神笼络，欲结一人之心，以联各国之好。"华尔原来与吴煦、杨坊关系密切，后来转而受李鸿章调度。

张景渠与英法军联合攻占宁波时，左宗棠还远在浙西，顾不上浙东沿海。他对勾结外兵的张景渠十分厌恶，既不表扬，更不官复原职，而另委派史致谔任署宁绍台道。那时宁波的防守全靠英法兵，因为兵力不足，刁乐德克就仿照上海常胜军，在原英领事馆通事郑阿福招募的"绿头勇"基础上，增募一千人，组成中英混合军，分为"常安军"和"定胜军"两队，通称"绿头勇"。宁波

美国人绘制的洋枪队士兵

海关税务司法人日意格和海军参将勒伯勒东也招募了一千人，与余姚士绅谢敬的"黄勇"合编成"常捷军"，通称"花头勇"。五花八门的中外混合部队纷纷成立。

几个月后，太平军反攻宁波，李鸿章派华尔的常胜军由上海往宁增援。清朝廷同时命令左宗棠派兵航海赴宁波，协同华尔作战。左宗棠当即复奏，以宁波远在海边为由，暂时无法派兵去，而且说："虽借外国兵力暂保孤城，主弱客强，终非长久之计。"表明了他不赞成借洋兵的态度。华尔的常胜军和宁波地方军配合，接连攻占了余姚、慈溪、上虞、嵊县等地，但华尔在进攻慈溪时受重伤，旋即死去。以后常胜军改由英国人戈登继任统领。

当法将勒伯勒东组织"常捷军"时，清廷谕旨李鸿章和左宗棠，给以署理浙江总兵的中国官职。李鸿章迅即通知史致谔，要他照会勒伯勒东。他又通知左宗棠，给勒以总兵札凭（任职证书）。左宗棠本来不愿管这事，认为李鸿章既然就近和史致谔联系，也应由他就近发札凭给勒，他也便于控制，上海离宁波近得多。但他虽然远在浙西，但因究竟是浙省巡抚，还是只好遵旨将札凭发给勒。他在奏章中借此阐述了自己对洋兵、洋人和洋奴的看法，说：

> 沿海各郡自五口通商之后，士民嗜利忘义，习尚日非。又自海上用兵以来，至今未睹战胜之利。于是妄自菲薄，争附洋人。其黠者，且以通洋语，悉洋情，致富贵。趋利如鹜，举国若狂。自洋将教练华兵之后，桀骜者多投入其中，挟洋人之势以横行乡井，官司莫敢诘论。近闻宁波提标兵丁，多弃伍籍投洋将充勇丁，以图厚饷。此常胜一军所以增至四千五百人也。若不稍加裁抑，予以限制，则客日强而主日弱，费中土至艰之饷，贻海疆积弱之忧，人心风俗，日就颓靡，终恐非计。

他认为利用洋兵，从长远来看，有很大的害处。耗费国家巨饷来养洋兵：

将来洋兵日强、华兵日弱，养虎为患，后患无穷。他反对借洋兵助剿，主张遣散已组建的洋军，但对于上谕不能采取对抗的态度，只提出予以限制，对那些谄媚、依附洋人的洋奴，包括见利忘义的市井无赖和昏庸无耻的上层人士，也予以猛烈抨击。

清廷看到他的奏折后，批示中打了一通官腔，给他碰了一个钉子。说他所提出用洋人的流弊，"朝廷早已虑及"。命令左宗棠与洋兵配合，"想该抚等必须遵旨妥办也"。

慈禧太后已决意要借洋师助剿，谕旨一再下达，左宗棠只能遵旨，但思想上却无法接受，在他权力范围以内，仍处处要予以限制，甚至遣撤洋兵。李鸿章给新任宁绍台道史致谔的信说："此时专意仰仗西兵，亦迫于时势之万不得已。请丈静心忍耐，听客所为。……洋人船坚炮利，即大可恃。"他的崇洋倚洋心理昭然若揭。左宗棠则告诫史致谔，不要以为洋兵有什么了不起，有所长也有所短："洋兵于海上之战最为得力，若入内港，则胜负参半。若舍船上岸，遇稍劲之贼，则更难得手。"他对于借洋兵助剿的既成事实虽无可奈何，但仍主张力加限制或及早遣撤。在给史致谔的信中又重申了上朝廷奏折的严正态度："洋兵洋将费中国至艰之饷，而贻海疆积弱之忧；此时猝加裁减，势固难行；然一任其逐渐增加，饷从何出？将来一有哗索之事，或遇调发之际，挟制多方，洋将且有所借口，以为诿卸之地，此宜早为之所者。"他告知养洋兵的后患："十数年来，习见我军政之不修、将士之驽弱，务思驾而上之。不审我为时局所缚，不能不降心相从。遂尔多方要挟。……我不求彼之助，彼无可居之功，尚可相庇以安。否则衅端日积，何以善其后乎？海上士大夫多不知兵，故宜妄自菲薄，所思议者，无非得过且过之计。公宜图自强之策，勿为所误。"

同治元年十一月，左宗棠部将魏喻义攻克严州，楚军一路沿钱塘江东下，另一路肃清东南沿金华至诸暨、萧山一线，目标直指杭州。宁波的中外混合军也渡过曹娥江，进窥绍兴。同治二年正月，蒋益澧、高连升、王德榜、刘明镫、刘典等部相继收复汤溪、金华、龙游、兰溪等城。福建军林文察收复武义、永康。太平军放弃东阳、义乌逃走。刘璈军又收复浦江、诸暨，水师也由富阳迅速东下。踞绍兴的太平军守将陆顺德害怕被两面夹攻，就弃城逃往杭州。绍兴成为空城后，已进至北官渡的宁波军由法将德克碑率领，进入绍兴城。

以法兵为主的洋兵进入绍兴城后，干了许多坏事：酗酒闹事，抢劫居民财物，太平军留下的财物也被席卷；甚至先入城的清军也被洋兵遍身搜查。他们抢得财物后，又强迫卖给当地居民，居民拿不出现钱，就强迫立下借据，这样，居民共"欠"法兵约银 11 万两。居民和清官兵都气愤不已，敢怒而不敢言。左宗棠得知后，立即写信将详情告知总理衙门，并指出："洋人在内地强横之状，实有不可以情理论者。……上年冬间，宗棠曾以洋将洋兵之害详告史致谔，嘱其勿事招致，无如甬、沪各绅富均视洋将为重，必欲求其助同防剿，以至自贻伊戚。……洋将有功则益形骄慢，日后更多要挟，已饬史道乘我军声势正盛，将洋兵陆续遣撤。"

左宗棠正式提出遣撤洋兵后，史致谔回信说："常安军即英国绿头营，拟调回宁波分别遣散。常捷军即法酋教练花头、黄头营，阅时既久，喧宾夺主；而且绍绅还欠他们米、物价十一万两，分立五个月票据，现尚无力偿还。此款不清，必不听撤。"左宗棠无可奈何，只好指示史致谔：一面遣撤绿头勇，一面与宁波绅商筹商，设法筹借款项，代绍兴商民还清欠款。裁撤常捷军务必"慎速图之"。

常捷军统领德克碑已是第三任。第一、二任勒伯勒东和达尔第福先后在绍兴战役中丧命。绍兴收复后，德克碑要求再招募一千人助剿，左宗棠严饬不准。德克碑很骄横，在绍兴纵兵抢劫，又向地方官吏日夜逼索"欠"款。总理衙门知道后，向法公使交涉，要求惩办德克碑。法国改派实德棱取代德克碑。德见势不妙，就来严州大营求见左宗棠。

左宗棠听说实德棱也是个好利不讲理的人，到宁波后，就强索旅费 5000两，和地方官争执不休，而且又有后台，来了以后，要赶走他比较困难，常捷军更裁撤不了，还不如德克碑容易约束。因此接见了德，待以礼貌，同时示以中国的威严，谕知他："中国剿贼并不需要借助外力。"和他订了条约存案：须听左宗棠约束，不许节外生枝，兵员不能增加。德克碑表示一一接受，对在绍兴所作所为，也承认错误，并连称愿出死力报效，谨受节制。左宗棠告知他，既任中国总兵，就要遵照中国仪节，但准许他仍可以行脱帽握手礼。他第二天来见时，果然将一把大络腮胡子剃掉了。左宗棠用洋将是不得已，他报知了总理衙门，又写信给史致谔，再次告知："洋将宜撤，弟早陈之。"嘱他早日清理绍兴绅民欠款。他对洋兵洋将与中国官兵一视同仁，有表扬也有批评，给奖决不过重，洋将在左宗棠麾下也颇听节制。一年后，洋兵洋将都陆续被遣散。

张景渠在浙江首倡借洋兵，左宗棠很厌恶他。可是后来李鸿章却为他铺叙夺取宁波、绍兴的功劳，还上奏朝廷，要求发还过去抄没他的财产。左宗棠知道后，十分愤慨，上奏予以驳斥。当时有人认为左宗棠是浙江巡抚，张景渠借洋兵的事可能是他主使，至少也是事先同意的。他断然否认，奏中说："宁波辖境之复，张景渠求助洋人，并非臣意……浙江因借助洋人之故，翻致多费周章。洋人入绍兴后，多方挟制，经臣据理力争，始俯首听命，愿受节制。"他又说明了太平军自绍兴撤退，主要是因楚军连克金华、萧山二城，加之水师东下，恐怕两面受敌之故。太平军退后，德克碑才入城，"洋将德克碑尚不敢居以为功，何况张景渠借洋将洋兵之力，希图赎死者乎？"他批驳了李鸿章为张景渠摆的功，说："论功未足蔽辜。"拒绝发还抄没财产。张景渠失守宁波，但后来收复了失地，还攻占了绍兴，对清朝廷也是功过相抵的。

左宗棠却认为他"功不足蔽辜"。"辜"有哪些呢？他擅借洋兵，引狼入室，不仅惹起很多麻烦，使宁绍以致全浙人民深受洋兵欺凌，而且丧失了国家的尊严、民族的气节，这就是最大的罪恶！和这种罪恶比起来，"功"就微不足道了。

左宗棠反对"借洋兵助剿"，鄙视媚洋分子如张景渠等，这自然会触犯主张借洋兵的李鸿章以及慈禧太后。他不能不遵从谕旨，也不能不用几名已为朝廷认可的洋将，但严格予以限制，不许胡作非为，有损民族利益。他反对借洋兵的主张，在奏折中，给总理衙门和同事、朋友的信中，都写得清清楚楚。可是有些书上竟说什么左宗棠是"法国侵略势力培植的代理人"，"与勒伯勒东和日意格相勾结，组织常捷军"，"仰仗法国流氓的保护"等，这是写历史却不顾历史事实，缺乏"实事求是"的态度，可谓厚诬古人了。

近年来有些严肃的史家查究、评论了这一段历史，说："左宗棠对清政府'借洋兵助剿'政策，曾进行过相当程度的抗争，基本上是持保留态度的。他不是扩大了'借洋兵助剿'的事态，而是尽可能地把它限制到最低程度，以致取消'借洋兵助剿'。他对列强侵略本性的认识还是很清醒的。在民族矛盾客观存在的历史条件下，左宗棠反抗外来侵略的思想没有减退和消失，始终对侵略者怀有戒心和敌意。他在与洋人的交涉中，坚持不卑不亢的态度，在恶劣的环境中与侵略者进行坚决的斗争，这种精神是难能可贵的。"（岑生平）这是一段史学家的有代表性的评价。

第十八章 "一家哭何如一路哭?!"

在杭州(上)——减轻赋税——招商开市——扶植农业——整饬吏治

太平军在绍兴失守后,退守杭州、余杭一带,首领李世贤已于上年回援天京,留下部将听王陈炳文和归王邓光明据守杭州,康王汪海洋守余杭,虽然仍拥有 10 万之众,但四面受敌,形势已很不利。

同治二年四月,清廷任命左宗棠为闽浙总督,仍兼浙江巡抚,他的权力又扩大了。这时楚军已有三万余人。虽然人数少些,但主将有谋略,士兵有锐气,兵将团结一致。他们的主要目标是攻取杭州重镇。为了防止皖南太平军南下抄袭后路,左宗棠派刘典、王文瑞两军共一万余人进入安徽防堵,蒋益澧一万余人进攻富阳,直逼杭城;其余各军则分布在下游新城、桐庐、绍兴和上游淳安、遂安,以及衢州、金华等地。左宗棠的大本营在严州,各军逐步向杭州进逼。

八月初,楚军大举进攻富阳,初七深夜攻破富阳城。徐文秀、高连升等部水陆会师向杭州进发。十二日,魏喻义、康国器两军由新城趋余杭,二十五日,高连升部攻破杭州清波门太平军堡垒,进驻万松岭。蒋益澧军抵达留下。杭州已兵临城下。太平军进行了几次反攻,但都被击退。因为杭州的得失对全局的形势十分重要,太平军决心死守,赶忙在城四周增筑堡垒,挖掘长壕,准备长期抵抗。

左宗棠于十一月由严州进驻富阳,并到余杭前线视察。十二月,高连升军攻杭州凤山门,连破九个堡垒,水师也攻破了江边石垒。初二日,大军逼城,将四门困住。余杭城也被黄少春、杨昌濬等部队将北、东、西北三面包围,留了一个缺口。

太平军不仅在杭、余一线紧张，整个形势也很险恶。同治二年十月，李鸿章借戈登"常胜军"洋将力量，攻克了苏州，十二月又克无锡；同治三年正月连克宜兴、溧阳，同时派一军攻常州，另一军进入浙江，会合楚军进攻嘉兴。而太平军在浙江的部队看到形势不妙，有多处发生叛变。靠近嘉兴的平湖、乍浦、海盐、嘉善等地的守将纷纷投向清军，其中以海宁太平军首领蔡元隆的叛变影响最大。他投降清军后，改名元吉，成为反攻太平军的一员悍将。一个月后，他偷袭桐乡，太平军守将何培章投降。二月，元吉又参加苏、浙军会攻嘉兴，十八日，苏军将领程学启领部队先登上城，嘉兴城遂被攻陷。

困守在杭州的陈炳文部队得到海宁蔡元隆叛变的消息后，一部分将领产生了动摇，他们派人到李鸿章军中约降。李鸿章叫他们也到左宗棠军中联系，不料为城中发现，陈炳文将内应者捕杀。但是左宗棠已得到密信，知道城内军心已乱，就下令加紧攻城。二月二十一日，水陆军攻破城外四垒，二十四日凌晨分兵攻五门，另派一支兵攻击驻守城外的太平军，战到中午，天下起大雨，双方暂时休战。雨止后又大战。太平军支持不住，收兵入城。蒋益澧估计太平军困守孤城，无力反攻，败局已定，有可能突围逃走。于是收兵回屯，沿城边设下埋伏，静静等待。到半夜时分，听到城中人声鼎沸，知道有变，就急命各军准备截击。杭州城只剩了北门没有合围，太平军纷纷从北门逃走，清军立即从东、南、西三门争先恐后地涌进，双方冲杀，伤亡都很大。二十五日楚军攻占杭州。据余杭的汪海洋听到杭州失守，也于当天弃城而出，与杭州败军会合，逃到德清、武康一带。

杭州被清军攻陷，对太平王朝是一次重大打击。原来太平军据有浙江，作为天京屏障，又可南下闽越，西出赣皖，活动余地很大。如今浙省既失，苏、常又被攻陷，天京已成一座孤城，岌岌可危了。

清朝廷对收复杭州十分欣慰，论功行赏，诏加左宗棠太子少保衔，赏穿黄马褂，将士也都分别升官。

作为总督兼巡抚，左宗棠是首次进驻省城。杭州为七大古都之一，江南重镇，历来文化兴盛，商业繁荣，又有西湖风景胜地，烟雨画桥，山光塔影，为天下人所向往。可是十余年来，人民饱受战祸的蹂躏，左宗棠入城来，看到的是一片凄惨景象。城中原有人口81万，现在只剩下七八万，死的死，逃的逃，逃不了的也多数衣食无着，流浪街头。一路上还看到许多路毙的尸体，无人掩埋。

左宗棠进城后办的第一件事，就是设立赈抚局，收养难民，对孤寡妇女儿童都妥善安置。对暴露在街头野外的尸骨，鼓励人民掩埋，给以报酬。又定了几条严禁：严禁军士擅入人民居，凡兵勇扰害闾门者斩，拐掠贩卖人口者斩，扰索诈胁绅民者判罪；禁止屠杀耕牛，以保护农业生产。他带兵作战所过之地，虽然饷粮困乏，仍命官兵发散钱米或煮粥分给穷苦人民。到杭州后继续散发钱米。浙江富绅杨坊、毛象贤、俞斌等过去愿出巨资供养"常胜军"洋兵将，但对老百姓却为富不仁。左宗棠上奏弹劾他们，责令他们筹集巨资，去各地购粮，运回浙江办赈。他还采取以工代赈的办法，修理城墙、衙署等，并教妇女纺织。

他认为"为政先求利民，民既利矣，国必以与"。设赈抚局、收难民、严禁扰民等是利民的一方面。浙江人民在政府的腐败统治之下，苛捐杂税重重，民不聊生，"兴利不如除弊"，为了减轻人民负担，他办了几件事：

1. 减漕粮浮收。左宗棠在湖南幕府时，办理过漕粮，深知此中积弊。浙江浮收漕粮也与湖南一样，超出原规定的税则很多。漕赋一石如直接纳米（所谓"收本色"），须纳二石五六斗至三四石，如折色纳钱，米价每石两千文，却要折价七八千以上。左宗棠认为："减征一事最为当今急务。"他奏准减征浙东地丁和南米浮收，缓征本年全省额赋，革除一切摊捐及陋规。攻占湖州后，他裁汰所有浮收陋规，原定额也减少30%。同治四年，又减收杭、嘉、湖三属米26万石。

2. 停关税。当时货物税既有厘金，又有关税。浙江关税向由杭州织造管辖，织造隶属内务府，南北新关税收是供清皇室挥霍享用的。左宗棠上奏说："兵燹凋敝，若更关厘并举，竭泽而渔，遗孑之民必益形穷蹙，清暂缓开关，于厘捐岁输银十万两供织造。"织造是满人恒延，他虽然反对，认为这违反旧制，但左宗棠掌握地方大权，朝廷还有所依赖他，对此也无可奈何。

3. 行票盐。陶澍虽早在道光二年于淮北实行票盐，左宗棠在湘幕也推行过，但是浙江仍是旧制，盐商与官府勾结，高价售盐，老百姓吃苦。左宗棠在浙江也改行票盐，民贩凭当地州县执照，就可去盐场买盐，到指定地区销售。同时裁汰了一些陋规。盐的成本低，售价低，人民普遍得到好处。

这几件兴利除弊的事，多是左宗棠以前在湖南办过的，他已积累了经验，驾轻就熟。现在的地位已完全不同，以前是幕客参政，如今则是掌握实权的总督兼巡抚，干起事来更方便。

浙江战后一片凄凉景象，百废待兴，左宗棠在奏折中形容当时的情景是："人物凋耗，田土荒芜，弥望白骨黄茅，炊烟断绝。现届春耕之期，民间农器毁弃殍尽，耕牛百无一存，谷豆杂粮种子无从购觅。残黎喘息仅属者，昼则缘伏荒畦废圃之间，撷野菜为一食；夜则偎枕颓垣破壁之下，就土块以眠。昔时温饱之家，大半均成饿殍。忧愁至极，并其乐生哀死之念而亦无之，有骨肉死亡在侧，相视漠然不动其心者。哀我人斯，竟至于此。"真是一幅"哀民图"！

左宗棠针对这种百废待兴的局面，实行了几项善后措施：一是招商开市，并减低厘税，使市场逐渐繁荣起来。农民逃亡的很多，就广招邻省农民来浙，贷给耕牛和种子。种地的人仍然不够，就命军士就地开垦。荒废多年的田经军士耕种好，或到了收获季节，原主来认领了，命军士一律归还，不许留难。劫后余生的农民对这些措施十分感动。当部队拔营时，农民们包括儿童妇女都"环拜泣谢"。

左宗棠看到浙江蚕桑之利，就教农民种桑、养蚕，还教种棉花。他说："教种桑棉，为养民务本之要。"另外，要发展农业和桑棉，水利最为重要。浙江海塘关系江浙两省苏杭七郡。战争以来，石塘已坍坏，修复需百余万两银，一时难以筹措资金。他命前按察使段光清在原石塘后面先筑一道土塘（堤），暂御咸湖水的侵袭，这样简易的办法，也需要 20 万两银，就责成富商捐办。其他还有三项水利要办：杭州西湖关系仁和、海宁水利，余杭南湖关系仁和、钱塘水利，省城中河是民商饮用和舟楫运输需要。他在杭州不到一年内，将中河修浚完工，对南湖工程不很满意，自己说只是"草草毕事"。西湖则因淤垫已高，葑长水枯，没有来得及疏浚。当他于同治三年十月离杭州去福建时，还念念不忘这几项水利工程。

他一向重视吏治，认为："经武之道，丰财居一……理财之要，在于修明政事"，"课吏之要，在于劾贪奖廉"。他的部队过处，严禁地方供养。对于贪官污吏，毫不容情地予以罢劾。他给福建巡抚徐树人的信说："察吏必先惩贪。贪吏如某某等，请絜弟衔劾办……知公仁心厚德，必有大不忍者。然一家哭何如一路哭？！"

"一家哭何如一路哭"是宋代名臣范仲淹的名言。左宗棠一生惩办过许多人，他坚持认为，对坏人，对该惩办的人，决不能心慈手软。惩办少数坏人，正是为了挽救绝大多数的人，也是为了全民族国家的利益，是不得不为、不得已而为之的。

浙江凋敝的民生，经过左宗棠一番整顿，出现了复苏现象，人心一时翕然。《清史稿》说："百废俱兴，东南诸省善后之政，以浙江为最。"近代史学家对这一段善后政绩也给予了公正的评价（如方之光、万灵等）。

第十九章　"在山本清，泉自源头冷起"

在杭州（下）——举人才——设书局——
造轮船——倡廉肃贪

　　整饬吏治的一面是肃贪，另一面还须广用人才。浙江连年战乱，官吏逃散的很多。左宗棠还在严州时，就奏调了顾菊生、周开锡、吴大廷、夏献纶等20余人来浙任事，这些人都是他素所了解的。后来又举荐本地人士丁丙（字松生）、陈其元（字子庄）、吴观礼（字子僆）等人。丁丙是杭州府学生员，战事发生后，收藏《四库全书》的文澜阁被破坏，藏书遭摧裂，他十分心痛。每天半夜冒着危险到文澜阁偷出书籍，十余天取出万余册，暗中收藏。楚军入城后，他交给官府，存放在尊经阁内，左宗棠嘉赏他的行为，为他题了"书库抱残图"。他参加杭州赈抚局办事，也很得力。陈其元是石门县人，是个候补知县，参加办理宁波赈局，"才长心细"。吴观礼是位举人，曾任刑部员外郎，后来参加左宗棠幕府。左宗棠说他："深明战略，不避艰险，具开济之才。"这三人都是有名的文士。丁丙被任为江苏知县，陈其元任江苏直隶州知州，吴观礼保举为道员，后来又注销道员官阶应试，考中同治十年进士，入翰林院。陈其元在江苏做官时，也为曾国藩所赏识。他写了一本《庸闲斋笔记》，较为有名，书中记述了一些左宗棠在杭州的工作和生活情况，因为是亲眼所见，比较可靠。

　　书中记述："爵相自奉甚俭，所得养廉银，除寄家用二百金外，悉以赈民。"这和左宗棠在家信和给友人信中所说相符。咸丰十一年（1861年）十二月任浙江巡抚时，与孝威信说："自入军以来，非宴客不用海菜，穷冬犹衣缊袍（旧棉袍）。冀与士卒同此苦趣，亦念享受不可丰。"与史致谔信也说："身家之念，早置度外。上年廉俸已全交给军中派用，对钱财不愿斤斤计较。自咸丰二年入湘幕以来，每年所得亦不过二三百两，除家用与教子所需外，其余全都不留，不欲以一官挠我介节也！"

他痛恨贪污，严惩贪官污吏，自己以身作则。当时官场中有一些给各级官员的额外好处，即所谓例规，都认为是应得之款，他也一概不取。有一次宁波海关照旧例，解给他平余银8000两，是给巡抚利用的一项津贴，实际是一项陋规。史致谔先给他寄来4000两，他复信说："来示海关公费，亦知为抚部例得之款。然而每读左司（韦应物）'自惭居处崇，未睹斯民康'诗句，辄为愀然。所寄四千金已发给衢州购买种谷，分发灾民。另四千金，不用寄来，可即发山阴、会稽、萧山赈济灾民，已用公牍奉致，并通知绍兴郡县具领分给矣。"

督抚每年的养廉金是两万两，他只取几百两作家用，经常以自己的养廉金赈济灾民或交公用。这就需要他和全家过俭朴的生活。他有一句名言："惟崇俭乃能广惠。"又常说："自奉宁过于俭，待人宁过于厚。"当时曾国藩生活也很俭朴，"蔬食自甘"，幕府里文士们都感到吃得太苦，常发牢骚。而左宗棠则更甚。在行军中，遇到士兵在吃饭，他就吩咐将自己的筷子取出，与士卒共食，尽饱而止。有一位仁和范郎中因公事到衢州去见左宗棠，正遇上大风雪。他看到左宗棠穿一件布面羊皮袍，坐在夹帐中，留他吃饭。他以为会有盛筵招待。不料桌面上只有"白肉数片，鸡子汤一盆而已"。后来他经略西域时，生活仍是如此俭朴。

陈其元书中也记载了左宗棠省下的养廉金的一些用途。在严州时，他拿出一万两银，收购茶、笋和废铁、五金，这是以商代赈。老百姓因而纷纷到深山穷谷中去采取茶、笋，赖以为活。他还雇用妇女采茶，发给米粮做工资；收购的茶运到宁波发卖，所赚的钱作为公用。收购的五金、废铁可做军工和民用原料。

同治三年九月，左宗棠在杭州找了几名工匠，仿造了一艘小轮船，机器是自己造的，外形倒也可以，可谓规模粗具。在西湖中试航，也能行驶，只是航速很慢。他把洋将德克碑和税务司日意格找来研究。那时"常捷军"已按约撤遣，德、日二人仍留在杭，他们都曾在法国海军服役过，懂得一些造船技术。他们看了说，大致不差，但是轮机还不行，应到西洋采购，这样船就可以行驶更快速。他们将法国制船图册拿给左宗棠观看，并且表示愿意代为监造。因为当时福建战事紧张，左宗棠急于赴闽，在杭州造船的事就此作罢。那时中国受西方欺凌，人们都认为是由于西方船坚炮利之故，左宗棠也以为造船是富民强国的首要之着。后来到福州后，立即继续发展造船事业。在杭州制造的这艘小轮船，虽然质量还不怎么好，但却是我国自制的第一艘机器轮船。

左宗棠素来重视文化事业，浙江乱后，书籍版片荡然无存。他命将卖茶笋款项数千金用来刊刻"四书五经"。进杭城后，立即开设书局，经理各类书籍的刊刻印售，从宁波请来了一些工匠刻印。他在宁波设书局更早些，在严州也设过书局。以后苏州、金陵、江西、湖北相继都设立书局。陈其元书中说："今各直省多设书局矣，而事则肇于左爵相，局则肇于宁波。经史赖以不坠，皆爵相之首创也。"

左宗棠在杭州公余之暇，常身着便服，又不带随从，独自去逛书店，还和店主人谈谈天，遇到好客的主人，见他谈吐文雅，留他吃一顿饭，请他为书店题个匾。他高兴起来，就舒纸题字，店主看落款，才知道这位不俗的客人原来就是抚台大人。有笔记说，杭州聚文堂书店匾额就是左宗棠所题。他还为书店写联，常爱写的一副是：

文章西汉两司马；
经济南洋一卧龙。

这副对联说出了他在文章、事业上所崇拜的理想人物：文章是西汉的司马迁和司马相如，经济（经世济民、治国之道）是蜀汉的诸葛亮。诸葛亮是他年轻时就崇拜的楷模；至于文章，历代大文豪很多，选择两司马也可能与对仗、谐韵等有关，不过两司马确也是中国文坛上的第一流人物。

同治三年九月初九是杨昌濬的寿辰，又恰好是重阳节。左宗棠和同僚们平日工作繁忙，趁此机会为杨昌濬祝寿，大家同到灵隐、天竺一游。这也是来杭几个月后第一次出游。他们走过飞来峰、一线天，循石级而上，山坡两侧高树参天，松竹交映，不久庄严巍峨的灵隐寺出现在眼前。老方丈在寺门相迎，进入大雄宝殿，佛像面前，炉香氤氲。左宗棠突然觉得什么时候曾来过，似乎旧地重游。想来想去，原来是40年前他方12岁时，住在长沙族祠中，曾做过一梦，梦中探身进入祠院中堆放的一棵巨木的孔内，看到别有天地，情景恍惚和此很相似。"曲径通幽处，禅房花木深。"其实这类风景在我国各地名山多有，诗词小说中也有许多描述。左宗棠自幼已铭刻在心中，并进入梦中，他平日游山玩水的时候很少，这次只是亲临其境罢了。

那天游兴很好，左宗棠和杨昌濬又登上天竺，谒拜了大士像，回到灵隐寺，留宿一夜。次晨方丈领他们到各处看看，到了一个敝旧的亭子，名"冷泉亭"，因为亭下有一泓泉水从山上流来，清冽无比。方丈说，亭子里本来有一副旧对联，因战争被毁了，请左宗棠补书。旧联语是：

> 泉自几时冷起？
> 峰从何处飞来？

联语有佛家偈子的意味。左宗棠认为意思尚不完整，就另撰一联，挥笔写就，交与方丈。

联云：

> 在山本清，泉自源头冷起；
> 入世皆幻，峰从天外飞来。

这副联语表述了他的本志。他家庭寒素，自己性格耿介，现在虽然做了大官，但仍然保持素节，不落入官场恶习。他以一穷书生，二三年内就跻身督抚，确是朝廷破格，正如天外飞来。这块飞来奇石，还将在尘世上干一番大事业。这副联语其实富有哲理。

九年后，他已去甘肃，恰又逢重阳节。他回忆起那年他们"高会于灵隐、韬光间，历历如昨事也"，怀念不已。写了一副寿联，寄给远在浙江任巡抚的杨昌濬。联云：

> 知公神仙中人，勉为苍生留十稔；
> 忆昔湖山佳处，曾陪黄菊作重阳。

左宗棠在杭州的时间不长，游湖山的日子更少。不久就奉命去福建。他在离杭以前，还办了一件事，自己花钱替魏源修墓。魏源的《海国图志》，左宗棠年轻时就读过，对魏氏倡导的"学习西方，超过西方"（"师夷长技以制夷"）的思想，深为佩服。魏源是道光二十四年进士，咸丰初，他在江苏任地方官，曾和太平军作战。咸丰六年，殁于杭州。左宗棠到墓前凭吊了一番。12年后，他又为《海国图志》重刊本一百卷写了序。魏源的族孙光焘（名午庄）跟随他西征，是他的得力助手之一。

同治三年六月十六日，太平军经历了最不幸的日子，天京为曾国荃军攻破。天京陷落前二月，天王洪秀全自杀身亡。陷落后，忠王李秀成虽逃出城，但不久即在城东南方山被曾军抓获。在写了一份洋洋数万言的供状后，李秀成《自述》表示愿出面号召太平军余众投清，但仍然被曾国藩处决。幼主洪福瑱逃出天京。三个月后，在江西广昌为清将席宝田抓获处死。太平天国这一颗"璀璨的明星"，在立国13年之后终于灭亡。

天京沦陷之后，在天京周围仍有太平军余部数十万人。天京西北的鄂豫皖边有两支主要部队：一支是扶王陈得才的部队，他因看到天京沦陷，自己部队又屡屡战败，内部还出现叛变、瓦解的现象，于是在绝望之下自杀了。另一支部队是遵王赖文光率领，他与皖北兴起的捻军头领梁王张宗禹（总愚）合作，放弃了太平天国旗号，也摒弃了太平天国的宗教神秘色彩，成为捻军的一部，后来分兵在山东和陕西活动，被称为"东捻"和"西捻"。

长江以南保存了侍王李世贤和康王汪海洋的部队。他们从杭州、余杭突围后进入江西，然后又南下到达福建西南部汀州（长汀）、龙岩、漳州一带，仍拥有十余万之众，势力相当强大。一路攻城陷地，还具有一定破坏力。但是国破家亡、群龙无首，加之内部又不能团结合作，这也是太平军领袖的痼疾、失败的主要原因之一。因此，这一部分力量虽然貌似强大，实则已成强弩之末，东奔西窜，覆亡也指日可待了。

因为福建军情紧急，朝廷命左宗棠速去福州履总督任。他奏请以蒋益澧护浙江巡抚、杨昌濬署布政使，然后于同治三年十月二十八日由杭州起行，途经金华、衢州赴闽。经过建德、兰溪、龙游各县，他一路停下车轿，看望老百姓。看到市镇还有起色，有些做生意的，熙熙攘攘；但乡村里却听不到鸡犬声，老百姓面有菜色，田地也多半荒芜。本年内已种上的水旱田地，因为人力不足，收成损失很大。老百姓听到总督来到，都纷纷围拢来，要求赈济、减税。他感到很不安，觉得没有尽到职责，一一答应了他们的要求。他立即写信给杨昌濬，要他与蒋益澧商量，赶快定下章程，剔除对人民的各种需索弊政。

左宗棠率领刘典、黄少春、王德榜、王开琳等部队，于十一月进入福建，收拾最后的残局。经过一年的战斗，进入闽粤分别由李世贤、汪海洋、丁太洋、林正扬率领的四支太平军部队，陆续向清军投降或被歼灭。同治四年五月，丁太洋在漳州附近向刘典军投降。李世贤败逃到山中，躲藏了两个月，于七月出山，昼伏夜行，到镇平投奔汪海洋，不料汪海洋不仅不接纳他，反而吞并了他的部队，将他杀死。八月，林正扬在长乐向广东守军投降，还将来王陆顺德捉献给清军。十二月，由汪海洋率领的最后一支太平军部队，在广东嘉应州黄沙嶂被消灭了，汪海洋也中枪战死。至此，湘军与太平军的战事全部结束。

第二十章 "季公得林翼与涤丈左右
辅翼，必成大功！"

曾左胡联盟——从兴起到瓦解

太平军反对清政府的斗争，最后以失败告终。当时清政府的军队八旗和绿营兵腐败无能，丧失了战斗力，它所依靠的是崛起的新兴力量湘军。湘军在这里是一个总称，它包括罗泽南、王鑫的老湘军、曾国藩的湘军、左宗棠的楚军和胡林翼在湖北的军队。与太平军作战的还有淮军，主要由安徽人组成，另成一个系统，但受湘军统帅曾国藩的节制。有些人说：太平军与清政府之争后来演变成它与湘军之争，亦即"湘粤之争"。这是指双方领袖的籍贯而言。还说：湘军并不是为保卫清室而战，"世谓湘粤之争，乃为孔耶而战，而非忠于清室也"。（李肖聃）因为太平军信奉耶稣教，而湘军领袖曾国藩在《讨粤匪檄》中首先标榜的是保卫儒、佛、道教，绝口不提保卫清室。

不论怎样，当时人们就留下了疑问：满人统治中原200余年，汉人备受歧视压迫，湘军领袖也有亲身感受，而且清政府腐败无能，外敌环伺，国事危急，何以强大的湘军集团在战胜太平军后，不一举消灭清王朝，建立汉人政权？有人认为这真如反掌间事。他们曾否有此打算？何以未能实行？在史料上没有任何记载。当然，即使曾有过这样的计划，也是绝对秘密的，不会在文字上留下明显的痕迹。然而，当时社会传闻，以及一些笔记、小说，却有这类记载。因为缺乏佐证，又难令人相信。社会上纷纷传说，也许是广大人民对湘军的企望，也许真有一些根据。本章将根据几位湘军主要领袖的言行、活动，彼此的交往和当时的形势，对这个重大而又为许多人关心的问题，进行探讨。

太平军在金田起义时，中国社会已经历了几千年的封建统治，深受儒教影响的知识分子和希望过安定生活的中层阶级都不欢迎太平军的"造反"。不论是保守派如曾国藩，改革派如林则徐、魏源、胡林翼等，他们不仅不同情"造反"，而且迅速站在清王朝的一方，参加扑灭太平军的行列。左宗棠也是封建社会知识分子的一员，但是由于政治、经济地位等的差异，在对待太平军起义的态度上，和他们既有相同之处，也有重大差别。

曾国藩是一位有名的学者、文学家和理学家。他反对太平军最坚决，动机首先是从儒家的爱国忠君思想出发，维护统治阶级利益，从他的《讨粤匪檄》中可以看出，他对太平军崇尚西方天主，反对儒教，烧毁文庙、学宫和佛道寺院，痛心疾首，认为："此岂独我大清之变，乃开辟以来名教之奇变，我孔子、孟子之所痛哭于九原！凡读书识字者又乌可袖手安坐？"这番话对于封建社会知识阶层很有号召力。湖南儒士如罗泽南、王鑫等都纷纷响应，参加了湘军。

胡林翼在反对太平军破坏儒教方面，和曾国藩的思想是一致的。他是现任官吏，守土有责，所以早期就参加了对抗太平军的行列。胡林翼和左宗棠的交情很深，二人意气相投，对国家大事的看法是基本一致的。他们对于清朝廷的腐败无能都极为不满。他们也有不同的地方。太平军起事早期，胡林翼的态度积极而活跃。左宗棠是老百姓，对清政府不负任何责任，他以超然和消极的态度对待时局的发展，带领全家藏到深山中，躲避战祸。但是胡林翼一再推荐他，最终把他拉出山来。当他遭受官、樊构陷时，又是胡林翼会同其他友人将他救出危难，并将他请到曾国藩大营。如果说，左宗棠的出山和以后的成功，胡林翼是主要的策划者和帮助者，是决不过分的。

左宗棠于咸丰十年闰三月到宿松大营后，不久胡林翼也赶到，同时曾国荃、李鸿章、李瀚章、李元度（字次青）等也在。这次湘军领袖宿松之会，是一次重要会议，对湘军的巩固和发展，及此后的战略部署都做了安排。他们几乎每日都在一起讨论，特别是胡林翼于四月初十日到后，曾、左、胡三人在一处单独谈的时候最多，在曾国藩的日记中可以看出，如：

> 十二日，早饭后，与胡中丞、左季高畅谈。中饭后，与左季高畅谈。
> 十五日，早饭后，与胡中丞、左季高畅谈。
> 十六日，早饭后，与胡中丞、左季高熟商一切。傍夕，与胡、左诸公谈江南事。

十七日，早饭后，与胡润帅、左季高畅谈。申刻，与胡润帅畅谈至二更。季高、次青诸公亦同在。

他们究竟讨论了些什么问题呢？从那几天曾国藩日记中的简略记载，以及会前会后他们的言行和书信交往中，可以看出他们谈论了天下大事，还讨论了壮大和巩固湘军集团的问题；对付太平军（主要在江南战场）的策略和击败太平军后湘军集团的前途。这次会中也决定了左宗棠的去处。

曾、左、胡三人多次密谈，而且时常摒除他人参加，表明三人在湘军中的领袖地位已经确立。特别是左宗棠，他还不是清军正式将领，而且还是"待罪之身"，然而他得到曾国藩和胡林翼的高度器重，也受到湘军将领的普遍敬服。胡林翼自不必说，曾国藩对左宗棠这次来宿参会，并且答应随他襄办军务，喜不自胜。左宗棠离去后的第二天，他就写信告知其弟曾国潢："左季高在余营二十余日，昨已归去。渠尚肯顾大局。"流露出满意之感。

他们为什么要密谈呢？显然是有不足为外人道的内容。他们已看到对他们极为有利的形势。太平军于1853年在南京定都后，犯了一系列战略上的错误：没有集中兵力北上，而却在大敌当前之下，偏安江南一隅，做起关门皇帝，接着于1856年又自相残杀，石达开部队出走。洪秀全又迷信、腐化，王朝已失去了当初的革命性和朝气，尽管仍然拥有强大的兵力，但是败势已见。曾、左、胡看到胜利在望，当湘军击败太平军后，将成为举足轻重的一支力量。这支力量何去何从，是全国人民及清朝廷十分关心的问题，也必然是他们自己所要反复研究的问题。

满人入关后，对汉人一直采取歧视政策，兵权不授予汉人。直到太平军起事后，因为满人将领颟顸无能，满人中有识之士如军机大臣文庆、肃顺等主张重用汉人，这也是不得已的事。这样，曾国藩、胡林翼等才能身拥重兵。然而清王朝对汉人一直是不放心的，咸丰四年湘军在武昌打了一次胜仗，咸丰帝本来非常高兴，不料大学士祁寯藻却挑拨说："曾国藩以侍郎在籍，犹匹夫耳。匹夫居闾里一呼，蹶起从之者万余人，恐非国家福也。"咸丰帝听了脸色都变青了。曾国藩、胡林翼、左宗棠都是精熟历史的人，目前是太平军、湘军、清王朝三支力量鼎立，太平军消灭后，"狡兔死，走狗烹"，清朝廷必然会设法消灭湘军力量和残害湘军将领。他们必须及早考虑如何应付清王朝的迫害，以免一时措手不及。

胡林翼是湘军中的智囊。他是有胆识、以天下为己任的人。他曾说过:"天下糜烂,岂能安坐而事礼让? 当以吾一身任天下之谤!"他不过是一员巡抚,一名地方官,有什么必要以"一身任天下之谤"呢? 话说得很清楚,显然他有更大的志趣和图谋。他认为对天下不必客气,不能礼让。湘军的出路有一条,就是推翻清王朝。这既符合广大人民的心愿,也是不难办到的。当时内政腐败,外敌压境,八旗和绿营兵疲弱不堪。如果湘军在平定太平军后,反戈一击,夺取天下是不难的。

左宗棠和胡林翼志趣相同,年轻时"身无半亩",却"心忧天下",也是以天下为己任的人。他为洞庭王庙题联云:"管领重湖八百,君亦书生!"口气很大,时人评说:"末四字有项羽'彼可取而代也'之豪霸。"(吴恭亨)他对满人统治者的腐败无能早就极为不满,由一个汉族为主的开明政府来取代腐朽的满族王朝,对中华民族未必不是一件好事。所以在太平军初起时,他抱有一定的同情心理,徘徊观望了九年。史家记载,"据比较可信的传说",他曾袖策谒见洪秀全,劝洪秀全在政略上做一定改变,"放弃天主耶稣,专崇儒教,秀全不听",左宗棠因而逃离(范文澜、简又文等)。天京大变乱后,左宗棠认为太平军已不能有所作为,在胡林翼、曾国藩和众多亲友劝说之下,终于放弃了中立、观望的态度,加入了湘军曾胡集团。他和胡林翼是莫逆之交,加入湘军,自然是同意壮大湘军集团的企图。他对湘军的未来必然也会有深入的考虑。

当时反满思想在汉人中普遍存在,左宗棠和胡林翼对中国改朝换代的历史是熟知的。每当一代王朝由于自身腐败、濒于灭亡之际,必然会有各种势力纷纷崛起,图谋取代它。秦末的陈胜、吴广、刘邦、项羽;东汉末的曹操、刘备、孙权、司马懿父子;隋末的李密、王世充、宇文化及李世民;元末的陈友谅、张士诚、朱元璋;明末的张献忠、李自成、努尔哈赤等。群雄并起,有些是农民运动的领袖,有些是贵族领袖,但不管领袖们的出身和地位如何,几种力量竞争的结果,其中一支最强大的力量战胜所有对手,取得统一国家的胜利。获胜的力量一定具有比较开明正确的政治纲领和军事策略,能吸收和团结各方才智之士,得到广大人民的拥护。否则,如果新的力量缺乏正确的政策,本身又腐化变质,得不到人民的拥护,就绝不可能成功。即使暂时建立起政权,也不可能维持长久。历史上已有许多先例昭示,这也是历史发展的必然。

当时清朝也正处于末世,国内反抗势力此起彼伏,王朝摇摇欲坠。太平军虽是一支强大的力量,但已成强弩之末,成功希望很微。湘军这支新兴的力量却不可忽视，朝野都看得很清楚，当然也会有些热心人为湘军领袖出谋划策。有一位韩超（号南溪），当胡林翼任黎平知府时，他任通判，协助胡林翼办团练。胡林翼曾荐他"深明兵略，刚正不挠，其才非臣所及"。他看到太平军占据江南，西方列强逼近京畿，建议曾国藩、胡林翼在南方拥兵自重，割据一方，然后仿效唐太宗李世民前事，徐图天下。他给胡林翼的信说：

> 今津门、都下夷馆纷然，较昔所谓卧榻尤为逼迫。似此危险，何啻剑上炊耶！愚以为南方各节使宜早图自强，设有不虞，犹可支撑半壁，徐策中兴。夏之有缗，唐之晋阳，其前事矣。未识尊意及曾、袁诸君子以为若何也？

> 此日东南糜烂，徽辅垂危，则豫鲁之能否维持，所不可必矣。若秦、陇、楚、蜀联成一片，地亦不狭，力殊有余。自古分据之局未或久远。

胡林翼和左宗棠究竟如何想法，当时人也有所了解。如杨笃生在《新湖南》中说：

> 湖南人如胡、左二公，固非无度外之思想者。……左公薨时语其家人说："朝廷待我固不可谓不厚。"少间，又语曰："误乃公事矣，在当日不过一反手间耳！"此言故人子弟多闻之者。

当然，左宗棠薨时所说不一定真有其事，但说明当时人根据他的一生言行，相信他和胡林翼很早就有推翻清朝廷的企图。

至于曾国藩，他是一个小心谨慎的人。他虽然反对太平军，却并不绝对忠于清王朝，在《讨粤匪檄》中可以看出，只提维护名教，不提维护清王朝，这使清朝廷很不高兴。他对于太平军消灭后，兔死狗烹的教训是认识极为深刻的。在宿松之会中，他和胡林翼、左宗棠三人密谈多日，奠定了曾、左、胡联盟的格局。他对左宗棠终于加入他们的阵营是十分满意的。但当时他所迫切考虑的问题还不是推翻清王朝的问题，而是如何对付仍然强大的太平军，对于夺取天下这样一个重大问题，他始终是疑虑重重。

宿松之会后，左宗棠回到长沙，建立了"楚军"，准备东行协助曾国藩。正当这时，石达开率军由贵州进入四川，川中危急。朝廷商议要左宗棠去督办四川军务。曾、胡、左事先已有部署，一致反对这项决定。清廷无奈，改派了骆秉章去川。

左宗棠决定东行之前，胡林翼说过几句很值得玩味的话。他给左宗棠的信中说："公入蜀则恐气类孤而功不成。"这是明白地说："曾、胡、左三人必须团结在一起，结成雄厚势力，才能成功，如果宗棠去川，力量分散，则功将不成。"显然，胡林翼所谓"功"，就不限于平定太平军之功。因为如左宗棠去川，独当一面，他的才干远胜于骆秉章，取得局部的成功是毫无疑义的。但是胡林翼认为这样会削弱湘军集团的力量，也会破坏他们的计划。

他给郭嵩焘的密信说："季公得林翼与涤丈左右辅翼，必成大功，独入川则非所宜也。"这句话更堪玩味。当时曾国藩是两江总督，胡林翼是湖北巡抚，左宗棠只是奉旨襄办曾国藩军务，即辅翼曾国藩的。胡林翼却反圣旨而行，说应由总督曾国藩和巡抚胡林翼来辅翼一名刚出任四品候补的在籍举人左宗棠，以成其"大功"，这岂不是难以令人理解吗？但深思之下，也并不难于理解，显见胡林翼对左宗棠期望之深，"成大功"决不仅限于平定太平军。因为天国崩乱，败局已定，即使左宗棠不出山，以曾国藩的湘军加上李鸿章的淮军，也足以完成平定太平军的任务。而且为了对付太平军，也决不可能由左宗棠做主帅，反由曾国藩去辅翼他，这不符合朝廷的安排。胡林翼是聪明绝顶的人，在这种大事上，哪能糊涂至此？

显然，"成大功"是指争雄天下，除此也再不能设想有什么需要曾国藩和胡林翼去辅翼左宗棠的大事业。

湘军集团的存在和曾、左、胡形成联盟是一个事实，尽管他们不会打出一块联盟招牌。在这个联盟中，谁最适合做争雄天下的领袖呢？胡林翼对左宗棠的评价极高，称他"品学为湘中士类第一"，"横览七十二州，更无才出其右者"。他认为无人胜过左宗棠，他自己不及左宗棠，曾国藩也不及。曾国藩在当时以道德文章负天下重名，但他是循规蹈矩的人，他在《忮求诗》中说过："终身让人道，曾不失寸步。""于世少所求，俯仰有余快。"这样一个"终身让道""于世少所求"的理学家，是并不适合当争雄天下的领袖的。他自己不会有这种愿望，别人也能看到这点，所以胡林翼认为左宗棠是适合的人选。他那时还希望曾国藩能和他一起辅翼左宗棠，"成其大功"。

虽然胡林翼这样希望，并且和密友郭嵩焘说起过，但这毕竟只是从发展中、从未来着想。当时的事实是，曾国藩是湘军领袖，地位和威望最高，湘军的一切都不能撇开他。

曾国藩也是一个矛盾的人，他虽然"终身让人道"，但当太平军起义，面临"名教之奇变"，却不愿袖手安坐，立即挺身而出。然而，他又没有更多的想法，给弟曾国潢信说："平世辞荣避位，即为安身良策，乱世仅辞荣避位，尚非良策也。"他的地位越高，威望越大，却越有如临深渊、如履薄冰的危惧之感。在他给兄弟与儿子的信中，多次提到他的危惧，如：

> 至阿兄忝窃高位，又窃虚名，时时有颠坠之虞。吾通阅古今人物，似此名位权势，能保全善终者极少。

> 惟圣眷太隆，责任太重，深以为危。知交有识者亦皆代我危之。只好刻刻谨慎，存一临深履薄之想而已。

胡林翼就是曾国藩所谓知交有识者之一，他不仅代曾国藩危，也为自己和所有湘军领袖危。他认为不能仅仅危惧，而应该有对策。据说他曾试探曾国藩："公亦有意于天下乎？"曾国藩未予肯定答复。曾国藩不仅是湘军领袖，李鸿章的淮军也听命于他。他不作"度外之想"，尽管胡林翼热心，也无可奈何。如果胡林翼能再活一些年，也许随着岁月迁移，还可能有各种变化。但他于宿松之会的翌年（1861年）即去世。他久患重病，自知不久于人世。他很清楚，一旦他去世，他所苦心筹划的曾、左、胡联盟将随之瓦解。将来湘军平定太平军后，势力必大大膨胀，唯一的出路是夺取天下。如今曾国藩无此打算，那么必须退而求其次，谋求保全之策，以免湘军领袖异日遭到不测之祸。他信任左宗棠的才略和胆识，将这个重任托付给左宗棠，写信给左宗棠说：

> 涤公之德，吴楚一人。名太高，望太切，则异日之怨谤，亦且不测。公其善为保全，毋使蒙千秋之诬也。

这封信分析的形势与曾国藩家信中所分析的一样。他委托左宗棠保全曾国藩，处理曾、左、胡联盟的善后。这是他为联盟所做的最后也是十分重要的一道策划。

咸丰十年，曾国藩任两江总督，第二年由曾国藩密荐，左宗棠任浙江巡抚。这年咸丰帝去世，同治即位，还只六岁。由慈禧太后垂帘听政，怡亲王载垣、郑亲王端华和大学士肃顺等带头反对太后听政，认为清宫无此前例。慈禧立即杀了肃顺等人。曾国藩那时升任两江总督不久，身拥重兵，感到十分恐惧，在给兄弟的信中说：

> 京师十月以来，新政大有更张。皇太后垂帘听政，前此受赞襄之八人者：肃斩决，郑、怡赐自尽，穆军台，匡、景、杜、焦革职，中外悚肃。余自十五至二十二日连接廷寄谕旨十四件，倚畀太重，权位太尊，虚望太隆，可悚可畏！

但是当时太平军尚未消灭，慈禧太后新掌权，为了巩固自己的地位，还需要强大的军事力量湘军的支持。加之新任命的议政王大臣、恭亲王奕䜣也是主张重用汉人的，所以，不但曾国藩没有遭受颠坠的危机，反而继续被重用。几个月以后，命曾国藩统辖江苏、安徽、江西三省并浙江军务，又加太子少保衔、协办大学士。有许多湘淮军将领由他保荐，担任了各省巡抚，可谓权倾一时。

同治三年六月湘军攻陷天京，其后一二年间，太平军在浙、闽余部也被消灭，天国从而覆亡。清朝廷论功行赏，曾国藩封为一等侯爵、太子太保；曾国荃封为一等伯爵、太子少保；左宗棠也封为一等伯爵、太子少保。

曾国藩名位之高，声望之隆，可谓无以复加了。太平军已经消灭，他的忧危之感也无以复加，给曾国荃、曾国潢的信中说：

> 吾兄弟位高功高，名望亦高，中外指目为第一家。楼高易倒，树高易折，吾与弟时时有可危之机。
>
> 处兹乱世，凡高位、大名、重权三者皆在忧危之中，……寸心惕惕，恒惧雁于大庾。

平定太平军后不久，曾国藩立即将兵权交出来。但是他仍然终日忧惧，因为他考虑到即使功成身退、解甲归田，可是湘军的庞大势力和他的崇高声望，都不是一时可以消灭了的，清朝廷对他下毒手的可能性仍然存在。他的忧虑并不是毫无根据。他虽然不想当皇帝，清朝廷依然对他猜忌。当时社会上也有许多人想让他当皇帝，连他的女儿纪芬也听到这类话。她在《崇德老人自订年谱》中有一段记载：

> 文正在军未尝自营居室，惟咸丰中于家起书屋，号曰："思云馆"。湘俗构新屋必诵上梁文，工匠无知，乃以湘乡土音为之颂曰："两江总督太细哩，要到南京做皇帝！"湘谚谓小为细也。其时乡愚无知，可见一斑。

纪芬所记木工的话，是代表南方民间的普遍想法，据说曾家听了，全家陷于极度恐慌之中，俨然大祸将临。

大家看到曾国藩和湘军将领将有危难，曾国藩自己早看到，胡林翼看到，左宗棠自然也看到。胡林翼将保全曾国藩的重任托付给左宗棠后，又写信给曾国藩说：

> 季高谋人忠，用情挚而专一。其性情偏激处，如朝有争臣、室有烈妇。平时当小拂意，临危难乃知其可靠。

他虽知道曾、左交情很深，但仍放心不过，再一次告知曾国藩：左宗棠虽然平日好争论，但是绝对可以信任的人，希望他们共同度过危难。

慈禧太后是心狠手辣的人，她先后杀了重用汉人的肃顺等人，但是对曾、左始终优礼有加，并未动手。是慈禧对曾、左特别发慈心呢？还是曾、左采取了一套成功的保全自身的策略呢？这又是些什么样的策略呢？这正是曾国藩和左宗棠当时需要精心策划的问题。

曾、左、胡联盟从建立到消亡，已成为历史陈迹，当时的人感到遗憾的是，强大的湘军未能推翻清王朝，建立新政权。章太炎说："曾氏既夷粤寇，而勿能定九鼎于金陵。曾氏既殁，左氏横于赤县者尚二十年。当是时，白人虽觊觎，犹敛戢勿敢太肆。其克新疆归，有劝进者，长息曰：'吾日暮途远，颓然而齿坠矣。'嗟乎，有其时者无其志，有其志者阻其年。"

章太炎的嗟叹代表了当时人民的意见。人民对清政府颟顸无能、丧权辱国，已极端失望，汉人社会又普遍有排满思想。曾国藩既无夺取天下之志，人民于是寄希望于左宗棠。章太炎所记有人劝进及左宗棠的叹息，不一定真有其事，但是表明了人民的看法和愿望。他们认为：左宗棠是有能力，也有志气来担当天下的重任的。但是他以前在湘军中的声望和资历不能逾越曾国藩有所作为；及至西征成功，虽拥有重兵和崇高威望，而日暮途远矣。

其实，综观左宗棠一生，他是一位爱国者，但不是想做皇帝的人。他的上半生以诸葛亮作为楷模，下半生头白临边，"引边荒艰巨为己任"。他虽然鄙视满贵族的无能，也受过满人的排挤、迫害，但他不是狭隘的大汉族主义者。他率兵统一中原，恢复边疆，着眼点是维护中国的领土和主权完整，维护中华民族的长远利益。他具有更高的境界。

胡林翼设计了曾、左、胡联盟，从他劝左宗棠出山，组织宿松之会，建议由他与曾国藩辅翼左宗棠，成其大功，直到死前委托左宗棠处理善后，这个秘密结盟若隐若现，引起社会上的众多猜疑。历史上不可能有什么更详尽的记载。但可以确信的是，这是一段复杂的历史，曾、左、胡之间有若干情形，是不足为外人道者。

第二十一章 "同心若金，攻错若石，相期无负平生！"

曾、左失和内幕——"同时纤儒妄生揣拟之词，何足一哂耶"

太平军覆亡以后，湘军已经失去了重要作用，正是历史上所谓"狡兔死，走狗烹"的时候。但是湘军领袖并没有受到迫害，反而进一步得到重用。曾国藩是有名的处世老练的人，难道他过去的重重忧虑都不过是虚幻之感吗？胡林翼也是深明世故、足智多谋的人，他生前为湘军将领安危担忧，并将善后重任托付给左宗棠，难道也是无的放矢吗？左宗棠受胡林翼生前重托，他是如胡林翼所说"谋人忠，用情挚，……临危难方知其可靠"的人，难道他对曾国藩的安危，也与自己密切相关的重大问题，竟然不出一策、袖手旁观吗？从常理判断，应该不是这样。但是历史上却没有留下有关他们保全自己的策略的记载。然而，恰好在太平军覆亡、金陵沦陷之际，曾国藩和左宗棠之间发生了一件大事，当时轰动一时，至今仍为人津津乐道，却又令人十分生疑，即"曾左失和"，亦称"曾左交恶"事件。

左宗棠和曾国藩原来"情意孚洽之至"，虽然在一些用兵、用人等问题上，有过意见分歧，但是总的来说，彼此都很尊重、敬佩。这次失和很突然，正当天京陷落之际，他们二人对洪秀全儿子幼主洪福瑱的下落做了不同的汇报，又在皇上面前争执不休，并互为攻击，曾左交恶就此始。交恶过程是这样的：

天京陷落后，曾国藩奏称："伪幼主洪福瑱积薪自焚而死。"一个月后，左宗棠上奏说："福瑱并未死，已逃至湖州。"正好李秀成招供中也说："曾经挟之出城，后始分散。"看来洪福瑱已逃出无疑。慈禧大为不悦，下谕批评曾国藩，着其查明，"并将防范不力之员弁从重参办"。

曾国藩对左宗棠这一揭发非常不满。他素来是小心谨慎的，这次却大胆顶撞了一下朝廷，上奏说：

> 杭州克复时，伪康王汪海洋、伪听王陈炳文两股十万之众，全数逸出，未闻纠参。此次逸出数百人，亦应暂缓纠参。

杭州是左宗棠克复的，这段参奏显然是针对左宗棠。

左宗棠马上针锋相对地上奏说："至云杭贼全数出窜，未闻纠参，尤不可解。金陵早已合围，而杭、余则并未能合围也。金陵报杀贼净尽，杭州报首逆实已窜出也。臣欲纠参，亦乌得而纠参之乎？！"奏中还说，他对军事提过多次正确的意见，"臣屡以为言，而曾国藩漠然不复介意……因意见之弊，遂发为欺诬之词，似有未可"。奏末他还表示：公事公办，今后仍将与曾国藩和衷相处，共商国是。

清朝廷从曾国藩、左宗棠的奏折中，看到湘军二主帅有矛盾，很高兴。因为理在左宗棠一边，所以表扬了他，曾国藩有大功于朝，也不再责备。批示说："朝廷于有功诸臣，不欲苛求细故……所称此后公事仍与曾国藩和衷商办，不敢稍存意见，尤得大臣之体，深堪嘉尚。"

朝廷既不愿大臣之间太亲密，也不愿他们互相对立。批文稍许压一下曾国藩，扬一下左宗棠，实际又替他们增添一点矛盾。左宗棠表示今后仍将和衷共济，是符合朝廷意旨的，因为还需要他们效力。

后来不久，洪福瑱在江西为清将席宝田抓获，曾国藩也不能再说什么了。但是从此曾、左失和，二人几乎断绝往来。清人笔记都认为"洪福瑱事件"就是曾、左失和的起因。

这次"失和"有许多可疑的地方。左宗棠和曾国藩在皇上面前互相攻讦是很不合常理的。这不符合他们素以道德文章名重天下的大臣身份，也不符合他们一向情意孚洽、彼此提携的交往历史。再者，错报一次军情也不是大不了的事，曾国藩只须上奏检讨一下，说是误听下属报告，以他攻克南京之功，清廷决不会计较，何必如此大动肝火？还将克复杭州的情况硬扯上去。他明明知道杭州与金陵情况不同，杭州城并未被全部包围，汪海洋等逃出，左宗棠也已据实上报。金陵明明错报了军情。以曾国藩的水平，无论如何是能见到这些的。

他却剑拔弩张，气势汹汹。左宗棠辩白几句，也是理所当然，但何必又牵扯过去“不和”的事例?

他二人岂非有意造成不和的气氛，让朝廷知道，二人成见由来已久，湘军内部并不团结吗?

他们的做法也很可疑，每次上奏，必同时将奏折底稿互相抄送。20年后曾国藩去世，左宗棠这才说出真相，与孝威信说:“从前彼此争论，每拜疏后，即录稿咨送，可谓钽去陵谷，绝无城府。”表面上争论如此激烈，但背后立即将攻讦内容抄送对方，使对方做好准备。大臣之间这种做法，诚属少见。而且，既然彼此争论绝无成见，何以事后又断绝来往呢?

还有一些可疑之处：金陵是曾国荃攻陷的，谎报军情一案曾国荃首当其冲。但是，左宗棠为此和曾国藩“失和”，和曾国荃却一直友好，而且还相互帮助。光绪十年（1884年）左宗棠任两江总督时，因病告退，奏荐曾国荃代理，两个月后曾国荃受代。正当那时，为左宗棠西征筹款有功的胡雪岩出了事，他所经营的钱铺多处倒闭，京师王公大臣多有银款存在胡雪岩铺内，怂恿朝廷下谕责成两江总督查办，并怀疑左宗棠与胡有私。曾国荃复奏详细说明西征借款的必要，对左宗棠维护备至，胡案因此未牵涉左宗棠。对曾、左失和这样的大事，当事人曾国荃却似乎与他无干。后来曾国荃和左宗棠还结了姻亲。

从曾国藩和左宗棠的私交看，也不至于为幼主洪福瑱一案而绝交的。二人论交很早，曾国藩一直器重左宗棠，曾多次邀他出山和奏荐他。左宗棠也敬重曾国藩“为人正派，肯任事”。有时为公事也争执，曾国藩比较虚心，常接受左宗棠的意见。他曾写信给左宗棠，说他和胡林翼“当危迫之际，每每有不自持之说，独阁下向无此失。……故知贤于弟远矣”。可以看出曾国藩衷心佩服左宗棠，认为“远胜”于他，也胜过胡林翼。“失和”若干年后，曾国藩在两江总督任内，听到甘肃来人谈及左宗棠经营西陲情况，还赞叹说:“此时西陲之任，倘左君一旦舍去，无论我不能为之继，即起胡文忠于九原，恐亦不能为之继也。君谓为朝端无两，我以为天下第一耳!”曾国藩每谈到左宗棠，就会想到胡林翼，可见三人交谊之真挚，曾、左、胡联盟的影子跃跃可现。

曾国藩去世后，左宗棠对曾国藩的亲属关照备至。曾国藩第三子纪鸿（字栗诚）在京师贫病交加而卒，左宗棠送给生前医药费和死后殡殓衣棺、还丧乡里的费用。在两江总督任内，又将潦倒在江宁候补的曾国藩女婿聂缉槼，保荐到上海制造局任会办。他致函总办李兴锐，谈及他和曾国藩的交情时说:“弟与文正论交最早，彼此推诚相与，天下所共知，晚岁凶终隙末，亦天下所共见。然文正逝后，待文正之子若弟，及其亲友，无异文正之生存也。"这样的生死交情，怎能为一点区区小事失和？

最后，还有一个重要疑点：胡林翼委托左宗棠保全曾国藩，又叮嘱曾国藩要绝对信任左宗棠。照理，他们二人应当互相信任，彼此帮助，一心一德，共度危难。这不单是实现胡林翼生前嘱托的一件小事，而是关系到保全他们自身以及湘军领袖的大事。何以他们不仅不亲密团结，反而吵闹起来，弄得天下皆知。这岂不是既不利于自己，也有负于亡友吗？

只有一个答案：他们的"失和"，只是一个假象，正是为了实现亡友的遗愿，也是保全自己的策略。

"曾左失和"后，社会上议论纷纷，有人认为左宗棠是曾国藩所荐，左宗棠不应该和曾国藩争吵。更多的人则"右左而左曾"，认为多半是左宗棠对。因为左既是曾荐，"乃致中道乖违，疑曾公或有使之不堪者"。还有的说："左公不感私恩，专尚公义，疑其卓卓能自树立，而群相推重焉。"（薛福成《庸盦笔记》）薛福成自己则站在曾一边，认为左"不应背恩"。左宗棠对这些言论不屑一顾，与孝威信说："吾与侯所争者国事兵略，非争权竞势比，同时纤儒妄生揣拟之词，何值一哂！"

他们并非争权趋势，这是无可置疑的。但是对洪福瑱下落有分歧，还谈不上是为国事兵略之争。这是左宗棠的掩饰之词。当时他还不能将真相完全暴露出来。但是在挽曾国藩的联语中，也流露出了一些真情。联云：

> 谋国之忠，知人之明，自愧不如元辅；
>
> 同心若金，攻错若石，相期无负平生！

上联推崇曾国藩，一笔勾销了所谓"不和"。左宗棠告知孝威信说："谋国之忠，知人之明"这两句话，早在曾国藩生前，他就在奏章中以此赞扬曾国藩，并非始毁今誉。上联也透露出曾国藩比他更忠于清王朝。下联说，二人是同心同德，坚若磐石，终生如此。他们互相攻错则有之，至于互相攻讦，不过是有意制造的假象而已。

如果对"曾左失和"的前因后果，细心考察一番，就能发现若干破绽，前人已有所怀疑。如徐一士云："益见宗棠之于国藩诚有异乎寻常之凶终隙末者矣。"亡兄左景清曾为文论述"失和内幕",与保全湘军有关。清廷看到湘军二位主帅内讧,认为湘军的威胁不足重视了,因此湘军和将领们得以保全。这就是胡林翼生前委托左宗棠最后一道策划的实现。

历史结局确实如此,太平军失败后,曾国藩立即交出兵权,慈禧对湘军也不再猜忌,认为汉人无足畏了。当时强邻压境,西陲有事,还需要利用左宗棠和湘军。两年后左宗棠率兵西征,不久收复了沦陷于英俄走狗阿古柏之手13年的新疆,恢复了祖国六分之一的土地。足见曾、左、胡的谋划是成功的,保全了力量,也卒成"大功"。这和湘军打天下、做皇帝来比,其意义是不可同日而语的。

第二十二章 "夷性贪而无餍，我愈谦而彼愈亢"

在福州（上）——设书局书院——除陋规摊捐——经营台湾
——办理外事

当清军于同治四年底在嘉应州消灭太平军最后一支部队后，第二年二月左宗棠回到福州。他认为现在是该开始从事建设的时候了。当时战后百废待兴，他立意要举办一些能促进民富国强的事业，先从福建搞起。这一年他在福建办了以下几件大事。

（一）开设正谊堂书局。左宗棠一向重视文化事业。在杭州首先做的几件事，其中之一就是设书局，刻印书籍。江南经过长年战乱，民间书籍荡然无存，不仅经史子集奇缺，就连幼儿初学识字课本如《三字经》《千字文》等也难购到。左宗棠开设书局为全国首倡。福州原有一个正谊堂，康熙年间有一位大理学家张伯行（字孝先，谥清恪）任福建巡抚时，曾在此刊刻先儒书籍60余种。左宗棠年轻时在湖南书塾中，就已见到正谊堂所刻20余种书，对那些书和正谊堂有良好的印象。他回到福州后，立即重开正谊堂书局，局址设在福州省城东街，共汇刻了55种古籍。他还亲自颁布一道谕告，招聘士子担任校对工作，愿者到总督衙门面试，合格者录用，还给予膏火费。他还表示，公务之余还要到书局和大家讨论学问。

（二）修建芝山和正谊书院。设立书院培养人才，是左宗棠历来所关心的事。年轻时他在长沙城南书院念过书，后来又当过渌江书院院长，认识到书院的重要。闽浙当战乱之际，书院大多已荒废。以前漳州有一所芝山书院，在开元寺旁，寺为唐代所建，规模宏伟，历代香火很盛。南宋大儒朱熹曾在寺右讲学，门生中有陈淳（号北溪）、黄榦（号勉斋）等有名文士。后人曾在该地建寺，并建立了芝山书院。因为书院大门比开元寺门小，读书人不服气，陈淳曾建议将开元寺改为书院，但谁也不敢触犯寺庙，建议没有实行。太平军战事蔓延到福建后，开元寺于咸丰三年被毁，但还留有部分房屋。同治三年，李世贤部攻陷漳州，太平军是素来反对佛教的，开元寺被烧成灰烬，和尚们也纷纷逃散。同治四年左宗棠督师入闽，经过漳州，就在开元寺后山扎营居住。漳州人士正在筹议修复书院，左宗棠十分高兴，就命在开元寺故址上修建，并将陈淳以前的意见告知大家说："陈先生早在六百年前就命我在此建书院了。"同治五年春天，他从梅州班师回福州，又路过漳州，看到书院工程已完成过半，喜不自胜。当地官员请他为书院书联，以前有一副旧联，相传是朱熹遗迹，联云：

> 五百年逃墨归儒，跨开元之顶上；
> 十二峰送青排闼，自天宝以飞来。

左宗棠以为旧联似乎正是为今日情况说的，五百年来为释家占领的地方，五百年后终于回归儒家所有了，他也有一份功劳，于是书联云：

> 经始问何年，果然逃墨归儒，天使梵王纳土。
> 筹边曾此地，大好修文偃武，我从漳海班师。

他敢于把著名的开元古寺改为书院，敢使"梵王纳土"，做前人所不敢做的事，真是敢作敢为，有革新家的味道。他不信耶、佛、道各教，着眼点在"修文偃武"，只有振兴文化，提高全民族素质，同时积极学习西方，才是中国的出路。同治五年，他在福州开设正谊堂书局后，又办了正谊书院。不过书院和书局还未全部完成，就奉命西征。临行前，同学诸子请他为书院题写楹联，他遂写一联与同学们话别：

> 青眼高歌，异日应多天下士；
> 华阴回首，当年共读古人书。

他对年轻人寄予很大希望。当时书院还只有古书可读，书局也只能刊刻些识字启蒙书以及古籍，这是时代的局限。他于同时在福州创办求是堂艺局，教学生数学、外语、制图、机器制造等课程。及至光绪七年他到京师后，又提议科举考试加考数学，可见他的认识是随时代而前进的。因为他是一个实学派，素来反对空诞无用的八股文，重视经世致用之学，所以容易接受新思想。

（三）改革盐政，裁革陋规。福建盐政弊端极大。左宗棠到闽后，委任吴大廷（字桐云，又字彤云）为盐法道，奏请仿效湖南、浙江等省试行票运。朝廷交部议，部议提出诘难，因为福建过去已积欠课银四百万两，恐怕改票盐后，亏损会更多。批示说："务期毫无窒碍，确有把握，再议试办。否则将来如课额亏短，将从严参办，责成分赔。"左宗棠又上疏力争，指出："盐务为腥膻之场，为奸弊之薮。……兴利不如除弊，弊尽而利自生。"他毅然表示愿与巡抚和盐道承担责任，说："虽部臣责臣与抚臣、盐道以参赔。……臣与吴大廷无所愧，亦无所怯也。"朝廷降特旨，同意他试行票盐，一年之后，不仅没有赔，反而收入增加三倍。

清代吏治腐败，左宗棠在湘幕和浙江巡抚任内时，都注重整饬二省吏治。到闽后，又感叹"闽省吏治废弛已久"。福建因连年兵祸，征收钱粮的簿籍毁失，地方官责成书吏收粮税，书吏又无凭据，就在民间浮收乱取。遇到强者，抗拒不交，弱者则受其鱼肉。官吏如收不足额，又将受上级斥责，因而官民交困，为害无穷。左宗棠认为恤民必先恤吏。他命清理全省赋额，定出收税多寡的章程，刻石公布于众，禁止借端浮收。这样解除了困扰人民和官吏多年的一大积弊。

州县官吏受累更重的还有各项陋规摊捐。所谓"摊捐"，就是各项临时、额外的用费，无处报账，就摊派给地方州县。例如上官过境，夫马费、招待费、门包过山礼费。上官到任，铺垫执事费、平时用费、生日节日送礼费，等等。对下级来讲，是摊派，对上官来讲，就是陋规。这类陋规相沿已久，上官认为是本分应得的钱，下级也认为是本分应出之项。下级拿不出钱，就从养廉金内扣，有时把养廉金全部扣除也不够，于是只好巧取豪夺于人民。上官收受了陋规，遇到下级有过失，则为之包庇，下级也以陋规来挟制上级。这里的弊端就大了。左宗棠感叹说："上官之取于州县也一，州县之取于民也十。何怪民生之日蹙，仕风之日下乎！此察吏之，必先恤吏，恤吏之必先裁革陋规也。"

经过一番整顿，陋规概行裁革，摊捐各项酌给公费银两，由关税、茶税等余款贴补。对于地方小官吏，查实如养廉金太少、不够养家者，酌给津贴。这样使吏治有了一番振作，人民的负担也减轻了。他又命开设蚕棉馆，推广养蚕和植棉，并命令各州县广积粮食备荒。人民普遍感到满意。

（四）整饬兵治。清代正规的"制兵"即绿营兵，号称60余万，但素质低下，不能作战。太平军兴后，各省都另募勇丁（团练）以备战守。但制兵名额却不减少，兵额越来越多，饷筹不出来，于是克扣军饷，士兵只发半饷，哪能吃饱？因此年轻人不愿入伍，入伍的多是老弱和穷无所归的人。有些只挂个名，而以小商贩、佣工等为本业，有暇时才应应操差。甚至还有以当兵支门户，抗官府，窝藏盗匪。名为兵，而从不上操当差。饷是如此之薄，如果不准许当兵的找个"第二职业"，实在说不过去，事实上也难办到。既然士兵别营生机，就不能集中住在兵营，而是散居市廛，不能一呼即到，军纪也无从施行，实为一大怪事。左宗棠形容当时福建的军队说："陆军不知击刺，不能乘骑。水师不习驾驶，不熟炮舰。将领只知趋奉应付，办名册，听差使，练操就像演戏，这样有何实用？水师的战船长期失修，全都腐朽了，遇到有巡逻任务时，只好雇民船代用。勇丁没有船炮，无从操练，名为水师，实际则住在陆上。一登上海船，就头晕呕吐不堪，站也站不稳。"

左宗棠认为各省绿营通病，是因军饷太低，"饷薄不能练兵，饷薄是由于兵多。与其欠饷，不若减兵；与其欠饷而养无用之兵，不若减兵而节可惜之饷。"他奏请朝廷大量裁兵，有四种兵应汰汰：老弱疲乏之兵，吸鸦片烟之兵，挂虚名之兵，分散各地零星之兵。大概选留可练之兵五成余，裁去四成余之饷加给留下的兵，士兵每月可得三两银或稍多一点，可够日用了。这样只减少无用不可练之兵，于兵制无所损害，于饷事则有所增加。兵精粮足，以后海上多事，可一战了。

（五）经营台湾。台湾是福建省的一个道。过去清朝廷忙于内战，对台湾无暇顾及。左宗棠到闽后，看到台湾为海湾门户，虽远隔重洋，实为全省安危所系，而且关系到东南沿海各省的安危。台湾不仅战略地位重要，资源也极丰富，实是一块宝地。因此他在闽时间虽短促，却立即着手对台湾的经营。他对台湾的军事、民政、物资和少数民族情况进行了调查，发现在军事方面，台湾几乎无防务可言。原来台湾开始设郡时，是由内地标营调兵去防守，三年轮换一次，兵额为1.4万余，设道标，由台湾道节制。咸丰初年，因为内地战事紧张，自身应付还不够，没有力量调兵来台，现剩兵员不到三分之一，道标也已撤除。

有事时就临时招募勇丁，所募的勇丁多是游手好闲的无业之徒，聚集起来就是兵，分散开来则为匪。兵匪不分，人民受害最大，苦不堪言。至于台湾水师，也是一样腐败。过去有战船 16 艘，现在一艘不存，虽然没有船，仍照样领取修船费。武营虚冒侵占公款，文员不敢究诘。这样的海陆军，只要列强派几艘炮舰来，就能轻易占领台湾。

左宗棠采取了一些整顿措施。首先奏准恢复班兵轮换制，重新设立道标，由道台节制。修船费严禁中饱，一概用于造新船，在海岸巡逻。并募练新兵，增强海防。台湾物产富饶，官员趁机收取陋规，以饱私囊。左宗棠奏撤了不称职的官员，调补刘明镫为台湾总兵、吴大廷为台湾道员。吴大廷表示，将道署陋规全部归公；刘明镫也表示要裁革陋规以及节寿钱礼等，于是官场耳目一新。左宗棠仍按照省内办法，陋规革掉了，有些文武官员养廉金不够用，则另筹津贴，以贴补他们。

台湾人民有挟仇械斗的习俗，斗胜者就霸占败者家产，称曰"扎厝"。官员下乡办案时，先要索取一笔费用，又不认真办理，往往置正凶不问，抓一两个不相干的人敷衍塞责。老百姓气恨官吏贪污昏庸，结会私斗的风气更盛。当地谚云："十年大反，五年小反。"其实都是官逼民反。左宗棠认为选任廉正明干的官员十分重要，必须严操守、勤访治，孜孜奉公、体贴人民，然后人心才能团结，也才能收到长治久安之效。新调派的道员吴大廷，他认为是"操守廉洁，有才干，兼通方略"的人；总兵刘明镫也是"功勋卓著，谋勇兼备"，台湾事交给他们二人，可以放心。刘明镫还带领了一部分楚军去台加强防务。

当地少数民族为高山族同胞，清代称为"生蕃"，内地人认为生蕃野蛮。左宗棠经考查之后，认为他们虽然各方面条件落后些，但主要问题是满汉官员不能平等对待他们，而且还敲诈剥削，使他们不满。上奏说："台湾生蕃，性虽野蛮，却极驯顺。地方官如清慈自持，以简佚之道处之，最易见德。"以前高山族同胞献了一些地给政府，要求薙发，并取得与内地人民同等的待遇。疆臣上报朝廷，朝廷交部议，但官僚们却莫名其妙地不准，以致使山胞失望，离心离德，民族不和，对社会秩序造成不利的影响。左宗棠认为应该听任山胞薙发，但又不要强迫，对待山胞要与内地人民一律，不应歧视，这样对国家只有益处。

左宗棠原准备待省内务事料理得差不多后，亲自渡海到台湾视察，不料得到去西北的急诏，未能成行。离闽前，他特别将台湾军政各事详细奏陈朝廷。他认识到台湾地位十分重要，但因为在闽时间太短，没有来得及料理妥当，是来福建一件最遗憾的事。离闽后，他仍然念念不忘台湾。直到 20 年后，中法战争爆发，他这才又奉命回到福州，为经营和保卫台湾尽他最后的一点力量了。

（六）在福州还遇到一件涉外事件，给英帝国主义分子碰了一个不大不小的钉子。英国驻福州领事原是有雅芝，他回国后，由贾禄接任。那年春天左宗棠准备购买轮船，便下了一道札（公文）给贾禄询问，本来是件好事，不想贾禄却摆起架子，向通商局道府说："给领事文不应该用札，上海、广东都是用照会。"又说："领事来见将军督抚时，上海、广东都开辕门，还鸣炮示敬，何以福建独不开门鸣炮呢？"一副倨傲、高高在上的样子。道员禀告了左宗棠，左宗棠叫他回答贾禄说："福建、浙江向来都是用札的，是按照条约办事。领事来见，向来不鸣炮开辕门。外国领事地位大致与道员相等。上年接见前领事有雅芝就是如此，并不是对贾禄有所薄待。"贾禄无言可对，但却又去信给北京英国公使，说左宗棠接待欠周到。英公使向总理衙门提意见，总理衙门是惧怕洋人的，赶紧来信询问，左宗棠已和贾禄讲清楚，并已了解贾禄不受札的后台，回复总理衙门说："贾禄已表示，不愿受札并不是他的本意。是奉英公使之命。贾禄要求清理中外交涉案件，因所请合乎情理，已妥为应付。"接着他告诫说：

> 夷性贪而无餍，冈知中国礼法，所用多中国莠民，教猱升木，靡事不为。从前和约迫于时势，不得不然。然若于条约之外更议通融，恐我愈谦，则彼愈亢；我愈俯，则彼愈仰，无所底极。

他严正地提出了对待西方侵略分子、办理外交不亢不卑的态度，也批评了上海、广东等地官员卑屈媚外畏外的做法。

第二十三章 “师夷长技以制夷”

在福州（下）——创办马尾船政局——“海疆非此，兵不能强，
民不能富”

同治五年二月，左宗棠班师回驻福州，到十月离开，仅仅八个月，时间虽然非常短暂，但却为地方和人民做了不少事。其中影响最大、意义最为深远的一件事，是创办福州船政局，在马尾山下、罗星塔畔，开设造船厂，并开办了"求是堂艺局"（即船政学堂）。

福州船政局的创办是清末洋务运动中的一项重大事件。马尾造船厂是中国第一家新式机器造船厂，它也是左宗棠倾注全力创办的第一项，也是最有深远影响的一项"洋务"。所谓"洋务"，就是当时社会所指的"现代企业"，例如"机器工业"（与手工业对比），也包含铁路、电讯等企业，因为是由西方传入的，所以统称为"洋务"。办洋务即是办现代企业，这无疑对于国家和人民都是有好处的。从长远看，也是每一个国家现代化的必由之路。

中国人办洋务是先从办军事工业开始的。这是由于中国人和西方接触，首先遇到的是西方的炮舰外交。西方列强凭借他们的"船坚炮利"，打开了中国的大门。他们可以随意将兵船开到沿海以至大沽口，甚至开进内河；可以随便用大炮轰击沿海沿江的炮台和城市。西方人给中国人的印象是不友善的和邪恶的，是"侵略"，即使是通商和传教也带有强迫性。中国人害怕西方的军舰和大炮。明代郑和的木船队和火药、土炮也曾称雄于世，现在却敌不过人家了。因此，那时开明的人士最先想到学习西洋的当务之急，就是仿造船炮。

19世纪40年代初，林则徐就提出了制造炮船抵抗外国侵略的主张。随后

魏源提出了著名的主张："师夷长技以制夷"，即学习西方的科学技术以抵抗西方的侵略。魏源有一部重要著作《海国图志》，共100卷。前60卷成于道光二十二年（1842年），后40卷成于咸丰二年（1852年）。这本巨著收集论述了海外各国历史地理情况，也包含造船、造炮以及其他科学技术知识。这在当时是一部比较系统完备的介绍西方的"百科全书"。魏源希望通过这部著作宣扬他的"师夷长技以制夷"的主张，达到国强民富的目的，但他只是一位学者，不是当权派，《海国图志》传播了西方知识，他的正确主张在他有生之年并没有能实现。

自从道光十九年（1839年）英国人在沿海挑衅，左宗棠就开始发奋研究西方情况，那时中国人对海外情况了解不多，这方面的书籍也很少。左宗棠收集了唐宋以来的史传、别录、小说、杂记等，仔细阅读；后来又读到《海国图志》，很赞美这部书内容翔实，不比那些山经海志差，他特别欣赏"师夷长技以制夷"的主张，道光二十年他就提出中国要自造船炮，同治元年（1862年）他向总理衙门建议：将来有经费时，必须仿制轮船，以巩固海防。同治三年他在杭州仿造了一艘小轮船，在西湖上试航，外表初具，但航行不快。从这以后，他就决心创办一个大型的机器造船厂。

同治五年三月，左宗棠到福州刚一个月，就正式向清朝廷提出一份建造轮船的详细计划。他首先指明造船的目的，是巩固国防和发展民生。他说："自从海上用兵以来，西方各国军舰和商船直达天津，藩篱竟成虚设，京师直接受到威胁。洋船行驶快，运费低；中国商人靠木船运货牟利，费重行迟，敌不过洋商。沿海各省居民十之六七是从事商业的，这样下去，商业萧条，税收减少，富人变为穷人，一般人民生活则将更为穷困。如果中国自行制造轮船，在战争时期，军舰可以巩固海防，抗御外国侵略；和平时期，可以发展商运和漕运（粮

福州船政局

福州船政局的学员与洋教官

运），促进民生发展。"

他的目的还不止于造船，他主张先从外国购买造船机器，船造多了，可以布置在沿海各省，造船厂又可购买或自制其他机器，触类旁通，凡制造枪炮、炸弹、铸钱币、修水利以及一切民生日用工业，都可以逐一兴办起来。这就是以造船为基础，发展其他军用和民用工业。这确是一项很有远见的计划。

当时清朝廷也认识到轮船的重要。但朝中有些人反对造船，主张购买或雇用外国船。左宗棠认为购、雇不如自造。反对者提出了造船的若干难点。他对此做了周密的设想，并一一提出了解决的办法。如：选择厂址的困难，在马尾山下可以解决；购买机器和聘请外国技师的问题，他已和德克碑、日意格谈妥；筹款问题，浙江巡抚马新贻和广东巡抚蒋益澧都答应协助；船造成后的驾驶管理人员，可开办求是堂艺局进行培训；等等。

当然，还有最大一难，新创办的事业总是不易为人了解接受，因而各种议论、诽谤，甚至公开的反对纷纷而起。阻力既来自清廷内部，也来自外国。朝内有一部分顽固派，反对一切新事物。如大学士倭仁、监察御史张盛藻等，他们认为："读孔孟之书，学尧舜之道，明体达用，规模宏远"，足以应付一切，外国人自会躲得远远的，用不着造轮船和洋炮。如果"制洋器，造洋船，即不能不学洋学"，让科甲正途人员去学天文、算学等，去了解制洋船洋炮的道理，那是他们极端反对的。因为这样，恐怕天下将以礼义廉耻为无用，大家都去学洋学，人心因之解体，国家要垮台了。这些议论竟然出自大臣之口，是极端荒谬的。幸而朝廷当权派亲尝过西方列强侵略的滋味，没有听信他们的意见，迅速批准了左宗棠的建议，着其试行办理。

阻力也来自外国。英公使威妥玛和税务司赫德听说中国要自造轮船，而且请的是法国顾问，就急忙横加干预，向清政府提出建议说：

中国要图自强，应当向外国学习新事物，这固然不错。至于轮船机器等还是以买和租雇最为方便。

威妥玛表面说得很漂亮，似乎是帮助中国图自强，实则没安好心。从鸦片战争以来，直到后来收复新疆之役，他一贯使坏主意，企图侵占中国利益，不是欺骗就是恫吓。他反对中国自造轮船，而赞成购雇，有他自己的打算。中国如能自己造船，巩固了海防，对西方列强不利，以后就不能肆意欺侮中国了，这是主要的一点。造船请的是法国顾问，他们也眼红，如果购雇，则英国还可以得利。清政府不相信威妥玛，寄了一道密件征询左宗棠的意见。左宗棠揭露了威妥玛的意图，清廷就据理驳复了他。

朝廷既已同意试办造船，左宗棠也积极行动起来。船政局规模定下来了，他立即派人去欧洲采购机器和船槽，同时开办求是堂艺局，选录了一批优秀青年，学习英、法语及算学和画法等。正当他兴致勃勃地筹办船政的时候，忽然朝廷降下一道谕旨，将他调任陕甘总督，去镇压甘肃省回民起义。他这时实在不愿离开福州，而又不能违背圣旨。

同治六年正月十八日内阁奉
上谕陕甘总督一等恪靖伯左宗棠著授为钦差大臣督办陕甘军务钦此

同治七年八月十二日内阁奉
上谕钦差大臣陕甘总督左宗棠著加恩在紫禁城内骑马钦此

调左宗棠任陕甘总督的上谕

西北局势确实也很危急，新疆已被外敌入侵；但船政局的事还必须料理，另外还有军事、民政等方面未了的事。于是他奏请暂缓几个月再去西北。

首先要解决的问题是，他离开福州后，船政局由谁来接办呢？他看中了福建人沈葆桢（字幼丹），他是林则徐的次女婿、曾国藩的门生，正丁忧在家，不肯出来做官。左宗棠亲去他家中敦请三次，这才答应。二人对船政详细商议后，左宗棠奏准清廷任命沈葆桢为船政大臣。船政已有头绪后，左宗棠于是上奏，总结了筹办船政经过，又一次着重说明造船的必要性。虽然自己即将离闽，造船则绝对不可半途而废。他说：

> 兹局之设，所重在学造西洋机器以成轮船，俾中国得转相授受，为永远之利也，非如雇买轮船之徒取济一时可比。其事较雇买为难，其费较雇买为巨……凡费宜惜，钜费尤宜惜，而顾断断于此者，窃谓海疆非此，兵不能强，民不能富。雇募仅济一时之需，自造实擅无穷之利也。

清朝廷倒很嘉赏左宗棠勇于负责不因离闽而推卸船政的精神，下谕表扬他，说：

> 创立船政，实为自强之计。若为浮言摇惑，则事何由成？左宗棠大臣谋国，所见远大，自当坚定，以期有效也。

左宗棠离福州后，在西北的十余年中，戎马倥偬，仍然十分关心数千里之外的船政局。他所委托的沈葆桢是可靠的人，对船政尽心尽力，但也并不是一帆风顺。接任闽浙总督的是一位顽固派吴棠，到任后就声言："船政未必能成功，成了又有什么益处？"他处处与船政局和沈葆桢为难，由于沈葆桢坚持，左宗棠也上奏揭露吴棠的无理破坏。清廷重申了设厂造船是借此以转弱为强，志在必成，不能听信一二浮言，产生动摇。不久将吴棠调走。

还有一个法国人美理登，任福建税务司，他也来阻挠船厂建设，先是扬言造船不能成功，说："要使中国人学会外国语，并懂得造船、造机器和驾驶技术，诚似梦中行为。"他还重弹赫德的老调："造不如买。"阻挠未成，他又提出要将造船企业纳入海关，归他直接掌管，也许这就是他的本意，其后法国驻福州副领事巴士栋也来干扰，但都被船政局和总理衙门予以拒绝，使造船工作按计划顺利进行。一个外国税务司和副领事就能来干预中国内政，也可见当时清政府的积弱和西方列强的气焰。

同治八年（1869年）六月十日，第一艘国产轮船"万年青号"下水了，排水量为1370吨，由中国舵工和水手驾驶。在岸边观看的千万群众看到轮船缓缓驶入海中，无不兴高采烈。据当时人记载说："微波不兴，江岸无声，中外欢呼，诧为神助。""万年青号"一直航行到达天津，抵达码头时，中外人士"观者如堵，诧为未有之奇"。这是中国人制造的第一艘大轮船，过去中国人不敢想的事，外国人认为中国人做不到的事，现在终于做到了，无怪中外人士惊奇。显然，造船成功使中国人学习西方科学技术的信心提高了一大步。

福建船政局还经常受干扰，如同治十一年（1872年）内阁学士宋晋又以用款太巨建议暂行停办，他的理由是，和外国已议和，不用再考虑海防了。清廷咨询了曾国藩、左宗棠、沈葆桢等人的意见后，决定继续制造。总计福州船政局从同治五年（1866年）开办，到光绪三十三年（1907年）暂行停办为止，一共制造40艘船只。最先造的4艘，轮机是从国外购的，以后都由船厂自造。前期的船都是木壳，马力小（80—150马力），时速低，载重只有1000余吨。后期的造船技术显著提高，造出了2400马力、载重2000余吨的钢甲钢壳军舰。后期日、意、格等洋员已经撤走，完全是由中国员工，包括求是堂艺局派出国留学归来的学生自己制造的。所造大部分是兵船，也有少量商船。船的质量与从国外购来的相差无几，受到中外人士的称赞。英国水师军官看到这些船，赞叹说："若不是亲眼看到，真不相信福建船厂能造出这些精致而巨大的船。"两江总督刘坤一说："何必舍己求人，舍近图远？以后沿海沿江的兵船和商船都由福建船政局承办好了。"李鸿章本来反对福建造船，后来也承认这些船确实"精坚合用"。

为广东水师制造的丙乙号快船

福州船政局还培养了一大批中国第一代优秀的造船人才和海军军官。求是堂艺局的学生和留学生魏翰、汪乔年、吴德章等在测算、制图和造船技术等方面，都有很高的造诣。后期由他们造成的船舰质量接近外国船只。清政府本来没有现代化海军，从19世纪60年代开始，陆续从国外购进一些船只，更主要依靠福州船厂提供了一批船，建成了北洋、南洋、广东、福建等几支水师，共有88艘军舰，其中30艘是福州造的。光绪十四年（1888年）海军正式建制，提督丁日昌以下的总兵、副将等七个要职中，有六个是求是堂艺局学生。

在中法战争中，虽然由于清政府的妥协退让政策，马尾海军遭到突然袭击，加之双方力量悬殊，但是在极为不利的情况下，由船政局制造的船组成的福建水师还是英勇还击，虽然牺牲重大，也给法国侵略者以沉重打击。

特别是在中日甲午海战中，求是堂艺局学生做出了重大贡献和英勇牺牲。当日本舰队从半岛海面，对我国从朝鲜返航的舰队发动突然袭击时，旗舰"定远号"中弹起火，管带（舰长）刘步蟾在统领丁汝昌受重伤后，督阵指挥，以寡敌众，使敌舰受重创。"定远号"沉没时，他也自杀。"致远号"管带邓世昌表现最英勇，当"致远号"受重伤、弹药用尽时，他命令开足马力向日本快舰"吉野号"撞去，不幸中雷沉没，全舰250人壮烈牺牲。"经远号"管带林永升、"超勇号"管带黄建勋、"扬武号"管带林履中都英勇奋战，最后为国献身。刘步蟾、邓世昌、林永升等都是求是堂艺局学生，管带以下的大副、管轮等军官中也有许多船政局学生，他们在作战中表现英勇，临死不屈。

甲午海战虽然由于清廷的妥协投降政策而惨败，但海军官兵们的坚决抵抗给了敌人以教训，并迫使日本舰队首先退出战场。求是堂艺局学生的爱国牺牲精神是值得大书特书的。

福州船政局在奠立中国的海军基础和在反对侵略、抵御外侮方面，都起了不可磨灭的作用。它所培养的海军人才，不仅在当时，直到几十年以后的民国时代，也还有深远影响。这一时代的海军将领大多是福建人和求是堂艺局学生，如曾在清末任海军提督的海军元老萨镇冰。求是堂艺局还培养了几位特殊人物，如传播西方文化的启蒙思想家严复，他翻译过一些西方重要的社科书籍，如赫胥黎的《天演论》、亚当·斯密的《原富》等；他还办过报纸，对清末维新派产生了很大的影响。又如，詹天佑是一位杰出的工程专家，主持修造了京张铁路，发明了火车车厢自动连接器。中国人很尊重并纪念这位工程界先驱者，他的铜像至今耸立在京张铁路旁的万山丛中。

福州船政局于光绪三十三年（1907 年）因"管理不善，经费支绌"而停办，虽遭到各方面，特别是福建人的反对，但是清政府已濒临崩溃，无暇顾及。辛亥革命后，孙中山的国民政府恢复了船政局，改名"马尾造船所"，但规模不大，建造的船也不多。

辛亥革命次年（1912 年）四月十九日，孙中山乘轮由沪抵达罗星塔下的马尾镇，参观了马尾造船所，并向全所员工发表讲话，说："马尾船政局缔造艰难，成船不少，本可足为海军根据。但在甲申（中法）、甲午（中日）两战中失败，兵船损失殆尽。清政府无力补救，一蹶不振。现在民国光复，亟应兴船政以扩海军，使民国海军与列强并驾齐驱，与于世界强国之邻。"他还追述了年轻时的理想，他少年时原想投考马尾船政学堂，学习海军，以达强国的目的，不料中法战争发生，马尾船政局被毁，他入海军的愿望未能实现，因而改习医学。这次特意到马尾船厂来看看，亲历其地，以偿少年时代理想的夙愿。可见马尾船政局在当时国人心中留下了巨大的影响，它促进了中国人强国富民的愿望，特别是唤起了青少年的爱国主义精神。

孙中山的国民政府寿命不长，其后的北洋政府和国民党政府相继接管了马尾造船所，同样规模不大，造船不多，而且变换频繁，经过几次战争，船厂设备损失殆尽。直到中华人民共和国成立后，马尾造船所再改为马尾造船厂，才获得新生。现在已扩建为有一定规模的造船企业，还建造了现代化码头。当然，它的产生和存在的意义不仅在于它的本身，而更在于推动了中国造船工业以至整个近代工业的发展。

第二十四章 "珍禽双飞失其俪"

和周夫人最后的聚会——"往事重寻泪盈袂"

左宗棠是于咸丰十年八月离开长沙的，此后转战赣、皖、浙、闽各省，眷属不能同行，周夫人和子女们都留在长沙司马桥宅中。同治二三年间，宗棠任浙江巡抚时，曾打算接家眷来杭州，后来因为浙江和江西境内仍有零星战事，路途上不安靖，因而中止。那几年只有孝威来杭州探望了一次，孝威考中秀才后，又考中举人。同治四年将是大比之期，他准备进京会试。宗棠已有几年没有见到他，特命他绕道到杭州来，原想他多住几个月。但是他到杭州不久，因为战事紧急，宗棠又匆匆离开杭州，到前方去督战。因此，孝威也提前去京师了。

一直到同治五年夏天，太平军战事已结束，左宗棠才将周夫人等全家接来，在福州重行团聚，此时，两人已分别六年了。他和周夫人相见之下，眼泪止不住滚滚流下，英雄气短，半晌说不出话来。他孤单在外日久，见到夫人、儿子、媳妇，还添了孙子，又欢聚一堂，心中愉悦不可言喻。他早几年在严州害过一场疟疾，后来又得了慢性腹泻，身体一直不很好，需要有家人照料。原想此后可以较长期相聚了，不料几个月后就接到调陕甘总督的诏令，而且又是更加艰巨的作战任务，家眷不可能同行。周夫人只在福州住了半年，他们又得分手了。

因为战事紧急，朝廷催左宗棠赶紧去西北。当时他正着手兴办船政局，一时实在难于脱身，请准朝廷让他在40天内，将福建未了事项处理完毕，预定到十月初启行。福建士民听说左宗棠要调走，就群集到巡抚衙门前，请求巡抚代为挽留。新上任的船政大臣沈葆桢也以船政事务需要，请宗棠再多留几个月。于是巡抚和将军上奏给朝廷，但是清廷没有同意，只许了一个愿，回答说："将来甘事平定后，让左宗棠再来福建，是不难办到的。"这个愿后来倒真实现了。

左宗棠于十月初搬到城外行营内，做好离职的准备。初三日进城，向官员们和百姓辞行。一行人马准备出发了，不想老百姓听到消息，都蜂拥过来攀留，街道和衙署里塞满了人群。宗棠亲自和大家再三解释，可是人群不肯散。第二天，又有几十位代表跑来，苦苦挽留再多住些日子，宗棠不得已，又多留了几天，改在初十日起行。他想自己在福建时间很短，许多事还没有办成，就匆匆忙忙调离，正歉恨不暇，却受到福建人民如此爱戴，心里感到惭愧，在老百姓面前，不觉流下了眼泪，也可见当时贪官污吏横行，清廉有所作为的官吏是太少了。临行前，福建湖南会馆请他写一副对联，他提笔书云：

瓯浙越梅循，海国仍持使者节；
陇秦指疏勒，榕垣还作故乡看。

他这时已预见到，此行去陕甘，还将远到新疆，他和福建人民却产生了深厚的感情，把福州看作是他的故乡。20年后，他果真回到这个"故乡"来了。但他没有料到，也就是在这里，自己走完了人生的道路。

十月初十日，他率领三千人部队，浩浩荡荡由陆路启行，取道江西、湖北，第一站是汉口。他原想与周夫人等全家同行到汉口，然后再分手，周夫人径回长沙。但是因为两个儿媳将分别于十月和十一月分娩，旅行不便，因此他决定单独先走，周夫人等全家留在福州，等儿媳分娩后，于第二年春天由海路经上海去汉口。

在行军途中，左宗棠接到诏书，因为捻军首领张宗禹已进入陕西，改命他先去西安追堵捻军。他于十二月到达汉口，大营驻扎在后湖。一到汉口，他就忙于召集、整顿部队，从湖南招募的三千名旧部即将到汉口来会师，有许多准备工作要做，又增加了一项剿捻任务。那时捻军声势浩大，湖北也为之震动，军情急迫，需要细心筹划对策。他在福州时本来已心力憔悴，这时又忙得不可开交。

在军情旁午之余，他有时也好整以暇。有一天，来到长江边的蛇山脚下，寻访有名的黄鹤楼，不想这座千古名楼已于咸丰年间被战火摧毁了。他又去寻找附近的长沙郡馆，可是郡馆故址也找不到了。回忆道光十二年、十四年和十七年三次去京师会试，经过汉口时，他都在郡馆度岁。那时他是穷书生，景况很凄凉，如今是率师西征的大将，想寻访郡馆旧址，重温一下昔日潦倒时的旧梦，已不可得了，不禁十分惆怅。

当时在武汉的长沙同乡正准备集资重建郡馆，听说左宗棠对郡馆如此留恋，就请他写了一副对联：

千载此楼，芳草晴川，曾见仙人骑鹤去；

卅年作客，黄沙远塞，又吟乡思落梅中。

这副对联文辞优美，传诵一时。长沙离武汉虽很近，但左宗棠却不能返回家乡。转眼又将去黄沙远塞，只能寄乡思于诗中梦里。他这时所最企盼的，是重晤由福州循海路回家的周夫人等全家。

不久，周夫人乘坐的船由上海到达汉口码头，因为船直航长沙，在汉口停留时间很短，左宗棠又住在大营，没有接周夫人上岸，他登上轮船，和夫人及全家相会，同时也是饯别。他重见到一家人，十分兴奋，刚分别不过两个来月，却似乎已很久，不知从何说起。

看到儿媳妇抱着两岁的小孙子念谦，活泼可爱，宗棠高兴地逗他，问他："你刚刚从海上来，看见海了吗？"

小孙子的吐音还不清楚，回答说："看见呀！"

宗棠更高兴了，又问他："海有多大？"

小孙子将两手张开，抱成一个圆形，表示海就是那么大大的。

周夫人和儿子、儿媳妇都愉快地笑了，宗棠也笑得很开心，他们享受了短暂的团聚的欢乐。

但是宗棠立刻想到，他们马上又要分别了，西北战局艰危，玉门关内外都已被敌人盘踞，战争将要打到新疆，一直打到新疆的最西边境喀什和疏勒，绝不是几年内可以结束的。他此行不知何日归来，眼望着年过半百、屡弱多病的诒端夫人，他有一种预感，这次一别，以后可能再没有见面的机会了。他的情绪顿时低沉下来，话也说不出来了。周夫人知道宗棠的心事，她也有同样的感受，他们凄然相对。后来还是周夫人强打起精神，劝慰他不必挂念家中，等打了胜仗回来，一定能重行欢聚的。

全家在凄凉的心境中，共进了一顿最后的离别宴。

宗棠在江岸边，目送周夫人坐的船缓缓地离开码头，一路鸣着汽笛，驶向长江上游。船渐渐远去，只剩一缕青烟随风飘荡。不久轮船消失在水天边际，真是："孤帆远影碧空尽，唯见长江天际流！"

宗棠怀着惆怅的心情，回到南湖大营，全身心又投入到剿捻和西征的军事筹划上。两个月后，拔营离开汉口，转战中原。两年后，进入陕甘，踏上了漫长的西征道路。

周夫人回家后，和儿女们过着安静而节俭的生活。她本来有肝病，身体时好时坏，分别后第二年，宗棠得到家信，周夫人生病，需要用人参滋补。他写信告知孝威说："你母亲医病需要的药，虽然非常贵重，我也决不会吝惜重金。"但是他又说："能买得一两也够了。你祖母患病时，急需好参，那时家中贫穷，没有钱买，至今想起来还是十分懊恨。因此我也不想多买。"那时他的养廉金很丰厚，买多少参是不成问题的。但他经常想到贫困的年轻时代，回忆母亲病危、无钱买药的情景，因此终他的一生，不愿自己和家人过奢侈享乐的生活。

周夫人这次患的是脚气病，同治六年曾大发作。医生看了后，说："脉绝，不可救了。"但是服了参茸补剂后，病情好转。次年又发作过。同治八年一年中身体渐好，没有发病，只是脚肿不消。根据前后症状，可能不单是脚气病，而且还患有风湿性心脏病等较严重的病，她还兼有肝病。当时的中医对此没有什么特效药。

同治九年（1870 年）正月底，四女孝瑸在久病之后去世。孝瑸嫁给周夫人的内侄周翼标，翼标早一年亡故，孝瑸哀伤过度，加之本来患有肺病，因此郁郁而逝。周夫人素来疼爱儿女，受不了这样大的打击，肝病大发。在孝瑸去世后第七日（二月初二日）去世，享年 59 岁。

一个月以后，左宗棠才得到周夫人的噩耗，当时正在甘肃平军次。他悲不可抑地写信给儿子们，仔细地安排了周夫人的后事。他叮嘱丧事不要张扬，不要广散讣文，不要随便用乐队鼓吹，只在祭奠时才奏乐；题主不必请名人，由侄儿丁叟或女婿陶桃即可，他二人字都写得很好。不必做佛事，长沙城中灾民、乞丐多，出殡之日多散给钱财，比布施给和尚胜过十倍。觅地不讲求风水，只须避白蚁之害，买地决不可用势欺压；做冢用三合土，可避白蚁和树根之患；在周夫人墓穴旁，要留下一个墓穴，以备他去世之后安葬。在周夫人生前，他已谈过，死后同穴而眠。他还一再叮嘱：丧事不可铺张。古语云："孝子不俭其亲丧事。"自然不可过于省俭，理所当用的，多用点亦无妨；但是不当用的，一文钱亦不可用。不要害怕别人议论。有人会说：瞧这样的大官家庭，却故意装出穷相，这不必理会。专讲体面，不讲道理，是他素来认为可耻的事。

宗棠在极度悲痛的时刻，还将丧事考虑安排得如此周到细密。他还写了一篇《亡妻周夫人墓志铭》，写完墓志铭和信的时候，已经是午夜四鼓了，他也已止不住泪湿衣襟了。

在《墓志铭》中，他记述了周夫人一生事迹，既是纪念她，也希望儿女们向母亲学习。在后来给儿子们的信中，还常常提到周夫人，告诉他们母亲平日的为人处世，以及过去是如何教养他们的，要他们牢牢记住。

周夫人是一位贤明的人，受过旧教育，"一言一行都合于礼法，治理家庭有条有理，教育儿女既慈爱，又严格，待仆媪公平、恩惠"。她经历忧愁患难的事很多，后来富贵了，但仍然终生不知道安闲享乐。左宗棠自念本是个穷书生，父母亲一辈子贫困，后来骤然得到高官厚禄，他不愿自己和妻子儿女过奢侈的生活，所以将养廉金的大部分都散给穷苦的族人邻里，或捐助给灾民、军中和公家，每年寄回家中的钱不及薪资的十分之一，周夫人对此从来没有提过意见，从不发出怨言。每次来信不提家里琐屑的事，以免宗棠烦心；只是问问军中生活，身体如何？她自己多年疾病缠身，不肯服珍贵药品，儿子们多方借贷，买点好药奉进，也不敢让她知道。宗棠去西北，是十分艰巨的任务，别人都不愿去，说闲话的也很多，周夫人深知他的爱国热肠，从不以俗事来烦阻他。当宗棠官越做越大、左家光景越来越好的时候，周家却越来越穷了。周夫人看到母家家道中落，妹妹茹馨一家自妹夫去世后，景况也很苦，心里不免难受。她本来可以要求宗棠帮助娘家，宗棠穷时，周家帮过他很多忙的。但是周夫人从来不向宗棠提出一个字。她处处体贴他，不想给他添一点点麻烦。宗棠向儿子们叹息说："你母亲是深知我的心的。"周夫人后来虽然长期不在他的身边，但却经常在他的心上。

他回忆起刚结婚后，寄居在周氏西楼，和周夫人一同研读经史地理，遇到疑难，周夫人立即为他从书架上找到资料。那时虽然穷愁潦倒，却是一生中最幸福的一段时候。他又回忆起在安化陶家坐馆时，每当夜深人静、孤枕无眠，想起家乡和夫人儿女时，他会情不自禁地抚摩夫人绣着家乡风景的枕头，默念起那首美丽的小诗：

> 小网轻舠系绿烟，潇湘暮景个中传。
>
> 君如乡梦依稀候，应喜家山在眼前。

而今，乡梦也还常有，在梦中昔日家山也能依稀见到，可是物是人非，周夫人，他的忠实的、永恒的伴侣突然离去了，到了一个遥远、渺茫的地方。他的心头顿时感觉空虚，他既悲伤，又有内疚之感，感到没有能使周夫人生前生活得更好一些，和她多相处一些时日。他的内疚已经无及，只能永远埋藏在心灵深处了。

他突然想起周夫人生前曾托他一件事，至今没有办。家中看门人何三，老实本分，晚景不好。周夫人在福州时曾向他提起，能否补给他一名兵勇的饷额，他答应了。但是后来想想不妥，兵勇口粮不能给家人，因此一直未办，后来干脆忘记了。现在想了起来，从答应夫人之时算起，一共四年的口粮，合计二百十两零六钱。他从自己薪水中拿出这笔钱，寄给儿子，嘱咐转给何三。答应了周夫人的事，是绝不能食言的。

《墓志铭》的后面一篇简短而哀伤的《铭》，许多人读到这里，都不免掉下同情之泪。铭曰：

> 珍禽双飞失其俪，绕树悲鸣凄以厉，人不如鸟翔空际，侧身南望徒侘傺。往事重寻泪盈袂，不获凭棺俯幽窆。人生尘界无百岁，百岁过半非早逝，况有名德垂世世。玉池山旁汨之湄，冈陵朣朣堪久憩。敕儿卜壤容双椁，虚穴迟我他年瘗。

铭文中有些古语，为了帮助年轻读者的理解，试译成现代词语如下：

> 一对珍禽双双飞翔，
> 失去伴侣何等悲伤。
> 绕树悲鸣，啼声凄厉；
> 人不如鸟，难飞天际。
> 南望故乡，徒然惆怅，
> 往事重寻，泪湿衣裳。
> 生前诀别，天各一方，
> 死后无缘，俯墓凭棺。
> 人生尘界，不满百岁，

百岁过半，不谓早逝，
况有名德，垂之后世。
玉池山畔，泪水之涯，
冈陵沃美，长眠为家。
命儿卜地，虚穴以待，
君先归兮，他年我来。

第二十五章 "碧湘宫畔雨霏霏"

接连的打击——与二哥宗植永别——"嗟予少啬祜，孤露唯君依"

左宗棠在汉口停留时，二哥宗植特地带着幼子浑（丁叟）从长沙赶来探望。兄弟二人分别已有七年了。二人年轻时相依为命，如今宗棠已经 56 岁，宗植则已 64 岁，望七之年了。宗棠看他满头白发，比从前瘦削得多。宗植身体不好，又患有咳嗽症，饮食不敢多进，精神比以前差多了。兄弟二人执手相对，唏嘘不已。

宗棠在大营中设酒款待，宗植的兴致却提不起来。宗棠想起年轻时，每次和二哥见面，既高兴又兴奋，谈不了几句话，就常常为一篇文章、一句诗，或是一桩时事争辩不已的情景，觉得自己很可笑，也很幼稚，那段时光也是十分令人怀念的。可是现在，那种少年好胜的气概已随岁月而消失了。他竭力想使二哥高兴些，二哥酒也不肯多喝，宗棠于是朗诵二哥从前所作的诗文，宗植听了很高兴，于是快饮一杯。厅前站了几名兵勇，看到他们兄弟二人亲热高兴的情景，都相视而笑。他们虽强颜欢笑，但内心却很凄凉，深知从此一别，又不知何日再见，也不知能否再见。

左宗植不久就回长沙，宗棠也率军西征。宗植身体越来越差。

宗棠从家信中知道一些情况，虽然挂念，却也无能为力。他寄回家中的养廉金本来不多，但总嘱咐儿子分送一些钱给二伯父，并叮嘱他们常去看看他。

左宗植在年轻时就有文名，与魏源、陈起诗、汤鹏号称"湖南四杰"。但是运气不佳，中了解元后，一直未考上进士。后来在各地流浪，做过几任小官，仕途不得意。中解元前曾在湖南新化当了三年训导，后来又和宗棠同在城南书院随贺熙龄就读，不久客游武昌。那年是道光十一年，宗棠送他走后，很想念他，写了一首长诗寄给他：

西风吹孤禽，瘁羽身不肥。

人生奔车中，志士无光辉。

忆昨别兄时，盍旦鸣朝辉。

念当远焉去，有泪不敢挥。

开怀相慰语，亹亹恐君悲。

携手上河梁，去矣何时归？

……

嗟予少耆祐，孤露惟君依。

三年客邵陵，相见时亦稀。

贫居岂能久，谁复惜分离。

华颜苟无凋，白首终可期。

尘衣才一洗，勿复载行旗。

江湖阻修远，我怀君岂知。

蛟龙勿君恭，蝮蜮毋君危。

一家尽死丧，君我先人遗。

念兹并百忧，泣涕以涟洏。

……

湘水去悠悠，大别山巍巍。

颜色不可睹，况复音书希。

故山有黄精，野涧多蕨薇。

何当早归来，与君共锄穖。

诗中充满了对二哥的思念，还希望回来与他共度耕田读书的生活，享受家乡东山白水洞的自然乐趣。

道光十九年夏天，左宗棠来到长沙，又和左宗植相会。宗植在碧湘宫租了一间住宅，宗棠就住在他家中。同时，住在他家的还有两位新化文士：邓显鹤老先生和城南书院同学邹汉勋。兄弟二人和邓、邹二位经常在一起讨论学问，谈今论古，辩难质疑；很是意气相投。长沙春夏多雨，他们晚间围坐饮酒，高谈阔论，窗内烛光摇曳，窗外雨声滴答，夜深人静，他们谈兴正浓，时而听到远处"咚咚"的打更声音。左宗棠后来对这一段生活还十分留恋，40余年后，为邹汉勋遗书作序说：

> 回忆四十年前，碧湘宫畔，更阑烛灺，雨声断续，尊酒对谈时，仿佛如昨也。

那年秋天，贺熙龄离长沙北上，他们四人和其他一些同学、友人都到湘江边送行。第二年，宗棠到安化陶家坐馆，兄弟又分别了。他这年29岁，写了《自题小像》七律八首，其中一首抒写对宗植的怀念：

> 机云同住素心违，堪叹频年事事非。
> 许靖敢辞推马磨，王章犹在卧牛衣。
> 命奇似此人何与，我瘦如前君岂肥?
> 来日连床鸡戒晓，碧湘宫畔雨霏霏。

左宗棠这时很不得意。在第一首诗中，首句说："犹作儿童句读师，生平至此乍堪思！"充满了怀才不遇之感。二哥的命运也一样，"我瘦如前君岂肥?"后来宗棠离湘，一路飞黄腾达；而宗植留在长沙，抑郁不得志，对兄弟却十分怀念。同治二年（1863年），宗植住在长沙高坡。那年冬天大寒日，他的表弟来看望他，他们谈起宗棠和许多旧事，感叹不已。他写了一首长诗送给表弟，兼寄给宗棠。中有句云："青毡长物付诸儿，燕颔封侯望予季。"自注："先太夫人语意也。"余太夫人在世时，早就看出老三有封侯的希望。宗植写诗时，宗棠刚升任总督，第二年才封上伯爵。直到十余年后，宗棠收复新疆，晋封为二等恪靖侯，那时宗植早已不在人间了。

左宗植有三个儿子。长子名澂，字葵叟，夫人胡同芝是胡林翼的妹妹。他们婚后不久，左宗棠写信祝贺，信中还谆谆告诫他，要"立志学作好人，苦心读书"。当时士人读书，唯一的目的是求取功名，宗棠教他正确对待科名："读书非为科名计，然非科名不能自养，则其为科名而读书，亦人情也。"又说："科名亦有定数，能文章者得之，不能文章者亦得之；有道德者得之，无行谊者亦得之。均可得也，则盍期蓄道德而能文章乎！此志当立。"

这是他一贯的信念：科名是虚，并不能代表真正的学问和本领。做官和追求名利，他所不取，为人要注重道德，人格高尚，能文章，又有经济之才，有些真实本领才行。

癸叟性情温良，宗棠对他说："尔气质颇近于温良，此可爱也。然丈夫事业非刚莫济，即需要刚强之气。所谓刚，并非高傲气大，而是任人所不能任，为人所不能为，忍人所不能忍。志向一定，全力以赴，不含杂念，不稍游移，必有所成就。"

又叮嘱他家庭中处人处世之道，说："家庭之间，以和顺为贵。用财有道，自奉宁过于俭，待人宁过于厚。待劳动人民，宜从厚给予报酬。要广作好事，这样就不致有人怨恨。"

左宗棠手书

癸叟后来曾到福州总督衙门帮忙，但为时不久。宗棠离闽前，要办的事极多，40天内发出了70多件文稿，他自己心力憔悴，癸叟帮他写折子，也极为劳累，几乎没有停笔的时候。宗棠西行后，癸叟回到家乡，不久又去浙江定海做了一任地方官。

左宗植次子名潜，字壬叟。对诗和文都有造诣，尤其精通数理，在中国数学史上有一定地位。因为他一心钻研学问，在人情世故方面要差些，宗棠曾批评他不懂世故。其实，他是左家下一代中最有学问的一位人物，是一位科学家。他对中国古代数学和西方数学都认真学习，一视同仁，而且往往有创见，变更旧公式，勘定错误，作出图解等。当时有名的数学家丁取忠（号果臣）与他或为忘年交。另一位数学家曾纪鸿（曾国藩次子）也和他极要好。

左宗植第三子名浑，字丁叟，也是一位有才华的人，又长于书法。周夫人亡后神主题字，是一项很重要的事，左宗棠认为丁叟足可以担当。他中了举人后在家用功读书，准备考进士。他是宗植最宠爱的儿子，可惜身体不很好。

宗植晚年钻研天文学，对中、西法都有研究。他也搞些占卦、算命，但不轻易为人算。宗棠是素不相信这些的，曾说他的占算并不一定准，他说的有些话可能太玄妙，宗棠也听不懂。

丁叟于同治十年去京师会试，没有考中。也许是少年气盛，回到家后就患病，于同治十一年二月病故。宗棠在甘肃得讯后，十分伤痛，写信给孝威说："你伯父衰老多病，你们务必要多方宽慰他。"他亦知道老年人遇到这种伤心事，是很难解劝的，他也无可奈何。果然，宗植经不起这样重大的打击，三个月后也一病不起。宗棠那时正在安定大营，得知噩耗后，写信给儿子，叹息说："鄂渚一别六年，毕生无复见面之日，同气之缘尽矣。"他当时军务正忙，而且，连年衰病侵寻，周夫人去世又不久，他怕闻伤心事，怕说伤心话，一时写不出祭文来，拟等以后到兰州督署再写。两年后，他受命为钦差大臣，出塞督师。恰好壬叟将父亲的诗文稿寄来，他请幕中有名的文士施补华和周崇傅校审，编成《慎庵诗文钞》，亲自写了一篇情文并茂的序，交湖北印书局刊行。

左宗棠接连遭受家庭变故，精神和身体都受到打击，但是西北形势紧急，国土沦丧，大局糜烂。他认为，天下事总要有人干，岂能避难就易，"我以一身承其敝，任其难，万无退避之理。"因此，义无反顾，毅然走上西征之路。在征程中却暗暗吞下了丧妻、丧兄的辛酸的眼泪。

第二十六章 "此诚危急存亡之秋也"

去西北——列强瓜分中国的前夕

直从瓯海指黄河,万里行程枕席过。

道出中原宸极近,胆寒西贼楚声多。

尖叉斗韵看题壁,竞病联吟更荷戈。

回首四年泥爪迹,明当出峤意如何?!

这是左宗棠离闽去鄂、经过崇安时,行军道上所作的一首诗。他深知这次奉命西征,前途十分艰险,但诗中仍然抱着乐观豪迈的态度,决心为国驰驱,将西事进行到底。

当时的国内外形势怎样呢?确是十分严峻。国内是政治腐败,民生凋敝,对外虽然妥协投降,对内则加紧压迫各族人民,引起广大人民此起彼伏的反抗。在太平军起义之前,早有白莲教起事;与太平军同时期的还有天地会、小刀会、双刀会等起义军。咸丰十一年(1861年)白莲教在一度被压制后,重新在山东起义。太平军失败后,捻军又在河南和安徽北部兴起,并蔓延到湖北、陕西,一度逼近京畿。太平军的余部,和与白莲教有联系的黑旗军都加入了捻军。捻军一部分由河南进入湖北,称为东捻;另一部分进入陕西,称为西捻。两股捻军在中原横冲直撞,声势浩大,京畿也为之震动。

几十年来,由于清政府对少数民族的压迫,贵州、云南、四川等省的苗、彝、回民被迫起义,当地的一些汉族贫苦人民也响应他们的起义。少数民族起义军中最强大的是陕西和甘肃的回军。甘肃全省除兰州、天水等少数地区外,都被回军占领。陕西的西捻和回军合流，声势更为浩大。清朝廷极度恐慌，原来派了曾国藩和李鸿章征剿捻军，他们的部队只够应付东捻。清廷最怕回、捻连成一片，在左宗棠赴鄂途中，又改命他先到陕西堵击西捻。由滨海到中原，由中原到西北，一片战火蔓延。而玉门关外，160 万平方公里的新疆大好河山，除了哈密等少数地区外，全被外国侵略者占据。中央之国已陷于四分五裂的境地。

孟子曰："人必自侮也，而后人侮之；国必自伐也，而后人伐之。"国内情况如此混乱不堪，必然会引起国外强邻的觊觎。西方帝国主义扩张势力早在 19 世纪中叶，就已注意中国这块肥肉。道光二十年（1840 年），英国首先发动鸦片战争，两年后强迫清政府签订了屈辱的《南京条约》，割让香港、赔款、五口通商，还在关税、贸易、领事裁判权、租界、内河航行权等方面出让了大量国家权力。英国侵略者占了大便宜，其他帝国主义也不甘落后，纷纷来中国掠夺。两年后，美国和法国各派特使和舰队到澳门，一方面用战争威胁，一方面用谈判诱逼，迫使清政府签订了《望厦条约》和《黄埔条约》，除没有割地、赔款外，其他英国所得到的好处，美国和法国也都得到了。

咸丰六年（1856 年），英国又借口"亚罗号事件"，发动对广州的攻击。法国也利用"马神甫事件"，参加英国对华的侵略战争。次年英法联军占领广州，再一年（1858 年）英法联军舰队北上，攻击大沽炮台，强迫清政府签订了中英、中法《天津条约》，无理索取"赔款"，还扩大了《南京条约》中的特权。咸丰十年英法联军又以无理的借口，突然向中国宣战，占领天津，打到北京，烧毁圆明园，咸丰皇帝和太后被赶到热河。结果又签订了一个不平等的《北京条约》，除了增加赔款、放弃更多的国家权益外，鸦片也准许合法进口了，因此这次英法侵略战争又称为"第二次鸦片战争"。

北方的沙俄一直虎视眈眈，早在道光三十年（1850 年），沙皇派驻西伯利亚的总督穆拉维约夫，就破坏中俄于康熙二十八年（1689 年）订立的《尼布楚条约》，派兵擅自占据黑龙江沿岸一些地区。按照《尼布楚条约》，中俄边界远在兴安岭一带，黑龙江是中国的内河。咸丰四年和五年，穆拉维约夫两次派舰队进入黑龙江，一直东驶出海。他是在威胁中国，进行武装示威，准备讹诈中国领土。他公开说："为了实现占领黑龙江的意图，唯一的方法是向懦弱的邻邦炫耀武力。"

咸丰五年八月，俄方向清政府提出重新划界，要求以黑龙江作为两国边界。

第二年，克里米亚战争结束，沙俄已无后顾之忧，又派兵舰在黑龙江上武装巡行示威。事实上，俄军已占领了黑龙江左岸的中国大片领土。咸丰八年四五月间，清政府派出黑龙江将军奕山，同穆拉维约夫谈判，终于在敌人威胁之下，签订了又一个屈辱的卖国条约——《瑷珲条约》。根据这个条约，大兴安岭以南，黑龙江以北，60 多万平方公里的土地都划归俄国。乌苏里江以东，直到海边的 40 万平方公里的地区，划为中俄共管。

两年后，当英法联军进犯北京时，俄国一方面给英法提供情报，一方面又伪称要来调停，强迫清政府订立了中俄《北京条约》，将乌苏里江以东 40 万平方公里的地区，改共管为俄国独占。这次俄国不费什么力气，就夺得了 100 多万平方公里的土地，正如恩格斯当时所说："从中国夺取了一块大小等于法德两国面积的领土，和一条多瑙河一样长的河流。"在侵略中国的外国帝国主义当中，沙俄获取的赃物最多。林则徐早就和左宗棠说过："中国之大敌，其在俄罗斯乎？"他的预言不幸而言中。

清政府在咸丰八年到十年，丢失了东北 100 余万平方公里的土地。四年以后，在同治三年，又丢失了 160 万平方公里的全部新疆，而且丢失给一个不起眼的中亚细亚小国的手中，这又是怎么回事呢？

新疆是中国版图的一部分，已经有两千多年的历史了。古代称为西域，包括巴尔喀什湖以东和以南地区。汉武帝曾派张骞两次通西域（前 139 年和前 119 年）；汉宣帝曾在乌垒城（今轮台县东）设置西域都护。东汉班超父子长期驻在西域，对维护民族团结和国家统一做出了重大贡献。南北朝前梁曾于吐鲁番东南设署高昌郡，至今高昌古城遗址犹在。唐初设安西都护府，管理于阗（今和田）、疏勒（今喀什）、龟兹（今库车）、碎叶（在楚河上游，原苏联境内）四镇。以后唐朝敉平了突厥变乱，管辖整个西域。元代西域和内地往来频繁，有大批西域人内迁。清乾隆皇帝平定了准噶尔部的封建割据势力，消灭了天山南路大小和卓木的势力，又统一了天山南北二路。乾隆二十四年（1759 年）将西域改名为新疆。在几十年的漫长历史中，西域的少数民族也和内地包括汉民族的各民族一样，发生过变乱、分裂和割据局面，但这都是中华民族的内部问题。直到 19 世纪以后，由于西方列强，特别是沙俄和英国的东侵，加上清朝中央政府的腐败，地方封建主义中的一些野心家想依靠外国侵略势力，出卖民族利益，因此新疆局势变得复杂起来。

嘉庆二十五年（1820 年），亡命浩罕国的大和卓木的孙子张格尔，在英国侵略者的唆使下，率军窜入南疆；道光六年（1826年），攻陷喀什噶尔、英吉沙尔、叶尔羌、和阗等城。清政府从内地调兵去，平息了这场叛乱。到了同治年间，由于内地长期战乱，陕西和甘肃的回民乘机起事，清政府在新疆的力量愈益薄弱。一些地方官又与封建主勾结，对各族人民进行残酷压榨。因此，新疆各族人民也爆发了好几处起义。起义开始不久，领导权就被一些封建主和上层宗教人士所篡夺，打起"排满、反汉、卫教"的民族分裂旗帜，形成混乱的割据局面，在新疆南北两路都有这样的"起义军"。

在新疆南路，库车回民于同治三年四月首先举事，阿克苏随即响应，以黄和卓为首领，南路东四城为其占领。六月，叶尔羌也举事，推阿布都拉门为首领。八月，喀什噶尔回目金相印、和阗回目马福迪等响应，南路西四城除英吉沙尔外也都被占。

喀什境外有一个浩罕小国，以前也属清朝，后来为沙俄吞并其三部，仅剩安集延一部。金相印想利用安集延人抵抗清军，请了他们的帕夏（即将军）阿古柏来帮忙。阿古柏于同治四年率领浩罕兵攻陷了英吉沙尔，夺占了喀什噶尔，又赶走了叶尔羌的阿布都拉门、和阗的马福迪和东四路的黄和卓。同治六年，统一南路而独立，自称"毕条勒特汗"。同治九年（1870年）阿古柏进军北疆，占领了吐鲁番和乌鲁木齐，杀死了回民起义领袖妥得璘，并向西扩展到玛拉斯，侵占了新疆的大部分地区，建立"哲得沙尔汗国"。

阿古柏来自一个小国，他的统治又遭到汉、回、维各族人民的反抗，但他何以能维持相当长的一段时期呢？这除了他采用严密的特务统治和残酷的镇压手段外，主要是依靠俄、英的支持。俄、英两国是当时两霸，他们都想利用阿古柏傀儡政权扩充在新疆的势力，彼此之间又互相争夺。同治五年俄国就与阿古柏勾搭，订了一个协定，允许俄国人到南疆追捕逃犯。同治十年，俄国派兵夺取了伊犁城和附近地区，诡称是代清政府收复，一俟乌鲁木齐、玛纳斯等城克复之后，即当交还。他以为清军无法收复乌城，它可以永不归还。此后，它又积极支持阿古柏政权。同治十一年，俄与阿订约，承认阿是"独立国君主"，目的是让阿维持割据，使新疆长期陷入混乱状态，俄国就可长期占领伊犁，并且还可进一步将势力伸入南疆，最后侵吞新疆。英国也早在同治七年就与阿古柏勾结。同治十三年，英阿订立了《英国与喀什噶尔条约》，英承认"哲得沙尔汗国"为独立国。英国在印度的殖民政府向阿古柏提供了大量武器、弹药，还派出军事教官和工程勤务人员，帮助阿政权。英国同时也取得了大量特权，如通商、低税、领事裁判权、土地房屋租买权等。英国以侵略者阿古柏的保护人自居，目的也很明显，是想独占新疆。英、俄二国实际上正在瓜分中国这块肥沃广大的西部疆土。他们之间既相互勾结，又相互斗争。

左宗棠受命西征是在同治五年（1866 年），那时阿古柏已侵占南疆，新疆南北两路正陷于分裂混乱状态。在关内，回军在陕西、甘肃起事，捻军在河南、湖北东奔西逐，中原一片战火纷飞，而且东向安徽、直隶蔓延，西向关外。清朝廷给左宗棠的任务是，先平捻，再平回，暂时还不敢提到收复新疆，那时朝廷恐怕也还没有下定收复新疆的决心。但是左宗棠从年轻时就极为重视新疆，22 岁写下了《燕台杂感八首》，其中一首"西域环兵不计年"的诗，已可看出他对新疆关心备至。在离闽西征前，写了"陇秦指疏勒"的联语，表明他已下定决心，统一中原，一直打到新疆的最西边境，他毅然以"西事艰巨为己任"，但面对的却是十分棘手、内外交困的局面。

国内战乱纷纷不止，国境四周则在列强包围之下，正在逐步被瓜分、吞食。俄罗斯雄踞北方；英、法侵入东南沿海，还将势力分别深入西藏和越南、滇桂边境；美、德等国也不甘落后，跃跃欲试；新兴的东方日本帝国主义则侵占了琉球，虎视着台湾，毒爪已伸入朝鲜，还觊觎着满蒙。有着五千年文明的中华帝国正处于强邻环伺之下，濒临土崩瓦解。

左宗棠是素以诸葛亮为楷模的，用一句诸葛亮在《前出师表》中的话："此诚危急存亡之秋也。"诸葛亮是处于蜀汉小朝廷，蜀汉的兴亡，对中国的意义不大。这时的中国形势，比蜀汉时期要危急得多，有亡国灭种的危险。全国人民饱经战祸的熬煎，处于水深火热之中。他们最迫切的希望是，国家能统一，内乱能停止，社会能安定，各民族、各阶级阶层、各地区、各教派能团结一致，发奋图强，共同抗御外侮，然后才能取得长治久安、民富国强的局面。面对这般危急的形势，面对全国广大人民的希望，左宗棠和他的这支部队能有所作为吗？谁能挽狂澜于既倒？且看历史的发展和结果。

第二十七章 "欲靖西陲，必先清腹地"

平定西捻军——陛见皇太后——"西事以五年为期"

清廷在任命左宗棠负责西北重任以前，也曾就西北问题做过一些部署。那时太平军战事还没有全部结束，不能将善战的湘军西调，于是将四川布政使刘蓉（字孟容，号霞仙）调任陕西巡抚。刘是左宗棠的同乡、好友，以前二人同在骆秉章幕府共事。刘是位秀才，足智多谋，他和左宗棠同时被誉为"诸葛亮"。不久，江西境内太平军战事已近尾声，清廷又将杨岳斌（字厚庵）调任陕甘总督。杨岳斌是与彭玉麟齐名的湘军水师统领，原名载福，因避同治帝（载淳）讳而改名。后来曾随左宗棠在东南作战。这两名湘军将领来西北后，局势不见好转。刘蓉在霸桥与西捻一战，几乎全军覆没，巡抚职也丢了。杨岳斌见形势不妙，也请病假告归。

左宗棠到达汉口时听到这个消息，认为他二人虽有失误，还是可用之才，赶紧上奏请留下他们，但已来不及了。这也说明，湘军个别将领离开了统帅和大部队，独立一方，就难以成功，诚如胡林翼生前所说："气类孤而功不成。"

左宗棠接受督办陕甘军务的重任，心里很清楚，这是清廷在危急之际，需要他、利用他解决一时的困难，并非对他有长远依靠之计。他与王柏心说："朝廷所以用之者，不过责一时之效已耳。"他常常自己订下一个计划，并告诉夫人、儿子、朋友们：等这一阶段任务完成了，就决心退隐。可是当这一阶段完毕，紧接着下一阶段更重的任务又来临，他又不得不说："我不去怎么办呢？国事如此，万无退避之理。"于是又抱着老病之躯，继续另一项任务。就这样，在那多事之秋，一个任务接着一个任务，始终没有能卸下重担。

在汉口，他一面等待由各地调集的军队，同时研究进兵策略。他向清廷提出了用兵程序：

欲靖西陲，必先清腹地，然后客军无后顾之忧，饷道免中梗之患。

这是一项正确而重要的军事策略。新疆是中国西陲，欲收复新疆，必先平定玉门关以内的陕甘腹地。新疆为外国侵占，对内地而言，甘肃成了西陲。欲平定甘肃，首先必须平定潼关以内陕西、河南等腹地的战乱。这就是说，欲收复新疆，必先战回；欲战回，必先战捻。回军占领了通往新疆的门户肃州和河西走廊，又和在乌鲁木齐的妥得璘联系紧密；清军如不收复肃州，打通河西走廊，怎能出关呢？即使出了关，也不能保证军需接济和粮道畅通，还有受两面夹击的危险，那么，新疆只有放弃了，这是中国人民包括广大回民都不能答应的。捻军在陕西、河南一带势力很大，东奔西窜，有时甚至逼近京畿；如果不先平定捻军，同样，清军是无法进入甘肃的，否则也是两面受敌。当然，更不用提收复新疆了。

他还特地拜访了老友王柏心，听取他对新疆用兵的意见。

王柏心熟悉中国历史，更熟悉历代兴亡成败的原委。他曾入云贵总督林则徐和陕甘学政罗文俊幕府，遍游陕甘各地，对关陇山川形势和少数民族风俗民情都有所了解。他是一位有学问、有谋略，也有理想的人，左宗棠素来敬重他。他家在监利，离汉口不远。左宗棠约请他来汉口会见，他们分别已十余年，二人本来都蛰居故里，现在左宗棠已是总督兼钦差大臣，王柏心仍然乡居，老友重逢，十分快慰。

他们在汉口聚会的几天中，不单是叙旧，更主要的是讨论国家大事和西北用兵策略、作战部署等。他们二人有许多相同的看法，谈得十分投机。左宗棠后来平定新疆时采取的一项成功的战略——"缓进急战"，即用充分的时间做好各项准备，然后以迅雷不及掩耳的行动速战速决，这项战略就是王柏心和他共同商定的。他们还一致认为，在西北作战，应采取屯田政策，因为西北粮食缺乏，军粮若全靠内地接济，迢迢数千里，运输困难，万一断粮，军队就不能作战了。屯田是汉代大将赵充国创立的办法，即兵士中一部分就地农垦，自己养活自己，这也是长远之计。对付捻军，他们都认为要用骑兵和炮车作战。因为捻军往来奔驰，避实就虚。专用步兵对付则追赶不上，应该用骑兵对付步兵，用炮车对付骑兵。他们又定"三路进兵之策"。王柏心和他商定的策略，不仅对陕甘军事有用，在收复新疆中也起了重要作用。

在西征军的人事上，左宗棠也做了部署：除奏调刘典帮办陕甘军务外，又调广东提督高连升（字果臣）率部来西北参战。另外，原属曾国藩统领的将领刘松山（字寿卿）也奉调入陕，带领老湘军九千人，以后成为左宗棠手下的一员大将。

清朝廷命李鸿章为剿捻主帅，并督剿东捻，左宗棠负责征剿西捻。另外还有几支地方部队参加。一支是张曜的"嵩武军"，另一支是宋庆的"毅军"。这两支部队都是豫军，英勇善战。此外，山西按察使陈湜的军队也由左宗棠节制。

在汉口休整了一个月，各路军队到齐了。同治六年二月左宗棠率部队离汉向西北进发。那时西捻军一部分已入陕，东捻一部分进入湖北，在天门、钟祥等地活动。左宗棠虽奉命剿西捻，但这时首先得对付东捻，部队到达随县附近，与捻军遭遇。捻军使用的是一些原始武器，在装备上远不及清军。他们突然遇到炮车，惊惶失措，纷纷溃逃，被赶回河南，但是捻军人多势众，转移迅速，所到之处，造成很大威胁，不是轻易可以消灭的。

甘肃回军得知西捻入陕，也大举进犯陕西。清廷一方面害怕甘回入陕与西捻合流，又怕西捻再回河南，与东捻复合，就下令给左宗棠，命他务必将西捻消灭在陕西境内。左宗棠于是按既定计划，分兵三路入陕：由刘典率五千人从樊城入荆紫关；由高连升率四千人溯汉水入蜀河口；左宗棠自领七千人进潼关。当部队经过函谷，扎好营寨时，突然大雷雨，山水猛发，辎重被洪水冲走了一大半。大军进入潼关后，士兵又感染瘟疫，死了二百多人，病的更多。真是出师不利。

入陕的军队一方面要对付捻军，另一方面还要对付回军，虽然打了好几场胜仗，但捻军采取的是"打了就跑"的战术，它的主力未被消灭。那年冬天刘松山的湘军和郭宝昌的皖军（楚胜军）正在陕晋边界沿黄河西岸堵塞捻军，防止他们东渡，在宜川、交口之间遭遇回军，因此停下来与回军作战。就在这一天内，捻军大股趁此奔到黄河西岸。对岸的山西部队原来以为捻军缺乏渡河器材，暂时过不了黄河，因此不做准备，大部队都开往晋北去了。十一月二十二日傍晚，刮起了一阵南风，黄河水冻成坚冰，捻军便从宜川西北的龙王汕，踏着冰桥进入山西。出其不意，一连攻陷了吉州、乡宁几个县城，山西全省大为震动，连京师也受到威胁了。

清朝廷很恐慌，下诏严责左宗棠和李鸿章，以及直隶总督官文和河南巡抚李鹤年等，并都给以撤职留任处分。这是一次大挫败。

左宗棠看到捻军进入晋冀，局势将更难收拾，命刘典和高连升留在陕西，自己亲率五千兵回师晋冀。刘松山和郭宝昌的部队也赶紧由陕渡黄河追来。这时局势起了一个有利于清军的变化，东捻军已为李鸿章平定，西捻军于是孤立了。朝廷立即命淮军、张曜嵩武军、宋庆毅军等会同湘军合剿西捻。西捻军东奔西窜，同治七年初，到定州，并有少数部队进犯保定；不久又到任丘、献县、饶阳，三月过吴桥，直犯天津，离京师已不过二三百里。捻军虽然声势浩大，造成威胁，但是究竟因为组织涣散，缺乏新式武器装备，又无明确的政略战略，强弩之末，终不免于失败。

在清军几路追击之下，捻军被歼灭的、投降的、走散的越来越多。六月，张宗禹带领残部由山东济阳向西，往临邑进发，官军从四面包围，走到徒骇河边，下起大雨，河水猛涨，淮军刘铭传部将捻军驱赶到河边，捻军无路可退，又无法渡河，张宗禹遂蹈水而死。余部投降的投降，溃散的溃散，捻军就此全部被消灭了。

清朝廷论功行赏，将各人的处分撤销，并给左宗棠加了一个"太子太保"的头衔，命刘松山等率军回陕剿回，着左宗棠来京陛见。

八月初五日左宗棠到达天津，初十日到北京。这是他第四次来京了，前三次都是来参加会试，每次都落第而归，最后一次来京是道光十八年（1838年），距今也已30年了。前三次来，只是一个穷书生，这次来，已是赫赫有名的地方大员、钦差大臣，不可同日而语了。

八月十五日，宗棠觐见了慈安、慈禧两宫皇太后。他当了七年的巡抚、总督，和朝廷奏折来往频繁，但见皇太后和皇上还是第一次。太后对他慰勉有加。捻军平定了，朝廷放了些心，但仍害怕陕甘回军打过来。太后叮嘱宗棠，必须把山西边境保护好，先巩固东边，再向西推进。

太后又问："西北何时可以平定？"

这个问题却是很不好答复的，宗棠考虑了一下，应声说："需要五年。"

太后觉得时间长了一些，但宗棠预计进兵、运粮、筹饷等许多困难因素，五年能平定陕甘，就算够快的了。后来有人认为他估计冒进，是轻敌骄傲。他说："天威咫尺，何骄也？！"皇上面前说错了话，是要杀头的，他哪里敢胡说、骄傲？

三年后，他与友人信说：

"西事艰险，为古今棘手一端。鄙人贸然认之，非敢如壮侯自诩：'无逾老臣'，亦谓义不敢辞难耳。前年入觐面陈，非五年不办，慈圣颇讶其迟。由今观之，五年蒇事，即大幸耳。"

第二十八章 "天欤寿欤吾不知"

失去爱子和爱女——"魂梦作恶，日夜惘惘"

左宗棠率军入陕西的那年，已经 56 岁，已感到年老多病。他年轻时身体本来很好，很少生病。同治二年在严州得了一场疟疾，一天之中忽冷忽热，苦恼不堪。他又不信药，不肯服药，因为以前患过一次疟疾，服了药反而加重，加之小地方又没有好医生，当时也没有特效药，一连病了 50 余天。及至病愈之后，没有得到休息调理，身体大不及前，患了慢性肠胃炎（长期腹泻），仅靠服点补药调养，效果也不好。

在西北几年，行军途中，他通常住在营帐内，与士卒同甘共苦。生活条件差，军事繁忙，又患上了一些老年病，如腰腿酸疼麻木、筋络不舒等。以前记忆力非常好，如今时常健忘。他常对人说，今后要生出玉门关，恐怕是不可能了。

宗棠虽有四女四子，行军时都不在身边。结婚次年，生了长女孝瑜，隔了一年生下次女孝琪。孝琪半岁时得了急惊风，却遇上了庸医，误服补剂，以致下身瘫痪，一生没有结婚。三年后张夫人生了三女孝琳，嫁与湘潭黎福昌（字尔民）；周夫人生了四女孝瑸，嫁与湘潭周翼标（字庆余），周翼标是外祖母王太宜人的第二孙。

左宗棠对待子女的态度是一视同仁的，虽然对每人的才具和缺点不免有所偏爱或批评，总之，他对子女，特别是对儿子们是很严格的。

孝瑜既是长女，又是前辈和知己陶澍的儿媳妇，自然不免有些偏爱，但对她也有过批评。孝瑜很能干，又十分孝顺。有一次陶桄捐了个道台，左宗棠知道了，很不以为然。他素不赞成子弟做官，以为读书耕田就好。他写信告诫孝威说："你大姊一意怂恿少云做官，不了解在外做官的苦恼，将来必定会有懊悔的一日。"

二女孝琪也许因为是残疾人，受到左宗棠的特别爱怜，他说她最像母亲。周夫人去世后，他告知几个儿子说："家中事务一切要禀告二姊决定，更要善待她，决不可让她烦恼。"

四个女儿都有才华，母亲和外祖母都能诗，自幼就教她们读诗、写诗。周夫人去世后，宗棠将她们的诗收集成册刊印，名为《慈云阁诗抄》。慈云阁是王太宜人居室的名称。女儿中以孝琪的诗最多，收了古近体共 79 首。

左宗棠得子较迟，35 岁时，长子孝威才出生，比长女孝瑜小 13 岁。孝威自幼聪慧，读书用功，宗棠很钟爱他。孝威出生的次年，孝宽出生；七年后，孝勋生；又隔四年，幼子孝同生。左宗棠对儿子的要求很严格，认为他们天资都不算高，不过都还本分老实。他一再告诫他们，千万不要做官，做官是自寻烦恼。同治五年他由福州去陕甘之际，为左氏家庙写了一副对联，交给孝威和侄儿左澂，命悬挂在祠堂中给全族子弟看，联文是：

> 纵读数千卷奇书，无实行不为识字；
> 要守六百年家法，有善策还是耕田。

联语的意思是：学问与品行相比，品行更重要，学问只在其次。他又给家塾写了一副对联，是：

> 要大门闾，积德累善；
> 是好子弟，读书耕田。

也是同样的意思。他认为读书固然重要，但读书是为"明理"，并不是为做官。他读过许多书，也做了大官，年轻时读过的地理、军事、政治、海事等书籍，对后来的事业有很大的帮助。他赞成子弟读书，但不赞成他们做官，这也许可算是一种逆反心理，因为他深知仕途十分艰难，而且要遇到各种无聊甚至卑鄙龌龊的事情，正直的人在官场上会遭到各种意外的打击和挫折。加之他认为儿子们的气质和才具等方面也不适于做官。他年轻时酷爱农业活动，所以总是把耕田和读书放在同一位置。

孝威 16 岁考中秀才，同年参加乡试，又中了第 32 名举人。宗棠那时正在浙江龙游军营中，他很高兴，但又写信告诫孝威说："我既为你高兴，也为你担忧。古人认为早慧早达并不是件好事，像晏元献、杨文和、李文正等自幼聪明早慧、长大后有成就的人，千古也没有几人。倒是小时了了、大来不佳者则指不胜屈，我就亲眼看到几个。你的才质不过中等，今年岁试考了高等，原以为学业大有长进，及至看到寄来试稿，也不过平平常常，字句间还有许多不妥适处。古人云：'暴得大名不祥。'今后切不可有半点骄矜之气，以免我担忧。"

宗棠自己是 20 岁中举人，孝威中举比他更早四岁。宗棠认为少年侥幸太早，今后一切言语、行动都须慎之又慎，切不可模仿时下流行的名士气派和公子气派。他还叫孝威明年不要去京会试。孝威回信说，准备跟二伯父回湘阴东山读书。左宗植年老了，但仍要靠教书为生。宗棠想要孝威接二伯父来长沙，就在家塾中教他们兄弟四人读书，既免宗植到外面坐馆，孝威留在家中，又多少能照顾母亲。他以前每年只寄 200 两银子回家，今后可多寄 200 两，以 160 两作为二伯父的束脩金。一位总督兼钦差大臣的家庭，每年家用只有三四百两银子，也算够节俭的了。

孝威没有留在长沙，还是回到湘阴山中，宗棠知道后也很高兴，写信告诉他："山居读书，远隔尘嚣，是一大乐事，千万不要让日子悠悠忽忽地过去。"

孝威久居城市，乍到乡下，正如离笼的鸟儿，感到轻松愉快。他的书房在屋后一个小山坡上，读完书后，有时他不循山坡小路回去，就直接从山磡上跳下，一方面是抄近路，一方面也是好玩。有一次往下跳时，不慎受了伤，以后又生了病。家中写信告知宗棠，说病是由跌伤引起的。

宗棠心疼不过，写信责备他说："礼记云：'孝子不登高，如临深渊。'因为怕损害了身体，伤了父母的心。你年纪这么大了，还一味贪玩，不顾性命。我三十五岁才得你，对你加倍怜爱，你母亲又是善愁多病的人，她只生下你一个儿子，你难道一点儿没有想到过这些吗？你若再不改正，我也再不顾念你了。"数落了一大顿。

其实，孝威这年刚 17 岁，虽然已是位举人，还只是个少年。他在山间野外活动，爱蹦蹦跳跳，也是很自然的。封建社会对子弟要求循规蹈矩，一言一动都要合乎"法度"，跑跑跳跳就算不规矩。这当然是过分些。宗棠自幼也是在农村田间长大的。但他疼爱儿子，因之责备也过切。

第二年（同治三年）是大比之期，孝威想去京参加会试，左宗棠不以为然，写信给他说："你如一定要参加会试，我也不阻难你，教你读书，是希望你搞些有实用的学问，你若真想轰轰烈烈做一个有用的人，何必一定要由科第出身！我四十八九岁时，还只是一名举人，不数年就当上了督抚，也没有由进士出身。我以前也学八股文，但对会试从来就不重视。你说先得了科名，然后再搞有用的学问，这是将读书和致用当作两回事，实在不能理解。你如去京会试，也听你的便。我已五年未见你了，希望你转道先来浙江一会，再由浙赴京。"

孝威于是先到杭州来，和父亲相聚不久，宗棠要赴前方，孝威也旋即去京会试，可是名落孙山，又回到湖南。宗棠看了寄来的会试文稿，认为不中甚好，文稿不佳，本来无中之理。得科名太侥幸、太顺遂，未必是件好事。

同治七年又是大比之期，孝威征得母亲同意，于同治六年底再次从长沙出发，去京会试。刚走了没有多久，周夫人的脚气病发作起来，几天后病势危重。二伯宗植赶紧派人去追回他，隔了几天周夫人病情好转，他还在半途，宗植又派人去通知他，继续去京安心会试，不用回家了。

宗棠当时正在河北各地与西捻军作战，得到孝威信，知道他已北上，立即派专人送信回湘，嘱令孝威回家，并责怪周夫人，不该让他去京。不久孝威已抵达北京，准备参加会试了，宗棠正在望都行营，立即写信给孝威，狠狠批评了他一番，说："天下哪有父亲处于战争危险之地、母亲卧病在床，儿子却从从容容参加考试的道理？你断不准入闱考试！"

孝威得知母病后，也决定回湖南。这时宗棠又收到家信，周夫人病情好转，暂时不会有问题。加之京师一位同乡京官谢维藩（号唐伯）劝宗棠说："可以让子重参加会试。"宗棠素来敬重谢维藩天性纯笃，爱国心强，他自己也是通情达理的人，孝威既已到北京，又是奉周夫人的命，就同意他留京会试，但告诫他说："不必求中进士，功候太早，想中也不可能。"

孝威这次会试又失败了。宗棠在连镇（吴桥以北）大营中，得到信后，特地寄了1000两银子给孝威，嘱他分送给那些没有考中的同乡寒士，作为回乡路费。下第举子情绪低沉，身心疲乏，又多数经济困难，那时战事方殷，道途不靖，雇一辆车要价七八十两银子，哪里雇得起！宗棠自己曾三次会试落第，那时也是穷愁潦倒，深深了解和同情他们的苦况。现在薪俸优厚，要帮助他们一把。孝威早已体会他的意思，在收到他寄来的钱之前，已经分送了500余两银子给那些同乡举子。宗棠知道后，深感慰藉，写信去夸奖了他。

孝威后来没有立即回湘，宗棠责备他："母亲有病，应早早回家侍候。"宗棠无意中遇到孝威两位同年，自称在京师曾替他买人参。宗棠发现这二位鸦片烟瘾很大，就责备孝威交友不慎，说："你为母亲买参，怎么托抽鸦片烟的好友来办呢？真不可解！"孝威又托一位韩姓同年，代他分赠盘费给同乡寒士，宗棠了解此人人品不佳，也批评了他，叮嘱他务必交结端人正士和学问优长的人，不应与下流人、抽鸦片烟的人为伍。

孝威不久回到长沙家中。那年周夫人病有好转。同治九年，四女孝瑸夫婿周翼标去世，孝瑸忧伤成疾，于二月去世。周夫人受不了这样的打击，肝病发作，病势危重，医生束手无策。孝威素来十分孝顺父母，心里极为忧伤。他想起古代二十四孝中有"割股疗亲"的孝子，于是偷偷从臂上割下一块肉，和药煮了给母亲吃，以为孝心可以感动天地。这种不科学的做法当然无济于事。不久周夫人去世。宗棠后来从宗植的信中知道这事，批评了孝威。他虽也认为这是孝威天性真挚，但不相信这种做法会有什么效果，徒然伤害了身体，反而令在前方边地的老父担心。

周夫人去世后，孝威伤恸不已。他为母亲经营葬地，在各处奔走，葬事完毕，他带领三个弟弟在家中读书。

同治十年，宗棠很想念他，叫他来甘肃陪伴他。那时宗棠在安定，军事很忙，孝威到军营后，宗棠有些文稿就交给他草拟，他也忙忙碌碌，不能好好休息。有一次他拟的稿子不合意，宗棠很生气，他待儿子素来严格，狠狠责备了一顿。孝威是个忠厚人，觉得自己没有办好事，心中过意不去，又气恼又着急，不料吐出几口血。加之父子同住在营帐里，西北是大陆性气候，白天炎日当头，晚上则气温骤降，西北风很大，营帐不严实，风刮进来，孝威就着了凉。他不比老父亲，宗棠是从小在田野中劳动，壮年又南征北战，在营帐中住惯了的。孝威究竟是公子哥儿，自幼娇养，本来身体就弱，这次受了风寒，咳嗽、咯血病加重，还时常患腰疼。宗棠于是命他回长沙休养。

孝威于同治十一年初回家。那一年先是二伯之子左浑去世，接着二伯去世。同治十二年二月，瘫痪多年的二姊孝琪也去世，年才40岁。左宗棠对这个女儿倍加怜爱，她懂事明理，有母亲遗风，40年来始终与病相终始，也未结婚。对她的死去，宗棠异常悲痛。他想为孝琪写一篇墓碣，但每次一提起笔来，就悲不自胜，一字也写不出。这篇墓碣始终未能写出，实在是件遗憾的事。

孝威的病也愈加重了。三月上旬每隔一天就吐血一次，服药不见效。过去他因怕父亲着急挂念，写信时将病情隐瞒，不详细禀报，但是宗棠也听到了儿子咳血的消息，又得不到详情，愈发着急，夜里常常做噩梦，醒来仍心神不安，已有不祥的预感。

当他接到孝威的亲笔信，又稍微宽慰些。及至得到孝威连续吐血的详报后，反而镇定下来，他仔细研究孝威的病情，又查看了长沙医生的处方，认为病是由"肝急脾虚"引起，治法应以补"肺气"为主。医生处方用黄芪、附子、肉桂等太厉害，地黄、寸东又偏于阴塞；清肺、补肺以人参、沙参为好。他派了专人送些药回家。他是通晓一些中医药理的，年轻时在柳庄赈灾，就办过药局，自制过救济灾民的药物。孝威患的病看来是肺结核晚期，当时并无特效药，多少青中年人被它夺去了生命，单靠人参这类补药是无济于事的。宗棠并非名医，不过是尽力而为。即使有名医在，恐怕也束手无策。

孝威在养病期间，宗棠除了在医药上出点主意外，还告诉他："保养之方，以节思虑、慎起居为最要，饮食寒暑又其次也。读书静坐，养气凝神，延年却病，无过此者。"后来又一次告诉他："至于养病之诀，总在清心寡欲，慎起居，节饮食，省酬应，除烦恼数端，是在尔自己善为保爱，不在药饵。我之爱惜尔，以爱民不嗜杀为要，不在祈祷。"

当时他身拥重兵，掌握大权，又正在西陲作战。战争免不了要造成重大伤亡。他一贯的信念，是要爱护老百姓，战争中少杀人、多救人，求得心之所安。他以此信念为儿子祈祷，而不在求神拜佛，祷告上天。

但是他心中却暗暗担忧，在这段时间，经常"魂梦作恶，日夜惘惘"，知道病情难以挽回。

孝威的病拖了几个月，终于在同治十二年七月十四日去世，年仅27岁。死时神志清楚，将三个弟弟叫到身边，处理了家事。又叮嘱贺夫人好好照顾三个儿子。他们夫妇感情非常好，他病重时，贺夫人也从臂上割下一块肉，和药烧了给他吃，当然无济于事。贺夫人遵遗命照顾孤儿，没有殉夫而死。但是忧能伤人，几年后，长子念谦已14岁，次子念恂和幼子念慈都已在家塾中就读，贺夫人心事没了，病也越来越重，于光绪四年正月初三日随孝威而去。

左宗棠对孝威的死伤心已极。他已经欲哭无泪，想写一篇悼念儿子的文字，始终写不出来。他给友人沈葆桢的信中，提到儿子的死，说："大儿孝威久病不起……临危神志湛然，不胜惨悼之志。此儿天性孝友，短算赍志，实非所料，如何如何！"只能哀叹几声奈何。

贺夫人去世后，他为这位贤孝的媳妇，又是老师的爱女，写了一篇圹志，既是纪念媳妇，也是纪念儿子。在这篇圹志中，既写了孝威夫妇，又写了周夫人和家中一些有趣的往事。在圹志末的铭文中，他写道：

　　天欤寿欤？吾不知也。家庭多故，乃所悲也。死则同穴，是其宜也。佳儿佳妇，瘞于斯也。嘻！

"天欤寿欤吾不知。"正如他所感叹："荣宠日增，门庭多故，实非我所希望。"

第二十九章 "帝曰汉回，皆吾民也"

"回汉一视同仁"——处理回事的政策："剿抚兼施"

　　同治八年（1869年）初，左宗棠奉清朝廷命，率大军进入陕甘平息回军起义。同年底进驻甘肃平凉。这次他所面对的是复杂的民族纠纷，是十分艰巨的任务。他认为处理民族关系，对付回军，与对付捻军和太平军有所不同，应当更为慎重。

　　他在进入陕甘之前，对回民情况和回汉纠纷做了一番调查研究。中国是一个多民族国家，在漫长的年月中，各族人民之间的团结友爱、互助合作，是历史的主流，各民族间自然融合也是历史的主流。据史家研究结果，国内各民族没有哪一个是纯血统的（吕振羽），汉民族就不纯，是一个大融合体。回族虽有自己的语言文字，但也使用汉语，只是在宗教信仰和风俗习惯上存在差别。回、汉、满三族在历史的长河中，友好也是主流。在清代，回民和其他民族一样，也参加科举考试，也做官吏；回、汉二族在短暂时间和局部地区内也有过纷争和矛盾，但还不曾扩大。同治元年至十二年间，陕甘一带的回汉矛盾激化，回民和汉民互相仇杀，满人官员站在汉族一边，挑拨汉回关系，以致回民起义。那时，回族和汉、满族关系处于最低潮、最恶劣的时期。

　　在西北，回族和汉族经常住在一处：一个城市或一个村落中。由于民族、宗教和风俗习惯等的不同，发生一些矛盾也是很自然的、不可免的。即使同一民族，邻里之间、各姓之间、有钱人和穷人之间，都有各种矛盾和纷争。当然，不同民族间的矛盾可能多一点、深一点，如果处理得当，也不至于闹成大事。可是清政府却采取了反动的民族政策，所谓"以汉制回""护汉抑回"；满族统治者想利用汉民来压服回民，煽动民族仇恨，加上汉、回两族封建主的煽动挑拨，汉、回仇杀愈演愈烈。

根据历史有记载、有案可查的汉、回仇杀事件就有多起，如：陕西团练大臣张芾统率的汉族地主武装，残杀回民。同治二年六月，在狄道州发生了屠杀事件，地主武装烧毁城内礼拜寺和回民房屋五百余户，并屠杀回民男女老幼。在左宗棠进入陕甘之前，满族将领多隆阿、穆图善等指挥下的清军，也曾大量屠杀回民。以上是汉族上层分子屠杀回民的事例。回族上层分子屠杀汉民的例子也可举出一些，如同治元年六月回军攻破陕西长安县六村堡，同治二年八月回军攻破平凉，同年十二月回军攻占宁夏府城，汉民亦遭到屠杀。

左宗棠入甘前，了解到汉、回仇杀的残酷情形，认为甘肃官军要负很大的责任，慨叹说："甘肃之军，不能保卫人民，反而扰民；甘肃之官，不能治理人民，反而激起人民造反。"他把回、汉仇杀归因于当地满、汉官员和军队的腐败和残暴，即"官逼民反"，对被压迫的回族和汉族人民寄以同情。他还批评那里的团练说："既像团练又不是团练，像兵勇又不是兵勇，像土匪又不是土匪。"

陕西一些汉人士绅却不是采取这种客观公正的态度，他们不顾汉人屠杀回人的事实，却只看到汉人被回人屠杀，因此对回民恨之入骨。他们提出"剿洗"政策，就是要用武力征服。一些地方官吏也偏听这种意见。左宗棠坚决反对"剿洗"政策，他对那些偏听"剿洗"政策的官吏们更为不满，警告说：

> 惟秦人议论，往往不可尽据。即如汉、回争哄，致成浩劫，力主剿洗，万口一声，生心害政，实由吠影吠声致然，虽贤知之士，亦所不免。非兼听并观，折衷至是，不能平其政，祛其弊也。

他认为陕西一些人高叫"剿洗"，是非常无知、不公道，也有害的。正如一只狗看到影子就叫起来，许多只狗连影子也没有看到，也跟着这只狗的吠声叫，闹成一片，连自命圣明有识之士也跟着闹。只有兼听并观，处理回、汉纠纷，才能对国家和人民有益。他的意见是够尖锐的，也很坦率。同治六年（1867年）五月，他又向朝廷提出处理回、汉纠纷的意见和策略，首先说：

> 此次陕西汉、回仇杀，事起细微，因平时积衅过深，成此浩劫。此时

如专言剿，无论诛不胜诛，后患仍无了日。且回民自唐以来，杂处中国，蕃衍孳息，千数百年，久已别成气类，岂有一旦诛夷不留遗种之理？！

他接着提出"剿抚兼施"的办法："仍宜恪遵前奉上谕：不论汉回，只辨良匪，以期解纷释怨，共乐升平。"他认为这样可以促使汉、回同胞解纷释怨，共同享受和平的生活。

"不论汉回，只论良莠"，原是林则徐最早提出的政策。20年前他任云贵总督时，处理当地回民起事的政策是："但分良莠，不分汉回，良则虽回必保，莠则虽汉必诛。"左宗棠政策的核心就是根据林则徐的政策而来，但是着重提出"抚"的重要性。

所谓"剿抚兼施"，"剿"就是武力征讨，"抚"是以和平方式安抚。左宗棠认为办理回事必须"以抚为先"，即是以和平方式为对待回民的主要手段和目的。回民起义之所以产生，是由于政府歧视回民，如果朝廷宣布政策——汉、回一视同仁，那么大部分回民将不会追随上层回军人物。但是面对在各地割据的回民武装，如果政府没有强大的实力也不行，起事的回军是不会自动放弃武装，让出一条通往新疆的大路的，所以又必须有"剿"，左宗棠自己说是："盖不得已也。"

"剿抚兼施"的政策受到各方面的阻拦。一方面是陕西士绅和一部分地方官员的"剿"派，他们自己没有力量对付回军，听到清政府派左宗棠率大军来陕甘征剿，就希望左宗棠来帮他们对付回民。左宗棠对陕西士绅这种心理，坚决反对。陕西士绅的"剿"派对左宗棠感到失望，他们始终对左宗棠的政策不满，还常加以阻挠。

另一方面是满族高级官员中的"抚"派，如熙麟（总督）、恩麟（布政使、护理总督）、庆瑞（宁夏将军）、玉通（办理青海事务大臣），以及后来署陕甘总督的穆图善等，他们都是满洲贵族的公子哥儿，既胆小，又不懂得用兵，加之甘肃是个穷省，无兵可用，无饷可筹。因此他们怀着苟且偷安的心理，只主张"抚"，然而没有求"抚"的实力，从来没有"抚"成功，局势越来越坏。

至于清朝廷，也给左宗棠很大的压力，清廷命他克期平定陕甘，虽然同意了"剿抚兼施"的政策，但是两宫太后对他提出的"五年为期"还很不以为然，认为时间太长。后来有几次因军事停顿，立即下旨严责。

朝廷对左宗棠表面上"信任"，是不得不用他，暗地里处处怀疑，生怕他按兵不进，拥兵自重。

左宗棠面对着的是盘踞在各地的强大的回军武力，背后又有三方面的压力，加上恶劣的自然条件，困绌的军饷、军粮，西事艰阻如此，他毅然不顾各方面的反对，在进陕之前发布了一道告示，说明"剿抚兼施"的政策，告示说：

> ……多杀非仁，轻怒非勇，诛止元恶，锄必非种。凡厥平民，被贼裹胁，归诚免死，禁止剽劫。汉回仇杀，事起细微，汉祸既惨，回亦无归。帝曰汉回，皆吾民也。使者用兵，仁义节制，用剿用抚，何威何惠……

一些回民读到告示中"帝曰汉回，皆吾民也"两句，不禁感动而流泪。多数善良的回民与汉民纠纷，原是细微的事，因受满汉官员压迫，又受上层回民鼓动，"造反"也是迫不得已。他们如果逃出回军，到汉民地区，又恐怕汉民残害，真是走投无路。他们自然希望中央政府能有一个公正、妥善的政策。

左宗棠在家信中，表明了对回民政策的信心，说："回民入居中土，自三代以来即有之，传记中'疆以戎索'及'骊戎''陆浑之戎''徐戎'皆是也。欲举其种而灭之，无此理，亦无此事。前年四字告示中'帝曰汉回，皆吾民也'两句，回民读之，亦为感泣，可见人心之同。且令中外回民均晓然于官司并无专剿回民之意，亦知覆载甚宏，必不协以谋我。便可百年无事，若专逞兵威，究竟止戈何时？"

他特别赞赏诸葛亮对待少数民族的办法，说："武乡之讨孟获，深纳攻心之策，七擒而七纵之，非不知一刀两断之为爽快也。"对于回民也要采取这种政策。如果求抚不是真心，就揭发其狡诈，用武力对付，并告知他用兵实是出于不得已；对于真心求抚，就要接受。最终总是和抚之局。

左宗棠认为要贯彻剿抚政策，双方以诚相待，十分重要。一方面必须回军诚心求抚，另一方面必须官军诚心办抚。官军需有强大的力量，

左宗棠手书『天地正气』

回军才肯甘心就抚；官军还必须有诚意，回军就抚才能有诚心。他认为"抚"比"剿"难得多："剿"，只需使用武力，打了胜仗，大局就定了；"抚"，则善后的事务特别纷繁。但是决不能避难就易，为中华民族的利益，最终必须贯彻和抚之局。

第三十章 "西事艰阻万分，失今不图，西陲恐非复朝廷所有"

平定陕甘——打通进军新疆的要道

进军西北是十分艰巨而重大的任务，别人都不愿去、不敢去，左宗棠对此是有充分的认识的。同治八年四月，宗棠部队已收复了秦陇门户董志原。大军进入甘肃之际，他写信给孝威说："西事艰阻万分，人人望而却步，我独一力承担。"同时给友人夏献纶（字筱涛）的信也说："西事大类养痈，失今不图，西陲恐非复朝廷所有，弟不自忖量，引为己任。"

左宗棠不避艰险，毅然引西事为己任。但是西事艰阻在何处呢？首先，对处理西事的方针有各种不同意见，是"剿"是"抚"，莫衷一是；朝廷又处处不放心，时加诘难，这些都给西征以巨大压力。而西征军事本身更是十分艰险的任务。在西北边远穷荒之地，作战固然艰难，筹饷、运粮、运兵等后勤工作更是加倍困难。语云："兵马未到，粮草先行。"如果不解决后勤工作的困难，就不可能取得军事上的胜利。

对进军西北的后勤工作，左宗棠有一个极为重要的观点，即："筹饷难于筹兵，筹粮难于筹饷，筹转运又难于筹粮。"

筹兵、筹饷、筹粮、筹转运，对于西北军事都是极为重要又极难的事。筹兵难，因为西北本来就人丁稀少，加之多年战祸，死亡惨重，兵源更其缺乏。在陕甘，除本地兵外，还要靠川、鄂、黔、湘等外省的兵；新疆则要靠锡伯、索伦、察哈尔、蒙古等各族、各地兵种，系统纷繁，指挥不易。左宗棠这次到西北来，除了老湘军外，还率领了张曜、金顺、徐占彪等各地方部队，基本上解决了兵源和统一指挥的问题。

筹饷比筹兵更难。西北一向是贫困的地方，平时还要靠内地财政接济，经过多年的战争破坏，农业歉收，物价高涨，军费更无从筹措。而东南各富庶省份，经太平军多年战争，自身财力也很支绌。所以西北虽有了可用的兵，却付不出饷。左宗棠只能依靠清廷的支持和在东南各省当权的旧友、同事的帮助。后来在进军新疆时，甚至还必须借外债，总算获得了一定的饷源。

筹粮又更难于筹饷。光有了钱不行，几十万大军是要吃饭的。西北农业不发达，土地干旱，本来粮食就不够吃；兵荒马乱之后，连当地人民也吃不饱，更不用说供应数十万大军了。所以军粮须从内地运来。

粮食怎样运到陕甘呢？西北既不通舟楫，当时又没有铁路、公路，地广人稀，到处是高山、深沟、沙漠、荒原，运输工具主要靠车驮。沙漠只能行骆驼，骆驼在夏天还要歇工。显然，转运粮食比筹粮又更难。

左宗棠在年轻时就已认识到西北筹粮运粮的困难，曾写过"橐驼万里输官稻，沙碛千秋此石田"的诗，如今身临其境，总算经过精密的筹算，制定了一套运粮用劳力、用驮口的办法，基本上解决了运输的困难。

左宗棠重视运粮工作，当时在陕甘军中流传一则有趣的故事，说他"行军以运输第一，独对运夫重视"，称运夫为老大，百姓为老二，他自称老三，因为他在家中行三。

一天行军途中，一名运夫从田地中拔了一个萝卜解渴，农民见了不答应，争吵起来，到左宗棠马前告状。宗棠笑对老百姓说："你是老二，应敬老大。区区一萝卜，不值得争吵。老三替老大还钱给你好了。"本来左宗棠部队军纪是很严的，这次宗棠看在"老大"分上，代偿还了钱，也没有责罚运夫。

左宗棠还认为，自古在边塞用兵，不在多而在精。兵精而少些，饷、粮、运都比较容易解决，因此决定采取精兵政策。

他的这些认识是十分重要的。过去西北的高级官员不懂这些道理，或是认识到了而没有解决办法，因而军事上招致失败。他不仅认识到，而且经过周密研究和筹划，采取了相应的对策，这是获得成功的原因之一。

兵、饷、粮、运的困难解决了，入甘的大军于是展开对回军的全面攻击。大将刘松山的先头部队遇到的第一个坚固堡垒，是马化漋据守的金积堡。

马化漋是一位有才干、有计谋的回军领袖，他拥有大量枪械马匹。金积堡地处险要，本地官兵不是他的对手。马化漋对付清军采取的是灵活的政策：面对强大的清军，他就表面求"抚"，而在有利时机和地点，又乘其不备，袭击官军。他与占据在南面董志原的陕西回军关系密切，由于陕回军比甘回军强，他想拥陕回军以自重。当西征军迅速攻下了董志原后，马化漋收容了由董志原逃来的陕回军，供给他们马械，使其抗拒清军。刘松山的部队和陕回军在郭家桥初次接战，打了一次胜仗。

马化漋立即向穆图善、安定等替陕回军求"抚"，并说这次回军抗拒官军，是刘松山挑起的。穆、安本来都是主"抚"派，尽管他们吃过回军的亏，也知道马化漋不可信，但抱着得过且过的心理，加之对朝廷派左宗棠大军入陕甘，正惴惴不安。他们二人就上急奏，告刘松山一状，说他轻进滥杀激变，这也是告左宗棠。清廷又怀疑了，命左宗棠如实奏报。

马化漋请"抚"其实没有诚意。当左宗棠大军入甘后，他也曾派人向左宗棠请"抚"，左宗棠告知他剿抚本无成见，只要诚心求"抚"，自然是欢迎的。他也听到马化漋的两面手法，命令部队暂时停止前进，注意察看马化漋求"抚"是否真实，看看他和陕回军的联系如何。马化漋本以为自己地处险要，清军不能深入，一方面暗中使陕回军抗击清军，一方面坐观成败，窥视清军强弱。回军在郭家桥战败后，他大为震动，再次派人到刘松山营中，代陕回军求"抚"。刘松山命他交出马械，他又不肯交出，只拿了少数瘦马朽械遮人耳目，同时修固堡垒，挖掘壕堑，开掘秦渠，积极备战。又密遣部将马万春督促陕回军将领杨文治、禹得彦等攻击固原境的清军。金积、吴忠两堡的回军也向刘松山部队出击。清军一连打了几次胜仗，刘松山部队攻克了金积堡东北马家等寨，搜出了马化漋给部下参领马重三、吴天德等的札子，命他们联合抗击官军，自署"统理宁郡两河等处地方军机事务大总戎"。左宗棠于是上奏，为刘松山辨明真相。他称赞刘松山"忠勇而明方略，当时诸将，实罕其匹"。因为刘松山是曾国藩老部下，又在奏中称赞曾国藩善于用人，说："臣与曾国藩议论时有不合，至于拔识刘松山于凡众中，信任最专，其谋国之忠，知人之明，非臣所及。"

朝廷收到左宗棠奏报后，认为马化漋擅授官职，抗拒官军，反清的真迹败露，下谕旨说：

> 回目马化漋既给与马重三伪札，是其狂悖之情业已败露，而求总兵胡昌会保其永不反复，并代陕回甘言求抚，前后两歧，殊难凭信。着左宗棠严饬刘松山乘此声威，迅图扫荡，不得轻率收抚，转遂奸谋。

同治九年（1870年）正月，刘松山率军围攻金积堡。一次在附近马王寨前亲自督战，被寨前飞炮击中左胸。部将争来看他，他说："现在作战要紧，不要管我，你们都跑来，会搞乱队伍。"命他们继续猛攻。将士们在气愤之下，一鼓作气，攻破了马王寨。但是刘松山于当日伤重死去。

左宗棠丧失了一员大将，就命刘松山的侄儿刘锦棠接管老湘军。刘锦棠本来是军中的副手，虽然年轻，但很有才干。他竭力稳住了阵脚，然而刘松山之死毕竟造成了全军的震动。雷正绾、周兰亭、张福齐等几支军队同时溃败，伤亡惨重。马化漋知道刘松山阵亡、清军溃败，就命回军大举反攻，包围了刘锦棠固守的吴忠堡和预望城，又诱使各地已就抚的回军反水。一时甘回和陕回军攻占了陕甘边境定边、鄜州等许多县城，全局大震。清朝廷又吓慌了，下严旨责备左宗棠督师不力，并命令李鸿章率领黔军入关督剿。

李鸿章十分不愿去西北，他很有自知之明，对西北情况憒无所知，又缺乏决心与勇气，也不耐受西北边荒的艰苦生活。接到廷旨后，反复筹思，着实苦恼了一阵。他写信给曾国藩求助，说："即憒懂西去……于西事无所补益。午夜彷徨，不知所措。"在恩师面前暴露了他的苦闷。他给友人的信也说："鄙人于西北形势生疏……冒昧前去……实不能自了……西事万难结局。"

尽管李鸿章对西事畏而却步，彷徨不知所措，但谕旨既下，也只得遵旨前往。他于六月到达潼关，这时湘军已稳住了局势，回军攻不下吴忠堡和灵州，入陕回军也纷纷败退。此时，恰好在天津发生了一起引起全国震动的教案，清廷看到左宗棠已掌握了陕甘局面，就命李鸿章回京，协助曾国藩处理天津教案。

左宗棠的军队开始向金积堡合围，马化漋已处于被动地位，他仍然坚持抗争，一面坚守，看到形势不利，一面又求"抚"，请求让他们春耕。左宗棠同意让回民出堡春耕，也答应办"抚"，但仍然责令交出全部马匹、军械，马化漋却又拒不交出，还在堡前修长壕，引渠水入壕以阻挡清军。这样又相持了几个月。是年十月，左宗棠到西北已两年了，金积堡仍未攻下。清朝廷又严旨批评左宗棠，话说得很厉害："似此年复一年，费此巨帑，岂能日久支持？该大臣扪心自问，其何以对朝廷？"

金积堡确实是一座坚固的堡垒，城周长九里多，高约四丈，深厚约三尺。堡内墙壁纵横，渠水环复。堡外又有许多卫星堡寨、关卡，东自吴忠至灵州，共有450余所；西自洪乐老马家寨至峡口，共120余所。堡内储存了大量枪炮、粮食。马化漋准备战事已有多年，他是新教主，因乾隆年间新教被清朝廷禁灭，新教主马明心和苏四十三伏诛，马化漋对清廷的仇恨极深，因此抵抗坚决，不肯轻易就抚。这次被围困10个月，清军节节进逼，马家堡寨绝大部分被攻占，堡内已支持不住。到了年底，首先是逃来的陕回军陈林率领老弱回民八千余人出壕求"抚"，刘锦棠接受了他们的要求，命他们将堡寨平了，仍在原处居住。不久，王洪寨也平了堡寨请"抚"。马化漋看到形势孤单，"抚"已成定局，于是只得请抚。他知道和清廷结怨已深，自请以一身抵罪，要求宽待其他族众。

湘军将士因为攻金积堡一年来，伤亡惨重，老统领刘松山也阵亡，都纷纷禀告左宗棠，要求立即杀死马化漋雪愤。左宗棠知道清廷也不会宽恕他，但是考虑到甘局仍应以"抚"为重，河州马占鳌早有就抚的意思，西宁马尕三也可能就抚，如果现在杀马化漋，对抚局将不利，因此将马化漋暂留在军中，报奏朝廷，认为暂时不宜杀他，待收复最后一个据点王家疃后，再根据罪恶轻重"重者诛夷，轻者迁徙"。

清廷同意了他的请求，但是指出，以后即使马化漋在招抚方面立了功，也不准左宗棠代为乞恩减罪，说："届时不得以收复各处代为乞恩，以伸国法，而快人心。"

一个月后，马化漋派亲信去招抚了王家疃的回军。第二年（同治十年）正月，刘锦棠派兵丁入堡搜查，又找出藏匿洋枪1000多支，认为马化漋不是真心投降；左宗棠原给他留了一条立功的后路，但清廷已谕示不准代为乞恩减罪，于是将马化漋父子和亲随等人处死。

金积堡攻坚战虽然成功，但是历时久，清军伤亡重大，还损折了刘松山、简敬临、李就山等九员大将。左宗棠说，他经历了10余年的太平军和捻军战争，从没有像这次伤亡惨重。然而金积堡的攻陷，对甘肃回军的震动更大，形势也急转直下。

清军的第二个目标，是马占鳌据守的河州。马占鳌本来就有归顺之意，他只是在观望战局。马化漋既已失败，他就抚的决心也增大，但仍要看看形势。河州与西宁一带原是古代河湟之地。河州在洮河之西，由安定、陇西进军必须渡过洮河。左宗棠下令准备船舶、桥梁和其他渡河工具。同治十年六月，分三路进军；八月，大军渡过洮河，马占鳌还一路抵挡，清军乘胜直逼河州外围要隘太子寺和董家山，马占鳌仍然顽强抵抗，清军两员大将傅先宗和徐文秀在攻堡垒时阵亡，左宗棠派王德榜和沈玉遂接统他们的军队，继续猛攻。马占鳌看到官军深入，形势已无望，又听说西宁的客、土回都已归顺，后退之路已绝，于是派人到清军营中，表示愿交出马械，诚意就抚。还派遣子弟到安定大营献良马，愿受约束。左宗棠接受了要求，命子弟和随从使者都回去，回军部队留驻原地。他了解到马占鳌就抚确有诚意，保奏清廷任命他为统领，率领原回军部队，改编为三旗。

河州平复，左宗棠于是由安定进驻任所省会兰州，距被任命为总督之时已有六年了。

正当西征军在河州作战时，新疆形势发生了变化。前一年（同治九年）阿古柏赶走妥得璘，占领了乌鲁木齐和北疆，新疆全境沦陷。这年五月，俄罗斯借口阿古柏兵侵扰边境，趁机而入，夺取了伊犁地区，声言还要代清政府收取乌鲁木齐。清朝廷着急了，赶紧诏命荣全署伊犁将军，去收复伊犁；命滞留在肃州高台几年不敢上任的乌鲁木齐提督成禄，赶速率部队出关，与都统景廉会合收复乌城。又命刘铭传率淮军自陕西经肃州西进，并命左宗棠进驻肃州。

左宗棠分析了当时的军事形势，认为用兵次第应是先关内、后关外。须先收复河州和西宁，然后打通肃州要道，大军出关，才无后顾之忧。当然，在"强邻觊觎狡然思逞之时"，也可先派军出关，不必拘执，但关外还不到最紧急的时候，目前还应集中兵力，肃清关内。他得到诏令后，先派徐占彪率领蜀军开赴肃州，大军在收复河州之后，于是迅速向回军第三个堡垒——西宁进攻。

西宁回军领袖原是马尕三（名文义），尕三死后，由马永福接替。西宁办事大臣玉通主"抚"，马永福也表示愿就"抚"，玉通就派马永福的侄儿桂源为西宁知府，本源为镇标游击，代行总兵。一个掌政权，一个掌兵权。他们的就"抚"并不是真心诚意，一直在观望战局。当马化漋失败后，马桂源看到形势不利，曾向清军求抚，马占鳌就是因听说西宁已就抚，才跟着求抚的。不想马桂源后来又改变了主意，他看到新疆的变化、清军准备出关，西宁、金积堡和肃州回军以往都和新疆的清真王妥得璘有联系，那时白彦虎和禹得彦带领陕西回军残部也在西宁，因此桂源、本源兄弟联合白彦虎等，继续抗击清军。在清军进逼之下，他们率领回军民全数从西宁城内撤出，在外围作战。城内只剩下汉族和满族官员、3万余汉民和少数未撤出的千余回民。汉民将城门关闭，推举西宁道郭襄之主持守城，等候清军，西宁城实际在回军包围之中。

进攻西宁回军的清军主力，是刘锦棠新招募的湘军和谭拔萃的老湘军，左宗棠又调来陕北的宋庆军和宁夏的张曜军，后来又派刘明镫军助攻。同治十一年（1872 年）十月，在几路大军围攻之下，马桂源兄弟放火焚烧东关，然后率部队逃往东川，不久又到巴燕戎格，被围困两月余的西宁城于是解围。男女难民 3 万余人迎接清军；还有 1000 余名回民，刘锦棠叫他们安居原处，城外回民和陕回民崔伟、禹得彦等也纷纷求"抚"，随马桂源逃走的回军民也相继逃回来。刘锦棠军乘胜追击，同治十二年正月，在巴燕戎格消灭了由西宁逃出的回军主力。马永福求抚，本源、桂源也被迫求抚。白彦虎率领余小虎等 2000 余人往被迫北逃到肃州。

肃州是西北重镇，由甘肃入新疆的要冲，也是回军最后的一个强大据点。它于同治四年被马文禄占领。马文禄和清政府的关系也是反反复复。他多次打败清军；后来又和驻扎在高台的成禄等讲和。当左宗棠派徐占彪率蜀军向肃州进发时，马文禄又联络由西宁逃来的白彦虎余部，以及由新疆入关增援的维吾尔族地方武力据城抵抗。

由于西北三大回军据点都已被清军攻占，因此左宗棠这时可以集中军力来攻打肃州。除先来的徐占彪军外，又陆续调来宋庆、张曜和金顺各军，将肃州团团围住。肃州城高三丈六尺，厚三丈余，外有城壕围绕，阔八丈三尺，深二丈，是一座险固的堡垒。清军围攻了好几个月，伤亡惨重，一直没有得手。

这时新疆的情势愈急，清廷命成禄速出关，成禄不得已由高台出关屯驻在玉门。这位名为乌鲁木齐都统的官，却七年来从未出关一步，不单如此，在关内还胡作非为，苛索老百姓几十万两钱银，诬良为盗，滥杀无辜老幼妇女和由肃州来高台避难的人民，包括大批回民，真是罪恶累累。朝廷几次命他出关，他以缺粮为借口，拒不出关。左宗棠以前曾弹劾他，但清廷袒护满官员，置之不理，这次左宗棠又查实他的罪恶，再上章弹劾，清廷不能再置之不问，下旨拿问，并命金顺兼统成禄的部队出关。左宗棠考虑到当时肃州尚未攻下，赴新道路还不畅通，粮运困难。逃到肃州的白彦虎因看到形势不妙，逃出关外，抵达敦煌附近。金顺如率少数部队出关，恐怕也敌不过白彦虎。因此奏请清廷，让金顺推迟两个月出关，那时估计肃州可以克复，新粮又已上市，全军再次第西进。朝廷同意了他的意见。

同治十二年八月，左宗棠亲自到肃州城外巡视督战，肃州已被围困一年半了，虽然尚未被攻下，但实力已耗尽，难于支持。马文禄于是决定求抚。一个月后，刘锦棠率领湘军从西宁来增援，军势越大，马文禄感到绝望，亲自到左宗棠军中就抚。左宗棠命他缴出马械，并报上汉民及回民的户籍。左宗棠命将原籍关外沙州，以及从甘州、西宁、河州、陕西等地逃来的客回先送到城外废堡中安置，以后再安排到各地定居。马文禄和九名将领被处以死刑。清军士兵因为围攻肃州日久，伤亡很大，又知道城内汉人被杀很多，顾不得左宗棠不准滥杀的多次指示，进城后残杀回民。

左宗棠一向对军纪很重视，他认为民族矛盾不是可以靠"军威"和"屠杀"来解决的。他曾指示刘锦棠："宜严杀老弱妇女之禁。"又命令徐占彪："严饬各营勿得稍有侵暴，致失人和。"命令刘端冕："申明纪律，除临阵外不准滥杀，不准奸淫妇女，搜抢财物，烧毁粮食。"这次部队在肃州滥杀，虽然是部队没有照他的意志办，但他作为统帅，负有责任，对此他一直深感歉憾。后来他给金顺的信说："弟自办军务以来，于发、捻投诚时，皆力主'不妄杀，不搜赃'之禁令，弁丁犯者不赦。而于安插降众一事，尤为尽心。即如克复肃州时，尚有不能尽行其志者。"这既是告诫和批评部下，也是对自己未尽到职责的责备。

肃州既已克复，陕甘回事平定，进军西域的要道已经打通，收复新疆的军事行动于是提到日程上来了。左宗棠在五年前回答皇太后的提问时，说："当以五年为期。"他率军于同治七年底入陕，到同治十二年九月攻下肃州，正好是五年。一些朋友认为他太冒进，他事后也认为，能如期完成计划，是太侥幸了。

第三十一章 "空言自强，稍有变态，即不免为所震撼，洵可忧也"

天津教案：鸦片战争以来中国人民反对列强侵略规模最大的一次
爱国斗争。

曾国藩主办："反复筹思，殊无良策"，"外惭清议，内疚神明。"

李鸿章协办："已有正法者十余人，喜出望外。"

左宗棠建议："宜养其锋锐，修我戈矛。"

当左宗棠在金积堡受挫，清廷命李鸿章往西北支援时，突然在天津发生了一起震惊中外的教案。清廷又赶忙将李鸿章这位"外交能手"调回来，去天津协助曾国藩办案。

天津教案是鸦片战争以来，中国人民反对西方侵略的一次规模最大的爱国斗争。这一次，列强的侵略披上了宗教的外衣。天津人民针对天主教堂和不法的外国传教士，以及首先开枪伤人的法国领事，进行了坚决的斗争，惹起了一场轩然大波，打击了帝国主义分子，吓坏了清朝廷，也震动了全国朝野上下。主其事者是曾国藩，协办者是李鸿章，左宗棠也没有置身事外。由这宗教案也暴露了这三位"中兴名臣"、19世纪中下叶掌握中国命运的大人物，对待西方侵略的不同态度。

西方列强对中国的侵略，除了军事外，还有经济和文化方面。宗教侵略就是文化侵略的一种。来华传教的西方人士，不乏善良之士，但是败类也不少。帝国主义就把这些败类派到国外做侵略者的先驱。少数披着宗教外衣的传教士，在中国各地勾结官府，欺压平民，干了许多坏事。国内也有一些市井无赖，以入教为名，倚仗外国人的势力，为非作歹。官府害怕外国人，因而包庇这些坏分子。老百姓平时敢怒而不敢言，积了一肚子怨气。

同治九年（1870 年），天津发生了多起拐骗儿童的事件，还发现幼儿幼女的尸体，城中人心惶惶。因为过去西方侵略分子经常勾结内地流氓、匪徒，诱骗和拐带中国穷人出洋做工，所谓"当猪仔"；加之经过鸦片战争和英法联军几次侵略，中国人对西方侵略者产生了普遍的仇恨和不信任感。正好天津府县拿获了两名迷拐幼童的匪徒——张拴和郭拐，讯明予以正法。民间就纷纷传说，两名凶犯和天主堂有联系。不久又拿获王三纪、安三等拐犯，他们供称与天津教堂有联系，因而天津人民对教堂疑惧万分，且充满仇恨。六月十八日，天津民团盘查到一名拐犯武兰珍，武犯供认是受法国教堂王三指示，麻药也是王三供给的。由于牵涉外国人，清官府不敢轻率从事，由道员周家勋、知府张光藻、知县刘杰三位地方主管，带领众人押解武兰珍到天主堂，找王三对质。

天津市民听到消息后，纷纷赶来打听究竟，将教堂围得水泄不通。对质完毕，王三不肯招认，刘杰等就将武犯押解回署。教堂人员一向是倚仗洋人、欺压群众惯了的，这次被县官审问一番，教堂又被包围，老大不高兴。虽然围观人多，他们也全不放在眼下，竟动手殴打群众。不料这次群众竟不怕了，也用砖石回击，双方打起来。刘杰赶忙率领差役，又回来镇压，总算好歹将群众劝走。

本来群众殴打不过是件小事，可是法国驻津领事丰大业却以官方未认真弹压为借口，小题大做，竟携带两杆洋枪，和一批随从手持利刃，直闯进三口通商大臣崇厚的衙门。找到崇厚后，就开枪射击，幸而崇厚躲得快，逃进了内室，才幸免于难。丰大业这个帝国主义分子咆哮了一阵，将官署内的什物文件捣毁一空，才悻悻离开衙门。半路上正遇到从天主堂转回的刘杰，丰大业又向刘杰开枪，打伤了一名家丁。围观的群众怒不可遏，忍无可忍，哪能容许帝国主义分子在中国街道上任意开枪杀人？群众一哄而上，乱拳之下，将丰大业击毙。

天津人民和全中国人民一样，受外国人压迫好几十年，憋了一肚子气，这时突然发泄出来。一些市民立即鸣锣，把全城人民聚集起来，焚毁教堂和一些外国人的房屋，打死十余名法国人、三名俄国人，以及一些中国教民。这样事情就闹大了。

事件发生后，京畿和外省都受到震动。首先是法国公使向清政府提出抗议，并以武力威胁，随之英、美、俄、意等国也联合抗议，并出动军舰在沿海巡游示威。

清朝廷恐慌起来，它既怕全国各地群众效尤，"群起与洋人教民为难"，又怕法国借此出兵侵略，其他各国配合行动。于是一方面下令各直省督抚，严饬地方官随时保护外国通商、传教，弹压"愚民借端滋事"；一方面对天津道、府、县等地方官扣上"办理拐案操之过急，不能事先预防"的罪名，要分别惩治处分。

清廷根据总理衙门的建议，特派崇厚为钦差大臣出使法国，去赔礼道歉。其实法国当时国内局势不稳定，天津教案发生后一个月，普法战争开始，法军迅速战败，拿破仑第三在色当之役全军覆没。法国并没有能力在中国采取重大行动，因此法国驻华公使为国内形势忧心忡忡，对清朝廷的态度并不坚决。清廷对国外形势却毫不了解，总理衙门反而疑神疑鬼，认为法公使踌躇不决的态度是"凶兆"，说什么："查该使臣遇各省细故，皆暴躁异常，此次反若不甚着急，似伊已有定谋，恐成不测。"

在清廷掌权的是主持总理衙门的恭亲王奕䜣，他深恐得罪外国人，"后患不可胜言"，特委派德高望重的直隶总督曾国藩，立即由保定前往天津处理教案。这是曾国藩一生中所办的最后一件大事，也是他办的唯一的一次重大外交事件。

曾国藩于六月初接得赴津谕旨后，诚惶诚恐，心情十分复杂。他那年已60岁，衰病侵寻，长期腹泻，头昏，胃口不开，两腿疲软无力，右目失明，左目也日渐昏蒙，经常卧床，实在已不适于承担如此重任。他对付外国人，首先有畏难、惧怕心理。他有自知之明，认为自己没有对付外国人的"机智肺肠"，曾说："与外国人交涉，别有一副机智肺肠，余固不能强也。"天津事情闹大了，他此去可能凶多吉少，因此写信给纪泽、纪鸿两个儿子，作为遗嘱，预先安排后事，连将来灵柩如何运回湖南，书籍、木器如何处理，都一一做了安排。信中还说："外国性情凶悍，津民习气浮嚣，俱难和叶，将来构怨兴兵，恐致激成大变。余此行反复筹思，殊无良策。"他害怕事态扩大，却又想不出对付的办法。

曾国藩在去津之前，先和奕䜣通过函件商定了几条原则：查清武兰珍与王三的关系，但即使查出洋人牵涉拐骗案件，也要掩饰过去，为法国人留有体面，不可激怒洋人；迅速严拿凶手，"弹压士民，以慰各国之意"；如果法国兵船开来挑衅，"立意不欲与之开衅"，决不与之"作战"，即一意妥协投降。

曾国藩到津后，立即大抓"人犯"。他虽然看到"天津人心汹汹，拿犯之说，势不能行，而非此又不能交卷"。崇厚要他撤去道、府、县三官之职，"以悦洋人之意"。他虽知"撤张守即大失民心，而不得不勉从以全大局"。一周后，法国兵船陆续开到天津，以武力要挟。崇厚害怕极了，曾国藩说他"事事图悦洋酋之意以顾和局"，但他自己也实在害怕，不禁说："目下洋船到者已八九号，闻后来尚且不少，包藏祸心，竟不知作何究竟？"

在法国驻华代办罗淑亚的威胁下，他听从崇厚的意见，将府县官奏参革职，交部治罪。他自己也知道做得很不妥当，给曾纪泽的信中说："吾此举内负疚于神明，外得罪于清议，远近皆将唾骂，而大局仍未必能曲全。""吾目花头晕，心胆俱裂，不料老年遭此大难。""余自来津，诸事惟崇公之言是听，挚甫等皆咎余不应随人作计，名裂而无救于身之败。"

到了六月底，崇厚看到曾国藩身体不行，腹泻如故，又加上呕吐，头昏毛病也时常发作，就奏请朝廷加派了两名大员来津会办，一名是朝内的毛昶熙（字旭初），另一名是江苏巡抚丁日昌（小名雨生）。那时曾国藩已命令道府抓获11人，丁日昌一到天津就说："大约如此大案，总须缉获四五十人，分别斩绞军流。"只有这样，外国人认为中国政府有"弹压百姓之威权"，他们的安全有了保障，才不至于联合起来对付清廷。后来曾国藩、丁日昌等陆续抓了八十多人，又听从罗淑亚的无理要求，释放了罪犯王三、安三和武兰珍等。但是这次教案，丰大业等是在群众气愤之下，被大家你一拳、他一脚打死的，在几千人中要找出谁是主犯，哪能有确凿的证据？于是只有严刑逼供，熬不过酷刑的则屈打成招。曾国藩也承认："拿犯八十余人，坚不吐供，其认供可以正法者不过七八人，余皆无供无证，将来不免驱之就戮。既无以对百姓，又无以谢清议。"

当时除了天津"人心汹汹"外，全国人民看到清政府对内采取高压手段，迫害无辜，也都义愤填膺，密切注视事态的发展。朝廷中也有一些人反对妥协投降，如内阁中书李如松说："天津人民是为保护官吏而击毙洋人的。"起因是"教匪迷拐幼孩，继因丰大业向官长开枪……斯时，民知卫官而不知畏夷，知效忠于国家而不知自恤罪戾"。李如松是属于极端守旧派的人物，他还以为可以"乘此机会，尽毁在京夷馆，尽戮在京夷酋"。这就出轨了。但是他替天津老百姓说的几句话，还是对的。

醇亲王奕𫍽也是反对向外国人妥协投降的。慈禧太后使了两面手法：骨子里是要按奕䜣和曾国藩的办法，镇压群众反西方侵略的运动；一方面也要做出点姿态，以安抚百姓和朝中的抵抗派，包括守旧派。六月底，朝廷下旨说："此后如洋人仍有要挟恫吓之语，曾国藩务当力持正论，据理驳斥，庶可以折敌焰而张国威。"同时做出姿态，在各地加强军事戒备。曾国藩趁此将李鸿章和他统率的淮军从陕西调回直隶，因为他从李鸿章信中，知道他不愿参与西北边事，回津加强兵力，也可防止民变。他仍然坚持对洋人妥协，回奏说："中国目前之力，断难遽启兵端，惟有委曲求全之一法。"他给曾纪泽的信也说："已抓获十一人，或可以平洋人之气。"

李鸿章到直隶后，对曾国藩严惩无辜人民以平洋人之气的办法，完全赞成。听说已抓获了一批人抵罪，十分高兴，得意扬扬地说："已有可正法者十余人，议罪二十余人，固觉喜出望外。"

同时，总理衙门也去函给左宗棠，征询对天津教案的意见。他和曾国藩、丁日昌、李鸿章的态度截然不同，回信首先指明不必害怕事态扩大，他认为外国人一般是通过威胁政府官员去压制老百姓，如群众起来闹事，他们会慎重考虑，不至遽尔挑起战争。他说："泰西各国与中国构衅，类皆挟持大吏以钤束华民，至拂舆情，犯众怒，则亦有所不敢。"他指出事件的起因是丰大业首先向中国官员开枪，咎在法国，老百姓闹事是事出有因。如果只是索取点赔偿，可以允许。但反对以无辜百姓的性命抵偿。

他说："法国教主，多半匪徒，其安分不妄为者实不多见。""津郡事变之起，由迷拐激成，百姓群起与之为难。虽受迷无据，而幼孩百许童贞女尸从何而来？王三虽不承招，武兰珍则生供俱在，不得谓无其人无其事也。百姓之哄起，事出仓卒，非官司授意使然。丰领事且以洋枪拟崇大臣、天津令，从人已受伤矣；其时欲为弹压，亦乌从弹压之？愚见法使所称四层，如志在索赔了结，固无不可通融；若索民命抵偿，则不宜轻为允许。一则津郡民风强悍，操之过蹙，必起事端。万一如该公使所言，激成变乱，中国萧墙之忧，各国岂独无池鱼之虑？且津民哄然而起，事出有因，义忿所形，非乱民可比。正宜养其锋锐，修我戈矛，隐示以凛然不可犯之形，徐去其迫。未可以仓率不知准何之人论抵，致失人和。彼如以必欲抵偿为言，则事起仓卒，莫得主名，在我本为有词。倘更滥及无辜，怨毒益深，即彼亦多不利。各国以通商为利，以众怒为畏，亦必自知设法转圜，无须别作计较也。"

他的意见合乎情理，既保护下人民利益，又捍卫了国家主权。他分析法国人并不至于轻易起兵。但是奕䜣和曾国藩等主意早已拿定，听不进这些，曾国藩还对左宗棠不应乱抓乱杀人民的意见进行反驳，说："以为津民义忿，不可查拿；府县无辜，不应讯究者，皆局外无识之浮议。稍达事理，无不深悉其谬。"又说："天津枉杀教士，外国疑天津可杀二十，其他口岸就能杀四十；今日可杀二十，异日即可杀二百。洋人在中华几无可以容身之地。"他替洋人设想，做出毫无根据的推理，并以此作为处理外事的根据。因为害怕洋人"忽来攻战，则吾将获大戾"，虽然已抓了八十余人，他认为，认供可以正法者只六七人，为数还太少，洋人未必肯结案，因此不能"拘守常例，要变通办理"，于是昼夜抓人，严刑拷打，最后结案共得正法之犯 20 人（后来实际处死 17 人），军徒各犯 25 人。张光藻、刘杰发往黑龙江充军，另赔偿法国 46 万两银、俄国 3 万两。他自认比较满意，说："办理不为不重，不惟足对法国，亦堪遍告诸邦。"

天津教案结束后，全国民情沸腾，认为是屈辱外交。天津人民原以为曾国藩此来，将一反崇厚所为，备兵抗法，至是大失所望。一些被冤屈的犯人家属纷纷去京告御状，当然不会有任何结果。

左宗棠得知教案办理情况后，很为不满，在给友人信中批评了曾国藩，说："曾侯相平日于夷情又少讲求，何能不为所撼！……彼张皇夷情，挟以为重，与严索抵偿，重赔恤费者，独何心欤？""数年以来，空言自强，稍有变态，即不免为所震撼，洵可忧也！"

曾国藩是六月初到津的，八月底结案，在津共三个月。案子办完，虽然自觉"足对法国和诸邦"，但究竟内心有愧，给兄弟的信中一再表示："内愧方寸，外干清议。""心绪不免悒悒。"他旋奉诏调任两江总督，自己已不愿去，说："余目疾不能服官。""趁此尽可引退，何必再到江南画蛇添足。"到任后也不高兴，想起"昔年所办之事，又有大不妥如水师者，贻人讥议。用是寸心焦灼，了无乐趣。境颇顺而心不适"。一年半后，同治十一年（1872 年）二月，于南京任所去世，终年 62 岁。

曾国藩办理天津教案，但他事前事后还经常自责，"外惭清议，内疚神明"，表明他还是有良心、爱国的人，他明知威力之下，主要原因是他对国家民族的力量失去了信心，害怕得罪洋人，大动干戈，惹出一场"大祸"。他的健康状况很差，体力脑力都已极度衰退，无力应付这样的大案，也是一项重要原因。他责怪崇厚误导于他，给曾纪泽信中一再说："诸事唯崇公之言是听……名裂而无救于身之败。""以前为崇公所误，失之太柔，以后当自主也。"将责任全推给崇厚，也不是实事求是。固然崇厚是一名昏庸腐朽的满族大臣，后来又成为大卖国贼，在天津教案上出了许多坏主意，但终究要怪曾国藩自己心中无主，"失之太柔"。他的声望地位远远超过崇厚，但他一贯害怕有皇室撑腰的满族大臣。几年前，曾国荃曾奏劾官文，他听了俨如大祸临头，赶紧去信责备。

在这方面，左宗棠和他截然不同。左宗棠也知道满族大臣不宜得罪，曾向孝威说："与旗员闹口舌是吃亏事。"但在涉及国家利益的大是大非问题上，却不相让。他曾与穆图善争论，并奏请将其部队遣撤，又曾奏参成禄几次，直至成禄被拿问。

左宗棠和曾国藩年轻时是好友，在太平军后期与胡林翼三人一德一心，形成坚固的湘军联盟；联盟瓦解后，又互相维护。曾国藩死后，左宗棠十分悲痛，写了一副"同心若金，攻错若石"的著名挽联，表明他们的生死之交。但是，他们二人在性格、志趣、能力、生活经历等方面都有明显的不同。在对待列强侵略的态度上，也有所不同，对天津教案出现分歧，后来在"海防塞防之争"上，也有不同意见。

左宗棠与李鸿章的争议就更严重了。历史学家在评价这一段历史时说："在清政府中央和地方的当权派中，敢于正面提出办理天津教案应持的爱国立场，事后又敢于谴责曾国藩的投降外交，批判曾国藩等办理洋务运动是'空言自强'的，只有左宗棠一人。"（董蔡时）

第三十二章 "如有人留心及此，何至岛族纵横海上！"

在兰州（上）——对回胞的善后处理——
造枪炮、织呢、开矿、修水利

　　陕甘的战事结束了，善后工作却千头万绪。左宗棠早就料到，抚比剿难。回族同胞在这次绵延 50 余年的变乱中，遭受了很大的灾难，汉族同胞也损伤惨重。左宗棠认为必须妥善处理战后的回军民，也包括战地的汉民，使他们各得其所，再过平安温饱的生活。处理回军民的善后，比处理太平军和捻军要难得多。捻军和太平军多数是汉民，俘虏后，给资遣散回原籍即可。对陕甘的回军民和汉民却不能这样办。

　　陕西有许多回民跟随回军逃到甘肃，战后如仍让这些客回和当地汉民杂居，将会对回民不利。即使陕回民和甘回民杂居也不便，在战时他们可以团结对付清军，和平时期则因地区不同、信仰新教和旧教的不同等，也难以和睦相处。照理应该送陕回民回陕，但是陕回民离开家乡已有 10 年之久，本乡产业早已被毁，未毁的已被官府没收，如果回乡，应该将产业归还，可是战时情况混乱，缺乏人证物证，势必引起无限纠纷。如果不归还土地房产，回民又如何生活？而且本来与当地汉民不和，还怕汉民欺凌报复。陕西一些汉人士绅早就扬言不许陕回民回陕，如关学领袖贺瑞麟（字角生，三原人）就曾代表陕人提出公禀，反对回民回来。所以陕回最难安置。在金积堡和河州留有一些客籍甘回民，和本地回汉民难于相处，也需要妥为安置。还有一些汉民为回军服务，有的是受武力驱使，有的是信奉伊斯兰教，自愿跟随回军的，认作义子或当奴仆的都有。

这些汉民也应迁徙，送回原籍。

既然陕西回民不能回原籍，甘肃客回民也要迁徙，迁徙到什么地方去呢？这又是一个难题。左宗棠对安顿回民的地点定了几条要求：要有水有草、土地肥沃、河流和平原相间的地方；又要是无主的荒地，以免有人来争夺；要自成片段，回族同胞可以聚族而居，以免与汉人杂居，又惹起纠纷。他还规定：每户回民都应分得土地、房屋、窑洞、种子、耕牛和农具。在迁徙途中，大人每人每日给粮八两或一斤，小孩五两或半斤，随带的牲口也发给料草。沿途地方官吏应接送、保护，准备好供安歇的窑洞，并供给柴薪；到达安置地后，对贫困户仍要发给粮食。有些回民在原住地已种下庄稼的，可以等待收成后再迁移；有些回民一家分散在各地者，可以迁到一处团聚。回、汉民愿意投奔亲属者，也听其自便。又严禁沿途土豪劣绅对回民恐吓讹诈，为此还杀了几个违法的土豪劣绅。

左宗棠为回民善后，耗费了许多心血，也花了大量军费。西征军费本来就十分拮据，左宗棠坚决省下军费，用于安置回民。迁移的回民大部分安置在平凉、会宁、静宁、安定、秦安等地，汉民则安置在安定等地，均在现今的陇东平原、水草比较繁茂的地方。

这些对待回民比较开明和合理的措施，引起了甘肃、陕西一些上层人士的反对，当地官吏也找出种种借口多方阻挠。甘肃本来贫瘠、干旱，一些汉人看到左宗棠将有水有草的地方分给回民居住，大感不满，认为他太袒护回民，只替回族人说话、办事。但是左宗棠不顾他们的反对，坚决执行他的政策和办法。"帝曰汉回，皆吾民也。"战争是不得已的行动，回、汉都是中国人民，回民如今陷于困难境地，自然应该帮助和保护他们，首先应妥善地安顿他们。

至于饱经战祸的回民和多数下层汉民，对左宗棠的善后措施都感满意。当他的队伍经过时，回、汉民都列案焚香迎送。其实原因也很简单，多年来回、汉互相仇杀，积怨很深，这次清政府派左宗棠率大军进剿，陕甘汉人士绅早就扬言要对付回民，对左宗棠到来，寄予了很大希望。至于回民，虽然看到左宗棠入陕前颁布的"汉回一视同仁，决不滥杀"的告示，但怎能轻信？清军战胜，回军失败了，回民老百姓必然怀着忐忑不安的心理，只得听天由命。但没有想到，清军并不屠杀他们。然而即使留得性命，祸乱之余，遍地伤残，白骨黄茅，炊烟断绝，也无法生活。左宗棠又给他们安排住地、田亩、耕具、牲口、种子、房屋等，并发给口粮，沿途照顾保护，完全出于意外。封建时代的老百姓，不论是汉、回或其他民族，都愿意过安定温饱的生活，他们都厌恶不应发生的战争。

他在安置回民时，还注意将他们组织起来，自己管理自己。每十户设一"十长"，百户设一"百长"，在回人集中的化平川、海城、宁灵等厅县，还设一较高级的"通判"官职，遴选一些熟悉风土、懂农事，了解回民疾苦，和人民同甘共苦的回人，充当各级回官，办理户籍、婚姻、诉讼等事。

左宗棠特别重视提高回民和各族人民的文化素质，在各地广设义学，免费招收各族儿童入学，对河州、洮州、循池、海城、化平川等回族聚居的地方，特别注意那里回民子弟的义学。张曜驻防宁夏时，也在回民村中普设义学，劝回民儿童一律读书。义学启蒙课本采用《千字文》《三字经》《百家姓》等，并供给儿童笔墨书籍。另外在各地设立一些较高层次的书院。在回族聚居的化平川特设一所专收回民子弟的书院，还设了一名回民"训导"，管理回民的就学和科举考试。

战后左宗棠立即申请在甘肃举行单独的科举考试，以前是和陕西合闱考试的，因为回民文化教育程度一般比汉民低，第一、二次乡试，回族子弟没有一人取中。为鼓励回民参加科举，与汉民有同样的机会取得功名和充当政府官吏，左宗棠特别奏准朝廷，在考试制度上对回民采取一些优待办法：回民仍和汉人同考，但是每隔一科必须取中至少一名回民举人。

左宗棠执行了比较开明的民族政策，多数回民，包括汉民和其他少数民族，对他是怀有好感的。平凉老阿訇马六十说："甘肃河州一带的回民直到现在（1936年），还常常提起左宗棠，每遇到有事不便解决时，就说：'按照左宫保的章程，一劈两半。'因为左宗棠在甘肃时，每遇回汉族有争执，还能够折中办理，留得了好感。"民国25年（1936年）名人李维城在纪念左宗棠逝世50周年的文章中，谈到左宗棠在西北团结各民族的工作，使汉、回和其他各族人民和平相处，几十年来未发生重大纠纷，他说："青海蒙、藏民俗，举行社火时，制泥为人，提剑砍之，谓砍年羹尧，盖泄愤也。而无论回、蒙、藏人言及左公，则未有不表敬爱之忱者。"是年康雍朝代征西大将，对少数民族做了不公正的事。李维城结论说："此固由于个人仁虐不同，而与我整个民族之团结，盖有莫大之关系也。"

战后的陕甘，经过左宗棠苦心经营，生产和生活恢复得较快。光绪初年有人从新疆经甘肃、陕西回广东，他记述途中见闻时说："自入陇所见，民物熙熙，一片升平景象，竟若未经兵燹者。"也许有溢美之词，但显然已迥非以前战时黄沙白骨、赤地千里的惨象了。

在进军陕甘途中，左宗棠曾为陕西会馆题了一副对联：

> 百二关河，十年征战；
> 八千子弟，九塞声名。

西宁收复后，刘锦棠在那里建立了一座昭忠祠，祭祀死难将士，也请左宗棠写了一副对联：

> 黄流东注，湟水南来，任浊浪纵横，百折终须趋巨海；
> 胡笳勿悲，羌笛休怨，认灵旍仿佛，千载犹闻诵《大招》。

这两副对联抒发了左宗棠对10年征战的感触。战争双方都要遭受重大的伤亡，还会危及无辜人民的生命财产。左宗棠是在多方的敦劝和压力之下才从事战争这个不祥之物，也是在爱国思想驱使之下，不知疲倦地为国事驰驱。从闽、汉来陕甘，带了八千子弟，一路损兵折将，伤亡惨重。但他坚信："任浊浪纵横，百折终须趋巨海"，内乱终将平息，国家终将统一，失地终将回归祖国。

陕甘战争结束后，他又准备进军新疆。趁这一段喘息的时间，我们暂时离开一下战争，谈谈他在西北的政绩。

他在西北的时间很长，前后有12年，大部分时间用在军事上，只是在战争的间隙从事政治、经济、教育等工作。同治八年底他接受总督关防，同治十一年七月才进驻总督所在地兰州。由于陕西设有巡抚，主持本省政务，左宗棠名为陕甘总督，按清代惯例，一般不宜对陕政多加干预，所以他尽心力较多的只在甘肃。虽然时间不长，但还是干了许多出色的工作。

首先谈谈他办的几项实业，即当时称之为洋务。同治十一年底，在兰州创办了兰州制造局，这是一所制造武器的兵工厂。当时甘肃战事已近尾声，新疆战争即将开始，建立这个工厂是为进军新疆的需要。左宗棠有一个办洋务的得力助手：记名提督、总兵赖长。他是广东人，原是粤军将领康国器（初名以泰，字交修，康有为的祖父）部下，曾随左宗棠在闽粤一带与太平军作战。他虽然是行武出生，但心灵手巧，懂得西洋机器的有关知识，也会仿制西洋枪炮。他原留在福建，宗棠来西北后，将他调来主持制造局工作。局中工匠多数是广东人，还有福建和宁波的一些能工巧匠，有些是从福建船政局调来。

该局主要生产枪炮弹药，产品有：仿德制后膛螺丝大炮，仿意制重炮，仿德制后膛七响枪。又改进国内原有的劈山炮和广东制无壳抬枪。劈山炮本来很笨重，要13人施放，改进后只需5人；抬枪也由原来三人放二支，改为一人一支。另外还大量生产铜引、铜帽和大小开花子弹等。装子弹的火药开始是由海外购运，因为运费昂贵，宗棠决定自己生产，由帮办甘肃新疆军务的刘典筹划。光绪元年在兰州成立了火药局，最初生产的火药力量不及洋药。左宗棠是一个多才多艺的人，他亲自指导火药生产，发现原料硝和磺不够纯，提出要经5—7次反复提炼，经过改进，产品质量和洋药基本相同。虽然增加些工本，但省了运费，也节约了大笔外汇。

左宗棠对生产有一个科学的见解，他主张生产技工和使用人员互相学习、了解，使制造器械的人知道如何使用，使用器械的人知道制造中的一些知识。这样，生产者可以不断提高产品性能，更好地满足使用上的要求；使用者也可增加维护、修理的知识，而且还可参加生产改进者的行列。因此，左宗棠命厂中技工都学会使用各种兵器，又命令从军营中挑选一批官兵来厂参观演习。

兰州制造局在短短的几年中，生产了大批枪炮弹药，源源不断地供应进军新疆的部队，产品质量都不错，在收复新疆的战役中发挥了重要作用。光绪六年俄使索思诺福齐等来到兰州，看到中国自造的武器，也都同声赞叹。

左宗棠在兰州自制枪炮的目的，是支援新疆战事，长远的目的，是要使中国不因武器低劣而受制于洋人。他曾说："如果有充裕的经费，就能大大提高武器的产量和质量，中国枪炮日新月异，西方各国再也不可能挟其枪炮之利，来欺侮我们了。"他早在湖南幕府时，就曾自制劈山炮，这次在陕甘行军途中，曾见到凤翔府城楼内尚存开花炮子二百余枚，平凉府西城有一尊大洋炮，上镌"万历"，及"总制胡"等字。他不禁慨叹，写信给总理衙门说："尝叹泰西开花炮子及大炮子之入中国，自明已然。……利器之入中国三百余年矣。使当时有人留心及此，何至岛族纵横海上，数十年挟此傲我？索一解人不得也。"

除了武器外，左宗棠也十分注意发展民生日用工业。早在办福州船政局时，就向清朝廷提出了要次第开办民用工业的计划，认为这是富民强国之本。甘肃盛产羊毛，赖长用他自己制造的机器，将本地羊毛织成一段呢样，送给左宗棠看。宗棠看看质量不错，与外国货也差不多，就和赖长商量，开办机器织呢厂。

赖长说他自己"杜撰"的机器，质量还不能保证，外国有现成的织呢机，建议买一整套来。宗棠同意他的意见，委托胡雪岩在上海向德商购买，还请了几位德国技师。

这一整套织呢机器共1200余件，另外还买了掘井、开河等机器，运输真煞费苦心。轮船运到汉口后，改装木船，1000余箱分成4000余小箱，从汉水上溯，然后起岸，用牲口、牛马车和民夫从陆路运到兰州。遇到山高路窄，还需要开凿山路，或拆散大件，才能通过。从第一批机器运到兰州，直到最后一批到达，相隔达一年之久。真是"甘道难，难于上青天"！后人说这是愚公移山式的建设。

赖长织成第一段呢样是在光绪三年冬，到光绪六年九月，织呢总局正式开工。厂址在兰州通远门外，新建了几座厂房，聘请德国总管李德和奥国满德二人，另有德国技工五人，由一名中国领班管理。约定在任期中将全套生产技术传授给中国学徒。学徒是由陕甘勇丁中挑选出聪明好学的青年。左宗棠期望这批青年将来都成为熟练的师匠，以后一传十，十传百，由关内到新疆，都能生产呢料，国人都能用上国货。

甘肃织呢局是中国第一家机器织呢工厂，它的意义和影响比甘肃制造局更大，但是当时中国人似乎并不重视它。相反，英国人却十分注意。从机器刚运到，直到工厂落成，上海的英文报纸连续报道。外国人从垄断中国市场和维护商业利益着想，对中国自办近代工业颇为嫉妒。英国人对德国抢先经营也抱有敌意。他们还派人到兰州参观，说原料和产品质量不及洋货，价格又高，攻击德国的技术。德国人不服，还打了一场笔墨官司。

左宗棠于光绪六年（1880年）底离兰州后，织呢总局和制造局都先后停办，真所谓"人存政举，人亡政息"。他离兰后第二年，还念念不忘一手创办的织呢局，写信给护理陕甘总督杨昌濬，询问织呢局的近况，说："至今犹魂梦难忘。"然而两年之后，织呢局就停办了。制造局是同治十年开办的，到光绪八年也停办。虽然两厂的寿命都不长，但却为我国近代军事和纺织工业起了先驱作用。它们的一些机器至今还保留了下来。65年后（1943年）有一位专门研究左宗棠事迹的学者叫秦翰才，特地去织呢局旧址寻访，那时已改名为兰州织呢厂，厂前门楣依然标着"甘肃织呢总局"赤地金字，看上去是左宗棠手笔。厂内还剩下有德制的织毛机、梳毛机等五台机器。经过几度兴衰，现在规模宏大的兰州通用机器厂和兰州第二毛纺厂就是在这两个厂的基础上逐渐发展起来的。

在甘肃办的洋务除上述两宗外，还试办过机器采金。采金机是由胡雪岩捐购的，他还推荐了一名德国技师米海厘，随身带了两件探矿仪器来甘肃。先在肃州文殊山，后到玉门赤金峡勘探，没有探查出大金矿，但探出了一起石油矿，就是玉门油矿的前身。左宗棠和米海厘谈过几次，认为他不是内行，不久就将他遣送回去。后来左宗棠派人在产金地办起小规模的人工淘金，他告知杨昌濬，办金矿的目的是养活部分穷人。因为那年甘肃虽丰收，粮虽产多了，但交通不便，运不出去，谷贱伤农，老百姓仍然穷苦。

左宗棠办金矿效果不大，但他提出的办矿方针在当时却是很有意义的。他说："矿务须由官办，没有听任人民私采之理。但官办弊端很大，防不胜防，又不及包商开办，耗费少而获利多。最好是以官办开其先，而商办承其后。"后来他在新疆开办金、铅、铁矿，都采用"官本试开"，办其他工业也同样倡导"官开其先，商承其后"的方式。处在封建时代末期，他已具有发展资本主义经济的眼光，也已觉察到官僚资本主义的弊病。

开渠凿井是他在西北举办的另一项利民措施。西北黄土高原素缺雨水，农作物全靠渠水灌溉，左宗棠做了一番调查研究，得出结论说："西北地亩价值高下，在水分之多少：水足则地价贵，水缺则地价贱。治西北者，先宜水利；兴水利者，宜先沟洫，不易之理。"所以他安置战后回民，必选择有水草之地。他在平凉住了一年多，经常去泾河观察形势。泾河与西北多数河流一样，平时干涸，一遇暴雨和山洪暴发，又泛滥成灾。前人曾修过郑、白二渠，引泾水灌溉。同治四年，刘典在郑、白二渠遗址上重修渠，后左宗棠也在"利民渠"遗址修了一条"因民渠"，他还有更大的计划。平凉西北是泾水发源处，泾水流到泾州，与汭水合流，水势渐壮，如开渠灌溉，可得肥沃田地数百万顷。如果节节筑坝，做闸蓄水，又可以通小船，可像湖南的湘水、资水，源头可通舟楫。他听说外国有开河机，就命胡雪岩买到一套德国机器，又聘了几位德国技师。光绪六年秋，人和机器到达泾源工地，左宗棠命平凉知府廖溥明主持开渠工程。用机器开河，这在内地还是一个创举。那年冬天左宗棠奉诏进京之前，还亲往工地视察，作了指示。不幸次年春泾水暴涨，把渠工冲坏了。接任护理总督的杨昌濬借口财政困难，主张停工。左宗棠虽不以为然，还提出速开支渠，以宣泄上游水势等意见，但"人亡政息"，终于不了了之。

"天下黄河富宁夏"，宁夏水利建设自古有之。秦渠创于秦，汉伯和汉延两渠创于汉，到清代仍有干渠20余条，支渠140余条，灌田80余万亩。经过10

年战乱，双方都曾掘堤，用渠水灌阻敌人，破坏很大。左宗棠拨出专款，一一为之修复。他还在河西走廊张掖、肃州以及西宁、河州等处修渠治坝；在最穷荒的安西、敦煌和玉门发给平民赈银、寒衣，拨款举办兵民屯田。他的部将王德榜驻军在狄道和安定一带，屯田自给。为了引抹邦河水灌田，王德榜提了一个宏伟的计划，将一座高三十五六丈、长420丈的山坡，挖低25丈，开成明渠。这个计划，连左宗棠都为之吃惊，后来还是批准了。王德榜从此不仅是左宗棠手下一员猛将，而且也成为一位开河、水利专家，后来在北京永定河上游和江苏六合境内滁河下游都主持过筑坝、开河的工作。

光绪三年西北大旱，河渠干涸，左宗棠下令各地打井抗旱。一时在西北各省普遍开展了"凿井运动"。左宗棠采取以工代赈的办法，既救济了灾民，又获得永久的水利。费用不够，他就自己拿出养廉金来，他写信给陕西巡抚谭钟麟说："估计开数万井，所费不过数万金，如果经费难筹，可由我一人负担。"

他以养廉金捐助公益事业，是从不吝惜的。如光绪四年修兰州城垣，清朝廷工部不准报销，全部费用都由他私人负担，养廉金就是这么花掉的。另一个办法是劝富家出钱、贫者出力，两得其益。凿井运动取得了很大效果，仅陕西大荔一县就开凿三千余井。开渠凿井减轻了当时的灾荒，也为发展西北农业起了很大作用。

左宗棠在兰州还有一件想兴办但未办成的事，即修建黄河铁桥。他看到两岸人民来往十分不便，只能用羊皮筏渡河，皮筏既小，又很危险。他托胡雪岩从上海请来德商泰来洋行福克，到兰州勘察洽谈，福克索价60万两银子修建这座铁桥，左宗棠嫌要价太高，甘肃战后财政拮据，一时拿不出如此巨款，因此未能办成。直到30年后，宣统元年，后继者禀承左宗棠的倡议，终于将兰州铁桥建成。

第三十三章　"自惭居处崇，未睹斯民康"

在兰州（中）——禁种鸦片，发展农牧业

发展农业对西北人来说，是关系到能否吃饱、生存的头等大事。左宗棠早认识到这点，开渠、凿井就是为发展农业兴办的一些措施。但是他发现在西北有一大怪事，在兴办农业之前，先必须进行"破坏性"的工作。当他入潼关以后，使他十分吃惊的是，西北田野上开满了罂粟花，城乡各处尽是烟民。

他做了一些典型调查，如在陕西三原县，城里人吸鸦片烟的占十之七，乡下人吸烟的占十之三。农民不种粮食，却种罂粟，因为鸦片价钱比粮食贵得多，又可以自己吸用。光绪三年陕甘大旱，饿死了千千万万的老百姓，十之八九是烟民，因为烟民身体本来就虚弱不堪，哪堪再挨饿？宁夏原是西北的粮仓，指望能运些粮来救荒，不想良田也都种满了罂粟。一片片罂粟花，确实鲜艳美丽，但却不能充饥，还是毒物。政府也拨了些款子救济灾民，但灾民领到赈款后，不去买粮，却先去买鸦片。这似乎又是一件天大的怪事，其实也不奇怪，吸上鸦片成瘾，就不能自拔。左宗棠到达西北后，立即下决心禁种罂粟。

罂粟原产于印度，自汉代张骞通西域后，域外植物纷纷移植到中原，如葡萄、萝卜、胡桃、胡瓜、胡麻、蚕豆、豌豆、玉蜀黍等。据说罂粟早在唐代已来西北，唐人雍陶过斜谷诗云："马头初见米囊花。"有人认为米囊花就是罂粟花。但是中国人大抽鸦片烟是从清道光年间才开始的，特别是鸦片战争以来。西北人本来抽的是从广东运来的洋烟，名为"广土"，但价格高昂，于是有人从广东买来罂粟种子，在陕甘试种。产品质量（毒性）瘾君子认为不坏，可与"广土"媲美，于是大量种植，称为"西土"。西土"物美价廉"，西北吸烟的人越来越多，人民体质越来越坏，农业生产也一蹶不振。原来刚劲的民风，也变得奄奄无生气。无怪乎左宗棠称罂粟为"妖卉"。

自鸦片战争以来，左宗棠对"妖卉"深恶痛绝，他认为鸦片之祸，既深且烈，人则变为废物，家则倾家荡产，国则亡国灭种。林则徐坚决禁绝鸦片，不畏帝国主义强暴和朝内权臣奸佞，不惜牺牲高官厚禄和身家性命，左宗棠十分敬佩他。同治四年，左宗棠在福州看到鸦片在福建流毒很深，十人中几乎有五个吸鸦片，烟民中穷的沦为盗贼，当官的则贪污腐化，福建吏治一塌糊涂，他特上奏朝廷，建议对福建政治严加整治。但是他在福州的时间很短，还没有来得及实行整顿，即奉命调赴西北。在西北看到鸦片之烈，甚于东南。通过一番调查研究，他定下了禁绝鸦片的方针和策略，对烟农、烟贩和烟民区别对待：对于农民，绝对禁种罂粟；对于烟土贩子，禁运而不禁卖；对于烟民，只劝诫而不禁吸。

为什么只禁种、禁运，而不禁吸、禁卖呢？这项政策是根据当时社会的特殊情况而制定的。当时西北吸鸦片者太多，十人中有三四人吸，有些地方高达十之六七。而吸毒者多深藏密室，贩毒者也十分隐蔽。如果去捕拿烟民烟贩，不仅捉不胜捉，也没有如此多的戒毒所来收容烟民，而且势必惊动千家万户。官吏衙役本来多数就是品质低劣，必会趁此需索诈骗，而这些官、兵、吏、役本人也多数是吸毒者，彼此又会互相包庇。所以如下令禁吸鸦片、捕拿烟民，结果会成为一纸空文，有令不行，政府威信下降，徒然令闾里不安，增添一些贪污索贿的事，以后就更不好办事了。禁种则容易收效，罂粟长在田野中，一大片罂粟花，一眼就看到。从成苗到开花结果，需要较长时间，烟农无从守秘密，很容易被及时铲除。低价的"西土"来源断绝了，外地洋烟又严禁运来，市面上只有偷运来的或在荒山绝谷内生长的少量烟土，烟价就会猛涨，烟民会自然而然地减少，这比颁布一纸空文的禁吸命令要有实效得多。

陕甘战事结束后，左宗棠就集中精力来禁种罂粟，他命令各级政府从道、府县，直到基层，四出检查，见到种罂粟的整片地亩，一律翻犁灌水，全部铲除。如果是罂粟和豆麦等杂种的地，只将罂粟拔除。每月都要汇报，违禁者处以杖责枷号，不论贫富贵贱，一律依法处分。虽然禁种比禁吸好办些，但也遇到了各种阻挠。贪官污吏借此向农民敲诈勒索，军营中本来吸毒成风，也暗中包庇烟农，烟农则公然说："不许种鸦片，哪来的银子交钱粮？"各地方官表示："民间种罂粟，时间已久，早已成为习惯、风气。西北地方辽阔，要想一时查禁，也是很困难的。"但是左宗棠不为这些阻力所动摇，仍然坚决执行禁种。

宁夏在马化漋统治时期，因为伊斯兰教规严禁鸦片，没有人敢公开种罂粟，马化漋失败后，因为有厚利可图，百姓就纷纷种起来了。禁烟令在宁夏的阻力也最大。左宗棠毅然将宁夏府大小官员（除个别外）分别革职、撤任、查办；对违抗禁毒的士绅也一律拿办。经过如此整顿，宁夏大种罂粟的局面平息下来了。自从林则徐大禁鸦片以来，三四十年中，在清政府大员中，最痛恨鸦片，禁鸦片决心最大、最严格的，当推左宗棠了。

禁种罂粟是为了断绝鸦片烟的来源，除了禁种还必须禁运。左宗棠对外地烟的政策是：四川、云南等地土烟入境，一律没收焚毁；对于洋烟，因为受中英不平等条约限制，不没收销毁，但一律不准入境，勒令烟贩连同烟土折回。如偷运入境，查出则仍要焚毁。从禁种、禁运开始，后来对开设烟馆公开售烟也加以禁绝。

禁种、禁运的政策不久就收到了效果，到光绪六年左宗棠离开西北时，陕甘境内烟苗已基本根绝，只在深山荒谷可能还有少量种植。新疆境内，南路烟苗已消灭大半，北路则差些。总之，烟土来源大量减少，烟价自然腾贵，每百两价格由六七十两银涨到三四百两，烟民自然减少了。

禁烟的最后一步是针对烟民。既然禁吸在当时难于实行，对于汪洋大海般的烟民只有劝诫。左宗棠发动各方力量收集戒烟药方，配制成药，分送给烟民。同时鼓励官绅士民捐资合药，救治烟民较多的，还要上报朝廷请奖。这是积极的方面，消极的一面呢，对于广大烟民无法一一惩治，但对于官吏，则绝不许吸烟。部下有吸烟者，一经发现，就扣上一顶很合适的帽子——"嗜好甚深"，或"颇有嗜好"，这样就具备了参劾革职的资格。

左宗棠痛恨鸦片烟，厌恶抽烟的人，是始终如一的。有一次他听说孝威托两个同年好友为母亲代购药材，他知道这两个人烟瘾很大，写信去狠狠批评了儿子一顿，并且命儿子与这两人断绝往来。还有一次，不知从哪儿听到的消息，说他的长孙抽鸦片烟，他勃然大怒，立命家人将孙子拿来，予以处死。家中人都知道他的脾气，说到真做到，谁都捏一把汗。大家赶紧将孙子藏起来。只有几位姑奶奶是在左宗棠前唯一可以说话的人，她们拉住父亲苦苦相劝，告知他大孙子并没有抽烟的嗜好，不过偶尔抽一两口玩玩的。宗棠才息怒，命将他禁锢在书房内，如果再犯抽烟的毛病，那就非处死不可了。一个月之后，他没有再抽烟，这才放了他出来。

陕甘的农民不能种罂粟了，怎样维持生计呢？左宗棠又替他们筹划，种罂粟获利很大，因此要找一种同样获利大的作物，他认为可用种棉代替。棉花是一种经济作物，他经过一番核算，认为种棉收利可高于罂粟，在通知下属推广试种稻谷桑棉的文中说："甘省素来不产丝棉布匹，全靠外省运来，既无舟船运载，因此价格昂贵异常。农民本来很穷，每到隆冬，还只穿件短布单衣；而我们在上位当官的人都轻裘重茵，实在于心不忍。""西北人民苦无衣甚于无食，许多老弱妇女衣不蔽体。"他引述唐人韦应物的诗："自惭居处崇，未睹斯民康"，表达自己的心情，感到身为最高地方官，竟未能使老百姓人人有温暖的衣服穿上御冬，深为惭疚。

种棉织布，不仅能解决农民生计，也能解决老百姓缺衣问题。他一方面广泛宣传种棉的好处，一方面又向民间传授种棉方法。同治十三年，他下令刊行了《棉书》和《种棉十要》等书籍，同时还命各地设立纺织局，教给妇女纺织技术。由于他的积极倡导，甘省东自陇东正宁、宁州，西至河西走廊凉州、甘州、山丹、东乐等地普遍植棉。同治十二年他西征时经过山丹等地，正值田间棉熟，他停车和父老攀谈，农民告知他："一亩棉田收获较好的，可得二十余斤，每斤一千文，又省工力。种罂粟还要剥果刮浆，种棉比种罂粟更合算。"当然，种棉代罂粟，主要目的是断绝毒害百姓的烟土来源，同时又解决了百姓的衣食问题，是一举两得。现在甘肃敦煌、安西一带已成为盛产棉区。棉区人民的生活也都较为富裕。

左宗棠初到陇东，看到农民所种庄稼品种只有大麦、小麦、糜子、小米、玉米等，每亩一年只能收一百余斤。他于是想到推广南方的稻谷，在平凉曾教勇丁试种一次，没有成功。后来平凉知县王启春教农民试种，每亩收了四五百斤。宗棠十分高兴，于是劝导农民种稻，这是甘肃种稻之始。至今平凉川地仍在种稻谷，宁夏一带已盛产大米，品质优良，在国内驰名。

除了棉粮以外，左宗棠还鼓励植桑、养蚕，发展畜牧；在荒山、原野、道旁广植树木。除家蚕外，还提倡养山蚕。他考查了有五种树叶可以饲养山蚕：槲、橡、青杠、柞和椿树。他将五种树的形态写明，公之于众，叫大家去寻找。他说这是"为甘肃万年之利"。他还从浙江湖州运来桑秧移植，在兰州总督衙门后面，莲花池小西湖侧，种了一千多株桑树；在东校场、河壖和总督衙署内后花园，也植了桑树；还运了几百株桑秧到肃州栽植。另外，设立了蚕桑专局，教人民养蚕缫丝。

他同时很重视畜牧业，认为："西北之利，畜牧为大，而牧利又以羊为长，其毛可织，其皮可裘，肉可为粮，是老百姓日常生活所需要的。人民不必耕地、种桑，也可以致富。耕田用人力多而收获少，放牧则需人少而所获多。"他认为水浇地可耕种，水草丰盛的地可放牧，湖泊草原地带则可渔可牧，不应耕种，以免破坏草原植被，引起沙漠蔓延。这些看法具有保护生态的远见。

为发展畜牧业，他提出了一些措施：在有水草的地方，查明户口，散发羊种，成本分三年归还，不计利息。他对这项优惠办法向人解释说："这些办法是以利民为主，地方富裕了，民物蕃盛了，国家也受益了。"有一次在行军途中，看到安西一带百姓贫困，就从自己养廉银中取出两千两，分给贫民和兵丁购买羊种。光绪二年，他又拨银6800余两，借给皋兰贫民买羊放牧。

甘省蔬菜品种十分缺乏，左宗棠命人陆续从湘、江、浙等省带来各种南方小菜种子，教人种植。现在甘肃的南方蔬菜几乎已应有尽有了。

第三十四章 "重寻五十年旧事，一攀丹桂，三趁黄槐"

在兰州（下）——办文化教育——乡试分闱

西北本来是中华民族文化的发祥地之一，但是历经数千年的风雨沧桑，政治经济中心东移，陕甘等省大部地区却成了文化最落后的边地了。要想国家富强，必须提高人民文化素质，首先需要兴办文化教育事业，这是左宗棠多年来一贯的认识。

他在浙江和福建时，军事稍告一段落，就立即兴办教育，修建书院，创立书局。进入甘肃后，看到西北文化落后，更感到办教育的重要，当地方秩序稍一恢复，就着手兴办书院和义学，各地学龄儿童和青少年纷纷踊跃入学。从同治八年（1869年）起，到光绪五年（1879年）他离甘时，已创设了尊经书院（庄浪）、泾干学舍（泾阳）、文明书院（岷州）等20余所，又修复重建了瀛洲书院（泾阳）、仰止书院（东乐）、银川书院（宁夏）等20余所，大部分在现甘肃省，也有些在陕西、宁夏和青海；其中还有专为回民子弟设立的，如在平凉化平川的归儒书院。书院学生都发给膏火费。如兰州的兰山书院，当时是甘肃省最高学府，正课学生每名每月给膏火费三两，副课学生一两五，可以维持个人生活了。兰山书院每年膏火费需要两千多两银子，由于甘省财政拮据，经常拿不出钱来，左宗棠就捐出养廉银。他年轻时也是靠膏火费维持生活的，深知穷学生的苦处。

他很关心学生的学业，时常到书院去看看，和学生谈谈天。有一次学生们写了一篇禀文，送交管理书院的布政使崇保，崇保特地拿给他看。他很高兴，亲笔在信上加批:"览呈诸生之禀,文理尚可,殊为欣然。本爵大臣四十年前一贫士耳,然颇好读书,日有粗粝两盂,夜有灯油一盏,即思无负此光景。今年垂耳顺,一知半解,都从此时得来;筋骨体肤,都从此时练就。边方无奇书可借,惟就'四书五经'及传注,昼夕潜心咀嚼,便一生受用不尽。诸生勉旃!事平至兰州,当课诸生背诵也。"

西北边远之地,多年来战事频仍,人民食不糊口,衣不蔽体,求生还来不及,哪有心思求学!但是经过左宗棠竭力提倡,各地书院纷纷建立,因之学风文风大为改观。

一些地方的士绅和人民对左宗棠在西北所做的一系列好事十分感激,要为他建立生祠,以示崇敬。如同治十三年甘州人民为他建了生祠,他知道后,命将已建成的祠改为南华书院。光绪二年西宁士民在改建湟中书院的同时,也要为他建生祠,也被他制止。

这些书院在当时对普及文化知识起了重要作用,后来又成为兴办新式教育的基地。一二十年后,晚清政府开始兴办新式学堂,大都由书院改建。府办书院改为中学堂,县办书院改为小学堂,兰州的兰山书院则改为优级师范学堂,仍然是甘肃省的最高学府。

除了书院之外,还在各地兴办了几百所义学,是专为各族儿童的启蒙教育。入学儿童称为"蒙童",免交学费;还办了专收回民子弟的义学,如兰州有正德、序贤、养正、存诚四所义学,其中养正和存诚二所就是专为回童办的。在甘肃财政困难的情况下,左宗棠想方设法筹拨经费,或拨出一些荒山绝地,收取租金,供给办学经费。在他倡导之下,一些地方官吏纷纷响应,如会宁知县许茂光、两当知县萧良庆等,不仅拨出荒地和耕牛,自己还捐出养廉金,又在地方集资。所以学习风气一时十分兴盛。左宗棠在肃州驻节时,有暇还常到义学去看看,和学童们谈谈话。他是教过多年私塾的,至今仍很爱这一行。

义学里读的是《千字文》《百家姓》《三字经》等,先教儿童识字,稍大点读"四书五经"。书院里读的书更多些。以往陕甘的书都从成都和武汉等地运来,战争时期,书贩都裹足不前,而外地的书质量也很差,错字和破句连篇。左宗棠就自己刻书。他早在杭州时,就设书局刊刻六经,在福州又设正谊堂书局。来西北前,先在汉口设崇文书局,又在西安关中书院内附设书局,两局的刻书费用都由他从养廉金中付出。同治十三年,他奏请在浙江严州开设官书局,开印"四书五经",专运甘肃用。新疆收复后,又在迪化(乌鲁木齐)开设书局，刻印的书专供回民子弟诵读。他行军途中还有一个流动的印刷所，在安定和肃州行营都开雕过书籍。

受他的影响，他的部属如西宁知府龙锡庆，也在西宁开设了尊经书局；陕西布政使翁同爵曾利用关中书院藏版刊印书籍，种类很多，除启蒙书和"四书五经"外，还印过《十三经》《二十四史》《资治通鉴》《小学》《孝经》，以及供棉农用的《棉书》《种棉十要》，供一般人读的有关法律和生活常识的书有《律易解》《圣谕广训》《吾学录》等。左宗棠自己的著作《盾鼻余渖》也初次在西安刊刻。这本著作收集了他的诗文联语等杂稿。他虽以军事、政经等方面业绩见称于世，但诗文也很好。有几篇文章曾被选入黎庶昌等人编的文选集《古文辞类纂续篇》中，诗作不多，被人誉为"军中诸作，如扶风豪士，气韵沉雄"。尤其是工于联语，有许多脍炙人口的对联，已散见本书各章中。

左宗棠还创办了一件有惠于甘省广大知识分子的事，即"乡试分闱"。

何谓乡试分闱呢？按照清代科举考试制度，每省举行乡试，中举后就有资格进京参加会试。可想而知，举人是贫寒士人梦寐以求的改善政治、经济地位的晋升之阶。在清初，甘肃本来是和陕西合为一省的，康熙二年才从陕西分出

甘肃贡院及左宗棠所提匾额：至公堂

来，自成一省，但是乡试却没有分开，两省士人仍然合闱（闱是考试地点），同在陕西省会西安参试，到左宗棠入陕甘时，已行之 200 多年。"合闱"对甘省士人有很大的不利：第一，取中总名额比分闱要少；第二，甘省文化落后，考不过文化水平较高的陕西人，有时一榜中甘省士子竟然完全落第；第三，贡院在西安，由甘省各地去，路途遥远，最近的也有七八百里，由宁夏去二三千里，河西走廊三四千里，由新疆镇迪道（隶属甘省）则有五六千里。来回时间需一二月至三四月，路费昂贵。大多数秀才都是寒士，因此能到西安应试的甘省士人，顶多只有十之二三，多数优秀人才失去了竞争的机会。

左宗棠看到合闱对甘肃士人的不利，于是奏请甘肃乡试与陕西分闱，在兰州省会举行。经清廷批准，就在袖川门内与萃英门之间修建了贡院，于光绪元年举行分闱后第一次乡试，打破了二百年来合闱的局面。这次与试者约三千人，比在陕西合闱时多出两三倍。左宗棠以陕甘总督身份，照例入闱监临。合闱时陕甘共取中举人 62 名，分闱后，左宗棠奏请甘肃取 40 名，朝廷只批准 30 名。光绪二年分试，左宗棠再次奏请，于是批准 40 名，外加旗员 2 名。左宗棠看到回民子弟文化较低，前二科一名都未取中，又奏请每二科中有一科至少要取中一名回民，这样可使无论汉回各族士人都乐于就学，在兰山书院肄业的学生多至四五百人，甘省人文由衰而盛了。

兰州新建贡院规模很大，号舍可容四千人，在全国也算数一数二。左宗棠入闱监临时，为试院写了一副对联：

共赏万余卷奇文，远撷紫芝，近搴朱草；
重寻五十年旧事，一攀丹桂，三趁黄槐。

"一攀丹桂"，是说他一次中了举；"三趁黄槐"，则是说会试失败三次。兰山书院主讲吴可读对左宗棠奏请分闱、创建贡院十分敬佩，读了这副对联后，咏诗说："紫芝朱草光芒在，留得楹联百世新。"

68 年后，秦翰才到贡院旧址（当时的甘肃学院）寻访，看到礼堂中居然还悬挂着这副楹联，惊叹不已。

左宗棠是科举过来人，他深知科举虽能取得人才，人才却不一定能考上科举，他就是一例，若非机遇，断难施展为国驰驱的一番抱负。他年轻时曾受到许多前辈的知遇，所以他也倍加珍惜人才，特别是不遇、失落的人才。

他看到参与乡试的士子，衣衫褴褛，许多人几乎像个要饭的，当然还有更穷的秀才，连兰州也来不了。参加乡试士子的旅费多是由地方官借筹的。他经常自己拿出养廉金，送给外地士子，做回家旅费，每人送给八两。士子中举后去京会试，路费更困难了，他又分送每人20两，后又加到30两。他说："我自己也是寒士出身，当年进京考试，辛苦奔波，仆仆道途，衣服破旧，囊中空空，困苦状态，至今回忆犹在目前，和如今见到的士子一样，当然应竭尽微薄的力量给予帮助。"

他帮助寒士，珍惜人才，曾流传有一段佳话：兰山书院有一个学生安维峻，字晓峰，秦安人，读书勤奋，有才识胆略，左宗棠很赏识他。曾告诫他端正读书的态度："读书当为经世之学，科名特晋升之阶耳。"安维峻本来以为读书就是为取得功名，听了深感惭愧，他自说听了左宗棠的教诲，从此胸襟稍开阔了。

光绪元年，贡院落成，举行分闱第一次乡试。左宗棠希望安维峻能中举。试卷是密封的，分给各考官评阅，究竟安维峻考得怎样，他也不得而知。发榜前夕，正值秋宵月出，他睡不着，就到贡院的园中散步，拄了拐杖站在小桥边赏月。他自言自语地说道："如果安维峻能取得第一名，这次乡试算是没有辜负了！"

不想有一位小官员在一旁听到了，在闱中传开了。发榜那天，左宗棠以监临身份坐在一旁听考官唱名。按例先从第六名唱起，一直唱到最后一名，没有安维峻的名字，左宗棠有些不安了。然后又从第五名倒唱上去，唱到第二名亚元，仍没有安维峻，左宗棠这位临阵多年的大将，这时竟有些坐不稳。最后唱第一名解元，正是安维峻，他摸着胡子哈哈大笑起来，得意地向考官们说："宗棠的老眼还不花吧！"

第二年，安维峻上京师会试，左宗棠用篆书写了"行无愧事，读有用书"八个字的对联，送给他作为座右铭。安维峻会试两次都失败，左宗棠写信鼓励他说："科名不足为人轻重，幸勿介怀。惟读书自乐，静以俟之。"安维峻家境贫寒，每到岁暮，左宗棠总要寄钱给他，接济家用。光绪六年春，宗棠又寄钱给他，并写信告他说："我料你今科必捷，特寄上少许钱作为喜费。"因为如中了进士，报子的报喜费等就要不少花费。那年果然如宗棠所料，安维峻中了进士。

光绪十九年（1893年）安维峻当了御史。次年，甲午中日之战中国失败，和议起，他上章奏劾李鸿章和大太监李莲英，并且涉及慈禧太后。奏章中说：

"窃闻和议之说出于皇太后，而太监李莲英实左右之。皇太后既归政皇上矣，若犹遇事牵制，将何以上对祖宗，下对天下臣民？至李莲英是何人斯，而敢干预政事乎？"这些警句传诵一时，而他的胆量真够大，戆直亦少有，几乎凌驾他的恩师了。于是被革职、充军。但名声震撼中外，没有辜负恩师对他的教诲和期许。光绪二十五年（1899 年）他被释回，光绪三十四年（1908 年）曾任京师大学堂总教习，民国 15 年（1926 年）去世。

主讲吴可读是兰山书院另一位"行无愧事，读有用书"的人物。他字柳堂，皋兰人，道光三十年进士，是书院创办的积极赞助者。左宗棠奏劾成禄，吴可读接着也上疏朝廷，陈述成禄的种种罪状，提出可斩者十，不可缓者五。在封建社会中，说直话的人容易闯祸，他说了直话，被连降三级。光绪五年（1879年），他因不满时政，看不到光明的前景，服毒而死。遗疏中还请为穆宗（同治帝）立嗣，可谓义烈而又有些迂阔之士。

第三十五章　"万山不隔中秋月，
千年复见黄河清"

与民同乐——西北最早的公园：
兰州节园——肃州酒泉湖——平凉柳泉湖

左宗棠对老百姓的生活始终是非常关心的。到兰州后，看到人民饮水污浊，就命赖长制造了一具简易水泵，当时名"吸水龙"。同治十一年（1872年），在总督衙门的节园内外开凿了几个水池，用吸水龙将黄河水打上来。河水逶迤自西流入，顺流经过三池。由于池子面积比水管大得多，水流速度趋缓，河水中挟带的泥沙就沉积在池底，到达最后一池时，河水已由黄浊变为清莹澄澈的碧波。池水绕过一个亭子，水澄清了，左宗棠取名为"澄清阁"，并题了一副对联：

万山不隔中秋月；
千年复见黄河清。

俗话说，千年难见黄河清，而今关内已平复，收复新疆失地的战争即将开始，他对此是充满信心的。

池水绕过澄清阁，转东而南，绕过一个亭子。那年甘省多产瑞谷，被认为是吉祥之兆，左宗棠取名为"瑞谷亭"，写了一副对联：

五风十雨岁其有；

一茎数穗国之祥。

　　在澄清阁的北面，有一座亭子，取名"槎亭"，比拟为天河中摆渡的小舟，为牛郎织女一年一度相会之用。宗棠题联云：

　　　　八月槎横天上水；
　　　　连畦菜长故园春。

　　流水绕过瑞谷亭后，注入一个大池中，名"饮和池"，宗棠题联云：

　　　　空潭泻春，若其天放；
　　　　明漪绝底，饮之太和。

　　次年又在衙门右侧开凿了一个"挹清池"，从渠道引来五泉山泉水。凿池花了一万九千余工，由兵勇开凿，所花的钱都由左宗棠从养廉金中拿出。两池的水供给老百姓汲饮，每天约有三千余人入园汲水。宗棠看到老百姓成群结队而来，手持盆、桶、瓢、勺各种盛具，老弱妇孺掺杂其间，人人笑逐颜开，他也十分高兴，写了一篇《饮和池记》，记中说：

左宗棠在兰州

……静极明生，黄变为碧，如湘波然。绕澄清阁，供烹饪、汲饮、灌溉。暇游其上，谋目谋耳者应接靡暇。……祷曰："河伯丐我多矣，其有以溉吾人民。"……清流汩汩，注大池中，命曰"饮和"，与左之大陆何以异也。用工万九千余，皆亲军力，未役一民也。用钱五百余缗，使者之俸余也。弥月毕工，役之征缮之暇，未废事也。呼民取饮，则瓶罌瓢勺罌盎之属早具。乏者或以织柳之器来，或手掬而饮；老者、弱者、盲者、跛者群熙熙然，知惠之逮我也。

左宗棠每天都去池上看看，儿童知道是总督，都跑过来围观。左宗棠命从人分给他们糖果，儿童高声欢笑，他也哈哈大笑。

总督署原来是明代肃王府邸，节园是王府的花园，原名"凝熙园"，经过清代二百余年的修葺，园亭之胜，在各省中称得上数一数二。总督衙门坐北朝南，背靠黄河。饮和池在箭道大门内，池水经过箭道二门，在园内外绕流，回环往复，流入节园，状似一条小黄河。渠中堆积石块，形如砥柱，与流水冲击。

园中有肃王妃冢，过此是拂云楼，楼建在北城垣上，高三层，高拂云霄，因而得名。当时算是兰州的高层建筑了。登楼北望，是雄伟的北山，和由西向东蜿蜒流去的黄河；南面是有名的五泉山。楼下有两块石碑，一是古隶书，已剥落，细认是汉大将霍去病败匈奴于皋兰山下，及始建金城（兰州）之事；另一是大草书，刻的是明肃王《拂云楼诗》。据传肃王妃当明亡城破时在此触碑死，碑上犹有血迹，天阴雨时可隐约见到。拂云楼也名"望河楼"，左宗棠用篆书写了"大河前横"的横额，又题了一副对联：

积石导流趋大海；
崆峒倚剑上重霄。

在后园，他划了一区菜圃，有水一泓流过。圃内杂种南方的韭菜、萝卜、瓜薯类，还有湖南家乡的冬苋菜。他为菜圃题一楹联：

闭门种菜；
开阁延宾。

他常常穿着短衣，提着水桶，在圃中浇水种菜，欣欣然自得其乐。也有人认为这是一种策略，因为不久将要进攻新疆，敌人必会派密探来兰州侦察清军行动。为了防止泄露出师时机，他表面忙于种菜，口不言兵，使外间莫测动静。这也有些道理，但是左宗棠素来爱好农业，自幼就是在农田劳动的。

节园规模虽不大，在当时也是兰州风景胜地。左宗棠听友人郭嵩焘说过："西方各国都市中设有公园，供人民游乐。"他于是将节园开放两个月，让老百姓入园同乐，这恐怕是西北最早的公园了。宣统元年护理总督毛庆蕃也仿效左宗棠，将节园开放10日，任人游览。游人感怀往事，还写了诗作纪念。

左宗棠在肃州山上修建了一座公园。他捐出二百两银子，将酒泉疏浚为湖，湖中留有三个沙洲，并建了一些亭台楼阁。湖内放养一万余尾鱼苗。环湖筑堤，周围三里，种上杨柳和花树。湖前为清励楼，南檐悬有左宗棠书联：

> 中圣人之清，有如此水；
> 取醉翁之意，以名吾亭。

楼后为一方厅，题额"大地醍醐"。厅后明廊可俯瞰酒泉，泉水甘冽如酒，因以得名。厅前宗棠书联云：

> 甘或如醴，淡或如水；
> 有即学佛，无即学仙。

光绪五年（1879年）五月二十日，酒泉湖建成，向游人开放。除了近城士女外，远隔数十里的男女老幼纷纷结伴携带食品饮料，前来游赏。左宗棠高兴已极，写信告知杨昌濬说："酒泉湖堤亭子告成，盖自天地开辟以来，未有之胜景也。"这未免有些开玩笑的意思，但是他看到湖中白波万叠，沙岛回环，湖上飞鸟小禽飞翔游泳；亭台楼阁，倒映水中；堤边柳暗荷明，游人往来如织；几叶扁舟在湖中荡漾，时闻悠扬断续的笛声，确是赏心乐事。恐怕在边远的肃州，的确也是开天辟地以来未有的胜景吧！

左宗棠看到游人不断而来，又担心他们过分游乐，耽误了工作，因而规定每年以三月三、四月四、五月五、六月六、七月七、八月中秋，对老百姓开放。后人称酒泉湖为"左湖"，以志纪念。

那年秋天，左宗棠泛舟于酒泉湖中，兴之所至，写了一首《秋日泛舟泉湖》的诗：

我心如白云，舒卷无定着。身世亦如此，得泊我且泊。昔岁来兰州，随槎想碧落。黄河横节园，牛女看约略。以槎名其亭，南对澄清阁。走笔题"一系"，乡心慰寂寞。今我访酒泉，异境重湖拓。杖撅出新泉，堤周三里廓。洲渚妙回环，树石纷相错。渺渺洞庭波，宛连湘与鄂。扁舟恣往还，胜蹑游行屐。邦人诧创见，旁睨喜且愕。吾党二三子，时复举杯杓。

频年南风竞，靖内先戎索，出关指疏勒，师行风扫箨。强邻壁上观，弭伏一丘貉。老我且婆娑，勉司北门钥。桓桓夫子力，盛美吾敢掠？西顾幸无它，吾归事钱镈。水国足鱼稻，笋蕨耐咀嚼。梓洞暨柳庄，况旧有丘壑。一觞醉飞仙，有酒盈陂泺。不饮酒不溢，十日饮不涸。仙来笛悠扬，我来歌且号。丰年醉人多，仙我共此乐。他年倘重逢，一笑仍夙诺。

诗的上半首，描述了节园和酒泉湖的胜景，泛舟湖中，仿佛见到了洞庭湖的滔滔波浪。下半首述明了他在西北征战的目标、步骤和决心，先平定关内战乱，然后出关，直指疏勒。他深刻认识俄、英帝国和盘踞新疆的傀儡是一丘之貉。重申夙愿，事平之后，要回到梓木洞和柳庄，去度那优游的岁月，可惜没能实现。

在陇东高原的平凉，地处高寒，水泉冷冽。可是在柳泉书院旁边，古称柳泉湖处，有一股暖泉，隆冬还冒热气。泉水东流过万竹园，可灌溉田亩数十顷。左宗棠驻节平凉时，命地方上将其修治，供给老百姓饮用，还立碑题记。

10年后他奉召入京，路过平凉时，特地再去探望，不想已被原守令魏光焘用围墙圈入书院中了。他很不以为然，认为泉水本是用于灌地的，干旱时节更为急需，与其私藏在院中，供少数人饮用，不如引入田地里，岂不是更有益！立即命令打开墙门，让老百姓重新汲用，并写信告知护理总督杨昌濬，还嘱他转告魏光焘。

第三十六章 "东则海防，西则塞防，二者并重"

进军新疆的序曲——塞防与海防之争：爱国乎？卖国乎？

同治三年（1864年）中亚细亚安集延国的帕夏（将军）阿古柏入侵新疆，攻占南路八城，不久又占领北路乌鲁木齐和伊犁地区。同治九年，阿古柏在各城征收地税，并强令回汉各族人民改变衣着和风俗，仿效安集延国，于是新疆全境都沦陷了。俄国趁机派兵占领了伊犁，还声言要进占乌鲁木齐。清政府对新疆这块广大肥沃的国土，并不愿意轻易放弃，只是当时中原战乱频仍，回军又占据陕甘，阻挡了清军进军新疆的要道；清朝廷认为收复新疆还不是时候，给左宗棠的任务是先平定陕甘回民起义。同治十年，由于关外局势紧迫，甘肃战局又很顺利，清廷认为收复新疆的时机已到，一连下了几道诏谕，命荣全署伊犁将军，着其收复伊犁；景廉率军规复乌鲁木齐；刘铭传率淮军出关支援。又根据左宗棠参奏，将拒不出关、罪恶累累的乌鲁木齐都统成禄革职拿问，令金顺率领成禄军队出关。并命左宗棠分军进驻肃州，以为接应。

那时甘肃战事虽然顺利，但最后一个堡垒肃州尚未克复。左宗棠认为收复新疆的时机尚未成熟，首先须攻克肃州，打通河西走廊。但他同时认为，俄罗斯是大敌，它既已侵占黑龙江以北大片国土，现又窥伺新疆，不能不急为之备。因此立即写信给请假回湖南的刘锦棠，嘱他在当地招募数千兵勇，迅速回西北。信中还说："弟本拟河、湟收复后。乞病还湘。今既有此变，西顾正殷，断难遽萌退志，当与此虏周旋。急举替人，为异时计。阁下当知我心耳。"表露了决心收复失地的爱国精神，还考虑了刘锦棠作为异日的接班人。

左宗棠分析了当前的形势，上奏朝廷，主张"先关内，后关外"，当国内获得稳定、统一的局面后，再兴师远征，这是上策。然而在强敌当前，国势危急之时，却又不应拘泥于必"先安内而后攘外"，正如他在15年前处湘幕时，英法联军将对京津发动进攻，尽管那时太平军战事方殷，他却毅然提出要率湘军北上，抗击英法侵略，对于当前俄国在新疆的军事行动，他也认为必须全力以赴，准备抗击，奏中说：

"陇中局势，自宜先规河、湟，杜其纷窜；然后一意西指，分扼玉关，断其去路，乃策全功。此时兴师远举，尚非稳着。然当强邻觊觎、狡然思逞之时，固未可拘执。"

他又写信给总理衙门，提出与俄国交涉的策略，说："俄人既称代为收复，一时似不至遽起衅端。荣全此去交涉收回伊犁，彼自将以索兵费为要挟之计。如所欲无多，彼此明定地界，永不相犯，自可权宜允许。若志在久踞，多索兵费，故意与我为难，此时曲意允许，后难践诺，彼反得有所借口，以启兵端。纵此时收复伊犁，仍虑非复我有也。俄国与我国大小相当，人口不及我多，战阵、火器与泰西各国大略相同。而我国当多难之余，如大病乍苏，不禁客感。暂时不宜与其争论动兵。静以图之，反弱为强，诎以求伸。古人云：'圣人将动，必有愚色。'图自强者，必不轻试其锋。"

他既反对屈服投降，放弃领土，但也不主张鲁莽从事，暂时应以低姿态麻痹敌人，暗中却要积极准备。

他在给儿子的信中，也表达了对当前西北局势的忧虑，再次申明将负责到底的决心：

"俄罗斯乘我内患未平，代复伊犁。朝廷所遣带兵大员均无实心办事之意，早被俄人识破，此事又须从新布置。我以衰朽之躯，不能生出玉门。惟不能将关内肃清，筹布出关大略，遽抽身引退，此心何以自处？"

在这几封信中，他表明了几点认识和决心：一、俄罗斯是当前大敌，阿古柏不过是一傀儡，还是容易对付的。二、朝廷领兵大员即那些满人将领成禄、荣全之辈均不可靠。三、收复新疆，必先肃清关内。四、他年老体弱，衰病侵寻，恐不能生出玉门，难以担负西征重任。但即使引退，也必将出关战略筹划定妥，否则"此心何以自处？"他收复新疆的决心和信心很大，但又担心70衰朽之躯，难以胜任。然而非常幸运的是，他终于完成了这项重任，而且也终于生出了玉门关。

同治十二年，俄罗斯仍然占踞伊犁。荣全到了伊犁东北的塔尔巴哈台，向俄人交涉收回伊犁，但俄人不予理会。清廷着急了，着总理衙门几次写信询问左宗棠对付的办法。他在回信中提出了对付俄国人的策略和对当前形势的分析，说：

"俄人久踞伊犁之意，已很明白，情见乎词。尊处据理驳斥，实足关其口而夺其气。惟自古盛衰强弱之分，固然要讲理，还要靠实力。中国兵威对国内回乱尚未能平定，更何能禁俄人之不乘机窃踞？恐非笔舌所能争也。荣全深入无继，景廉兵力单薄，军队多见冗杂、缺额，兵无斗志。甘、凉、肃及敦煌、玉门一带本广产粮食，军兴以来，土地荒芜，人民贫困，已不足胜任大军后方基地，需要从新布置军队和筹款、筹饷各事。"

继之，提出进军新疆、收复伊犁的用兵次第：

"欲杜俄人狡谋，必先定回部，欲收伊犁，必先克乌鲁木齐。如果乌城克复，我武维扬，然后大兴屯政，安抚人民，即不遽索伊犁，而已隐然不可犯矣。乌城形势既固，然后明示以伊犁我之疆土，尺寸不可让人。对其派兵'代管'，可以酬资犒劳，令彼有词可转。如彼知难而退，固然很好。如奸谋不戢，先肇兵端，主客劳逸之势不同，我固立于不败之地。俄虽国大兵强，但如不得已而用兵，我整齐队伍，严明纪律，精求枪炮，统以能将，岂必不能转弱为强，打败劳师远征的敌人吗？"

他对敌我作了充分的估计，表示不惜一战的决心，而且认为俄军劳师远袭，补给线长，兵力不继，只要我国整军精武，敌人是完全可以战胜的。

同治十二年九月，肃州克复，白彦虎率回军余部逃到哈密，已进驻古城的景廉告急。清廷严旨促金顺出关增援，并命左宗棠在玉门设转运粮台。左宗棠因全军久战疲劳，决定先派张曜一军出关，金顺军和凉州副都统额尔庆额马队以次继进。又命出关各军设局采运甘、凉州当地粮料，先集中在肃州，然后递运到玉门、安西。同治十三年三月，金顺和额尔庆额的部队相继出关，七月，出关各军先后进抵安西。不久金顺军到达古城，增援景廉的部队。张曜军也已屯兵哈密，清军在新疆已做好作战的准备。

肃州克复后，清廷授予左宗棠协办大学士。次年（同治十三年）七月，又晋东阁大学士，仍兼陕甘总督。这是给他的最高荣誉。按清代惯例，未入翰林者不能授大学士（即宰相），这是对左宗棠的殊荣。不过这时是"遥领"，还无实权。清廷对人事方面又做了一些布置，诏授景廉为钦差大臣，督办新疆军务，金顺为帮办大臣，眼看收复新疆的战争即将开始了。

这年十二月，六岁即位的同治皇帝载淳，在位 13 年，正当开始"亲政"的时候，突然去世。由醇亲王奕譞的儿子、四岁的载湉继帝位，改元光绪。奕譞是咸丰帝的弟弟。由于新皇帝年幼，又与同治帝是同辈，所以两宫皇太后仍然垂帘听政。

光绪元年初，正当西征部队紧锣密鼓地准备一场收复新疆失地的战争时，在京师却发出了一片反对进军新疆的不协调的噪声。带头反对进军新疆的是李鸿章，他当时是文华殿大学士兼直隶总督和北洋大臣，是炙手可热的人物。

这场大争论发生的背景是当时的海防形势。

同治十三年（1874 年）四月，日本帝国主义者派西乡从道中将带兵三千人进攻台湾，清政府派去的援军原处于优势，本可击退日本，但奕䜣、李鸿章等采取投降政策，在英、美、法等国软硬兼施的调停下，与日本签订了《台事专约》（即《中日北京专约》），赔款 50 万两白银，还承认原归中国管辖的琉球由日本"保护"。以一个堂堂大国竟受制于东邻小小的岛国，朝野上下无不感到耻辱，也激起了全国人民要求造船制炮、加强海防的呼声。

八月，总理衙门为应付当时形势，提出了加强海防的六条应变措施，即：练兵、简器、造船、筹饷、用人、持久。谕旨命各处督抚、将军等详细筹议，限一个月内复奏。

左宗棠虽远在西陲，也收到了总理衙门的咨询信，他实事求是地提出了答复：肯定了加强海防的重要性，对原疏中所提，在北、东、南三洋分设三大制造局，分设三名提督等，提出了不同意见，认为目前经费缺乏，而且畛域攸分，恐会不利于指挥调度。

李鸿章接到总理衙门的海防条例后，却避开正题，节外生枝。他认为加强海防需要钱，现在钱都为西北用兵花去了，所以他提出撤销西北边塞防务，放弃新疆。这次在台湾的失败和签订屈辱条约，原是李鸿章的责任，他却自以为巧妙，企图将责任转嫁给远征西北的左宗棠。

他首先认定新疆是一块无用的地方，中国拥有新疆这块 160 万平方公里肥沃富饶的土地，是得不偿失，这是何等的荒谬！

李鸿章接着又说："且其地北接俄罗斯，西界土耳其、天方、波斯各回国，南近英属印度。今昔异势，即勉图恢复，将来断不能久守！阅外国新闻纸，喀什噶尔回酋（阿古柏）新受土耳其之封，并与俄英两国立约通商，是已与各大邦勾结一气，不独伊犁久踞已也。揆度情况，俄先蚕食，英必分其利，皆不愿中国得志于西方。而中国目前力量实不能兼顾西域。师老财匮，尤虑别生他变。曾国藩前有'暂弃关外，专清关内'之议，殆老成谋国之见。今虽命将出师，兵力饷力万不能逮。"

这一段话充分暴露了李鸿章对自己完全丧失信心、在强敌面前只有屈膝投降的心态。他认为中国打不过阿古柏侵略者，因为他有俄、英二强撑腰。即使收复了新疆，将来断然守不住的。俄、英二国准备蚕食瓜分中国西部，他们不愿意中国收回新疆，中国自然就得老老实实照他们的愿望办。中国兵力、财力不够，也无力量顾及新疆。当然，只有放弃新疆了。他还抬出了曾国藩的话，这时曾国藩已去世二三年了，他并没有来得及参与这场争论。而且，至少他对左宗棠在西北用兵，曾表示赞许和钦佩，和李鸿章的反对是有所不同的。历史已证明李鸿章这些论点无一处正确。

李鸿章接着提出了西北撤军的建议，这也是复奏的核心所在，他说："可否密谕西路各统帅，但严守现有边界，县屯且耕，不必急图进取。一面招抚伊犁、乌鲁木齐、喀什噶尔等回酋，准其自为部落，如滇、粤、蜀之苗瑶土司，越南、朝鲜之略奉正朔可矣。俄英既免各怀兼并，中国亦不至屡烦兵力，似为经久之道。况新疆不复，于肢体之元气无伤，海疆不防，则心腹之大患愈棘。轻重必有能辨之者。此议果定，则已经出塞及尚未出塞各军，可撤则撤，可停则停，其停撤之饷即匀作海防之饷。"

在这段话中，他公开提出了放弃新疆这一大片国土，对待新疆应该像对待越南和朝鲜一样。越、朝本来不是中国领土，而且不久就被法、日帝国主义分别侵吞。至于新疆，李鸿章也明白地说，将由俄、英二国兼并瓜分。他还提出一个荒谬绝伦的理由：新疆是四肢，丧失了于元气无伤；海疆是心腹，心腹丧失，人才会死去；既然轻重有别，就应将西征各军一概从关外撤回。

本来是讨论加强海防，李鸿章却借题发挥，锋芒转向西北边塞防务，要求放弃新疆"无用之地"，这样就激起一场海防与塞防的大论争。

李鸿章的议论虽然荒谬，响应他的人倒也不少。有些是负责海防的督抚；有些是不愿继续为西征军供应军饷的中央和地方大员；有些是李鸿章的学生和老部下，曲意逢迎他；也有些是和他唱同一个投降媚敌的调子的。各有各的目的，这时却团结起来，一致对付负责塞防、指挥进军新疆的领袖左宗棠。

福建巡抚丁日昌是李鸿章的忠实追随者，他说："凡外国陆地之与我毗连者，不过得步进步，志在蚕食而不在鲸吞；其水路之实逼处此者，则动辄制我要害，志有鲸吞而不在蚕食。"照他的说法，中国地方大，只要不被敌人一口鲸吞，而让他们得步进步，慢慢蚕食，倒是无妨的。

山西巡抚鲍源深也附和李鸿章，他说撤兵节饷、放弃新疆有六大好处，他认为这才是"百世靖寇绥边之长策"。他警告清廷说："如果不改计，一意西征，国库将日窘一日，近忧孔迫，远思方深。"

刑部尚书崇实也附和说：新疆"纵能暂时收复，……万里穷荒，何益于事"？

两江总督沈葆桢原是左宗棠好友，左宗棠曾推荐他督办福建船政局，他也要求清廷停止进军新疆。

在地方大员中，也有几位反对李鸿章的意见，认为抗俄十分重要。如山东巡抚丁宝桢、署山东巡抚文彬、江苏巡抚吴元炳和湖南巡抚王文韶。王文韶极力主张"以全力注重西征"，他认为沙俄鲸吞西北是迫在眉睫的事，"我师迟一步，则俄人进一步；我师迟一日，则俄人进一日。事机之急，莫此为甚"。

同治十三年底，清廷收到了各地方督抚的复奏，看到原来筹议的"海防六策"，本是为长远之计，现在却转变成了是否放弃新疆的急迫的重大问题，因此决定召开朝廷大臣会议，由亲王、郡王、大学士、六部、九卿参加审议。正当这时，同治帝病逝，由髫龄的光绪帝即位，廷议于是推迟到次年二月。

李鸿章听到有人反对他的意见，气急败坏。当然他知道最重要的反对者，将是远在西陲的左宗棠，必须全力对付。因此在廷议之前，他四处策动，书来信往，不辞辛劳。光绪元年正月他刚参加同治帝丧礼回到天津，立即写信给好友河南巡抚钱鼎铭，唆使他"抗疏直陈"，要求将豫军宋庆部队撤回河南，以削弱西征军实力。钱鼎铭立即于二月上疏，请将宋军调回潼关，并说明是李鸿章的主意。江西巡抚刘秉璋原是李鸿章部下，因为主张抗俄，李鸿章写信痛斥，说他是"坐屋内说瞎话"，"大肆簧鼓，实出期望之外"。在李鸿章的鼓动之下，顿时全国响起了一片"停兵撤饷""退出新疆"的噪声，似乎放弃新疆才是爱国，主张收复新疆反倒是卖国。

清朝廷原来调左宗棠西征，最终目的就是要收复新疆。甘肃回事尚未平定时，清廷就接二连三命令左宗棠派部分军队出关，本没有放弃新疆的意思。自李鸿章带头一闹，朝廷倒又没有了主意，连光绪帝生父奕譞也附和起李鸿章来，说："李鸿章之请暂罢西征，为最上之策。"

当时朝廷中有一位老成谋国之士，即武英殿大学士、军机大臣文祥，他虽是满人，但不歧视汉人，一向支持左宗棠的西征。他从国家利益出发，认为必须保住新疆。但这时最重要的是左宗棠的意见，左宗棠身为西征统帅，拥有重兵，对敌我情况最为了解，他的意见举足轻重。如果左宗棠也认为西征军可撤，那么朝廷没有可倚靠的人，新疆也只有丢弃了。

光绪元年二月，左宗棠接到军机大臣密寄上谕一道。密谕中首先告知左宗棠，有人反对西征，建议撤军，但是没有指明是谁反对，只引述了反对者的理由，同时也告知有人支持西征。上谕的后段申述了朝廷的看法，说："暂缓西征，节饷以备海防，原于财用不无裨益；惟中国不图规复乌鲁木齐，则西北两路已属堪虞，且关外一撤藩篱，关内回军复起，关外贼氛既炽，虽欲闭关自守，势有未能。"最后说："通筹全局，究应如何办理？着该大臣酌度机宜，妥筹具奏。"密谕中还提出了有关进军新疆的一些具体问题，如兵力、饷项、粮运、人事等，"着左宗棠体察情形，迅速具奏"。

这道密谕对左宗棠来说很是突然，但又是意料中事。任何事情总难免有反对者，何况是进军新疆这样的大事。如今朝廷踌躇不决，咨询左宗棠的意见，他的意见对于是收复还是放弃新疆，显然将起决定性的作用。他经过周密调查，深思熟虑，迅即于一个月后提出了有名的万言书，即《复陈海防塞防及关外剿抚粮运情形折》，在折中慷慨陈词，详细分析了敌我形势，一一驳斥了卖国投降派的议论。他首先就指出，对于国家的安危，"东则海防，西则塞防，二者并重"。

而当时形势，塞防比海防更急迫。

西征军的饷粮困难万分，远不及海防富裕，所谓"停撤出关之饷匀作海防"，实在毫无道理。西方各国在我东南沿海，志在通商取利，现在已有通商口岸，定有条约，各国非在不得已的情况下，还不至于对我挑起大战，这对他们通商求利不利，特别是在当时，不至于有战争。至于西北塞防，新疆已沦陷多年，俄罗斯又占据伊犁，如果"此时即拟停兵节饷，自撤藩篱，则我退寸而寇进尺"，不独陕甘危险，北路的科布多、乌里雅苏台等处也不会平安。

他驳斥了李鸿章所谓新疆是人的肢体，去掉了于元气无伤的谬论，说："新疆与西北各省和中国是一个整体，失去四肢，人如何能好好生活下去？收复新疆不仅是新疆这一块广袤肥沃的土地，而且是保蒙古、卫京师，关系整个国家生死存亡的问题。""只有收复新疆，西北臂指相连，形势完整，敌人才无隙可乘。若新疆不固，则蒙部不安，匪特陕、甘、晋各边时虞侵轶，防不胜防，即直北关山，亦将无晏眠之日。"

对于海防与塞防的关系，左宗棠辩证地指出："敌人如要侵犯东南沿海，不能无因而至，要看西陲的成败决定动静。如果俄国不能在西北得志，各国也必不敢在东南挑衅。保住西北边塞，正是有利于东南海防。"

左宗棠也驳斥了李鸿章等攻击乾隆皇帝用兵新疆是"徒收数千里之旷地，而增千百年之漏卮"的谬论，相反，他认为中国内地百余年来"无烽燧之警"的原因，应归功于乾隆削平准部、兼定回部、开新疆、立军府等一系列措施。新疆大部地区土沃泉甘，物产殷阜，绝非李鸿章所谓"数千里之旷地"。

在中国历代封建王朝中，每当中央政治力量削弱，就总会有些目光短浅的人提出要放弃新疆。乾隆出兵时，也有人反对，认为是"得不偿失"。后来浩罕多次侵入，又有人散布什么"取之虽不劳，而守之或太费"。进步思想家龚自珍曾斥责这些人是"浅见愚识""下里鄙生"。李鸿章这次重弹旧调，借题发挥，说新疆是块废地，应该放弃，绝大多数中国人都是不会同意这种谬论的。

左宗棠还就海、塞防经费做了研究分析，他说："海防经费不外基建和经常二项费用。基建包括购造轮船、枪炮、守具，修建炮台等。福建船政局已有头绪，造船渐多，购船费可省下，为养船和经常费。海防急务是水陆练军。浙江省的办法很好，饷不外增，兵有实用，各省可以学习。至于西北军队的粮饷则供应奇缺，每年支出超过收入三百余万两，各省历年积欠西征军饷银已达三千多万两，各军欠发军费共有八百二十余万两。所谓'停撤出关之饷匀作海防'，根本行不通，不可能。"他的结论是："停兵节饷，于海防未必有益，于边塞则大有所妨。"

他驳斥了中国"断不能久守"新疆的谬论，认为只要我军收复新疆，示以军威，俄罗斯不会轻易挑衅，劳师远征。最后，他还针对西征的人事、兵事、饷需、粮运等一一提出了具体意见。

他写信给总理衙门，提出与俄国交涉的策略，说："俄人既称代为收复，一时似不至遽起衅端。荣全此去交涉收回伊犁，彼自将以索兵费为要挟之计。如所欲无多，彼此明定地界，永不相犯，自可权宜允许。若志在久踞，多索兵费，故意与我为难，此时曲意允许，后难践诺，彼反得有所借口，以启兵端。纵此时收复伊犁，仍虑非复我有也。俄国与我国大小相当，人口不及我多，战阵、火器与泰西各国大略相同。而我国当多难之余，如大病乍苏，不禁客感。暂时不宜与其争论动兵，静以图之，反弱为强，诎以求伸。古人云：'圣人将动，必有愚色。'图自强者，必不轻试其锋。"

他既反对屈服投降，放弃领土，但也不主张鲁莽从事，暂时应以低姿态麻痹敌人，暗中却要积极准备。

他在给儿子的信中，也表达了对当前西北局势的忧虑，再次声明将负责到底的决心：

> 俄罗斯乘我内患未平，代复伊犁。朝廷所遣带兵大员均无实心办事之意，早被俄人识破，此事又须从新布置。我以衰朽之躯，不能生出玉门。惟不将关内肃清，筹布出关大略，遽抽身引退，此心何以自处？

在这几封信中，他表明了几点认识和决心：一、俄罗斯是当前大敌，阿古柏不过是一傀儡，还是容易对付的。二、朝廷领兵大员即那些满人将领成禄、荣全之辈均不可靠。三、收复新疆，必先肃清关内。四、他年老体弱，衰病侵寻，恐不能生出玉门，难以担负西征重任。但即使引退，也必将出关战略筹划定妥，否则"此心何以自处"？他收复新疆的决心和信心很大，但又担心七十衰朽之躯，难以胜任。

然而非常幸运的是，他终于完成了这项重任，而且也终于生出了玉门关。

他还在给总理衙门的回信中提出了对付俄国人的策略和对当前形势的分析，说："俄人久踞伊犁之意，已很明白，情见乎词。尊处据理驳斥，实足关其口而夺其气。惟自古盛衰强弱之分，固然要讲理，还要靠实力。中国兵威对国内回乱尚未能平定，更何能禁俄人之不乘机窃踞？恐非笔舌所能争也。荣全深入无继，景廉兵力单薄，军队多见冗杂、缺额，兵无斗志。甘、凉、肃及敦煌、玉门一带本广产粮食，军兴以来，土地荒芜，人民贫困，已不足胜任大军后方基地，需要重新布置军队和筹款、筹饷各事。"

继之，提出进军新疆、收复伊犁的用兵次第："欲杜俄人狡谋，必先定回部，欲收伊犁，必先克乌鲁木齐。如果乌城克复，我武威扬，然后大兴屯政，安抚人民，即不遽索伊犁，而已隐然不可犯矣。乌城形势既固，然后明示以伊犁我之疆索，尺寸不可让人。对其派兵'代管'，可以酬资犒劳，令彼有词可转。如彼知难而退，固然很好。如奸谋不戢，先肇兵端，主客劳逸之势不同，我固立于不败之地。俄虽国大兵强，但如不得已而用兵，我整齐队伍，严明纪律，精求枪炮，统以能将，岂必不能转弱为强，打败劳师远征的敌人吗？"

他对敌我做了充分的估计，表示不惜一战的决心，而且认为俄军劳师远袭，补给线长，兵力不继，只要我国整军精武，敌人是完全可以战胜的。

清朝廷收到了左宗棠的复奏后，立即召开廷议。虽然也有些大臣心存犹豫，但文祥"立排众议之不决者"，坚决支持左宗棠的进剿方案。慈安、慈禧两太后也同意左宗棠的意见。清廷迅速下诏，任命左宗棠为钦差大臣督办新疆军务，负责关外剿匪事宜，并将兵、饷、粮、运大权交由左宗棠一人全权负责。

这样，一场"海防与塞防"的论争终于以投降派的失败而告终，而另一场保卫祖国神圣领土的大战役即将开始，进军新疆的号角吹响了！

第三十七章　英俄阴谋阻挠收复新疆

俄国人来到西北大营——"英忌俄之与我和，俄亦忌英之与我和，我能自强，则英、俄如我何？"

左宗棠得到清廷交付的督办新疆军务的大权后，立即着手准备进军新疆的各项工作。首先，他对各军将领做了重大调整和部署，朝廷根据他的建议，降旨授金顺为乌鲁木齐都统，帮办关外军事事宜，原都统景廉调回京师供职；宋庆军调回潼关，这是同意钱鼎铭的请求，左宗棠认为无关大局。另外，西征粮台负责粮运，是一个非常重要的位置，原由袁保恒担任。袁保恒是户部大臣，进士出身，既圆通，又骄矜。初来的五年中与左宗棠合作还好，后来就狂妄起来，大事也不与左宗棠商量，擅自做主；用了钱又不报，还任意挥霍。左宗棠认为与他"同役而不同心，事多牵制"，极为不利，如实上报朝廷。谕旨认可了他的意见，说："两人同办，不如一人独办。"撤回了袁保恒。以后粮运全由左宗棠一人酌度办理。

另一项重要的人事调配是，左宗棠奏请任命刘锦棠总理行营营务处，率老湘军全军出征。这个职务相当于前敌总指挥，是左宗棠的主要军事助手。刘锦棠当时刚三十出头，任三品卿衔西宁兵备道，年龄、资历、官阶都很低，但是左宗棠果敢地使用他。又奏请以刘典帮办陕甘军务，留驻兰州。刘典曾任陕西巡抚，老成持重；少年时与罗泽南为友，曾随左宗棠转战各地，来西北后，因母老告假回湘奉养。这次西北紧急，又被左宗棠请了出来，主持后方重任。

诸事安排后，左宗棠写信告知友人说：他这次头白临边，又是衰病余生，肩负如此重任，能否支持到底，克尽全功，是很难说的。不能不预先考虑刘锦棠和刘典，一个在前方作战，一个在后方管理民政和后勤工作，是他选择的两位最合适的接班人，他感到放心了。

正当左宗棠在调兵遣将之时，远在云南发生了一起涉外事件。英国一名翻译官名马嘉理，从印度到云南游历，被驻在腾越的清军所杀。英公使威妥玛当即扬言，要调印度兵由缅甸攻打云南，配合俄国人由伊犁进军，以牵制西征军。朝野上下听到威妥玛的威胁，于是又议论纷纷，他们生怕英、俄二国一从西南、一从西北，互相勾结，共同进犯。这时正有俄国军官索思诺福齐等五人来华"游历"，准备取道甘肃回国。于是许多人又怀疑俄使已经受威妥玛煽诱，来甘肃是为了探虚实，搞情报。一些人纷纷告知左宗棠，千万不要将我军弱点暴露给俄国人，要谨慎对付。

左宗棠对俄使将到西北的消息，倒觉得不必大惊小怪。他认为收复新疆是我国的主权，与英、俄二国无涉。英国想在滇缅边境通商，销售鸦片以谋利，他国又分沾不到利益，俄国人不至于附和英国的行动。而且由缅甸到云南，路段险阻，并非用武之地。中国以主制客，以逸待劳，地险而人心固，并不怕他。这批俄使是上年奉命来华的，那时还没有发生马嘉理事件，他们来甘一定另有目的。只要坦诚相待，接之以礼，示之以威，有什么可畏惧的?! 至于西北战祸已十余年，地方凋敝，想掩盖也无从掩盖。

不久，索思诺福齐一行五人来到兰州。左宗棠以礼接待，请他们住在节署内，每隔一天和他们共进餐一次，谈谈天下大势，示以中国收复新疆的决心，也了解一些俄国的情况；有时还和他们讲讲孔孟之道。索思诺福齐似懂非懂，但很有礼貌地端坐静听。

索使很有口才，自诩精通地理学。他将带来的中国地图给左宗棠看；左宗棠也是精通地理的，年轻时绘制过地图。他看到俄国人的地图确是异常细致，就问他："贵使到中国不久，怎能周知中国的山川形势？你们是根据什么绘制成全图的？"

索思诺福齐说："这是根据贵国康熙朝代的地图摹绘而成的。"

左宗棠告诉他说："《康熙舆图》是古今稀有的本子，但后来中国疆域更大了，乾隆又命人各处实地测量，核订增补，所以，《乾隆内府舆图》才是精而又精的版本。"

他命人将《乾隆内府舆图》拿给索看，索才知道他绘的图还不算精，从此不再在左宗棠面前夸谈地学了。

索对枪炮制造也是内行，他只佩服英、法、德三国的产品，也在左宗棠面前宣扬俄国武器的精锐，当然瞧不起中国，认为中国是不可能制造出好枪炮的。左宗棠派人领他们去参观甘肃制造总局。那几位俄国人看到厂里不仅能仿制法、德等国的军械，还有几种中国独创的产品，如大洋枪、小车轮炮和三脚劈山炮等。他们看了试炮，施放四门后膛炮，三门炮都很好，只有一门不行。他们认为中国自制的兵器不错，但又怀疑制枪炮的钢材是进口的，左宗棠肯定地告诉他们，完全是局中自炼，他们同声叹服，从此也不夸耀西方的枪炮了。

有一次，左宗棠问索思诺福齐："外间传说，俄、英二国已定约，准备结盟侵犯中国，有无此事？"索回答说："英国人很狡诈。俄国与中国从来没有作过战，俄国不会无端启衅的。"他又补充说："国主沙皇的意思，是要与中国永敦和好。在伊犁驻兵乃是防止回军侵犯，不是对付中国，等中国收复乌鲁木齐和玛纳斯后，就会交还的。这次来华，主要是为了开通茶市。"

俄国人有饮茶的习惯，茶叶一向是由中国进口的，他们要求能从内地运茶，直达甘肃边境；左宗棠认为中俄已订通商条约，直接销茶正可杜绝私贩，挽回利益，就答应他们，等西北战事结束后再商议。俄国人又说，关外作战运粮很困难，自告奋勇代清军采购粮食，由俄国运到乌鲁木齐东北的古城。还表示希望左宗棠早日进军，以便早日开通茶市。俄国人愿协助运粮，不管其用意如何，总是有益的事，左宗棠也答应了。

索使还向左宗棠表示，如要军火，俄国也可以接济。左宗棠告诉他，军中储备的军火已足够用，谢绝了俄国的帮助。

人们都认为，俄国和英国都是阿古柏的后台，何以这时俄国又愿意提供粮食军火、接济清军呢？这是因为俄、英、阿三方既互相勾结，有利害一致的方面，又时时互有矛盾。在一段时期内，可能矛盾上升为主导地位。索思诺福齐一行来中国之时，正当俄、阿关系处于矛盾激化时期。

英国对于阿古柏侵占新疆，是十分欢迎的，因为英、俄在中亚和东亚争夺势力范围，原来有矛盾，英国也提防俄国将势力侵入它的属国印度。阿古柏占领新疆，可以成为一块缓冲地。英国人也看到，阿古柏的伪国不可能成为真正的独立国家。它可以借援助之名，使其沦为英国的保护国，然后逐渐将其吞并。加之英国早就想经喀什噶尔往北通商，这也是一个好机会。同治十二年（1873年），英国正式承认阿古柏为喀什噶尔和叶尔羌的爱弥儿（意为穆罕默德的圣裔，原为土耳其所封），与他签订正式通商条约，供给军火和茶、布等日用品。

阿古柏也正需要强国做靠山，他不仅准许英国通商，设置领事，还给予各种特权，如减、免税，给予领事裁判权等，所以阿、英关系开始是很密切的。

至于阿、俄关系则有所不同。阿古柏原是浩罕国的部落安集延的帕夏[①]，浩罕有四个部落，三个都被俄国吞并，只剩一个安集延，所以阿古柏对俄国没有好感。俄国看到阿古柏与中亚各回教国家友好，又与英国关系密切，很为不满，加上它要求在新疆通商，也为阿拒绝，因此当阿侵入北疆时，俄人就出兵占领伊犁，对阿施加武力威胁。阿古柏自知无力抵挡强大的俄国，才同意通商，但事后却仍制造种种阻挠，俄国实际没有能享受到条约给予的权力。俄国看到英国却享受了较优惠的条件，更为不满。

事实上，俄、阿之争也就是俄英之争。那时候，英国要维持阿古柏，俄国则要消灭阿古柏。所以俄使索思诺福齐向左宗棠提出，愿帮助西征军，提供军火、粮食，当然，俄国人不会有诚意帮助中国，他们使的是两面手法，同时也暗地里将军火接济其他地方武装，并派使团到南疆，与阿古柏建立联系，为他出谋划策。俄国人打的是如意算盘，想一举两得，认为中国不可能轻易击败阿古柏，希望借此消耗中国的实力，让中、阿两败俱伤，他们则坐观虎斗。如果中国军队的给养掌握在俄国人手中，他们就可以威胁讹诈，为所欲为。不过他们的如意算盘没能实现，后来由于清军进展迅速，他们又立即转变为完全支持阿古柏及其余党了。

索思诺福齐一行五人在兰州住了一个月，临行前几天，他忽然对左宗棠说："这几年我们曾派人到西宁、大通、肃州、甘州一带了解情况，知道中堂办事妥帖周到，各族人民都很畏服，不知中堂也听到没有？"

左宗棠回答说："我对于人家恭维的话，向来不大注意，我所作所为，不过是求理之所在、心之所安而已。"

索使先恭维了这么一句，接着乘机说："我这次在城固时，有教民来见我，要求官府免减税金，务请中堂多多照顾。"

左宗棠听这话不对，这是干预内政了，立即回答他："这一类事你们外国人不宜干预。"他又斥责翻译官糊涂，索思诺福齐碰了一鼻子灰。

索原是俄国总参谋部的军官，曾带兵侵入伊犁。这次来华，且深入西北，显然有他的秘密使命。他在谈话中有意无意地泄露了俄人曾往西宁等地侦察。

———————————

① 帕夏：亦称贝萧，是奥斯曼帝国行政系统里的高级官员，通常是总督、将军及高官。

左宗棠也早已得知，他表面上是来通商买茶，暗地里是来窥探虚实的。左宗棠以礼相待，接受了他们合理的要求，并显示了清军强盛的阵容和收复新疆的决心。如果俄人胆敢侵犯，也不惜一战。索思诺福齐摸到了底，于是以贸易转了个弯，与左宗棠订了运粮400万斤到古城的协议，他们就回国了。

左宗棠分析当时的国际形势，认为英、俄既互相勾结，又有矛盾；既互相联姻，又是仇家。英国不愿俄、中友好，俄国也不愿英、中友好。如果中国不能自强，英、俄都会欺侮，如果中国强大起来，英、俄都没有什么可怕。他将俄使来西北的情况详细上报，清朝廷上下的疑虑这才消除，威妥玛的阴谋没有得逞。一场由马嘉理案件引起的风波，也就烟消云散了。

第三十八章 "缓进急战"——进攻 新疆的总战略

"左宗棠出师塞外，必须士饱马腾"——筹借洋款之争

左宗棠为进军新疆定下了一条重要的战略，用四个字来概括："缓进急战。"

什么是"缓进急战"呢？"缓进"，就是不急急忙忙进军，要事先做好物质上和精神上的充分准备。兵、饷、粮、运都要有周密的筹划；要有一支强大的前线部队、稳固的后方和源源畅通的运兵、运粮的通道。对敌人的情况要了如指掌，兵法所谓："知己知彼，百战不殆。"要有正确的进兵路线、打击对象和长远的战略目标。每一战役则要求速战速决，如拖延时日，师老兵疲，特别是在运输线长达数千公里的新疆，对作战极为不利。

"缓进急战"说来容易，但真正认识它的意义，实际执行起来又十分困难。太平军、捻军和回军就都没有做到这一点，因而先后失败。太平军不重视后方基地，每夺取一个城池，马上又放弃它；捻军更其如此，千里奔驰，不要后方。后期的太平军和回军则只是困守据点，内线作战，缺乏进击的能力，坐以待毙。左宗棠一直是极端重视后方基地的，从戎以来，每克一城池，立即巩固它的防护，并加强它的建设，决不再让其失去。这样需要花费时间和精力，但后方稳固，补给线畅通，下一步的军事行动就更有把握，整个战争进程却更快速了。

"急战"是受人欢迎的，但"缓进"是为"急战"做必要的准备，却不易为人理解，甚至受到非议。清廷虽然要求收复新疆，也因此支持左宗棠西征，但对这名统率几十万大军的汉人，仍然是不放心的。每当遇到左宗棠正在全力准备，因而进展似乎缓慢时，就来责备了。什么"按兵不动""拥兵自重"等帽子会纷纷飞来。在西征军内部，意见也不是一致的。有些将领在准备未成熟时，就要求进军，有些人则畏葸不前。左宗棠是在上下内外的压力下，冒进和退缩、左的和右的情绪下，谨慎而积极地备战。

执行"缓进"的决策却也并不容易，而是困难重重。左宗棠花了很大的精力筹划兵、饷、粮和运。虽然他早就知道，"筹饷难于筹兵，筹粮又难于筹饷"，但是西征军饷、粮的困难，却仍然超出了他的想象。每到年头岁尾，军中发不出饷，军士们都去睡觉了，他却不能成眠，独自在军营前"绕帐彷徨，不知所措"。而用兵前夕呢，又须反复考虑敌我力量、地理形势和作战方针，绞尽脑汁，真如古人所云："每一发兵，须发为白。"作为一军统帅，远在边塞，无饷无粮，不要说作战，军心也难以维持，那真是够苦的了。

当时陕西粮台上奏，需要年终饷银60万两，请各方援助，并请各省将所欠饷项迅速解来，但各省都不响应，左宗棠只好命粮台向商人借款。准备出关的各军都已调到凉州，等饷到才能进军；同时关外南北两路运粮脚夫驼马费用浩繁，亟待支付。本国商人拿不出巨额款项，于是左宗棠想到了在保卫台湾时沈葆桢向洋商借款的办法，上奏请准予筹借洋商款1000万两，分10年还清。他说这实在是迫于万不得已，因为沈葆桢借洋款有经验，他奏请朝廷"敕沈葆桢依照台湾办法，代为筹借"。

朝廷接到这份奏疏后，同情左宗棠的处境，当即下令两江总督沈葆桢筹议。不料沈葆桢自己借外债，却反对左宗棠借，他上奏朝廷说："西洋各国普遍借外债，但西洋各国受外债之害极大。去年台湾之役，因外省毫无接济，因而出此下策，借了外债200万两。倭事已定，就不敢再借了。新疆广袤数万里，一二年也平定不了，即使收复，与强俄为邻，今后朝廷麻烦可多了。借洋款要海关担保，海关应接不暇。西陲进兵愈远，转运愈难，需饷也愈巨。将半途而废乎？势必不可；责各省接济吗？势又不能；将再借洋款乎？海关又无可担保了。徒令中兴元老困于绝域，这哪能忍心！此臣等所以反复再四而不敢为孤注之一掷者也。"

沈葆桢的话乍听起来，头头是道，而且最后还归结为对左宗棠这位中兴元老的万分关注。但是唯独没有关注到新疆这块沦丧的国土。

沈葆桢本来就反对西征，他反对借洋款自有他个人的主张，但是无疑也受了李鸿章挑拨的影响。沈葆桢上奏的前几天，收到李鸿章的信说："左帅拟借洋款千万，以图西域，可谓豪举。但冀利息稍轻，至多不得过七厘，各省由额协项下分还，亦未免吃力，何可独诿诸执事耶？"沈葆桢上奏后，立即将奏稿抄寄给李鸿章看，李鸿章又去信颂扬："剀切详明，词严义正，古大臣立朝风采，复见于今，倾服莫名。"

沈葆桢

朝廷将沈葆桢的意见转知左宗棠，沈葆桢本来对两江应付的西征协饷就不积极，这次又反对借洋款，左宗棠极为不满，在给吴大廷（字桐云）的信中，批评沈葆桢说："于应协陇饷付之不理，并西人商借之饷亦吝之，是诚何心哉！"他认为，"幼丹此次奏驳洋款，颇闻由人指使"。他也能猜到，李鸿章是他的后台，在给刘典的信中，他叹息说：沈葆桢竟"奉合肥为准的"，"与合肥联成一气"。李鸿章的目的很明显，反对西征出师未成，就想阻遏西征军的粮饷，使收复新疆的事业半途而废。

但是左宗棠当然不会屈服于投降派的为难，他复奏说："奏借洋款，是因各省原定协助款项积欠很多，海防议起后，各省又照常年减了一半以上，因此不得已而有此请。西征用兵目的，是收复国土，又不是争夺、侵略；借到巨款，可济目前急需，免悬军待饷，得以迅速解决战事。虽要付利息，但并没有附加政治条件，是对国家有大利而无损。泰西各国兴废存亡，并不是借债与不借债之故，道理是很易明白的。"

左宗棠还算了细账，认为只要各省协饷能解足八成以上，海关就不会代人受过。他为了缓和朝野反对派的意见，又主动将借洋款数由 1000 万两减到 400 万两。

朝廷接受了左宗棠的要求，而且将借洋款数由 400 万两增至 500 万两，又于户部库存拨给 200 万两，命各省应解西征协饷提前拨解 300 万两，满足了 1000 万两之数。洋款如何筹借，着左宗棠自行酌度奏明办理。诏中说：

> 左宗棠出师塞外，必须士饱马腾，方足以壮军威而张挞伐。……左宗棠前议借洋款一千万两，以备应用；因耗息过多，现请减借用四百万两，系为节省经费，顾全大局起见。惟现当大举深入，酌发欠饷。豫备行粮。

需款甚巨，恐不足资周转。该督既以肃清西路自任，何惜筹备巨款，俾数应用，以竟全功。

这时的清廷对收复新疆的态度是坚定的，它全力支持左宗棠进军，军机大臣文祥起了关键性的作用。因为已获得了户部拨款和各省协饷 500 万两，左宗棠主动将借洋款推迟一年，以节省一年利息。他以前也零星借过洋款，同治十三年（1874 年）曾委托胡雪岩在上海向英商怡和洋行借款 100 万两，英商丽如洋行借款 200 万两，年利率一分零五毫，期限三年。这次又委托胡雪岩向英商汇丰银行去借，汇丰只肯借英镑，因为英镑与规元（中国货币）比价不定，左宗棠只愿借规元，因此又由德商泰来洋行出面，认包英镑和规元的比价，还本付息，中国只交规元，外汇盈亏一概不管，付给汇丰月息一分，贴还泰来月息二厘五毫，共借款 500 万两，七年还清。

外债的利息较高，左宗棠不愿借外债，实在是在万不得已的情况下才举外债的。他在给友人的信中叹息说："夫用兵而至借饷，借饷而议及洋款，仰鼻息于外人，其不兢也，其无耻也，臣之罪也。"

为国家正当用途举办外债，原是无可厚非的事。但是一般中国人的保守思想，总认为借外债，仰外国人的鼻息，是可耻的事情，连左宗棠也不免。当时投降派反对他借外债，后世也不断有人非议。

近年来，一些历史学家对西征借洋款做出了公正客观的评价，说："他（左宗棠）排除了国内外反动势力的干扰，为筹措西饷作了一切的努力，终于使西征军度过了军饷的危机。"（董蔡时）"尽管付出了较高利息，但却为清军西征提供了物质保证，这与那种附加政治条件、损害国家主权的借外债，不可相提并论。"（杨东梁）"重息借外债，从经济观点看，当然不合算，但是，如果没有这笔贷款，则西征军根本不能出关，而收复新疆的大业，必将成为泡影。"（杨东梁）

有了足够的军饷，粮和运也有了着落，北路由归化、包头采粮 500 余万斤，绕道 5000 余里，运到巴里坤；俄国人没有失约，也果真将粮 400 余万斤运到古城。南路由肃州运到安西、哈密的粮超过 1000 万斤，还有 400 余万斤也已运到古城。

士饱马腾，是大举出关的时候了。左宗棠于是决定将大本营向西推进二千里，由兰州移到肃州。光绪二年二月初八日，刘典到达兰州，左宗棠将镇守后方的大权交给他，商妥了各项事宜；二月二十一日，率一小队亲军，由兰州出发，前往肃州。当时甘中主要战事虽已平定，但各地还时有小股武装力量窜扰，左宗棠吩咐路上仍需小心。

一路晓行夜宿，一天傍晚，行程已将过半，到了一处山林茂密、有水有草的地方。左宗棠见天色已晚，下令扎营安歇。将士们经过一天的行军，已十分疲劳，吃饱饭后，倒头便睡。左宗棠照例是和将士们同住营帐中，他习惯早睡，到半夜三鼓，就起床治理军书。

那晚他睡下不久，听到"笃笃"的击柝声由远而近，是值勤的军士巡夜打更。他朦胧之中，忽然披衣坐起来，静听了一会儿，立即把将领们叫来，命令连夜拔营，向前推进30里。士兵们正在酣睡，听到移营令，大家都有怨言，有几名将官向左宗棠请求，是不是等天明再走。左宗棠大发脾气，命令不许多说，赶快拔营。军令如山，将士们知道不能违抗，于是立即收拾行装前进。

后队离开宿营地不久，只听得一声巨响，原宿营地突然沉陷，一股回兵埋伏在近处山林中，听到声音急忙出击，幸而左宗棠亲率部队已开走了，只扑了一场空。原来回军预料到该处是清军必经歇宿之地，挖了一个大坑，虚掩了土草木片，设了埋伏。将士们受了一场虚惊，对左宗棠未卜先知，十分佩服。

将官们就请教宗棠，怎么能知道设下埋伏的。

他笑答道："其实也很简单，我听到打更声，似乎有回响，因此知道必然是地空了。"他又告知将领们："凡事都要细心。打更是人人都听到的，打更声音有了变化，只要细心听，谁都可以听出来，只是许多人不去细心听而已。"

"缓进急战"的总战略已经定下来了，还需要正确的战术，所有军事行动都必须细心、谨慎。诸葛亮一生谨慎。左宗棠常爱用的一句话是"慎之又慎"。"细心"是宗棠在军事上取得成功的关键之一。其实，这也是所有事业取得成功的关键因素。

第三十九章 "日暮途长，引边荒艰巨为己任"

神道设教——进军天山——通过大戈壁——
反对收复新疆的议论再起

    光绪二年三月十三日，左宗棠到达肃州，指挥大军出关。驻在肃州的是主力部队刘锦棠的老湘军，正待命出发，可是在部分官兵中产生了畏战、厌战、不愿出关的情绪，特别是在老湘军内。南方人来到西北，不服水土，听说又要去新疆，一路上沙漠戈壁，飞沙走石，夏天热气蒸腾，冬天朔风大雪，湖南人都闻之生畏。张曜和金顺两军是看湘军行事，不敢打先锋。只有在陕北招降的董福祥部队董字三营和回军精善五旗敢做先驱，但他们也在窥察主力部队湘军的动静。湘军士气低落，可又不能将士兵们一个一个军法从事，只能想办法激励、鼓动他们，变消极为积极。

    左宗棠到肃州那天，刘锦棠率部队出城十里迎候。他向左宗棠汇报了军中情况，特别是士气低落的情形。左宗棠认为这是一个大问题，就和刘锦棠密商，如此如此、这般这般，仿照《三国演义》中诸葛孔明的办法，面授了一通机宜。

    他们定下计策，刘锦棠做好了布置。于是大队人马这才缓缓前进，向肃州城进发。当他们经过董字营前时，忽然有一名湘军老兵从行列中跑出来，直奔到左宗棠乘坐的大轿前，高声大喊，随从亲兵拉他不走。宗棠当他是疯子，不理睬他。不料随从队伍听到这个老兵的话，都大吃一惊，一个个屏声敛息，只听那老兵大声喊道："我是老统领派来的，老统领要出关打先锋，无衣无食，如何打仗？请宫保发给一个月满饷，大家吃饱了，好随老统领去打新疆。"

刘锦棠统率的湘军原是刘松山的部下，刘松山生前受部下的爱戴，称他为老统领，刘锦棠接任后，称为少统领。刘松山战死，湘军作战奋勇当先，誓为老统领报仇。他们忽然听到老统领英魂下凡，还口口声声要带队伍去新疆打仗，士兵们又敬畏，又感动，满腔热血沸腾起来，行列也停止不前了。左宗棠赶忙命大家向空顶礼膜拜，向老统领致敬。

那老兵闹了一阵，清醒过来。看他号衣是董字营勇丁，刘锦棠劝他归队。第二天，刘锦棠找董福祥来问："何以留下这个疯子？"董福祥说："这个人平时好好的，在营已有五年，未犯过错误。不知道这次是怎么回事？"

刘锦棠又把那个老兵找来，亲自问他，是怎么回事？老兵答道："那阵子感觉从西北吹来一阵冷风，不觉之间，老统领已到。他命令我讲这番话，后来我也不知道自己干了些什么。"

刘锦棠向左宗棠报告，左宗棠立即命全军设祭，致奠刘松山，还焚化纸钱、车马、衣服，行军道路上火光蔽天。这件事一传十，十传百，兵营中又有人加油添醋，说是到肃州后，早就听说老统领已到嘉峪关，催少统领制备寒衣万件，准备出关。这话也不知从何而来，可是说的人眉飞色舞，听的人肃然起敬。

自从老统领英魂下凡，部队中人人摩拳擦掌，个个奋勇当先，那种畏葸不前的情绪基本消除了。左宗棠将这宗奇事写信告知留守兰州的刘典，还若有其事地说："忠壮（刘松山谥号）殁后，遇有大战，必先示梦其部曲。忠义之灵，固常在也。"

天机不可泄露，除了左宗棠、刘锦棠和那个老兵外，对他人还以保密为妥。当时的社会，上自宫廷、官僚，下至士卒、百姓，无不充满了封建迷信思想。利用将士们对老统领的崇敬、怀念的心理，以激励他们的勇气和决心，也是一种有效的方法。当然，这只能是临时、权宜之策，偶尔行之有效而已。

湘军于是大举出发了。谭上连、谭拔萃、余虎恩三员将领分率部队先行出关，刘锦棠大军也随之前进。

玉门关外是春风不度的一片荒凉地带，大军行经之处，天空上常有一大群乌鸦，总有数万只，黑压压的一片，随着部队飞行。部队歇息时，这大群乌鸦就在天空飞翔，呱呱鸣噪。部队开拔，鸦群飞翔在前，似乎是做向导。土人说这里生物稀少，从来没有见过这种盛况，士兵们惊讶不已，称之为"乌鸦兵"，认为必是老统领英灵率神兵相助，都感奋不已。

其实，乌鸦在西北荒原很难觅食。大军经过的一路上和宿营地，都留下大量食物残屑，是乌鸦的美食。因此鸦群跟随大军飞翔，越集越多。行军途中，乌鸦飞得快，似乎是在为西征军做前导。在荒漠上空，有一大片鸦阵伴随西征部队，既可为士兵解寂寞，也确实是难得一见的景色，无怪乎湘军以为又是老统领降临了。

大队人马不久到达哈密。刘锦棠命军士将哈密的存粮先运到巴里坤，再由巴里坤运到古城。由哈密到巴里坤要通过天山，巴里坤到古城是一条重要的运输通道。他调徐占彪进驻巴里坤，保护这条运道，派张曜军屯哈密，修治进军台站，又在天山险要处竖立扶栏，以保护人马车辆安全通过。左宗棠为此写了一篇《天山扶栏铭》，铭曰：

> 天山三十有二般，伐石贯木树扶栏。谁其化险贻之安，嵩武上将惟桓桓。
> 利有攸往万口欢。恪靖铭石字龙蟠，戒毋折损毋钻刊。光绪二年六月刊。

大军于是浩浩荡荡通过天山险阻，进入了渺无人烟的大戈壁，由董字营打前锋。营中回兵都纷纷说："戈壁中有巨怪，专食人畜，听到人马声，就会刮起一阵飓风，顿时飞沙走石，人马双眼被沙砾迷住，妖怪随风而至，会将人畜吃光的。"兵士们听了害怕，不敢前进。将领们禀知左宗棠，宗棠大怒道："哪来的妖魔？胆敢侵犯我的部队吗！只要它敢出来，我们就开炮轰它！"他当即传令全军，一路鸣炮而过，妖怪并未出现。于是湘回各军都认为左宫保天威，有神灵相助，平定新疆不在话下，士气由此大振。

正当西征大军克服了自身的低沉情绪，安全通过了天山险道，战胜了戈壁"妖魔"，浩浩荡荡大举出关的时候，不想朝野上下又响起了一片反对声。投降派、妥协派以及一些"好心"的人，又纷纷出来反对，多方掣肘。

反对者有些是出于妥协投降、苟且偷安的心理，有些则出于私心嫉妒，不愿看到西征军成功；至于那些"好心"的人，也认为收复新疆，谈何容易？原以为左宗棠和朝廷都只是口头说说、虚张声势而已，不想大军真的出关了。将来进不能进、退不能退，悬军绝域，还要消耗东南各省巨额协饷，如此下去，民穷财尽，实在是下策。还不如采纳李鸿章的建议，只在几处要地驻军，将新疆交与阿古柏和其他民族分裂主义头目分而治之，倒是省心得多。一些好心人看到左宗棠大胆冒进，一意孤行，也为他的安危担心。

收复新疆是不是一件轻而易举的事呢？确非如此！从当时国内、国外的形势看，那些人的顾虑重重，是有一定的理由的。中国历代用兵新疆，从汉唐到清初叶，都是处在强盛时期，要对付的只是比较落后的上层民族分裂分子。现在呢？国内经过20余年的内战，又受到西方列强的不断侵略，割地赔款，生产遭到极大的破坏，财政凋敝，政治腐败。西征军深入数千里穷荒之外，道路险阻，粮饷不继。当时的敌人虽然是一个中亚小国，背后却有强大的英、俄撑腰，拥有从印度运来的精良的军火。西征部队呢？发不出饷，有时连饭也吃不上，行军时兵士们每人背一袋生红薯，用它既充饥，又解渴。左宗棠为了筹粮筹饷，常常深夜绕帐彷徨，不知所措，有时愁到寝食俱废。这样的部队能打胜阿古柏匪军吗？即使战胜了阿古柏，后面还有英国和俄国。如果英、俄出面，孱弱的中国怎能打得过它们呢？左宗棠对敌人也做过充分的估计，他认为："安集延帕夏狡悍能战，将来非数大恶战不能结局。""俄在外国最称强大，其战阵与泰西各国大略相同，火器精利，亦复相似。"他的头脑也是非常清醒的。

粮饷确实是个大问题，清朝廷虽然已命令东南各省负担，但各省经常借口加强海防，对西征军饷拖欠不付，积欠达二三千万两。至于清朝廷，虽然将全权交给左宗棠，但如西征失败，大军陷于进退维谷之地，清廷是决不会来分担责任的。上谕早就说得清清楚楚："如果各该军逗留不前，则罪在主将。倘因粮饷不继，致误戎机，惟左宗棠是问。"把自己的责任推得一干二净。清朝廷虽然腐败，但封建专制统治依然强大。慈禧太后手下杀过好些亲王、大臣。如果西征失败，等待左宗棠的将不是什么好下场，理所当然地会被抛出当替罪羊，这点左宗棠是很清楚的。

但是他毅然抛弃了个人利害，以至于生死的考虑，决心进军新疆到底。为什么呢？我们只能用一个词来回答：爱国主义精神。

他驳斥了所谓只需在要隘驻兵的意见，在与沈葆桢的信中说："乌鲁木齐就是最重要的要隘，乌城未复，无要可扼；即使收复了乌城和玛纳斯、伊犁等地，如果将新疆分封给各民族分裂分子头目，他们难道有能力、愿意为中国固守边疆吗？他们力量分散，不久都将为俄国吞占，以后西北之患亟，内、外蒙古都不能安枕。所谓撤西防以裕东饷，不单不能填满无底之橐，而且先就坏了万里之长城，真是是非颠倒、本末倒置了。"

他与王加敏（字若农）的信中又说：

"此时关陇既平，兵威正盛，不及时规还旧城，以后日蹙百里，何以为国？人臣谋国，不可不预为万全，苟顾目前而忘远大，彻夜自思，何以为安？议者乃借外寇以相恐吓，尤为非理！"

左宗棠自入肃州后，就派出多批人员出关侦察敌情，对敌人兵力强弱、地势险要、远近等，都有比较充分的了解。他下定决心进军新疆，于是上奏清廷，提出战略方案和用兵程序等。在奏中有一段自己的表态，说：

> 臣本一介书生，辱蒙两朝殊恩，高位显爵，出自逾格鸿慈，久为平生梦想所不到，岂思立功边域，觊望恩施？况臣年已六十有五，正苦日暮途长，乃不自忖量，妄引边荒艰巨为己任，虽至愚极陋，必不出此。而事顾有万不容己者……伊犁为俄人所踞，喀什噶尔各城为安集延所踞……若此时即便置之不理不问，似后患环生，不免日蹙百里之虑。

左宗棠青壮年时期，长期在乡村当穷教师，后来却飞黄腾达，当了20年的总督，封了伯爵，如今身任大学士、钦差大臣，高位显爵，声望之隆，朝野中外无不侧目。可以说名誉地位已到了顶了，而年龄又将近古稀，本来他早就想引退回乡，如今却坚持己见，力排众议，必欲率军深入万里西域荒漠，面对强劲的敌人，难道他真会为了想立功边疆，还有什么更多更大的名利思想，就甘冒身败名裂的风险，置个人安危于不顾吗？正如他所说，连最愚蠢、最鄙陋的人，也不会这样想、这样干的。他所以不顾个人安危，完全是为了国家的长治久安。沦陷的新疆，决不能不管，否则后患将不堪设想。作为一个中国人，特别是负守土之责的大臣，如果置国家安危于不顾，只考虑个人安危得失，彻夜自思，良心能过得去吗？！他给沈葆桢和王加敏的信中，已阐明了自己的信念，他还引诸葛亮《后出师表》中的话说："至成败利钝非可逆睹，则虽武侯亦不易斯言。"又引范仲淹的话："吾知其在我者当如是而已。"表明他为国驰驱、不计成败，尽其在我的决心。

他并不考虑年老多病，在另一份奏折中说：

> 微臣痛朽菲才，又值衰疾侵寻，志虑钝竭，何敢不自忖量，谬以自承。顾念臣子之义，厥重匪躬，疆场攸司，责无他诿。自从戎伊始，即矢尽瘁驰驱，岂头白临边，忽易初志？

一些历史学家读了这些奏折和信件，对他的强烈的爱国主义精神给予了高度评价，说这几段话"感人肺腑"，赞扬他"是一个不顾个人安危的爱国志士"。"因为他比任何人都清楚，这次进军新疆，比中国历史上任何一次用兵新疆都要艰难得多，危险得多"。（齐清顺）

这一次，各种各样的反对者，在他义正词严的态度面前又一次退缩了。但是，尽管阻挡不了大军的西进，他们遇有机会还是会再次出来捣乱的。

第四十章　"先北后南"，"致力于北，而收功于南"

克复乌鲁木齐——收复北疆——英国人抛出"诈降计"

　　光绪二年（1876年）春夏之交，西征军大举出关，左宗棠定下了进军新疆的方针，是："致力于北，而收功于南"，"先北后南，先克乌城"。乌鲁木齐是全疆关键，必须首先拿下。先攻北疆也较易，阿古柏是从西端喀什噶尔首先进入南疆，然后逐步吞并北疆，他的主力部队都集中在南疆。回民起义军据守在乌城附近的红庙子、古牧地、玛纳斯一带。如果克复乌城，肃清北路，再集中兵力，进攻南疆，则局限于南路一隅的阿古柏势孤力薄，将无力抵御南下大军，这就是"致力于北，而收功于南"。

　　闰五月，刘锦棠大军进抵古城，金顺军驻屯在距古城西90里的济木萨，他统率了原景廉所部共40营。刘锦棠到古城后不久，就率领少数随从轻骑来到济木萨，与金顺会商进攻乌鲁木齐的策略。他们探知乌城比较空虚，只有几千人据守，但是距乌城东北数十里的古牧地，却有重兵扼守，必须攻克古牧地，才能直捣乌城。由济木萨到古牧地还有300余里，济木萨西240里是阜康城，由阜康进军古牧地只有百余里。因此刘锦棠和金顺议定，先攻占阜康，再进攻古牧地，拔去乌城的外围，乌城就唾手可得。

　　他们将拟订的计划禀报左宗棠，左宗棠同意这个方案，为了防止被围困的敌人四处乱窜，他又派遣徐占彪军五营进驻巴里坤，屯木垒河以东，与金顺军共同保护巴里坤到古城子一线，防止敌人北窜。命驻守哈密的张曜军防止敌人南窜，增调徐万福等五营出关，分屯安西、敦煌、惠回堡和青头山口。这几处是从肃州经哈密、巴里坤、古城子到济木萨一线的要隘，这一线全长2800余里，是官军主要运道。左宗棠作了周密布置，务必不让敌人截断这条运道，外逃内窜。

他特别注意嘉峪关内的青头山口，因为敌人由此可窜入青海和西藏，这样战事就会蔓延。他谕知张曜说："凡山径小道可通人行者，应即严密扼截，务期滴水不漏，始策全功。语云：'千金之堤，溃于蚁穴。'必不可忽略。"

他又奏请命驻新疆西北角塔尔巴哈台以及科布多、乌里雅苏台各领兵大臣，增兵防守漠北，以扼阻敌人由北面逃窜入俄罗斯境。

经过周密的布置，对敌人布下了天罗地网，在大举进攻之前，左宗棠再一次向全军申明纪律，严禁杀掠。对于当地少数民族同胞，有些人是在敌人淫威之下为敌人做些事，原是迫不得已，只要他们放弃抵抗，一律宽大处理。

六月，刘锦棠率湘军到济木萨，与金顺军会合，没有费什么力气，刘、金二军就共同进占了阜康城。据守乌鲁木齐的守军听到大军已逼近，赶紧增派军队到古牧地，准备与清军决一死战。阿古柏得到乌城紧急的消息后，也派兵从南路来支援。

刘锦棠军队开到阜康以西50里的黑沟驿前，他侦察到有两条路通往古牧地。一条是大路，但要经过戈壁，缺乏水源。另一条是小路，水源充足，但要通过黄田，敌人已在黄田筑卡立栅，防守严密。敌人意图迫使清军走大道，以断绝官军水源。刘锦棠了解情况后，于是将计就计，派部队集结在大路口的西村头，命兵士们开挖枯井，疏通废渠，忙忙碌碌地准备行军用水，佯装成要沿大路前进的姿态。敌人果然受骗了，以为清军将由大路进发，暗暗欢喜，对小路放松了戒备。趁敌人不防备之际，大军却于半夜出发，由小路直趋黄田，一路上没有遇到抵挡，刘、金二军迅速抵达黄田城郊，抢先攻占了城外山岗，号角声四起，敌人从睡梦中惊起，惊慌失措，仓促应接，在刘锦棠、金顺两军左右夹击之下，敌骑大败，抛弃辎重，狂奔而逃。官军攻占了黄田，继续追击逃敌，一直追到古牧地才收兵。

刘、金二军为了不让敌人有喘息的机会，在黄田休整了数天后，全军于六月二十三日发动对古牧地的进攻。先头部队刚到达红庙子，遇到阿古柏派来增援的数千骑兵，刘锦棠即命部将余虎恩和黄万鹏率马队反击，分步兵两路进攻古牧地南关，自己亲率兵将攻击城外山垒，一鼓作气将它攻下，敌人反奔入城，增援部队也被黄万鹏、余虎恩马队击溃，敌将阿托爱弃马逃走，敌人外围据点全部丧失，只得将城门紧紧关闭，企图困守待援。

刘、金二军将古牧地城团团包围，刘军在城南，金军在城北，士兵们环城筑起炮台，昼夜不停，两三天内筑好了一些炮台，比城墙还高出一丈，火力占了优势，刘锦棠下令日夜开炮轰击城墙，不久东北角和东面城墙被轰塌，守城将士想去修补，清军发劈山排炮环攻，守城将士不能靠近。二十七日，罗长祜、杨金龙部队将开花大炮移到正南轰城，其余部队一部分准备攻入城内，另一部分准备截击逃敌。一切安排好后，刘锦棠率亲兵坐镇城南山垒督阵。

二十八日凌晨，大炮轰坍了南城墙，刘锦棠见时机已到，下令发起总攻，山垒鼓声大作，这是进军的号令，各营号角齐鸣，齐声响应。谭拔萃、谭和义、谭慎典、董福祥、罗长祜等部队士兵都背负土囊，先将城壕填平，从城墙缺口突入，金顺部队由东北进入，守城将士溃散，官军攻占了古牧地城，击毙6000余人，阿古柏援敌数百人也全被歼灭。

清军攻克古牧地后，缴获了一份敌人机密文书，得知乌城空虚。刘锦棠认为机不可失，第二天就率大军长驱直捣乌城。乌鲁木齐有三个城：迪化州满、汉两城，及已死回军领袖妥得璘所筑的王城。当大军进抵距城10里许时，三城敌军没有料到清军来得这么快，惊慌失措，丧失了斗志，弃城往南逃窜。刘锦棠命部队急进，立即将三城收复；又命谭拔萃等部猛追残敌，击毙数百人，追到一片沙漠地带，未再穷追，才收兵回来。阿古柏听到乌城危急，认识到它的重要性，赶派数千骑兵来增援，但是兵到来已迟，在离乌城280里处，听到乌城已被清军占领，只得引兵退走。

盘踞在新疆北路昌吉、呼图壁和玛纳斯北城的敌军，闻知乌城失守后，知道大势已去，都纷纷逃窜。只有玛纳斯南城的守军依仗城小而坚，仍在抗拒清军。金顺部队从七月中旬起，就将玛纳斯围住，围攻了一个月，没有得手。刘锦棠派谭拔萃、罗长祜湘军来增援，署伊犁将军荣全也从塔尔巴哈台率兵来助攻。在大军围攻之下，城墙多次被轰裂，敌人反复修堵，终于抵挡不住。九月初一日韩刑脓被大炮击毙。十九日，守城部将要求投降，金顺同意了，命他们出城交出军械。二十一日，敌军数千带军械出城，金顺发现有诈，命大军严阵以待，由徐学功谕旨敌军将军械丢下来。这时敌军突然开枪扑来，清军奋起反击，将诈降的敌军歼灭。玛纳斯南城收复。

新疆北路，除了伊犁一地外，全部为西征军收复。这一次战役，仅历时三个月，可谓神速！也足见前线将领刘锦棠、金顺等充分贯彻了"缓进急战"的战略意图。

左宗棠于是命将领和官员们妥善办理北疆的善后安抚工作，命徐学功在北路各城广开屯田。徐学功原是当地汉人民团领袖，英勇善战。当俄国人占领伊犁后，曾派兵东进，想占领玛纳斯，被徐学功的骑兵部队击退，未达到侵略目的。西征军到新疆后，徐学功随同作战。得到开屯命令后，他将西河五垒团民招来，发给种子农具，从事农作。左宗棠又命道员周崇傅在巴里坤设局，招商开市。北路的社会秩序渐渐恢复，各族人民的生活也逐渐复苏。

左宗棠手迹

阿古柏得知北路全失，十分惊慌，但他仍然企图凭借天山之险，负隅顽抗。他的主力部队都在南疆，派去北疆支援的人不多，损失不大，他迅速集合了兵力27000余人。达坂城是天山要隘，他派大总管爱伊德尔呼里坚守；又命人守住吐鲁番；在托克逊筑下三城，互为掎角，命二儿子海古拉率死党守住。达—托—吐三城形成的三角地区，是北疆进入南疆的门户，命令必须死守。他自己则退到托克逊以南800余里的喀喇沙尔，指挥全线军事。

西征军下一步就是进攻南路，规复全疆。左宗棠对军事形势的分析是：南路敌军重兵扼守在达坂、吐鲁番、托克逊三处，官军南下，必有数恶仗。三处攻下，夺取南疆将势如破竹。他对进军作了周密部署，派刘锦棠全军自北而南，进攻达坂；张曜、徐占彪军自东而西，合攻吐鲁番；金顺军留防北路，待达、吐两城收复后，再合军进攻托克逊。为了防止孤军深入、后路无继，他又奏请调驻包头统领金运昌率马步兵5000余人出关增援。金运昌曾在甘肃宁灵会同湘军作战，左宗棠赏识他尚气节、耐劳苦、作战勇敢，他多次请求从左宗棠西征，所以这时将他调来。清廷同意了所请，还增派侯名贵、章洪胜、方友升三营出关，加入刘锦棠军中，任务是搜捕后路逸寇，保护通道，将粮食、军火源源不断运到乌城储备待用。

正当左宗棠为收复南疆积极准备之际，清朝廷中又发出一种不协调的议论。当时北路虽然已基本平定，但伊犁仍然为俄国占据。俄人以前说过，只待中国收复乌鲁木齐和玛纳斯，它就交还伊犁。因此发议论的人就说："既然乌、玛二城已收复，就应与俄国交涉，索还伊犁。"他们的真意是：暂时不必进军南路。左宗棠认为北路虽平，南路仍面对强大的敌人。如现在与俄国交涉，它可能会提出各种无理需索，即使伊犁收回，因官军还要进入南疆作战，如果伊犁再出意外，反而难以兼顾，不如暂时搁置，先一心一意收复南疆，南疆平定后，伊犁可以不索而还。他复信给总理衙门，驳斥了那种意见。

真是一波未平，一波又起，朝中意见尚未完全平息，英国人看到清军已打败阿古柏，收复了北疆，现在又执意要南进，它也恐慌起来，想出了一条狡谋，以挽救行将彻底崩溃的阿古柏傀儡政权。

原来英、俄二国为争夺中亚的殖民地互相不和，英国一直把安集延当作保护国，把阿古柏当作傀儡，给予大量援助。英国是想利用阿古柏占领新疆，作为印度的屏障，以防俄国的入侵。当它看到左宗棠在积极准备进攻南疆、阿古柏岌岌可危时，就由驻华公使威妥玛出面，跑到总理衙门，代阿古柏求"降"。威妥玛称阿古柏为"喀王"，请求清政府允许阿古柏占领新疆，作为属国，免去朝贡。他还恫吓说："清国用兵日久，俄国人可能会乘机来夺取新疆，这不仅会危及印度，对贵国边界也很不利。"

总理衙门看出英国人是借诈降之名，行缓兵之计，暗藏祸机，就回答他说："阿古柏是窃踞新疆的外敌，本非属国。如果是诚意求降，就应将回军将领白彦虎、马人得等交出，并且缴还南疆八城，与前线军事指挥人员议和。"

同时，总理衙门立即通知左宗棠关于英国人代阿古柏请降一事，告知他如阿古柏果真派人来讲和，要以礼相待，权宜相处。看来朝廷对请降的表示还抱有一点不切实际的幻想。

左宗棠看透了英国人的诡计，回答总理衙门说："英国代阿古柏乞降，并不是为阿古柏着想，而是害怕俄国人侵占印度，它又害怕中俄交好，因此危词耸听，希望把中国吓倒。俄国人占领伊犁，原说定要交还的。如果说官军进规南疆，俄人就会乘机侵入，坐收渔人之利；无论如何俄国决不会允许，我们在新疆有强大的兵力，而且俄国久以大国自居，似乎也不致贸然动手。至于前线用兵久暂，完全是主帅之事，也无须英国人代为操心。"

左宗棠又将此事写信通知在最前线的主帅刘锦棠，告他说："和外国人交涉，只要我们立场稳、道理正，不妨直率告知我们的不同意见，但是要稍留余地，使他们能够退步转弯，就没有办不好的事。如果一意随和，对方自以为得计，视你为可欺，反而多事了，外国人性格素来是欺弱畏强，喜直忌曲；我若真能自强，率直相待，他们倒是会心悦诚服的。"

左宗棠对中外交涉有一定的经验和看法，西部前线将领们也做好了准备。威妥玛因为上年马嘉理案，请求英国派兵来攻云南，遭到英政府斥责，并将他召回国，临行前他又搞了这一套卑辞乞降的诡计，幸而清廷和左宗棠识破了他这套愚拙的计策，狡计未能得逞，他于是灰溜溜地离开了中国。阿古柏后来始终没有派人来求降。

这一波平定了，清廷又对西征人事做了些布置：将荣全召回京师，授金顺伊犁将军，进军库尔克喇乌苏，向伊犁推进了一步。又以英翰署乌鲁木齐都统，下诏催促左宗棠迅即进兵南疆。那时已是阴历十月，大雪封山。左宗棠坚持"缓进急战"的战略，考虑到当时山路难行，粮食又还没有运到、金运昌的援军也未到达，加之主帅刘锦棠患病初愈，湘军几乎有一半以上患了时疫，需要调养一段时间，因此奏请清廷，等到明春冰雪融化、山路可通、粮食充足、援军到齐时，再行进军，始为稳妥。真是："将在外，君命有所不受。"清廷只得允许。

第四十一章　攻占南疆门户吐鲁番

阿古柏自杀——投降派又献割地策

光绪三年（1877年）二月，前线部队已休整三个多月了，士兵们情绪高昂，斗志旺盛，刘锦棠尤其是急性子，等得不耐烦了，几次向左宗棠请求发兵，但那时金运昌率卓胜军刚出关，还没有到达驻地，左宗棠仍按兵不动。直到三月，卓胜军已开到古城至乌鲁木齐一线驻防，原驻该处的湘军得以换防南进，天山冰雪也已化冻，于是左宗棠发出总攻令，命令全军首先攻下南疆门户达坂、吐鲁番、托克逊三角地带，按原定计划分三路并进：刘锦棠率湘军由乌城出发，越岭而南，直攻达坂城；张曜嵩武军先遣孙金彪率五营进驻东西盐池，然后督大军自哈密西进，徐占彪蜀军自巴里坤同日并发。清军总共兵力约50营，共2万余人，从北、东两方面向达—吐—托三角地前进。金顺军留守北疆西部地区，监视伊犁俄军动向。

在大军进发前，左宗棠再次申明纪律，严禁杀掠，对于各族同胞附敌反正者，一律宽待。

刘锦棠、张曜、徐占彪三军于是同时向达—吐—托三角地区进发。他们首先拔除了敌人外围据点，刘锦棠军于三月初三日进抵柴窝营寨，他立即命令余虎恩、董福祥等率马军九营，谭上连、谭和义等率步军四营，乘夜进军，衔枚疾走，务必于黎明前到达达坂城下。

达坂敌人事先引了湖水灌注城外周围的沼泽地，自以为有险可守，又侦察清军攻克乌鲁木齐后，迟迟不前进，已有几个月，因而放松了戒备。刘锦棠的马军于半夜到达了达坂郊外，因为沼泽地注满了水，一片淤泥，深及马腹，兵士们都下马踏过泥水,直逼城下,顷刻将四城团团围住。当天明雾散时,城上的敌人才发现已被包围,惊慌失措,赶紧命令加强防守,枪炮齐鸣,向城下清军猛烈轰击。因为清军的大炮还没有运到,刘锦棠命令将士们围城四周筑壕据守,暂时按兵不动。

当天中午,刘锦棠骑马亲自在城外战壕前巡视,城上子弹如雨而下,他的随从亲兵被枪弹击伤,他的乘马也被击伤;他跳下马,换了一匹骑上,又继续巡视,城内敌人也不敢出击。

两天以后,谭拔萃的后援军到达,运来了几门开花大炮,于是立即赶筑炮台,准备攻城。正当这时,从山后来了数百名敌军增援的骑兵,陶生林和余虎恩从两路分头抄袭,敌军败退,被歼百余人,陶、余二军追赶了几里路,前面又有一大批约千余敌骑,正在向达坂前进,败退的敌骑奔进敌人大队中,大队见势不妙,也赶紧掉头逃走了。

阿古柏在南疆的统治极其不得人心,他采取一套民族压迫、经济剥削、特务监视的极端野蛮、残酷的手段。所有地方和军队的官员都由安集延人担任,他们可以随意抢夺居民的财物,甚至抢夺他们的妻女。没有法律,不讲道理,安集延人肆意横行。当时的中外记载说:"在现今的南疆是很难生活的,无论是人身安全和财产,都没有保障,人人都为明天担心。"(杜勃罗文:《普尔热瓦尔斯基传》)"维吾尔族幼女自八岁以上悉被奸淫,维吾尔族家长死,家产悉被安集延酋长取去。有不缴者,则非刑吊拷,一旦夕间,而人亡家破,流离失所。"(《新疆图志》)不仅在南疆,各族同胞过着非人的生活,当阿古柏势力到达北疆后,也在那里"大杀回汉居民",剩余的人则强迫迁往南疆。

各族同胞对安集延人无不痛恨万分,听到清军到来,都暗暗欢欣鼓舞,有些人还冒险向清军递送情报。达坂城被清军围困后,也有少数维吾尔族同胞冒险从城中逃出来,向清军报告,城中敌人因为久盼援军不至,已经绝望,准备要逃跑了。

刘锦棠得到这项重要情报后,立即命令各军加强戒备,防止敌人逃走。到了夜间,各营都将火把点起,照耀如同白昼,使敌人无处可以逃遁。各门大炮对准城上炮台和城墙猛烈轰击,敌人炮台接连被打塌,城墙也轰塌多处。忽然一枚炮弹正好击中城中弹药库,一声巨响,如山崩地裂,顷刻浓烟弥漫,一片火起,加上正刮大风,火借风势,迅速蔓延开来,弹药库里的开花子弹不断砰砰爆炸,城中人马伤亡惨重。敌人丧魂失胆,纷纷集结到城东,想从东门逃窜出来，但是官军已在四面牢牢围住，敌人插翅难飞。

经过短时间的激战，敌军被击毙二千余人，其余的纷纷投降，南疆门户第一座要寨达坂城被攻克了，俘虏一千三百人，缴获炮械千余件，马八百匹，还俘获了几百名伪官员，包括大通哈（即大总管）爱伊德尔呼里和胖色提（营官）六名；清军仅伤亡一百余人。刘锦棠命将敌俘解赴肃州大营，对被胁从附敌的南疆维吾尔族和其他各族同胞千余名，一律释放，发给衣服粮食，各遣送回原籍。

达坂城的攻克，是左宗棠预料的数大恶战中的第一仗，也是一次闪电式的攻坚战，是"缓进急战"战略的又一次成功的体现。湘军在达坂的胜利，使南疆敌人大为震动。刘锦棠认为不能让敌人有喘息的机会，休整几天后，于三月十一日连夜发兵，次日，全军抵达白杨河。刘锦棠命罗长祜、谭拔萃分率三千余人进攻吐鲁番，与张曜、徐占彪二军会师；自己率领七千兵马直捣托克逊。

当刘锦棠军到达距托克逊不远的小草湖时，托城中的维吾尔族同胞久受安集延人的压迫，冒险逃出城来，向清军报信说："安集延敌人听到达坂失守，恐慌已极，准备逃窜；正在各处村庄烧杀掳掠，希望官军速进，解救当地老百姓。"

刘锦棠认为事不宜迟，即命黄万鹏率马队向托克逊先行进发，自己亲率大军分路接应。托城敌军没有料到官军来得这样快，仓促应战，从四面包围黄万鹏军。黄万鹏军纵横冲击，刘锦棠接应的大军及时赶到，分从几路驰入，将敌围冲散，杀散无数。敌军主帅海古拉下令纵火烧城，自己先弃城而逃，残余的敌军也纷纷溃逃。刘锦棠命谭上连等率军追击败寇，自己率大军进入托克逊城，安抚了当地维吾尔族和从吐鲁番、哈密裹胁来的各族同胞共二万余人。

当湘军进攻达坂城时，徐占彪和孙金彪两军也进展神速。他们渡过风沙莽莽的戈壁，三月初八日攻破七克腾木，第二天，乘胜攻占了吐鲁番东南的辟展，敌人望风而逃，官军追斩了安夷首领才米邪斯；十二日，分路克复了鲁克沁、连木沁台和胜金台各城；十三日，两军会合，由哈拉和卓城直捣吐鲁番。吐城敌人看到清军突然来到，城中敌军倾城而出，与城外守卡敌军和从达坂、托克逊逃来的敌军会合，在距城十余里许与清军遭遇，准备迎战。

不料刘锦棠派来的罗长祜、谭拔萃三千湘军突然从北路攻来，宛如飞将军从天而至，敌人猝不及防，惊骇万分，军心已乱，在三军夹击之下，大败弃城而逃。三军合势又追击数十里，于是清军进入吐城，缴获安集延所储存的大量军粮火药。

吐鲁番还有一座汉城，是由马人得据守，马人得看到大势已去，只得率领全城军民万余人出城迎降，吐鲁番全境平定，南疆门户达—托—吐三角地全部收复。

南疆门户之战是一次关键性的战役，西征军收复吐鲁番、托克逊、达坂三城，是一次重大胜利，这次胜利，用兵神速，也是古今中外所未有。从三月初一日刘锦棠军从乌鲁木齐出发，到三月十三日官军克复托克逊和吐鲁番，一共只花了12天。左宗棠对这次战役很满意，说："实西域用兵以来未有之事。"这次战役歼灭敌军二万余人，约占阿古柏总兵力的二分之一，阿古柏匪军受到了一次毁灭性的打击。

左宗棠于是派道员雷声远到吐鲁番，安抚被胁裹的各族同胞；又命张曜、刘锦棠二军将巴里坤存粮运来吐城，转输托克逊，以备进军南疆之用，留徐占彪和孙金彪两军驻守吐鲁番。金运昌军进抵古城，左宗棠奏请任他署乌鲁木齐提督。一切安排已定，只等军粮运到，计划到秋天就大举南下。

吐鲁番和托克逊被清军攻占后，南疆门户洞开。阿古柏的精锐部队又已损折大半，他感到十分恐慌。维吾尔族同胞对阿古柏的残暴统治早就深恶痛绝，他们听到清军即将来到，互相转告，准备配合官军随时起义。阿古柏看到日益孤立，自知大势已去，前途渺茫，日夜忧伤哭泣；四月十七日凌晨，他在库尔勒服毒自尽。

阿古柏的次子海古拉（哈克胡里）听到父亲死讯，赶紧从喀喇沙尔赶来，将资财军械都交给守城士兵，叫他们坚守库尔勒，自己运送阿古柏尸体往西逃走。他逃经库车、阿克苏，将到达目的地喀什噶尔时，在克孜勒苏河桥上遇到长兄伯克胡里，伯克胡里趁海古拉不备，将他杀死，自己率部占据了喀什噶尔。喀什有满汉两城，他派他的党羽占守满城，命清朝叛将守备汉人何步云守汉城，又派兵去征讨占据阿克苏、自立为汗的叛将阿克木汗。阿克木汗被打败，逃入俄罗斯。原来投靠阿古柏的南疆上层分子看到清军逼近，阿古柏又已自杀，形势不妙，纷纷向清军投诚，敌占各城的维吾尔族同胞日夜盼望官军到来，准备起义配合。伯克胡里已经陷入十分孤立的绝境。

形势对西征军非常有利，全军已做好准备，军粮运到，就一鼓作气，削平南路。明明是胜利指日可待，偏偏朝中又有一批患了"恐外症"的人出来反对进兵南疆。首先发难的是库伦大臣志崇，他上奏说："西事今昔不同，英、俄两大国表面上不与我争，暗地里却帮助阿古柏入侵之敌，实深可虑。宜于天山南北安置兵勇，招徕农商，为深根固本之计。然后与两大国从长计议，划定疆界，庶不至与接为构，进退维谷。"

他的意思很明显，他害怕强大的英、俄，如果进攻南疆，英、俄就会参与战事，中国将陷于进退不得的困境。只有放弃战争，偃旗息鼓，与英、俄两国讲和。所谓"划定疆界"，实际上就是割让南疆和伊犁，以求取和平。这是一套缺乏民族自信心的、彻底的投降绥靖主义思想。与从前李鸿章提出的意见如出一辙。

朝廷中也有些人附和志崇的意见，说是西征军事耗费过大，现在乌鲁木齐和吐鲁番既已收复，已有屯兵之处，不必再前进了。应当广封各地盘踞的回酋，令他们作为中国的藩属，以节省中国的兵力。这也就是投降派意见的重现。

左宗棠再次据理驳斥了投降派，他写信给总理衙门和刘典说："此时正有机可乘，能一举收复失地，为何要行此划地缩守之策？如此怎能巩固边疆，对强邻示以不可轻侮？将来追咎贻误大局之人，老臣不能任也。即使时论一致赞同妥协，我也坚持要作战到底。"

清朝廷再次同意了左宗棠的意见，下诏说："关外军情顺利，吐鲁番等处收复后，南八城门户洞开，自当乘胜底定回疆，歼除丑类，以竟全功。惟计贵出于万全，事必要诸可久。"

清廷仍然信任左宗棠，询问他南八城的情况，并嘱他对伊犁失地："前此未遑兼顾，此次如能通盘筹划，一气呵成，于大局方为有裨。"最后说："该大臣亲总师干，自以灭此朝食为念。而如何讲取，如何布置，谅早胸有成竹，为朝廷纾西顾之忧。其即统筹全局，直抒所见，密速奏闻，以慰廑念。"

左宗棠于是上奏，报告了阿古柏自杀的情况，还提出了对西北形势的看法，他说："自古以来，中国边患，西北比东南严重，因为东南以大海为界，形格势禁，敌人难以攻入；西北则广漠无垠，专靠兵力强弱。兵少难以抵挡敌人，兵多又耗费资财；言防，又无险可守；言战，又无舟楫转运之便。"但是他认为新疆十分重要，接着说了一段对中国国防意义深远的话：

> 是故重新疆者，所以保蒙古；保蒙古者，所以卫京师。西北臂指相连，形势完整，自无隙可乘。若新疆不固，则蒙古不安，非特陕、甘、山西各

边时虞侵轶，防不胜防，即直北关山亦将无晏眠之日。

最后，他提出："为新疆划久安长治之策"，必须"设行省，改郡县"。

这是一项重大的、意义深远的策略。当时南疆和伊犁地区还没有收复，设行省的建议被搁置了下来，但是清廷采纳了他的坚持收复全疆、保蒙古、卫京师的意见。

第四十二章 "乃周秦汉唐所未有也"

最后的一击——收复南八城——英国人再施狡谋——
阿古柏余党逃往俄国

西征大军集结在吐鲁番、托克逊一带。吐鲁番是新疆的热点，明代称为"火州"。它的热和巴里坤的冷、安西的风并称为关外三绝。当时正是伏暑，左宗棠决定等秋高气爽再向南八城进军。

南八城是乾隆二十四年平定南路后，建立的八座城池，即：喀什噶尔、英吉沙尔、叶尔羌、和阗、阿克苏、乌什、库车和喀喇沙尔。吐鲁番是南八城门户，官、兵、商、民来往南八城都要通过这里。由吐鲁番往西，经喀喇沙尔、库车、阿克苏、叶尔羌、英吉沙尔，直抵喀什噶尔，计程约四千里，比乌城到伊犁还要远三倍。

南八城是阿古柏入侵后的根据地，现在门户洞开，英国眼看安集延将彻底失败，又出来干扰了。其时安集延正派了一个使节赛尔德来到英国，请求英国代向中国请降。所谓"请降"，实际上是一个花招，它仍要保持一部分中国领土，这正符合英国的意图。英国在前一年曾为阿古柏请降，虽然碰过清政府和左宗棠的钉子，但心仍不死。这次将驻英公使郭嵩焘找去商量，要求清政府让安集延在南疆保持一部分城池，成为英俄之间的缓冲国。

郭嵩焘将英国代请降一事奏陈朝廷，并说："英国人的意图是害怕俄国侵入，进而侵略印度。护持安集延是为印度增一屏障。西路军务情形，这里一无所知，只听说阿古柏已死，如能乘此席卷扫荡，应不出数月之内，可以收复南疆。但如时间拖延过久，则应及时讲求和议，可省兵力，以为消弭边患之计。"

郭嵩焘与左宗棠是同乡，青年时为莫逆之交；当宗棠受樊燮、官文构陷时，嵩焘曾在咸丰帝面前为他辩白，还极力推荐他，是他的恩人。宗棠对嵩焘心里是感激的，但遇到公事，却公事公办，不受私情干扰。同治初，宗棠任闽浙总督，嵩焘任广东巡抚，宗棠以广东协饷不力和督抚不和等原因，参奏嵩焘下台。嵩焘因而心怀怨怼，在他《日记》中不时流露对宗棠的不满，认为他"忘恩负义"，有时还流于谩骂。

郭嵩焘

这次他再出任驻英公使，自负为西洋通、英国通。他倡议在中国实行议会政治，这在当时具有进步意义。在他为英国人说项之前，曾写信向李鸿章献策，提出要在国内开办采矿业、兴修铁路和邮政电信、禁绝鸦片等，也都具有积极意义。但他对待新疆的形势，却怀着极其暗淡的心理，只看到了西方的强大、中国的暗弱，因而丧失了民族自信心；在向李鸿章的献策中，还提出割地丧权的两条意见："一曰喀什噶尔之地宜割与雅谷刊（即安集延的阿古柏）。……惟喀什噶尔之地逼近安集延，其势不能筑葱岭为长城以遮遏之。"他的逻辑是，既然抵挡不住侵略者，不如让它占领。他还认为，侵略者"犹慑中国之威，而思托为附庸，去岁威妥玛代为之请，郭嵩焘谓当俯顺其心，与为约誓"。这样，"可保百年无事。若徒将兵力攻之，旷日持久，耗费而已"。所以他赞同威妥玛的请求。他还认为："经国者务筹久远，主兵者惟取进攻，是以弃地之议，不能出之主帅也。"左宗棠是主兵将帅，不会同意弃地，只有他和李鸿章之流是筹国家久远利益的人，才能提出弃地的主张，真是堂而皇之地放弃领土主权的议论。

另一条意见是："一曰伊犁一城宜与俄罗斯约，以垂久远。""英人多拓地以兴利，俄人务袭土以开疆。"他认为俄国人占伊犁，目的是掠夺土地，如果要它交还，势必要用巨款赎回。与其赔巨款，不如做笔交易，将伊犁卖给它。他还举例说："如日本库页一荒岛，犹欲全据之，必不肯轻易退还伊犁明矣。""与其含糊悬宕，以生其戎心，莫如明与定约，划疆分界，可保数十年之安。"

郭嵩焘和左宗棠在对待外敌侵略的态度上，是截然不同的。嵩焘主张苟且偷安，割弃国土以求数十年之安。宗棠则认为，"我退寸而寇进尺"，退让决不是善策，只有抵抗才能图存。嵩焘和李鸿章在这方面倒是同声相应，同气相求。左、郭失和的原因，显然不单纯是由于嵩焘曾被宗棠参劾，而且也由于两人在对待国家利益的重大问题上存在原则的分歧。

郭嵩焘在代英国为安集延说项的奏折中，提出"数月之内席卷扫荡"的要求，显然是给西征军出难题，真实目的还在"应及时讲求和议"。左宗棠在复奏中痛快地驳斥了他，说：他在南路用兵，已有周密布置，意在速战速决，"与郭嵩焘片奏'乘俄古柏冥殛之时席卷扫荡'一语，尚无不合。惟迫于数月之内转战三千里余，窃恐势有难能"。他后来用兵神速，果然在几个月之内将南八城收复了，但他此时却不能贸然许诺，而要揭露嵩焘出的是一道难题。他对英国庇护安集延，如今看到它将垮台，又要求中国割地与它立国，以屏蔽印度，抗拒俄国，驳斥得很干脆，说：

"安集延侵我回部，谄附英人。英人阴庇之十余年，明知为国家必讨之贼，从无一语及之。上年官军克复北路，乃为居间请许其降，而于缴回各城缚献叛逆贼目，一字不及。……

"英俄均我与国，英人护安集延以拒俄，我不必预闻也。……至保护立国，虽是西洋通法，然安集延非无立足之处，何待英人别为立国？即别为立国，则割英地与之，或即割印度与之可也，何为索我腴地以市恩？兹虽奉中国以建制小国之权，实则侵占中国为蚕食之计。……我愈示弱，彼愈逞强，势将伊于胡底？"

英国如果真的要维护安集延，可以把自己的领土印度割让给它好了，何以倒要中国割地给它呢？明明是欺诈，倒有中国政府大员愿听从它，说是应"俯顺其心"，岂非咄咄怪事！左宗棠将英国人的阴谋驳斥得体无完肤，清廷再次接受了他的意见。于是，在新疆的最后一场战斗打响了。

光绪三年秋天，军粮到齐，天气也凉爽了。左宗棠派刘锦棠军为先锋，所部32营于八月西进；张曜军为后续部队，于九月初旬继进；徐占彪军回防巴里坤至古城一线，总兵易开俊率马步七营增防吐鲁番。八月初一日，刘锦棠命汤仁和、董福祥、张俊、张春发率部分别由苏巴什、阿哈布拉、伊拉湖进兵曲惠，初十日大军在曲惠会集，他们的第一个目标是托克逊西南的库尔勒。

刘锦棠是位名将，惯于也善于使用两路兵，一路是大军正面进攻，另一路是奇兵，从背侧绕来，出奇制胜。八月三十日，他亲率各军沿大道经过和硕向开都河前进，向库尔勒正面进攻；另外，早在三天前他已派余虎恩和黄万鹏率一支奇兵，取道乌沙（什）塔拉，沿博斯腾湖南岸向西潜行，包抄库尔勒之背，出其不意，攻其无备，准备一举歼灭据守库尔勒的守军。

开都河发源于天山南麓，由南向东流经库尔勒、喀喇沙尔，注入博斯腾湖。守军听到清军已经追来，赶紧又向西逃走。渡过开都河后，命其部队掘开河堤，企图利用洪水阻挡清军前进。顷刻，洪水漫流百余里，淹没了库尔勒和喀喇沙尔两城和附近的村落、房舍、人畜、庄稼。当地的维吾尔族同胞纷纷逃往山中，来不及逃走的老弱妇孺，被淹死无数。

刘锦棠军队在向开都河进军途中，遇到一片汪洋大水，水深处可灭顶，浅处也淹及马背，阻挡了去路。大军只得绕道而行，通过120里碱地，才达到开都河东岸。士兵们赶紧架设浮桥，修筑车道，将上流堵塞，继续前进。九月初一日进入喀喇沙尔，只剩一座空城。城中水深数尺，城内外官舍民房都被烧毁了，老百姓都跑光了。还有几百名蒙古族和维吾尔族同胞，躲藏在附近山中，听到清军收复喀喇沙尔，都纷纷回来，他们帮助清军找到水浅可渡的地方，大军轻骑减装，渡过了开都河。初三日，进抵哈尔哈阿满沟时，正遇到一小股敌骑往西逃走，追捕到二人，据供守军已胁裹维吾尔族同胞逃往库车，当天余虎恩和黄万鹏的奇兵也从小路赶到，与大军会合后，一同进入库尔勒，也只剩一座空城。

两支部队一连赶了几天路，疲劳已极，加上军粮已吃光了，大部分粮食在渡河时都留在东岸，人马又困乏，又饥饿。原以为进了库尔勒，可以筹划到粮食，不想城内阒无人烟。刘锦棠急命部队四处寻找粮食。城中还有少数百姓没有逃走，他们知道清军缺粮后，热心主动地来帮助找粮。西北气候干燥，当地人民习惯将粮食藏在地窖中，由于维吾尔族同胞的引导，士兵们掘到了藏粮数十万斤，解救了燃眉之急。

三天后，后路粮食源源运到。派出的侦察兵回来报告，敌人正在策达雅尔和洋萨尔，强迫当地维吾尔族同胞西行。刘锦棠当即挑选了精壮骑兵2500名，乘夜疾进，搭救维吾尔族难胞，不让敌人有喘息的机会，第二天抵达策达雅尔，得悉敌人已由洋萨尔胁裹大批维民往西逃走。刘锦棠命部队赶紧追去，傍晚时分，到达布告尔，遇上了千余敌骑，部将黄万鹏、谭拔萃率军奔入敌阵，敌人稍一接战，立即逃走，被歼百余人。黄万鹏、谭拔萃二军一路且战且追，一直追到第二日天明。

晨曦微露，远远望见前面黑压压一片，似有数万敌骑，正在向西缓缓移动。

用望远镜观察，武装匪徒只有千余人，其余都是扶老携幼、赶着车牵着牛的维吾尔族难胞。刘锦棠下令部队急追上去，只许追杀武装叛匪，对维吾尔族难胞要悉心保护，不许伤害。敌军看官军紧追不舍，就停下来准备抵挡一阵，官军气势正盛，人人勇猛向前冲杀，正如一堵铜墙铁壁，向敌人阵前压去。敌人抵挡不住，心惊胆战，丢弃了胁裹的维吾尔族难胞，纷纷向库车方向逃走。

刘锦棠命军队暂停前进，先安抚难民，分给他们衣物粮食，命部将陶生林护送他们回家乡安居，难胞无不欢天喜地。刘锦棠部队继续追击敌人，一路上又解救了几万名维吾尔族和蒙古族难胞。

当清军追到距库车数十里处时，敌军数千名摆开了阵势，准备接战。刘锦棠下令分兵五路：黄万鹏、崔伟由右进攻；章洪胜、方友升由左进攻；谭拔萃、张俊率步兵为左右接应；罗长祜军居中路；刘锦棠率后军坐镇。两军对阵很久，还没有决出胜负。刘锦棠指挥后军突然冲向前阵，五路军一齐压过去，敌军猝不及防，首领马由布当即被杀死，敌军看到主帅被杀，丧失了斗志，纷纷溃逃。清军连夜追赶四十里，歼灭敌军千余人，于第二天（九月十二日）收复库车城。由库尔勒追敌到库车，行程九百里，只用了六天，救出难胞10余万人。

刘锦棠一面向左宗棠报捷，一面命部队马不停蹄，立即向拜城前进，直指阿克苏重镇。左宗棠得到胜利喜讯后，复信给刘锦棠，要他办好善后工作，在各收复城市设局放赈，督促劝教百姓耕种和放牧。随后要修理道路，添造船只，修设驿站，以便利军民、客商来往。

九月十四日，刘锦棠部队进抵和色尔，距拜城已不远。据守拜城的是维吾尔族领袖阿克奈木厘，当战败敌军来到拜城前时，又施惯技，要强迫维吾尔族同胞和他一起西逃。阿克奈木厘拒绝随敌军逃亡，敌军就将阿克奈木厘杀死，城内维吾尔族官民十分愤怒，立将城门紧闭，抗拒敌军进城。敌军看看攻不下城，官军又从后追来，就急忙将城外村庄抢掠一空，放火焚烧而逃。

清军进抵拜城时，维吾尔族同胞大开城门出迎，人人欢欣鼓舞。刘锦棠听说敌军已胁裹了部分难民西逃，就留下方友升军镇守拜城，亲自领兵连夜急追，务必要将难民救回。那时正值深秋，南疆为大陆性气候，一到夜幕降临，气温骤降，朔风怒号，草原和沼泽地霜凝冰结。刘锦棠率部队乘夜踏冰急追，寒风中人马冻馁，猛追了80多里路，天明后追到木扎提河前的铜厂，正遇上敌军驱赶一大群难民渡河。清军麾师猛进，歼灭敌军无数，残部匆匆渡河逃走。清军救回了2万多名维吾尔族难胞，刘锦棠派士兵护送他们回到拜城。

敌军残部在木扎提河前大败，渡河后急急忙忙向西逃窜。刘锦棠却不容他喘息，大军也陆续渡河，在后穷追。敌军到达铜厂后，还想继续西逃，安集延派往各城的胖色提却还执意要一战，于是双方摆开阵势，清军夏辛酉、张宗本在右，黄万鹏、毕大才在左，刘锦棠率亲军各方策应。敌人欲决死战，枪炮密集，但是挡不过清军的勇猛冲击。夏辛酉首先冲入敌阵，将敌军右路首领斩首，敌人大乱，余将无心恋战，急忙率死党逃走，黄万鹏率军紧追，又歼灭敌人千余名，生擒百余人。一连追了三天三夜，越过140里戈壁，十七日，追到阿克苏城下，城上枪矛林立，彩旗招展，城中10余万维吾尔族同胞大开城门，欢迎刘锦棠军队入城。

刘锦棠决定暂时将安集延匪搁置一下，集中全力追击残敌。他分兵两路，向西直趋乌什。九月十九日，到达胡玛纳克河边，远远望见河西岸残部正在撤退，那时河水已结冰，清军立即踏冰渡河，向敌军猛烈冲击，当即击毙16人，残敌惊骇奔逃，清军紧追不舍。二十三日追到乌什城东，刘锦棠派出一支奇兵，抄袭敌人后路，又歼灭敌军百余人。清军追了90里，第二天到达阿他什伯，已到戈壁边沿，远望前面一片荒漠，于是返军收复乌什城。南疆东四城：喀喇沙尔、库车、阿克苏、乌什，都为清军收复了。从此官军可以就地采粮，免去了大量的长途转运工作，兵肥马壮，军威大振。

刘锦棠将收复东四城的喜讯向左宗棠报捷，左宗棠十分欣喜，命刘锦棠做好善后工作，尤其要妥善安抚难民，对于败逃之敌，决不可放松。西征军的下一个目标，也是最后的一个目标，就是收复西四城，解放全南疆了。

当官军南下时，和阗地方领袖伯克呢牙斯准备起义响应，他率领地方部队去攻打叶尔羌，叶尔羌的大通哈抵挡不住，派人向退守喀什噶尔的伯克胡里报告。伯克胡里命阿里达什留守喀什噶尔，自己率领五千骑兵来援叶尔羌，大败呢牙斯，攻占了和阗。那时张曜军已经由喀喇沙尔进驻库车，呢牙斯逃到张曜军中投降。伯克胡里得意扬扬，立即向主子英、俄帝国主义报捷，自己也准备从英吉沙尔返回喀什噶尔。

这时原来投降安集延的清将何步云和英韶看看风头不对，就乘机在所据守的喀什噶尔汉城反正。伯克胡里正在英吉沙尔，准备回喀什噶尔，听到库车失守，清将何步云又反正，就下令将英吉沙尔所有汉人，不论男女老幼，一律杀死。

何步云守住了一座孤单的喀城，挡不住阿里达什、伯克胡里的进攻，先后派遣汉民和维民潜出喀城，向湘军告急。刘锦棠正在阿克苏集结军队，原计划先攻取叶尔羌，然后再大军西指，收复敌军的最后据点喀什噶尔。听到喀城兵民反正的消息，认为机不可失，立即改变计划，决定先攻喀城。他令提督余虎恩、总兵桂锡桢率马步2000余人，由阿克苏取道巴尔楚克、玛纳巴什，从东面进攻喀城；提督黄万鹏、总兵张俊率马步2000余人，由乌什取道布鲁特边界，由北面绕攻。自己屯兵巴尔楚和玛纳巴什、扼守和阗至叶尔羌要冲，以为声援。

攻取喀什噶尔是西征军最后一次重大的战役，左宗棠将当时的军事形势奏陈朝廷，其中有一段概括、生动的描述：

> 自肃州、嘉峪关以抵吐鲁番，自托克逊以抵库车，皆防军也。自库车至阿克苏、巴尔楚克，为且防且战之军。自巴尔楚克、玛纳巴什以抵喀什噶尔、英吉沙尔，则为主战之军。常山率然势成，首尾相应，数千里一气卷舒，将士心目中皆有全局洞贯之象。

他充满了信心，在西征军周密布置之下，残敌已成瓮中之鳖。

十一月十三日，黄万鹏军抵达喀城北麻古木，余虎恩军抵城东牌素特，相距60里。被残敌胁裹而来的维吾尔族百姓听到大军已到城下，纷纷逃出城外，残敌下令，对溃逃者格杀勿论，但是人心已散，溃逃的人太多，虽然滥杀了不少人，但还是制止不住。残敌眼看大势已去，保住自己性命要紧，于是各打各的算盘，决定先逃一步。

19世纪中后期的清朝官兵

当天夜里，余虎恩率领肖元亨、戴宏胜二将由城东大道攻进，城中守敌已无心恋战，放火烧城，顷刻熊熊烈火，光如白昼。余虎恩步兵来到城下，与敌骑大战，将首领王元林刺杀坠马，敌人群龙无首，慌忙退却，清军骑兵合势围攻，将敌军全部歼灭。城西北数千敌骑赶来援救，正遇黄万鹏军从北面赶到，喀城的何步云也出击助势，官军士气大盛。城内敌人打开西门，狂奔而出，与城外敌人合流，向西逃窜。喀什噶尔遂为清军克复。

喀城是西陲重镇，平日边境商贸往来兴盛，还住有英国、印度、阿拉伯各国侨民。南疆各族人民和外国侨民都没有料到清军来得这么快，攻势这么神速。有些人还绘声绘色，说西征军会飞，是从天上飞过来的。刘锦棠因此得了个"飞将军"的雅号。

官军克复喀城后，刘锦棠料到其余各城敌军已群龙无首，内部分化，丧失斗志，应趁其不备迅速袭击，于是不等张曜部队来到，立即率军从玛纳巴什直捣叶尔羌和英吉沙尔。敌兵闻讯领袖伯克胡里已败走俄罗斯，都纷纷弃城逃散。叶、英二城相继克复。刘锦棠又派遣董福祥部于二十九日收复和阗。新疆南八城全部收复。

沦陷13年之久、面积达160万平方公里的新疆，除了西北部伊犁地区外，已全部回归祖国的怀抱了。当时舆论认为，这样大的战绩，"乃周秦汉唐所未有"。这样大的战役，从光绪二年六月初一到九月二十一日，收复新疆北路，不到四个月；从光绪三年三月初一日到十三日，收复南疆门户吐鲁番，还不到半个月；从七月十七日到十一月二十九日，收复新疆南路，也只用四个半月。在中国几千年的历史上，从敌人手中收复这么大一块沦丧10余年的沃土，用兵又如此神速，实在是前所未有。

左宗棠对这次战役也十分满意，他给孝勋、孝同的信说：

> 南疆底定，以事功论，原周秦汉唐所创见。盖此次师行顺迅，扫荡周万数千里，克名城百数十计，为时则未满两载也。

他认为决机制胜全在"缓进急战"的正确策略，还有是执行了正确的民族政策，因而受到各族人民的拥护："贼以其暴，我以其仁；贼以其诈，我以其诚。不以多杀为功，而以妄杀为戒。故回部安而贼党摧，中国服而外夷畏耳。"当然，收复新疆是正义的事业，是全国人心所向，得到汉、回、维、蒙全国各族人民的支持，这是迅速取得胜利的最基本的原因。

第四十三章 凌烟阁上绘功臣

"大闯""飞将军"和"目不识丁"——"铭石还应迈前古"

当新疆收复的喜讯传到京师时，全国上下一片欢腾。这是自鸦片战争以来第一次取得的对外战争的胜利。朝廷中上自两宫皇太后、王公大臣，下至各级官员，也都兴高采烈。廷议论功行赏，王公大臣们认为左宗棠功劳极大，可按照道光年间长龄平定入侵新疆的叛匪张格尔而封公的例子，封左宗棠为一等公爵。显然，左宗棠收复新疆的功劳比长龄还大得多。但是慈禧太后说："汉人赐爵，谁也不能超过曾国藩。曾国藩克复金陵，只封了一等侯。左宗棠是曾国藩所荐，他所用得力的老湘营原是曾国藩的老部队，将领刘松山也是曾所举拔，如左宗棠封公，那么从前封曾国藩就太薄了。"

慈禧考虑的不是功劳大小，而是论资排辈，她还认为外患不及内敌重要。于是朝廷下诏说：

> 新疆沦陷，十有余年，朝廷恭行天讨，特命左宗棠以钦差大臣督办新疆军务。该大臣剿抚兼筹，议定先规北路，首复乌鲁木齐以扼其总要，旋克玛纳斯，数道并进，规复吐鲁番等城，力争南路要隘，然后整旗西行，势如破竹。现在南八城一律收复，此皆仰赖昊天眷佑，列圣垂麻，两宫皇太后宵肝焦劳，知人善任。又能内外一心，将士用命，成此大功，上慰穆宗毅皇帝在天之灵，下孚薄海臣民之望，实深欣幸。该领兵大臣等栉风沐雨，艰苦备尝，允宜特沛恩施，用酬劳勤。钦差大臣大学士陕甘总督左宗棠筹兵筹饷，备历艰辛，卒能谋出万全，肤功迅奏，着加恩由一等伯晋为二等侯，钦此。

左宗棠对爵位的兴趣并不很高，两次上疏辞谢，但诏报不准："两次陈请，固非饰让鸣高，而赐爵酬庸，朝廷亦当有以示劝。着仍遵前旨，毋再固辞。"

诏书对左宗棠的功绩做了比较公允的评价，左宗棠作为西征统帅，指挥决策，用兵筹饷，运筹帷幄之中，决胜千里之外，取得胜利，确是备历艰辛。但是还有重要的一方面没有提到。新疆战役自始至终，一直遭到朝内外无穷的阻挠和反对。从李鸿章到丁日昌，从志崇到郭嵩焘，加上英国政府软硬兼施，武力恐吓不行，又用卑诈之词"乞降"。"内外一心"，都唯恐中国收复新疆。左宗棠和内外反对者做了不屈不挠的斗争，在全国人民和朝廷内比较清醒的大臣的支持下，总算取得了胜利，但是却耗尽了心血，经常必须将精力用在不必要的内耗上，"每一出师，须发为之尽白"。办一件光明正大，与国家利益主权、生死存亡攸关的大事，竟然受到反反复复的不断阻挠，确是比"栉风沐雨"更为艰苦。

新疆收复，自然不是左宗棠一人之功，他手下有一批有谋有勇的爱国将领，还有几十万久经沙场、能征善战的爱国士兵。功劳簿上还应——记上他们的名字。限于篇幅，以下只能介绍少数几位重要的功臣。

刘锦棠，他继叔父刘松山为老湘军统领。出征新疆时，左宗棠任命他总理行营营务，实际上是西征军的前敌总指挥，那时他刚过 30 岁。他作战十分勇敢，亲自出入于枪林弹雨之中，被人称为"大闯"。但是他又富有谋略，他对白彦虎、安集延等敌人的强大兵力，有充分的估计和准备，作战时除了正面兵力外，还常布置一道奇兵，从敌后突袭，出奇制胜。又善于根据敌情，做出正确判断，随时改变策略。如当官军收复古牧地后，得悉乌鲁木齐空虚，他立即起兵直捣乌城；又如攻取南八城时，原定回师阿克苏，先取叶尔羌，因得知喀什噶尔兵民反正，机不可失，立即改攻喀城，一举攻下。他用兵神速，在北疆战役中，先会同金顺攻克古牧地，收复乌鲁木齐；然后攻克达坂，破托克逊、吐鲁番；随后驰入南疆，攻入阿古柏据守的库尔勒，阿酋已先期自杀身亡。一个月之内，刘锦棠率部驰驱 3000 余里，连克喀喇沙尔、库车、阿克苏、乌什四城，后又收复喀什噶尔，直捣叶尔羌和英吉沙尔，全部收复南八城，并捉获了引敌入境的叛徒金相印父子。当他攻克喀城时，当时各族同胞以及侨居的西方人、印度人和阿拉伯人都惊讶万分，没有想到官军来得如此之快，似乎是从天而降，都佩服刘锦棠的勇略，称他为"飞将军"。

刘锦棠的功劳仅次于左宗棠，朝廷封他为二等男，后来晋升为一等男。光绪六年左宗棠调回京师，由他推荐刘锦棠接任他的职务，授钦差大臣督办新疆军务。光绪十年，新疆建行省，任第一任巡抚。他多次打退了阿古柏残部从俄境的入侵，保卫了西北边陲，为谈判收复伊犁做了实力后盾。新疆建省后，他秉承左宗棠的意旨，建立郡县，兴修水利，创设学校，开办屯垦，治理交通，对新疆的发展做出了贡献。

当时人对刘锦棠收复新疆的功绩有很高评价，如戊戌变法六君子之首、曾任刘锦棠幕僚的谭嗣同和李元度都认为他的"伟绩奇勋"超过康熙和乾隆皇帝在新疆的武功，也超过历史上所有经营西域的前人："铭石还应迈前古！"

光绪十三年，刘锦棠因祖母病，告归还乡。新疆人民"望风相送"，人群簇拥在车前，不让他走，因而多停了好几天。可见各族人民对他的爱戴。

刘锦棠是一位伟大的爱国者。光绪十年法国侵略福建、广东沿海时，他两次上书，要求带兵与法国一战，未得朝廷同意。光绪二十年（1894年）中日甲午战起，朝廷想起了他，电召入京。他已告归多年了，立即从湘乡乡间起程，不幸刚到县城就病倒了。病重时口齿已经不清楚，还喃喃呼叫："将士们，保国卫边，奋勇杀敌！"死时年仅51岁，谥号襄勤。身后萧条，行箧中只剩有一些奏稿，别无长物。

张曜，是左宗棠手下另一员大将。字朗斋，直隶大兴人，祖籍是浙江上虞。同治八年他开始率嵩武军随左宗棠西征，不久协同攻克肃州。张曜奉左宗棠命首先领军出关，驻军哈密一带，执行屯田政策，兴修水利，垦荒地两万余亩。在北疆战役中，张曜军协同刘锦棠军攻克达坂、吐鲁番；在南疆战役中，张军作为后续部队，支援刘锦棠军进攻，为收复南八城建立了功勋。

张曜年轻时好武，据说"生有神力"。曾随僧格林沁攻打捻军。人都以为他只是一个武夫，其实他好读书，文笔雅驯，又写得一手好颜字。他却受到过一次哭笑不得的挫折，幸而他还豁达，处理得法，对他的前途没有造成重大影响，现在看来倒成为一件有趣的故事，也是清朝廷的一宗笑料。

咸同年间，张曜任河南布政使，是文职。有一位御史刘毓楠凭着道听途说，奏参了他一本，说他"目不识丁"。清朝廷也是糊里糊涂，不经过调查核实，就相信了这位糊涂御史的话，按照清代规矩，目不识丁的人不能当文官，因此将他的布政使撤了，改任武职总兵。他气愤之下，又无从申辩，就刻了一方图章，自署"目不识丁"，以示自勉，同时表示对无端诽谤的抗议。

他其实是一个雅人，做官多年，在家乡没有置办田宅，却在荒园中遍种竹子。当他屯兵宁夏时，在黄河边筑一小楼，面对贺兰山麓，为小楼题额"河声岳色"。他常在楼中吟诗写字，时人以为有晋代羊祜（叔子）登岘山遗风。他请左宗棠题写他自己的旧联，悬挂在楼中，联云：

> 负郭无田，几亩荒园都种竹；
> 传家有宝，数间茅屋尽藏书。

左宗棠应约写好了对联，还加写了一篇短跋，很夸他的战功和雅尚，还说："何时真得吟哦其间，一发清兴，余当携杖从之。"这副联语的石刻现仍保存在西安碑林中。

左宗棠和张曜都是文武兼备、风雅高尚之士，左宗棠对张曜被削去文职的一段经历深抱不平，后来他奏明朝廷，张曜文学优长，请恢复文职。光绪十年，授张曜巡抚衔；次年，任山东巡抚，他在青州和曲阜修建书院，兴办文化事业，受到当地人的歌颂。

光绪十四年，他奉命襄办海军。当时台湾吃紧，日本侵略者蠢蠢欲动，巡抚刘铭传病退。他是一位爱国者，就自告奋勇去接替刘铭传，以保卫东南海疆，但未能成行。光绪十七年病逝，谥"勤果"。

张曜为人廉洁慷慨，礼贤下士。所得薪俸只留少数家用，其余都随手散去，和左宗棠作风一样。他死之日，老百姓都痛哭流涕，怀念不已。

金顺，字和甫，满洲镶蓝旗人，原是多隆阿旧部，同治二年参与左宗棠的西北军事，攻克肃州有功。左宗棠在遴选入新疆将领时，选中了他，认为他心性和平，毛病是过于宽缓，但他服善爱好，无妒忌之心，平时看似无能，打起仗来还是勇猛，也受群众爱戴，因此以他代替景廉为乌鲁木齐都统。在北疆战事中，金顺配合刘锦棠湘军攻克乌鲁木齐；在南疆战役中，奉命扼守北路，防止敌人往北窜逃，为收复全疆立下了功劳。

光绪七年，他奉命接收伊犁。光绪十一年，因部下兵变，被总督谭钟麟劾罢，道经肃州时病卒。身后不名一文，连殓葬费也没有。他做了许多年大官，竟然穷到如此，可见其十分廉洁。予谥"忠介"，倒也很恰当。

刘典，字克庵，湖南宁乡人。年轻时参与左宗棠戎幕，后随征于皖、赣、浙、粤、闽等省，与太平军作战。同治五年来西北，任甘肃按察使；同治七年，升任陕西巡抚；同治八年，与左宗棠同定下三路剿回策。不久因母亲年高，请假回家奉养。光绪二年应左宗棠召，再来兰州。左宗棠全军出征新疆，移驻肃州前线督阵，命刘典帮办陕、甘军务，留守兰州，坐镇后方。这是一项十分艰巨的任务，刘典筹粮筹饷，费尽心机，使左宗棠无后顾之忧，对西征胜利起了重大作用。左宗棠赞他是才可匡时、气可盖世的难得人才。但他昼夜辛勤，因而积劳成疾，因为事务繁忙，病中仍然治理工作。

光绪四年，刘典老母已87岁了，盼望儿子回家；刘典也已耳顺之年，身又患病，因此以养亲治病疏请开缺。得到朝廷和左宗棠的同意，他定于次年正月动身回湘。左宗棠特地写了一篇洋洋数千字、情文并茂的《送刘克庵南归宁亲序》，序末表达了他对刘典能摆脱官职、回家养亲的羡慕，说：

> 余方卧疾边关，未能并辔言旋，睹绛云在霄，舒卷自如，不觉枨触于怀，如笼鸟之企鹤踪也。

但不幸刘典未及成行，就于年底病故兰州，身后萧条，无以为殓。左宗棠从自己薪俸中拿出6000两银子，5000两送刘典遗体回湘及丧葬费用，1000两为刘母百岁建牌坊之用。刘典一生清廉，左宗棠决定丧葬费不动公款，由他一力支付，是恐累及刘典的清德。刘典死后予谥"果敏"。

收复新疆的有功将领还很多，如蜀军徐占彪，卓胜军金运昌，湘军谭上连、谭拔萃、黄万鹏、易开俊、罗长祜、侯名贵，嵩武军孙金彪，乌鲁木齐地方民团领袖徐学功，陕北降将董福祥等。还应特别提及的是一些回族和其他少数民族将领，如归顺回军首领崔岳、禹得彦、毕大才、蓝得喜、马标，率领"旌善五旗"，与董福祥、张俊、李双良的董字三营，由于兵将都是西北土生土长，适应沙漠干旱气候，对地形熟识，入疆后能征善战，经常打头阵，与汉族各军密切合作，立下了大功。后代有人说，回族军民反对并阻挠清军收复新疆，这是片面之词。阻挠左宗棠进军新疆的只是极少数回军上层封建分子，如白彦虎之流，广大回族军民是拥护左宗棠收复新疆的，而且在收复新疆的伟大事业中立下了赫赫战功。

当然，各族广大士兵的功劳也不可泯没，无论是湘军、豫军、蜀军、满军和回军，他们都越山涉水，备历艰辛，浴血奋战，以致牺牲生命，埋骨戈壁黄河、天山葱岭之间。他们都是些无名英雄，没有这些无名英雄，收复新疆的宏伟事业是无从实现的。当人们纪念功勋卓越的英雄将领们时，也别忘记那些默默无闻献身沙场的战士！

新疆用兵所以取得胜利，因为它是一项正义的事业，战争中指挥、决策正确，用人得当；此外，一个重要的原因是，政府军执行了正确的民族政策。新疆是少数民族聚居地区，阿古柏入侵后残酷压迫剥削各族人民，抢劫财物，掳掠妇女，人民恨之入骨。左宗棠在进军前后，一再告诫全军遵守纪律，严禁掠杀奸淫，要优待俘虏，对被胁迫附敌的各族同胞，一概不咎既往，送回家乡，还要发放衣服粮食。大军所至，秋毫无犯。被俘释放人员纷相传告，因此，敌人军心涣散，各族人民纷纷起义，主动报告敌军虚实动向。官军所到之处，当地人民和官员扶老携幼，奉献牛羊酒酪，诚如左宗棠所期望："八城回民如去虎口而投慈母之怀。不但此时易以成功，即后此长治久安亦基于此。"由于政策正确，受到各族人民的衷心拥护，这也是大军所至摧枯拉朽、势如破竹、迅速取得胜利的重要原因。

新疆战事既受到全国人民的拥护，也得到清政府的全力支持。没有清政府的支持，新疆战事是无法进行的。当时朝廷中掌权军机大臣、武英殿大学士文祥是一个关键人物。他字博川，满洲正红旗人，是一位爱国有识之士。他赞同左宗棠收复新疆的主张，排斥了主和派的反对意见。朝廷授予左宗棠西征军政大权，统筹全局，满汉将领悉听其节制、调遣；撤回了景廉、袁保恒等与左宗棠"同役而不同心"的大臣，擢任了刘典、刘锦棠等一批左宗棠所器重的人物；也同意了左宗棠筹饷、借洋款的方案；使西征军兵精粮足、士饱马腾，左宗棠也"卒能谋出万全，肤功迅奏"，主要是朝廷听取了文祥的意见。新疆规复，文祥应记上一大功。

清朝廷和两宫皇太后是国家最高决策者，他们代表全社会和全民族的利益，为维护国家主权和领土完整，在新疆战局的决策上做出了正确的决定。两宫皇太后采纳文祥和其他主战派大臣的意见，充分信任左宗棠，使他集兵事、政事、饷事于一身，取得了近代史上唯一的一次对外战争辉煌的胜利。尽管后来慈禧太后做过许多祸国殃民的事，但就事论事，她支持收复新疆是正确的。在收复新疆的事业中，慈安和慈禧两太后也应记上一功。

第四十四章　收回伊犁的斗争："先之以议论，决之以战阵"

俄国拒还伊犁——唆使残敌犯边——崇厚赴俄签订卖国条约

　　新疆南北两路收复，入侵的安集延外敌大部被歼灭，只剩下伊犁仍被俄国占据。俄国原来声称是代清政府占领，一俟乌鲁木齐和玛纳斯为清军收复，就立即归还。光绪二年（1876年）九月清军克复乌城，俄国毫无归还伊犁的迹象。朝廷中有些人提出，应立即向俄国交涉索还。朝廷征询左宗棠意见，他认为还不是时候，当前应全力以赴先收复南路，这时如果去索取伊犁，俄国人定会多方要挟，南路军事反难兼顾。不如等南路收复后再去交涉，伊犁归还就容易了；暂时可将伊犁放置一下。朝廷同意了他的意见。

　　第二年（1877年）七月，大军向南八城前进时，俄国和土耳其发生了战争。俄国将驻新疆边境的部分军队调到俄土前线。扼守北疆的金顺得知此消息，认为有机可乘，就上书左宗棠，愿乘虚袭取伊犁。左宗棠仍然不同意，他认为北路兵力并不够强大，南路又不能分兵。即使军事上有把握，但也不必用偷袭的方式，将来尽可堂堂正正地向俄国索还。如今立即用武力攻取，纵使暂时取得胜利，将来后果很难预料，也不是稳妥之策。

　　左宗棠对俄国的策略是，暂时不要恶化两国关系，先集中力量解决南疆这一主要矛盾。对于英国则针锋相对，英国庇护安集延侵略者，几次威吓诈骗，要清政府承认安集延在新疆的主权，但都被一一拒绝。他了解英、俄之间为争夺殖民地有矛盾，俄国又正与土耳其战争，对中国收复新疆无力干预。但俄国究竟是大国，中国仍值多事之秋，对待俄国还必须慎以图之。

当喀什噶尔收复残敌逃入俄国后，刘锦棠准备派兵进入俄境搜捕。左宗棠知道后，立即制止了刘锦棠，他认为这违反国际准则，会惹起事端，于我国反不利。他命金顺致信给俄国边境土耳其斯坦总督，要求两件事：一是归还伊犁，一是交还残敌，并允许以重金酬报。后者是主，前者是顺带的要求。他知道边境总督无权处理归还伊犁的事，必须通过正式外交途径，因此同时报请总理衙门，照会俄国公使，按原定条约交还伊犁。

俄国总督收到信后，久久不回答，还声言要进兵伊犁东北的精河。前线将士都很气愤，要求先发制人，进入俄境搜索残敌。左宗棠认为俄国只是虚张声势，未必敢用兵。它收容残敌，是明显不怀好意，目的是想长期霸占伊犁。中国要收回伊犁不会很容易，必须以武力为后盾，但是先必须以外交交涉，衅不可由我开，以免给俄人以借口。中俄接界长达万余里，除了西北还有东北。现在西征军固然"兵威已盛，欲战即战，何所顾忌"，但是应有全局观点，即使西北胜利，如敌人从东北攻入，则防不胜防，"兵事将无了期"。左宗棠是著名的对外强硬的主战派，但他对待战争却十分谨慎。他认为对与俄国这样的大国开战，必须慎之又慎，只能在迫不得已的情况下，才诉诸武力。

不久，英、俄两国在新疆边境发生了冲突，英国唆使布噶尔部族人夺占了俄国边地达尔瓦斯和哈拉替良两城，俄国抽调了驻中国边境部队去应战。前线将领又认为这是一次绝好的机会，要求派兵趁此收复伊犁。

左宗棠仍坚持不准，告诫他们说："俄国与英国早有嫌隙，俄国倚仗国大，英国自恃兵强，各不相下。我们现在最好的方略是静观其变，不宜轻举妄动。自己要发奋图强，做好积极准备。不仅对俄、英如此，这也是对待所有邻国的原则。"

他又告诉刘锦棠："曹孟德意思安闲，如不欲战，而每战辄利，似于今为宜。"要刘锦棠学学曹操，大战之前，悠闲自在，不动声色，麻痹了敌人，使其处于无戒备状态，这样一打仗就打胜。左宗棠就是这样，进军新疆之前，他在肃州修浚酒泉湖，日夕泛舟湖中，饮酒赋诗，敌人以为他迷恋湖光山色，早把新疆忘记了。其实他是待机而动，现在对付俄国和收回伊犁也得这个样子。

当时中俄边境还很不宁静。残敌逃到俄国后，不甘心失败，又受俄国的支持和唆使，多次进犯边境，妄图重温旧梦，恢复在新疆的统治。光绪四年（1878年）八月，残敌假借经商名义，由俄国政府发给路票，带领一支部队攻击乌什。九月，安集延敌酋阿里达什也率领百余人窜入边境，到达英吉沙尔卡外，纠集了布鲁特头目阿布都勒哈马，准备偷袭喀什噶尔。刘锦棠派罗长祜率兵包抄金山后路，一昼夜兼行四百里，设下埋伏，一举歼灭200余人，逃到乌什阿依他沟的余党也为张曜部歼灭。阿布都什的声势更大些，刘锦棠派谭慎典、杨金龙马军和罗长祜、侯名贵步军千余人迎击，张俊率一军抄袭。阿里达什败退到奈曼，刘锦棠已命维军领袖库弥什设下埋伏，将阿里达什和党羽全部擒斩，阿布都勒哈马率残部翻山逃遁。残敌的第一次进犯以失败告终。

第二年（光绪五年）正月，阿布都勒哈马又带领儿子买卖提斯拉木，伙同安集延的爱克木汗、阿希木汗和卓哎买提等，率兵进犯喀什噶尔，扬言要为阿古柏报仇，号称有大军数万，实际上只有几千人。敌人进抵距喀城百余里处，侦察到清军已有严密戒备，就转往南，占领了布鲁特人居住的博斯塘特勒克。博城左右是山，中间有一片平谷，附近一带为戈壁，正东160里是乌帕尔城，刘锦棠已派方友升和谭慎典部进驻。

刘锦棠认为越戈壁去迎击敌人，会暴露在敌人炮火之内，他定下埋伏之计，先暗中叫布鲁特人诈降敌人，诱敌深入。敌人果然中计，以为清军没有防备，扬扬得意，直奔乌帕尔刘锦棠军大本营。刘锦棠定下计策，派张俊和董福祥各率千人绕道趋敌后路乌帕阿提和乌帕克恰提，又命罗长祜率谭慎典、方友升等率马、步军1800余人，衔枚疾走，由小道直取博斯塘特勒克敌军大本营；自己则带领将士们埋伏在军营左右，静候敌军进入圈套。

正月初十日黎明，敌军大队果然来到埋伏圈中，刘锦棠伏兵齐起，敌军毫无防备，大败逃走，刘锦棠军追击30余里，歼敌百余人，敌军大部队纷纷往博城回逃。

罗长祜部队也于当日晨到达博斯塘特勒克谷口，敌军还在睡觉，不防奇兵突至，仓皇中拿起枪械抵御，但是措手不及，被清军歼灭500余人。到黄昏时，望见正东尘土骤起，敌军大部队从乌帕尔逃回来了，罗长祜命步军都埋伏在谷中，留下马队守在谷外。敌军看到清军马队挡住了归路，就分骑为数十队，向清军冲击。谭慎典挺长矛穿入敌阵，纵横击刺，英勇无比，杀死了买卖提斯拉木，敌军大乱；杨金龙、方友升两军又从旁抄出，将敌寇一分为二，杀死数百人。残敌千余名逃进谷内，却又被埋伏在谷内的张春发、汤彦和步军围歼，连斩卓哎买提和阿希木汗，还有部分敌人外逃。谭慎典等率大军一昼夜追200余里，追到中俄边境，爱克木汗与阿布都勒哈马已率残部逃入俄罗斯，清军于是胜利收兵。

那年七月，爱克木汗和阿布都勒哈马又率部众侵入边境，由乌鲁克恰提窜到色勒库尔，将色城团团围住。守城维吾尔族将领伯克素唐夏英勇抵抗，一时攻不下来，阿布都勒哈马就派人去诱降。维吾尔族同胞恨透了敌人，伯克素唐夏心生一计，同意和他们在城下相会，商量投降条件，暗里派了20余名壮士一同出城，望见阿布都勒哈马一伙已在城外等候。壮士苏乃满突然奔向阿布都勒哈马，一手抓住他的马缰，一手持刀准备砍去，阿布已有所戒备，立即拔刀，将苏乃满四指砍下，奋身返奔；另一壮士名谿罕，举枪向阿布后背射击，阿布被击中身亡，从骑七人也被击毙，城下一时大乱。伯克素唐夏急令收兵，闭紧城门。敌人丧失了领袖，加紧攻城，又攻不下，就将城围住。

刘锦棠得到色勒库尔被围的消息后，急派大军由山路赶去援救。围城敌军听到大军将至，首领又已被歼，立即撤围往北逃走。刘锦棠决意要将入侵敌军全部歼灭，令董福祥率军急追。追了两天两夜，到达空谷根满斯，看到满地是牛马血，知道敌人刚去不远，可是步兵已疲惫不堪，脚上又长上老茧，董福祥就命张俊挑选一部分精兵，骑上骡子，随马军继续追赶。追到傍晚时分，赶上了敌人，敌人正解下鞍子喂马，准备扎营休息。张俊军突然袭击，另外又派一支兵绕到敌后，敌军大败逃走。张俊军又连追两天两夜，所经之处，都是荒山绝谷、人迹罕到的地方。一路是高耸入云的石壁冰梯，兵士和马匹时常要攀登悬崖绝壁，下临万丈深渊，一不小心，人马坠崖而死的很多，也有些士兵触烟瘴中疾而死，真是一场艰苦的追击战。一直追到黑子拉提达坂，敌人只剩下数十骑，翻过山岭逃入俄国，清军这才收兵。

这次战役，击毙敌寇2000余名，擒斩安集延大通哈二人、胖色提以下数十人，获马牛数十头。从此以后，残敌再不敢大规模侵入境内了。

但南疆收复后，清政府几次向俄国交涉归还伊犁，俄国一方面纵容叛匪多次侵扰边界，一方面俄公使布策却借口边境地方秩序不安宁，边境商民交涉各案尚未了结，多方推诿，不给明确答复。光绪四年（1878年）十月，清政府决定派遣吏部侍郎崇厚为使俄全权大臣，去俄京圣彼得堡直接交涉，索还伊犁。崇厚是一个昏庸颟顸的满人官僚，他曾在天津教案中为曾国藩出坏主意，曾国藩自叹"内负疚于神明，外得罪于清议"，都由于"诸事惟崇公之言是听"，而"崇帅事事图悦洋酋之意以顾和局"。这样一个媚外的人，清朝廷居然派他代表中国，去办理重大外交事务。

崇厚到俄京后，在俄国人吓唬诈骗之下，一一答应了俄国提出的通商、分界、赔款三项要求。光绪五年八月，他和俄国政府在克里米亚半岛的里瓦吉亚签订了《里瓦吉亚条约》。根据条约规定，俄国虽然交还伊犁九城，但却割占伊犁西南广大地区，占据通往南疆的险要穆素尔山口。另外，还索取500万卢布（约合银280万两）为所谓偿付俄国代守伊犁和俄人损失费用；准许俄国在嘉峪关、哈密等七处设置领事，给予俄商免税贸易特权等。俄国人不费一兵一卒，得到了即使冒战争危险也得不到的东西；中国人没有战败，却签订了一个丧权辱国的条约。

消息传到国内，全国人民无不气愤万分，街谈巷议，都认为俄国欺人太甚，只有与之决一死战。朝廷中许多大臣也纷纷上章弹劾崇厚，主张修改条约。消息传到西北前线，将士们气愤填膺。前敌指挥刘锦棠认为："非决之战阵，别无善策。"

朝廷也觉得割地太多，通商口岸也过多，一连下了二道密谕给左宗棠，八月二十三日上谕说："左宗棠于新疆情形了如指掌，而筹办军务，事权归一，尤当通筹全局，权衡利害轻重，密速具奏。"八月二十四日第二道密谕又说："特崇厚现已定议画押，事机已误，惟有亟筹补救，设法挽回，着左宗棠懍遵昨日谕旨，详细筹度，妥议具奏。"

左宗棠确是朝廷大员中对新疆情况最了解、最有发言权的人，也是对收回伊犁态度最坚决、最具有实力的人。在复奏中他指明了俄国的狡猾和不守信用的诸端事实，提出中国应持的态度。

他首先驳斥了俄国索要500万卢布的无理要求，说："俄人乘中国内战方殷，未遑远顾，乘机占据伊犁，借称代我收复，在地方上按户收税，已掠夺不少，仍未餍足，现又要求赔偿。光绪三年西方报纸消息，俄人愿得二百五十万卢布，即交还伊犁，此次偿款忽议增五百万元，可见其讹诈！俄人原说，待我收复乌、玛二城，即当交还伊犁，而俄不践前言，反而庇匿叛徒，纵其党羽四出扰边。去冬今春为我军捉获俘虏，搜有俄政府路票，并供认系由俄官员驱遣。官军追贼从未越俄界一步，我之守约如此，彼之违约如此，尚何信义可言！"

他坚决反对割让伊犁西南地区与俄，说："按崇厚所议第七款，隙尔果斯河及伊犁山南之帖克斯河归俄属，我得伊犁只剩一片荒郊，北境一二百里间皆属俄部，孤注万里，何以图存？……自此伊犁四面，俄部环居，官军接收，堕其度内，固不能一朝居耳。"

他沉痛地说："武事不竞之秋，有割地求和者矣。兹一矢未闻加遗，乃遽捐弃要地，餍其所欲，譬犹投犬以骨，骨尽而噬仍不止，目前之患既然，异日之忧何极！此可为叹息痛恨者矣。"

在奏末他提出与俄国交涉应持的态度，即：

> 先折之以议论，委婉而用机，次决之以战阵，坚忍而求胜，臣虽衰庸无似，敢不勉旃！

这是他一贯的主张，即是衅不轻开，先进行耐心的外交交涉，但必须以武力作为后盾，如果凭交涉不能收回失土，就不惜一战。他虽年老体衰，但决不避艰险，赴汤蹈火，在所不辞。他奏陈等明春解冻后，将亲率马步各军，进驻哈密，在南北两路适中之地，指挥各军应变。

朝廷中的投降派过去反对收复新疆，现在又深恐得罪俄国，宁愿放弃伊犁。投降派首领李鸿章首先出来维护崇厚签订的卖国条约。他上奏说："惟此次崇厚出使，系奉旨给与全权便宜行事字样，不可谓无立约定议之权，若先允后翻，其曲在我。"

他为制造舆论，又写信给曾纪泽说："其实伊犁久借不还，于大局亦无甚关碍，如今画蛇添足，进退两难。"他还攻击左宗棠主战是"不明彼己"，必有后患，"左相必不以界务为然，但欲进驻哈密，恫吓俄人，使其酌议减改，此万万做不到之事……军心不固，外强中干，设与俄议决裂，深为可虑。"

郭嵩焘也和李鸿章一样，对俄人万分害怕，他攻击主战派说："廷臣主战，只是一隅之见……俄环中国万里，水陆均须设防，力实有所不及。"他和李鸿章真是一唱一和。

朝廷看到李鸿章的奏折，又游移不定。如果采取强硬态度，所能依靠的，只有左宗棠西征军的实力和决心，于是将李鸿章意见转知左宗棠，命他"妥议具奏"。

左宗棠在复奏中请求朝廷于崇厚

晚年崇厚

返京复命时，召集军机大臣、总理衙门、六部、九卿及将军、督抚臣会议，各抒己见，共商对策，宣示于国人，这是关系全国人民的大事，何庸秘密！他又致书总理衙门，驳斥了李鸿章的意见，说："崇厚虽以全权出使，但所议约章，只是草签，尚须经御笔批准，是无所谓'先允后翻'。但宜于崇厚返京复命后，将不可允各行条明旨宣示，使中外咸知皇上旨意所在，则正气常伸，人心自奋。"接着他提出对当时形势的分析和对策："目前边事纠纷，道理在我方，论势力我亦不弱；只须内外坚持定议，万众一心。则先之以谈判，谈判不成，则继之以武力，事无不济。"

由于左宗棠和前线将士的决心，也由于中国人民坚决反对投降割地，清廷摒弃了投降派的意见。当是年十二月崇厚回到京师时，立即交刑部治罪，定为"斩监侯"，等刑期一到，就处以斩刑。

朝廷随即将崇厚所议条约发给阁部、九卿、翰詹科道集议，决定废弃前约，改命驻英法大臣曾纪泽赴俄国重行订约，同时诏命左宗棠统筹新疆南北战守事宜。

第四十五章　"日暮乡关何处是，古来征战几人回"

进驻新疆，"舁榇以行"——定三路收复伊犁之策

　　左宗棠接到诏令后，立即调兵遣将，定下三路规复伊犁的策略。东路由伊犁将军金顺率部万人，严守精河一带，防止俄兵东窜，并调金运昌卓胜营马队5000余人、步队1500人协助；中路由嵩武军统领、提督张曜率领马队500余人、步队4500余人，由阿克苏越冰岭向东，沿特克斯河直向伊犁，计程1250里；西路由刘锦棠率马队1500余人、步队8500余人，取道乌什，越冰岭向西，经布鲁特游牧地，约七站到伊犁，计程1250里。这条路久经封禁，但却是一条捷径。又派谭上连、谭拔萃、易开俊等填防后路。——作了周密布置之后，左宗棠准备亲自出关，指挥前线瞬息万变的军事。

　　那几年天山南北连获丰收，关内外粮草充足，天气也十分和煦，不像从前寒风凛冽。西部前线，人腾马壮，将士踊跃争先，都愿为夺回新疆最后一块失地献出自己的一切。

　　光绪六年（1880年），左宗棠已68岁，在西北已有十余年，许多人称赞他日理万机，精力过人，实则他身体并不好，多年的戎马生涯，使他积劳成疾。来西北前就患长期腹泻，在肃州大营时不服西北水土，全身长满了风湿疹子，夜间抓搔不止，难以成眠。他又有咳血病，来西北后加重。有一天早晨起床时，忽然吐出鲜血十余口。自己原以为生不能出玉门，这次为了对付俄国霸占伊犁，必须出关，也居然能出关、远征新疆了，这是少年时代梦寐以求的事，心中十分兴奋。但他也深知，如果谈判决裂，和俄国开起战来，就不一定是二三年可

以了结的事。以他年近古稀、衰病之身，能生出玉门，固是幸事，能否生还，却不可期了。

四月十八日，他率领亲军1000余人离开肃州大本营。前往新疆哈密。在队伍中，有几名壮士抬着一口空棺材，随着他的乘舆后面。这一列长长的队伍，旌旗招展，士饱马腾，在荒凉的戈壁滩上，缓缓地迎着苍凉的落日前进。这一幅悲壮的场景，显示了西征军全体将士不获胜利决不生还的决心，也显示了中国人民不可轻侮、中国领土不容侵占的神圣意志。左宗棠的这一勇敢、爱国的行动和决心，感动了全国人民，也震惊了中外。

黄昏时到达嘉峪关，天下了小雨，半夜雨下得大了。宗棠心中欣喜，今年正苦旱，有了这场雨，可以丰收了。离肃州三天后到达玉门，唐王之涣诗："春风不度玉门关"，可以想象，出了玉门，尽是一片荒凉孤寂之地。宗棠却兴致很高，并不以出塞为苦，他说自己虽然不能与壮年人相比，但这次为国驱驰，"孤愤填膺，诚不知老之将至"！

二十五日抵达甘肃最西的安西州，他是个有心人，沿途留心观察人民生活和地方情况，看到一路上都是沙碛地，人烟阒寂，景况萧条，战乱以来，这一带受战祸最惨。他就献出养廉银两千两，交给地方官，请代买种羊，发给灾民和兵丁，从事畜牧和开垦荒地。

他一路细心观察，戈壁虽然缺乏水草，但砂石之间含湿润之气。虽然没有泉源灌溉，雨露滋润，但大小砂堆中遍生野草，还间有芦苇丛杂，既能长草，一定也能种粮食。他在兰州北山有一段经验，该地秦王川过去五谷不生，现在则产粮最多，看来关外也可仿照秦王川法，试种粮食。沙滩戈壁中虽缺少树木，近水地则还可见到榆柳，他以为下湿之地既可长榆柳，一定也可以种蔬菜瓜果。他将沿途看到想到的写信告知杨昌濬，嘱他对边地人民先教以畜牧，然后逐渐试以农业生产，使边地人民摆脱贫困，逐渐富裕起来。

五月初八日到达哈密，从肃州到哈密走了一个半月。哈密各族人民听到左宗棠来到，都纷纷拥挤在路旁迎接张望，有些人是从百里外老远赶来，有些老人也扶着拐杖来看。哈密原有新、老、回三城，经过战乱，原城已半成瓦砾。左宗棠住在新建的哈密大营，大营建立在河东北岸旧名孔雀园的一片高敞的长坪中，用黄土筑成围墙，与新城相对峙，离城约三里。营内可容纳数千官兵。

左宗棠到哈密后，恐怕士兵闲居无事，丧失斗志，就在大营附近开辟了一片荒地，命士兵们耕种杂粮；又在大营内开辟菜园20亩，他对种菜既有兴趣，又有经验，每天都要去菜园督看几次。当时中俄伊犁前线紧张，军事调动频繁，左宗棠在菜园里消磨时间，其实也包含他教导刘锦棠学习曹孟德，每大战之前"意思安闲，如不欲战，而每战辄利"的意思。

有一个德国人叫福克，在上海开设洋行，曾为左宗棠经办购买德国的织呢、开河等机器，运去甘肃应用。光绪五年十二月初，他和奥国人满德及一位姓席的翻译从上海出发。次年六月二十九日抵达哈密，比左宗棠到哈密只晚了一个多月。他们特去拜望左宗棠，因为他们曾帮助买机器，又是德国人，德国还没有在中国动过武，左宗棠对他们比较有好感，待他们很客气，请他们住在大营内上房后侧，每日三餐一同进食饮酒，常常谈谈洋务和海外情况。

福克后来写了一篇《西行琐录》，记载了左宗棠在哈密的生活起居情况。每天的生活很有规律，天刚黎明，左宗棠就起床，先到菜园里去眺望一会儿，早上空气新鲜，他在菜地里走走，活动活动筋骨。然后回营房，立即接见属员，洽谈工作。谈完差不多7点钟了，于是开早饭，他和随员们一同吃，福克等三人也同吃，有六碗菜。早饭毕，即批阅各方公事，草拟奏折，回复来往信件等，一直工作到中午。12点吃中饭，饭后继续工作，直到下午五六点钟，又到菜园去，督看士兵们浇水灌地。菜园内瓜菜品种很齐全，他看到菜长得好，地里一片青翠，满怀喜悦，一日的疲劳也去除了。然后回营房晚餐，饭后与营务处人员谈谈天，福克和满德也参加，谈到深夜12点才就寝。

福克深情地回忆说："左爵相年已七旬，身在沙漠之地，起居饮食，简省异常，内无姬妾，外鲜应酬之人，其眷属家人多未带至任上，唯一人在塞。老臣蹇蹇，砥柱中流，不特清廉寡欲，硕辅朝廷，凡一切爱民敬事之诚，尤旷代所罕见也。"

他又赞叹左宗棠爱国、爱人民的精神，说："一月以来，觉爵相年已古稀，心犹少壮，经纶盖世，无非为国为民；忠正丹心，中西恐无其匹。爱民犹如赤子，属员禁绝奢华，居恒不衣华服，饮食不尚珍馐。如此丰功伟业，犹不改儒生气象。"

福克对左宗棠高尚的品德、严肃的作风、俭朴的生活和丰伟的功业，佩服得五体投地。

一次他问左宗棠："爵相如此高年，家中不积攒房屋田地，何必自苦如是？"

左宗棠回答他说："君子做官，是为国家的利益做事，而不是为私利。我不愿留财产给子孙，是恐怕给他们添麻烦，反害了他们。"

几十年的戎马生涯，左宗棠一直过着艰苦朴素的生活，家眷不在身边。除同治五年夏周夫人曾到福州督署短聚数月外，他一直单身住在军营中，与士卒同甘共苦。周夫人于同治九年去世后，几个儿子曾轮流到兰州来陪伴他，直到光绪五年，张夫人由幼子孝同陪同，并携带孝威的两个孤子前来甘肃照顾。那年张夫人已65岁，左宗棠认为她来后不能伺候他，反而要他照料，对两个幼孙跋涉远来，更以为不可。张夫人于年底到兰州，宗棠正在肃州行营，次年正月，张夫人与孝同来到肃州，总算夫妻儿孙团聚了几个月。而宗棠于四月又离肃州去哈密，张夫人和孝同遂回兰州，不久又回长沙了。

左宗棠自己说："我以望七之年驰驱王事，自浙闽移督陕甘，无数月安坐衙斋者。时事纷纭，哪能顾及家里！"他青年时为衣食奔波，中年以至老年，则为国事奔波，没有能享受到家庭生活的幸福。

福克久居上海，他对清朝官吏的生活是很了解的，从大员到地方府县，无不奢侈淫靡，姬妾满堂，侍婢林立。他和左宗棠在营中同吃同住几个月，看到他生活如此俭朴，不由得衷心钦佩，以至于赞誉为"古今罕见，中外均无人能及"！

哈密是新疆的热点，与吐鲁番齐名。左宗棠到哈密正值最炎热的时候，沙漠热浪袭来，外地人简直受不住。宗棠本来有病，受了酷热，左胁左腿牵引作痛，医生给他服大黄数剂，加以芒硝，这是中医的清泻凉药；又服滋阴补气的药，才慢慢复原。他不顾旅途辛劳，疾病缠身，每天工作总要达十几小时以上。

哈密经过战乱，城市几成一片废墟，人民生活极端困苦。左宗棠来到后，经过几个月的整顿，给郊区人民发放耕牛，从事耕种；修好各处道路，使贸易畅通，并日夜派出官兵清查盗贼，市面很快就恢复。由凤凰台大营穿过新城，直达旧城西北角，约四里长的大道，商店房屋鳞次栉比，出售百货食物，一路上热闹喧阗，本地人认为是从来未有的盛况，外人来游历的也赞叹不已。

为了纪念收复新疆死难的将士，刘锦棠在乌鲁木齐建立了一座昭忠祠，他请左宗棠写了一副对联：

日暮乡关何处是？
古来征战几人回？！

联语是集的两句唐诗，上联是崔颢题《黄鹤楼》末联的首句，下联是王翰《凉州词》的末句。虽然是集句，却信手拈来，浑然天成，将沙场战士忠心报国却又思念家乡、亲人的悲壮、凄凉的情景，描写得淋漓尽致，气象万千；也反映了左宗棠此时的心情，头白临边，日暮途长，伊犁尚未收复，曾纪泽正在俄京交涉，前途未卜，他亦何尝有生还的希望？

第四十六章　在新疆：建行省、修水利、种桑养蚕缫丝、设义学、铸新币

俄国退还伊犁——一次以武力为后盾的外交胜利

当左宗棠抵达哈密后不久，驻英法大臣曾纪泽也从伦敦到了圣彼得堡，开始与俄政府谈判。左宗棠到哈密的主要任务，是为武力收复伊犁做准备，他定下了三路收复伊犁之策，积极调兵遣将，筹粮筹饷，又在科布多到古城一带增设台站，调新来各营设防巴里坤、古城一线。俄国人看到清军前线调动繁忙，又听说左宗棠已到新疆，也派兵增援伊犁，还扬言要派兵船来中国，封锁辽海，一时前线剑拔弩张。但是左宗棠是以武力作为曾纪泽外交谈判的后盾，他仍在静观谈判结果，俄国人也不敢贸然动武，所以伊犁前线处于相持状态，暂时平静无事。

虽然西线无战事，但既到了新疆，就有许多工作要做。左宗棠在青年时期就关注西部边疆，22岁（1833年）赋出"西域环兵不计年"的诗，还提出"置省尚烦他日策"的期望。他研究过龚自珍关于新疆建省的意见，虽然认为龚自珍未亲到新疆，不了解该地山川形势，所以建议有许多错误，但建省之说却是不易之论。50年后，他以督办新疆军务的钦差大臣身份来到新疆，第一件要办的事，就是积极筹备新疆改建行省。

光绪三年六月十六日，南疆尚未收复，他上奏清廷："为新疆划久安长治之策，纾朝廷西顾之忧，则设行省，改郡县，事有不容己者。"次年正月，南北疆底定，他又上疏，认为"新疆改设行省，事关西北全局"，建议即召开廷臣及各省督抚会议。十月，他又一次上疏，详细陈明必须改行省的理由。清政府对新

疆一直是实行军事管制的办法,"治兵之官多,治民之官少",中央不帮助地方,派去的官员和地方头目等不关心人民疾苦,却鱼肉人民,以致新疆多年来地方蔽塞,生产凋零,农牧不振,文化教育落后,人民生活极端贫困;必须改行省,才能收长治久安之效。而且目前"天时人事,机会正好",改行省的条件已成熟,"失今不图,未免可惜"。光绪六年(1880年),在他来哈密的前一月,又上疏请开设行省,先简派督抚大臣前来执政,还拟了一份建置大略。

清朝廷对他的历次建议不很积极,这次回答说:"待伊犁收复后再定议。"伊犁收复后,又拖了好几年,直到他去世前几个月,新疆改省才终于实现。现在看来,改建行省,对于维护西部领土的完整、新疆各族人民的安定团结和社会繁荣,是多么重要!

新疆在敌人盘踞之下十余年,又经战乱,百废待兴。左宗棠提出了七大项善后事宜:修浚河渠,建筑城堡,广兴屯垦,清丈地亩,厘正赋税,分设义塾,更定货币。

道光二十九年(1849年),左宗棠和林则徐在湘江舟中,曾谈论新疆,林则徐告诉他,应兴修水利,广种稻田。30年后他经过实地考察调查,决心继承林则徐的遗愿,首先开发水利和农业。他计划在哈密修石城子渠,迪化州修永丰、太平二渠,镇西厅、安顺、绥来、奇台等县都要修渠,吐鲁番除修渠外,还要开凿坎儿井185处。坎儿井是当地人民创造的、适合炎热干燥气候的地下水源,林则徐在新疆时曾大力提倡,还有所发展。后人称之为"林公井",与"左公柳"齐名。

新疆到处都有桑树,本地人取桑葚代粮食,也用于酿酒或做药材。除了和阗等少数地区外,都不知道养蚕织丝。左宗棠命在南北疆各地设立蚕桑局,本地桑苗不够,派员到江浙采运,在各地广种桑树;又到湖州募雇了60名养蚕专业人员,分赴各地教人民种桑、养蚕、煮茧、缫丝、织造等,一时间蚕业大兴,生产出了各类丝绸产品。左宗棠认为这是富民之法,对国家也有好处,高兴地说:"把浙江的桑移植于西域,实是在开辟了奇迹,古今之美利。不是书呆子,决干不了这种事情。"有一位荆紫关转运分局委员瞿良份(敬庵),擅自截留了一批西运的桑秧,分发附近各州县种植,左宗棠对他自作主张不满意,但对他重视在西北推广植桑,却又很高兴,引为同道,认为瞿良份大概也是一个"书愚"吧。

左宗棠带给新疆人民的除了蚕桑外,还有南方的蔬菜和内地的其他东西。

民国初年曾到新疆游历的谢彬写了一篇《新疆游记》。他到哈密时，哈密副将冯桂臣设筵招待，席上有一盘烧鲫鱼，冯桂臣告诉他，是左文襄公西征时带来的鱼种，还带来湖南盛产的鳝鱼，可惜当地人以为是蛇，不愿吃，因而没能推广。

在文化教育方面，左宗棠为各地少数民族儿童办了许多义塾，教读《千字文》《三字经》以及六经等，让各族人民识汉字，以消除民族隔阂，也便利各族人民的工作，还可参加科举考试。维吾尔族儿童父兄都以送子弟读书为荣。官军刊布的文件一般中间为汉文，旁注维文，很受人民欢迎。

新疆市面使用的钱币是阿古柏发行的天罡钱，成色低劣，造成市场混乱。左宗棠命兰州机器制造局制造新式铜模，由张曜督局试制一批银币，用银片捶成，每枚重一钱，外圆内方，在市面流通，因为成色足，又不易假造，很受人民欢迎。

左宗棠又在荒地大兴屯垦，对各府、州、县建制也大力整顿。但是对原设维吾尔族官职，如阿奇木伯克、伊什罕伯克等，则仍维持不变，依旧用维吾尔族人治理，对于办理得力的，予以奖励、升迁，发现维官欺压维民，即予以惩办，因此维民都十分感服。

当左宗棠正在新疆忙忙碌碌，一方面办理善后、建设工作，一方面在前线积极备战时，俄国人一直在观察清政府的态度，而且密切注视左宗棠和西征军的行动。当他们得知曾纪泽已奉命来俄京改订条约、西征军准备以武力配合收回伊犁时，深恐到手的利益又失去，就对清政府采取威吓讹诈的手段。一方面俄国驻华代办凯阳德扬言："俄国不该让的就决不让。愈让愈不好，俄国并不是没有力量。至于条约中国批准不批准，俄国全不在乎。"一方面在西北和东北显示武力，除了在伊犁增加兵力达 1.2 万人，扼守纳林河一带，还在费尔干省增驻五千人军队，威胁喀什噶尔。又在黑龙江以北、乌苏里江以东增派军队，做出入侵吉林、黑龙江的姿态。另外又从黑海调来一支由 20 余艘兵船组成的舰队，在黄海一带巡游，扬言准备封锁中国海面。气氛紧张，中国沿海也加强了戒备。

俄国人的威吓手段收了效，本来就游

晚清外交家曾纪泽

移不定的清朝廷慌了手脚。加之有一个英国军人戈登，就是当年帮助清军镇压太平军的"洋枪队"头领，应李鸿章之聘来北京"调停"伊犁问题，实际李鸿章是请他来帮自己说服清廷投降的。他到天津后，首先与李鸿章密谈，然后威胁说："如果中国要作战，就当把北京的近郊焚毁，政府档案和皇帝都得搬到内地去，还需要准备作战五年。"消息传到京师，朝廷王公大臣更加恐慌。

光绪六年（1880年）五月十四日，清朝廷召开紧急会议，讨论伊犁交涉的对策。那时文祥已去世，投降派李鸿章的意见占了上风，连平时主战的工部尚书翁同龢、南洋通商大臣兼两江总督刘坤一等都赞成委曲求全，与俄国妥协。清廷便在十九日发出上谕，决定寄希望于谈判，实则是放弃用武力收回伊犁的计划。俄、英、法、美、德等国趁此对清政府惩办崇厚一事提出抗议，清廷屈从西方压力，减免了崇厚的死刑，改为"权行监禁"。英俄之间和各列强之间虽有矛盾，但在侵略、压迫中国时，西方列强总是采取一致的态度。他们唯恐中国人在新疆打败俄国，这头"睡狮"醒了过来，对他们瓜分中国的企图不利。

清朝廷决定妥协，还必须压制主战派，唯恐左宗棠不受节制，在新疆贸然动武。七月初六日下了一道诏书，立即将他调回京师。诏书说：

> 左宗棠现已行抵哈密，关外军务，谅经布置周详。现在时事孔艰，正须老于兵事之大臣以备朝廷顾问。左宗棠着来京陛见，一面慎举贤员堪以督办关外一切事宜者，奏明请旨，俾资接替。

左宗棠接到诏书后，十分气愤，但又无可奈何。他是五月到哈密的，七月就颁诏调回，明明是出尔反尔，政策有了重大变化。他深知朝廷上了敌人虚张声势的当。他对俄国情况有一定的了解，他侦得的情报是，俄国去年天灾，粮食缺乏，又刚刚结束与土耳其的战争，财政枯竭，国内也不安靖，目前不可能以全力对付中国，只是虚张声势，即使在新疆作战，它也不可能取胜。他给儿子的信中说："西北布置已有条理，俄意欲由海路入犯，而在事诸公不能仰慰忧勤，虚张敌势，殊为慨然！我之此行，本不得已。"他给将领们的信中，对和议结局深感忧虑，慨叹说："俄事尚未定议，而先以兵船东行，为恐吓之计；谟谋诸公便觉无可置力，国是混淆！计抵京时，错将铸成矣，为之奈何?！"

虽然明知在这紧要关头将他调回京师，将铸成大错，但他不得不成行，尽管他一再申明，回京之行是不得已、无可奈何之举。他于是奏荐刘锦棠督办新疆军务、张曜帮办军务、杨昌濬护理陕甘总督。刘锦棠正在喀什噶尔，他准备等刘锦棠来到，办理移交手续后，即启行入关。

他在哈密等候刘锦棠的时候，仍然关心新疆地方的工作，同时仍然坚持以武力为外交后盾的主张。这时曾纪泽已抵达圣彼得堡，与俄政府开始谈判，国内主战、主和两派的人又都议论纷纷。左宗棠写信给总理衙门，坚决主战，反对屈辱投降，认为"察看情形，实非决之战胜不可"！在信中还说："主战固以自强为急，即主和亦不可示弱以取侮。"他斥责那些自命深懂洋务的媚外投降派："慨自海上用兵以来，其始坏于不知洋务之人，不知彼己真实情形，侥幸求胜；其继坏于自负深悉洋务之人，不顾大局长久下落，苟且图存，以致愈办愈坏，无所底止。"

那时俄国正在中国东北边境炫耀武力，在珲春边境构筑工事，兵舰也开入新开河。左宗棠得悉东北紧急的消息后，立命王诗正、刘璈、王德榜率军 2500 余人，先期入关，驻屯张家口，准备和俄国一战。他给刘锦棠的信说："俄事非决战不可，连日通盘筹画，无论胜负云何，似非将其侵占康熙朝地段收回不可！"

他还梦想能战败俄国，一举夺回过去丧失的大片土地，恢复康熙年代的版图。但是这时的清朝廷已听不进左宗棠的这些意见了。

光绪六年十月六日，刘锦棠抵达哈密，六天后左宗棠启行入关。出关时，旌旗招展，舁榇以行，悲壮激烈；入关时，心情黯淡。他在入关途中时，曾纪泽正在俄京谈判。曾纪泽虽然深受曾国藩和李鸿章的影响，对曾国藩办理天津教案，认为"正是拼却声名，以顾大局"，为父亲辩护，但他终究是位爱国者，他不赞成李鸿章放弃伊犁的卖国观点，认为伊犁是西陲重镇，不能轻易让人。他也不赞成左宗棠"俄事非决战不可"的主张，以为战事一开，"在东而不在西，在海而不在陆"，防不胜防；唯一的办法，是进行坚定不移的外交谈判，"持之以力，百折不回"。在谈判中他显示了折冲樽俎的才能，但是左宗棠的积极备战，确实做出了强有力的后盾。

俄国人当时并不愿意，也无能力和中国进行全面作战，参加谈判的外交部高级顾问若米尼表示过："战争对于我们将是耗费巨大、没有止境，而又无益的。"东西伯利亚总督也上奏沙皇说："不宜轻易和中国作战，远东舰队力量薄弱，陆军军力也不强，不足以防守边疆。"因此俄政府做出了"让步"，同意修改原订的条约，交还特克斯河谷约二万平方公里的土地和通往南疆的穆扎素尔山口；

但仍割占霍尔果斯河以西一万余平方公里的土地。设领事的地点也减为嘉峪关和吐鲁番两处，但"赔款"却由500万卢布增到900万卢布，而且还保留了一些商业特权。改订的条约仍然是一项不平等条约，明明是俄国侵占中国领土，交还是理所当然的事，却要索取赔款，还割占一部分土地，真是岂有此理！但是新约和旧约相比，总算收回了一些权益。在中国近代史上，这算是一次差强人意的外交"胜利"。

这次外交上的"胜利"，曾纪泽的功劳不可泯灭，左宗棠的实力后盾更起了重要作用。当曾纪泽和俄国政府谈判时，俄国人经常打听左宗棠和西征军的动态。左宗棠于光绪六年十月十二日离开哈密，一个月以后，俄国已得到他进京的消息，那时中俄草签的条约内容已送北京审批，还没有回信，俄方不了解真相，怀疑清政府召回左宗棠，是准备发动战争，俄方首席代表、代理外交大臣格尔斯于十一月初十日会见曾纪泽，急急忙忙向他打听，问他："听说左宗棠现在已进京，恐怕会挑起战事，不知确否？"

曾纪泽回答说："这是谣言。"他确实还没有听到这项消息。

格尔斯接着假惺惺地说："中俄两国和好二百余年，若为不值一提的小事就打起来，实在是不合情理的。"

他们在谈判中仍然占了便宜，担心清政府会变卦，也暴露了不愿打仗的心态。

隔了一个多月，曾纪泽得到清政府对条约内容同意的谕旨，就约见俄方代表公使布策，告知这项消息。布策很高兴，表示放了心，他说："前接从北京的来信说，左中堂将进京，似乎有请中国动兵之意，本国深不放心。今天听贵爵所告的消息，我才放心了。"

当时清政府信息迟缓，曾纪泽其实还不知道左宗棠奉调的事，他回答道："这是谣传，不可轻信。其实左中堂年逾六旬，老成持重，岂有唆使构兵之理？我说一句老实话：中俄两国和好，固无须左中堂进京；即使中国有用兵之意，则西边正关系紧要，更没有调他进京之理。"

曾纪泽这句老实话，暴露了清政府妥协求和的本意，但是幸好俄方并不相信曾纪泽会这么老实，他们明明得到俄国代办自北京来的电报，知道左宗棠调京的事，认为曾纪泽还在抵赖，不知道清政府葫芦里卖的什么药。

俄使回去向沙皇汇报，沙皇深感不安，隔了两天，格尔斯奉命来见曾纪泽说："上次我和你谈过，这次是奉本国皇帝之命，皇帝陛下听说左相奉召入京，很不放心，我们两国务须及早签约，免生枝节。"

曾纪泽仍回答他："左相并无进京之信。"又安抚他说："左相是中国大臣，老成重望，是明白大体的人。此次条约既是两国意见相洽，左相也必会喜欢。"他"请格大臣转奏贵国皇帝，但请放心。……我所受者，系本国皇帝电旨，皇帝令我应允签约，谁敢阻止"！

一个月以后，光绪七年正月二十三日，改订的中俄《伊犁条约》终于签署了。从交涉过程来看，俄方急于签约，比清政府更为迫切。如果清政府能始终采纳左宗棠的强硬策略，多坚持一些时间，必然能收回更多的权益。

光绪六年十一月二十一日，也正是曾纪泽在俄京与格尔斯会谈的时候，左宗棠由哈密回到了兰州。他和护理总督杨昌濬办理了移交手续。十二月初四日起行离兰回京。当关内外各族人民知道他将离开西北时，上自白发老者、官绅士人，下至兵丁、百姓、妇孺，都感到失去了一位可靠的保护人。一时人心惶惶，街谈巷议，都希望能留住左宗棠。但是圣旨已下，不能更改。左宗棠的车队从哈密到兰州，从兰州到西安，一路上汉、回、维及其他各族父老、官员等都夹道攀留，焚香迎送，依依不舍。左宗棠只得一路停下来，安慰送行的人民，和他们珍重道别。

西北人民为了寄托对一位好官的感激崇敬的心理，当他还在西北时，就纷纷为他建立生祠，但屡遭他反对。同治十一年，兰州绅民在五泉山麓清晖阁为他建立了生祠，他到兰州后，亲自题额，改为祀泉、霍二神祠。西宁和甘州等地也都要为他建祠，他一概谢绝。当他离开西北后，鞭长莫及，有些地方还是为他建了祠，如乌鲁木齐就有祠，正殿供左宗棠二像，两旁悬了一副对联：

提挈自东西，帕首靴刀，十年戎马书生老；
指挥定中外，塞云边月，万里寒鸦相国祠。

对联据说是刘锦棠所写。刘锦棠去世后，乌城也建了一座刘公祠，内供刘锦棠照片。翁同龢写了一副对联，对他给予很高的评价：

齐名曾左无前绩；
开府疏勒第一人。

刘锦棠是远征到中国最西端喀什噶尔（疏勒）的第一人，当之无愧。左宗棠、刘锦棠、张曜、刘典等人收复了新疆，为国人所崇敬，又为西北各族人民办了些好事，受到当地人民的爱戴，这也是合乎情理的。

光绪七年初，左宗棠还没有到达京师，中俄《伊犁条约》已经签订了。左宗棠在得知条约全文后，很不满意，说："伊犁仅得一块荒土，各逆相庇以安，不料和议如此结局，言之腐心！"

第二年初双方换文，伊犁将军金顺率官军进驻伊犁地区，结束了俄国人长达11年的殖民统治，至此新疆全境收复。这次外交谈判虽然不能尽满人意，但也总算是差强人意吧！

第四十七章 "引得春风度玉关"

左公柳"浓荫如幄，枝拂云霄，连绵数千里"——
"两行秦树直，万点蜀山尖"——"九原谁为起斯人"

　　新疆全境已经回归祖国版图，左宗棠也已离开西北了，他永远不会再回西北来了，西北人民怀念他。他在西北的事迹也已写完，但是还有一件值得大书特书的，他在荒凉的西北留下了一片美丽而壮观的景色，即世所艳称的"左公柳"。

　　左宗棠素来重视植树，特别是来到西北后，看到遍处是荒山秃岭，戈壁沙漠，愈益感到植树的重要。西北干旱缺水，人民生活穷苦，燃料缺乏，更滥施砍伐，所以种树、养树都极端困难。左宗棠下了决心，以西征将士为主，由地方官民大力协助，在甘肃、青海、宁夏、新疆的广大地区普遍种树，定下严格的奖惩办法，植苗者还要负责浇水、成活，因此取得了很大成功。所植树种除少数经济作物如桑树外，多数是易于长活成林的柳、杨、榆树等。据光绪六年的部分统计，由陕西长武至甘肃会宁县东门外止，约六百里，共种植成活树26.4万余株；其他各地如安定、环县、会宁、平番、狄道、大通等州县的零星统计，共种树成活三四十万株。加上河西走廊和新疆所种树，当在一二百万株以上，这在当时干旱缺水的西北，已是蔚然可观的成绩了。

　　左宗棠还特别重视在官道两旁植树，由潼关往西，经边界的长武，通过泾州、平凉、兰州，穿过河西走廊，西出玉门、安西，直达哈密、乌鲁木齐以西，是一条长达三四千里的官道，也是西征军行军，运输粮秣、装备的必经要道，也是来往行人客商的通道。这是一条不宽的土路，有些地段要通过高山峻岭，有些则要通过戈壁沙漠。

西北的风沙是有名的，不要说是土路，就是城堡也能被风沙淹没。如靠近戈壁的安西州，多年来飞沙堆积，到同治年间州城东西两面已与城墙齐平。左宗棠命守城官兵、民夫由城堞逐渐开掘，直到城根，将黄沙掘净，下了大功夫。又如哈密到吐鲁番有一段官道，风沙特别厉害，当地人称为"妖风"。"妖风"一来，沙石俱飞，有时人马都被风卷走，无踪无影。正如唐人岑参诗云："一川碎石大如斗，随风满地石乱走。"关内风沙虽小些，但道路也常被风埋没，行旅不便，所以保护这条通道至关重要。不仅军事上急需，也对便利商民来往、促进各地贸易交流有重要作用。道旁和山坡植树可以防护风沙，保护路面，巩固路基，防止水土流失，当然还有调节气候、改善景观、行人驼马在烈日下有遮阴之处等好处。

为了保护好这条几千里长的官道，除了沿路植树外，又在各地新筑和加宽了一些主要路段，如平凉府东大路，宽十余丈，植树四五层，三路并行，参天合抱。有些路段太险窄，如托克逊到喀喇沙尔有一段羊肠小径，两峰壁立，下临深渊，就命官兵锤石凿险，修整出较平坦的道路。又在天山险处，修建护栏；沿路还建造了木石结构桥梁不计其数。每隔若干里，在路旁设立一所台站（驿站），供行人和将士休息、饮食，站内派兵勇驻守，储备柴草食物，并在附近汲井疏泉，树立里程碑牌，示知路程远近，还派兵丁在沿路巡逻。这样就保证了行军便利和行旅的安全。据当时人的记载，这条荒凉古道，从前是"西出阳关无故人"，而今商旅载途，熙熙攘攘，从归如市。

经过一番惨淡的经营，几年之后官道两旁和山坡上的树木都长大了。左宗棠看到兰州东路所种的树已密密麻麻，行列整齐，宛如绿树城墙。他心中大乐，写信给友人谈及种树的艰苦说："种在山坡高阜的树，须勤浇水，要浇过三伏天，

左公柳纪石

才能免枯槁，又不能掺用苦水，用水实在花了大力气。"平凉有一块"各军营种树记"的碑，碑文也记载了当年植树之不易："惟时搜集枝杆，越山度壑，负运艰苦。树艺伊始，每为游民窃拔，牲畜践履。……谕禁之，守护之，灌溉之，补栽之。……吏士暴露，不知几费经营。"

光绪五年（1879 年）原任浙江巡抚杨昌濬罢官在家，应左宗棠奏荐，来兰州接替已故刘典帮办陕甘军务的工作。在他的想象中，西北是一片荒凉景象，大漠冷落，飞沙走石，人迹稀少。当他进入陕甘境后，看到大道两旁杨柳成行，高耸云天，浓荫蔽日，枝头鸟鸣蝉噪，春意盎然，路上行人喧阗，宛若塞外江南，大出他的意外。高兴之余，就吟成一首咏左公柳的诗《恭诵左公西行甘棠》：

> 大将筹边尚未还，湖湘子弟满天山；
> 新栽杨柳三千里，引得春风度玉关。

唐诗人王之涣《出塞》诗末联云："羌笛何须怨杨柳，春风不度玉门关。"描写塞外的冷落凄凉：黄沙、白云、荒山、孤城，春风难渡。杨昌濬的诗一反其意，塞外一片春意，春风已飞渡玉门关了。西征军以湘军为主，后来湘军士兵在新疆留下的不少，一时曾有"小湖南"之称，首联也是纪实。杨昌濬将诗呈送给左宗棠，左宗棠读诗后掀髯大乐。

光绪六年，左宗棠从哈密回兰州，一路上看到道旁已经榆柳成行，从嘉峪关到兰州，除了碱地和沙碛外，"拱把之树，接续不断"。兰州东关所种之树，"密如木城"。由兰州进京，经过西安时，他向陕西巡抚冯誉骥（号展云）谈起西北植树的重要和他植树的经验，希望冯誉骥继续这项事业。冯誉骥欣然应命。此后陕西植树又有了发展。

同时人和后来的旅行者对"左公柳"都有一些美丽的记述，如隆无誉在《西笑日觚》中记载："左恪靖命自泾州以西至玉门夹道种柳，连绵数千里，绿如帷幄。'两行秦树直，万点蜀山尖'，恍然见古人造句之工。"

德国人福克曾去哈密谒见左宗棠，当他进入陕甘交界的长武县时，看到了左公柳，他在《西行琐录》中记载说："左爵相命于大路两旁尽栽树木，业已成林，直到新疆境内，连成一片。路颇平正。"继而赞叹道："厥功伟矣！"

又有一位西方人米尺利，应左宗棠约往陕甘查矿。他记述一路所见，说：

"路过一山，高约九千五百尺，而驱车甚易，无跋涉崎岖之苦，于以见左侯辟路之功为不小也。查陕甘两省道路，较诸湖北湖南几有霄壤之别。自此路迤逦至兰州府而至肃州，道旁悉有嘉树荫庇，桥梁林立，亦甚修整，莫谓乱后无人了此大功也。"

他还守候在路旁，统计过往行人车马数目，在两小时内经过有重驮马驴160匹，骆驼70头，马牛车24辆，骑马者29人，人车9辆，猪30头，牛20头，真是一派繁忙景象。他指出美中不足之处，是下雨天道路泥泞，难以行走。

左宗棠离陕甘后，继任总督杨昌濬秉承他的意旨，对沿道官柳悉心照顾，严禁斫伐。有人在上海出版的《点石斋画报》上绘了一幅左公柳的图，题为《甘棠遗泽》，并写了一篇短文，记述它的兴衰和现状：

> 昔年左文襄公开府秦中，曾饬各营兵士就秦关内外驿路两旁，栽种树木，十余年来，浓荫蔽日，翠幄连云，六月徂暑者荫赐于下，无不感文襄之德庇而称道勿衰。迨文襄移节两江，都人士睹景怀人，不忍剪伐；而无赖之辈往往乘间砍以斧斤，致同牛山濯濯。有心者因培养无人，不免有荣枯之感。近者杨石泉制军素蒙文襄知遇，曩年随文襄出关时曾目击情形，自制军继文襄之任，事事以文襄为法，无异萧规曹随。乃令将此项树木重为封植，复严饬兵弁加意防守。今当春日晴和，美荫葱笼，依然与玉关杨柳遥相掩映。从此手泽在途，口碑载道，诵甘棠之三章，千载下犹遗爱焉。

此后二三十年，左公柳遭斫伐的情况益加严重，游历者都十分惋惜，但是一路上仍能保持壮观的景色。据叶昌炽于光绪二十八年的《缘督庐日记》中说："左文襄治军陕甘时，自陕之长武，西至肃州，二千余里驿路，皆栽白杨。昨在长武，日中即受其荫。然为饥民剪伐过半，缺处已不胜烦热。自过泾州，一路浓荫如幄，清风徐来。闻西行树愈密，真甘棠之遗爱也。"

斐景福（字伯谦）于光绪三十一至三十二年流放新疆，在所著《河海昆仑录》中也有一段记载："仆人购薪引火，有枯枝干脆易燃。询之，乃盗伐官柳，闻而伤之。泾州以西达兰州，夹道杨柳，连荫三千余里，左文襄镇陇时所植也。凡苦卤不毛之地，旋植旋萎，沃土则荟蔚干霄，逾数抱。柳三五株，间以白杨。……奈守土之官不告诫爱惜，山河荒僻，剪伐多矣。"

他慨叹之余，还发现沿途墩房张贴了禁止伐树的告示，文字却很雅致："昆仑之阴，积雪皑皑。杯酒阳关，马嘶人泣。谁引春风？千里一碧。勿剪勿伐，左侯所植。"

斐景福接着发了一阵牢骚，说："罗穆倩刺史挽公联云：'食性我能谙，白菜满园供祭馔；浓荫公所芟，绿杨夹道迓灵旗。'昔贤经纬万端，洪纤悉寓精心，十年培之而不成，一日复之而有余。今昔之感，岂为此依依者耶！"

清朝最后一任新疆巡抚袁大化在辛亥年（1911年）还看到多处左公柳，他在《辛亥抚新纪程》中记载说："自出潼关西来，柳荫夹道，皆三十年前左文襄西征时种植。……华阴以西，夹道左公柳尚茂密。间有被土人偷伐者，亦地方之责也。左公柳甘界尚整齐，无甚短缺。自平凉以西，左公柳夹道继续，拳屈瘠薄。……红城驿夹道杨树高十余丈，左公督陕时种植，多为奸民剪伐。有未伐者，高耸插天，干直无枝，枝亦被人斫去。"

那时距种树已经40年，还能看到"柳荫夹道，高耸插天"的景象。但是左公柳被残害、破坏，也已达到严重的程度。

民国初年谢彬游新疆，一直到阿克苏，还见到左公柳。游记中说："湘军所植道柳，除戈壁外，皆连绵不断，枝拂云霄，绿映行人。"

以后，左公柳的命运就日益陵替了。由内地到西北，先是修通了公路，后又有铁路和飞机航线，那条漫长而寂寞的丝绸古道已变得冷落荒凉了。虽然有些公路路段利用了古道的路线，但是加宽路面、加固路基的工程，不免会将沿路树木斫伐。这一"柳荫夹道，枝拂云霄"、连绵数千里的塞外胜景，兼具有近代史中中国人民英勇抗御外侮的爱国主义精神的古道，因为缺乏有心人的认真保护，经过100余年的沧桑，现在已零落难觅了。

虽然如此，关心左公柳的人一直很多。抗战时期，由于宣传建设大西北，曾有一首歌曲流行于大后方，歌词首句是："左公柳拂玉门晓，塞上春光好。"是罗家伦作词，赵元任作曲，当时许多青年人都会唱这首歌。民国36年（1947年）有人在甘肃安西县三道沟（离县城约90里，离玉门约60里）看到老树10株，树上钉木牌，楷书"左文襄公手植"。他写信告知了《左文襄公在西北》作者秦翰才。80年代有人看到平凉郊外公路旁还有左公柳，绵延数十里。酒泉公园中则只剩四棵左公柳，其中一棵在离古泉五六米的地方，枝干挺拔，郁郁葱葱，依然秀丽动人。

1990年4月，作者随全国政协视察团到甘肃兰州、武威、敦煌等处视察，特意寻访了左公柳。在兰州市东黄河沿岸一条幽静的小路上，有一排柳树，共九株，约三四人合抱，树干高约20余米，枝叶披拂，浓荫蔽日。树四周用水泥栏杆保护，有标牌上书"古旱柳"。据甘肃省博物馆介绍，这就是左公柳。作者与同游者剧作家吴祖光、音乐家吴祖强兄弟，漫画家及文物家毕克官、老医生刘志明、音乐家江定仙、指挥家严良堃等在左公柳前摄影留念。在武威雷台前路旁有一株百年古柳，当地人告知作者，这也是左公柳，作者也留影纪念。

1986年八九月间，作者曾去新疆，当年浓荫蔽日、翠幄连云的左公柳景色是看不到了，但见天山白雪皑皑，乌鲁木齐城一派繁华景象；吐鲁番葡萄架下、火焰山前，喀什噶尔的巴扎摊头，各族人民亲密团结，因而深深怀念先文襄公西征伟业，成诗一首：

> 大将挥师出玉关，风沙莽莽定天山，
> 敌骑已窜穷荒外，杨柳犹依古道旁。
> 许国不辞身后谤，成功始见世途难，
> 丹心长伴边城月，还照梧塘屋数间。

诗虽不工，但表示作者对先文襄公崇敬之忱。下面引一首宋伯鲁的诗，伯鲁字芝栋，陕西醴泉人，光绪十二年进士，曾任翰林院编修、监察御史，著有《海棠仙馆诗集》15卷，是有名的诗人。这首诗题是《将至肃州追怀左文襄师》，我们就以这首诗作为记述西征事迹和左公柳的结束：

作者与「左公柳」

左侯崛起中兴日，誓扫天骄扩帝仁。

万里车书通绝域，三湘子弟尽功臣。

凤林鱼海春风远，玉塞金城柳色新。

今日西陲需保障，九原谁为起斯人？！

第四十八章　入值军机——参与中央决策

戆直的脾气——受同僚揶揄排斥——得罪了慈禧太后

　　光绪七年（1881 年）正月二十六日左宗棠抵达京师，次日即陛见皇上、皇太后。两宫太后对他为国忧劳二十余年，慰勉有加。他上次来京陛见是同治七年（1868 年）八月，距今又已 13 年了。慈安太后看到他已衰老许多，念他多年在塞外戎马驰驱，不觉掉下泪来。左宗棠也深为感动。太后勉励他说：今后担子仍很重，国事全赖诸王公大臣襄赞。左宗棠自顾衰病，何堪当此重任，但回答说不敢不勉。

　　二十九日太后又召见，命他以大学士入值军机（即任军机大臣），并在总理各国事务衙门行走（外交），兼管理兵部事务，从而参与了清政府中央决策机构，对内政、外交、军事都有发言权，清朝廷对他也真可谓"优礼有加"了。

　　这次是他第五次来京师，年轻时来京赶考，三次落第，那种灰溜溜的情景，现在想起仍不免心酸。第四次来京时已是方面大员了，但仍比不上现在拜相封侯、立功回朝的荣耀，又进了军机，参与国家重大决策，人家看他真是位极人臣，名位权势在汉人中无以复加了。但他自己对调回京师，则满腔不情愿。他接到诏书后，就深知这是朝廷准备与俄国妥协了，召他回京，明显是怕他在边疆"惹祸"，破坏了妥协。虽然诏书说是世事维艰，要召他这位老于兵事之大臣以备朝廷顾问，这明明是一片假话，他到京之前，条约已签订，俄事已了结，还有什么兵事可咨顾问呢？

　　另外还有一个重要原因，他以一汉人，身拥重兵，在边疆立下大功，海内外享有崇高的声望，自然免不了遭到清廷的疑忌。各种敌对势力也会造谣攻击，对此他是早有所警惕的。早在一年多前，他奏荐刘锦棠帮办新疆军务时，就因俄国人忌妒刘锦棠，造谣中伤，特地在奏中说："古云，'盗憎主人'，固无足怪。惟威名日播，疑谤易滋，无以寒远人之胆。又：'飞鸟未尽，良弓已藏'，足隳任事之气。"

他为刘锦棠说话，实则也是对自己处境的担心。他的威名远高于刘锦棠，疑谤自然更甚。虽然年事已高，清廷对他仍不能完全放心。廷臣中也有忌妒挑拨、放出冷箭的人，如李鸿章早就攻击他，在给刘铭传的信中，说他拥重兵巨饷，"又当新疆人所不争之地，饰词欲战，不顾国家全局，稍通今古者，皆识其奸伪"。是明显诬陷他要造反了。李鸿章的攻击当然会传播开来。不管怎样，清廷认为是到了"飞鸟尽，良弓藏"的时候了，因此立即将他调回北京，解除了他的兵权，从此做一名顾问罢了。

他对此是有思想准备的。离哈密前他给儿子的信中说明了今后的打算："陛见后当自陈衰病，请开阁缺，以闲散备顾问，终老京师。"他预料今后不大可能有所作为，准备在京师养老了。

京师是帝王之都，又是一番气象。朝廷中的礼仪规矩、繁文缛节，却也远非外地所可比拟。左宗棠在外地是地方大员，想说什么，干什么，到哪里去，会见什么人，都自由自在。在京师呢，上有皇上、皇太后、诸位王爷，和他平起平坐的还有各大臣，多是些拉帮结派的人，一言一动都要谨慎小心。他到京师的第二天，在进宫陛见时，就遇到一件出乎意料的、不愉快的事情：太监们向他索取宫门费，否则就不让进宫。

慈禧太后一向宠信太监，太监头子如李莲英、安得海红极一时，他们贪婪需索，无所不至。外地大员入京陛见，太监们照例要索取宫门费，如果不遂所欲，就会惹出许多麻烦。慈禧是知道这种情况的，她认为太监当差清苦，搞点钱是理所当然，对此不闻不问。曾国藩、彭玉麟都是清官，但是到了宫门前，也只得低头，照付宫门费。只有左宗棠，虽然早已风闻这项陋规，但亲临其境，却十分不能

晚年的慈禧太后

理解。

他在外任督抚多年，生活清廉，薪俸大部分捐助给人，还亲手惩办过许多贪官污吏；没想到头一天入宫，在皇帝眼皮底下竟发生这类贪污索贿事件。他不仅不给宫门费，还当着太监们大发脾气，说："我一生出入百万军中，从没有人敢阻拦我。哪里认识你们这些鼠辈！我几个廉俸，自己花还不够，哪来的钱给你们！你们既不让我见皇上，我只好回西北去吧。"

他转身要走，太监们倒慌了，也不知他来头多大，倒反而请他进宫。他余怒未息，还口口声声说要交内务府惩戒。

太监们害怕了，只得禀告慈禧，请求包庇，慈禧听了笑了笑说："你们也太不自量了，怎么找上他。这个人功劳大，性情戆直，先帝对他尚且优容，我有什么法子，你们自己去求求他好了。"

他初到京师，就取得了一项胜利；但是这次小小的胜利，却注定了他后来在朝廷中的失意，以致终被排斥。

当然，这样戆直的脾气不会受官僚们的欢迎，因为功劳大，威望高，所以两宫太后还是优容他。在王公大臣中，醇亲王奕譞也很尊重他，每次听到他来，醇王必先在仪门内等候；每当他进内宫门，醇王总让他先行，待他真是特殊优礼了。

朝中正派的人也很尊重左宗棠，翁同龢就是如此。翁同龢，字叔平，常熟人，咸丰六年（丙辰）状元，授修撰，后来入军机。他也是一位著名的书法家。左宗棠抵京后几天，翁同龢即去拜访，二人一见如故。翁同龢在日记中记载说："访晤左季高相国长谈，初次识面，其豪迈之气，俯视一世。"以后他们过从甚密，翁同龢对左宗棠的议论和见解都十分倾服。

清政府中的大小官员，大多是见了西方人就点头哈腰，连气也不敢出。外国人仗着船坚炮利，一向不把中国官员放在眼里，即使在王公大臣面前，也时露骄倨之态。左宗棠在总理衙门行走，经常要接待外国人，他一向是以礼相待，不亢不卑，但也不能容许外国人骄倨无理。

有一次，醇王、左宗棠和英公使威妥玛会谈。威先到，就高踞上坐，也不知是他不懂礼节，还是有意如此。左宗棠随后也到了，看到这情状，就怒气冲冲地向威使说："这个上座是醇王爷坐的，就是我也只能坐下面的位子。你应该坐到你该坐的位子上。"威妥玛面红耳赤，只得易位而坐。

还有一次，左宗棠约威妥玛到总理衙门谈些事，并设便宴招待。翁同龢也在座。第二天他在日记中记载说："左相谈次有风棱，差壮中朝之气。"显然他平日对那班大臣们在外国人面前低声下气的情景，也是敢怒而不敢言的。

翁同龢是一位正直、爱国的学者，朝中同僚们却并不都和他一样，大多是些玩弄权术的官僚政客，既善于窥伺皇太后和王爷们的意图，也熟谙营私、倾轧等一套伎俩。当初他们对左宗棠的功劳勋望也有些畏忌，及至看到他那耿直的脾气，简直近于"傻"，闻名不如见面，于是敬而远之。

左宗棠对于官场习气似乎一概不懂，也不和朝中有权势的官员结纳，对朝政又直言不讳，不免得罪了很多人，招来许多怨诽。他多年来一直在外领兵打仗，对朝廷中礼仪、规矩，那一套套繁文缛节，既不熟悉，也不愿下功夫学习，不免弄出一些失礼的举止，这又成为同僚们的笑柄。

两位亲王中，醇王对他不错，恭王奕䜣待他则不怎样。奕䜣本来也是重视起用汉人的，但那是在内乱频仍、外敌压境的时候，现在他认为已松了一口气。当中俄《伊犁条约》签订之前，廷中官员意见，等左宗棠抵京后再作决定，奕䜣却不以为然，他急于达成和约，并不愿听取左宗棠的意见，匆匆就将和约签订了。因为左宗棠功勋和威望高，面子上仍要敷衍，但对左宗棠入朝后和朝臣格格不入、独行其是的态度，加之又不懂朝中礼仪，却很不满意。因为左宗棠是三朝元老，不便随意加以斥责，这也使他很伤脑筋。

清朝廷规矩是，军机大臣上朝时，只有领班的一人上奏，通常是王爷领头说话，其余的人不能随便发言，只有皇上或太后问到时，才敢奏对。如果随便开口，既失了礼仪，领班王爷也会不高兴。左宗棠却不管三七二十一，往往越次发言，也不知是他不懂规矩，还是年老控制不住老脾气的缘故。有一次他越次请求给部将王德榜差使，太后对他不讲规矩，心里不高兴，但念是功勋老臣，给他面子，同意了。恭王却已满肚皮不高兴。下朝之后，在军机处议论，左宗棠仍不识趣，又提出让王德榜上朝谢恩。恭王实在忍不住了，慢吞吞地满含着嘲讽说："且等诏书下来再说吧！"朝廷规矩，皇上面允只是初步，要等诏书下来，才能上殿谢恩的。这些规矩，左宗棠也全不懂。

军机处有一位满大臣宝鋆，很看不上左宗棠，趁此教训他说："这里的规矩，凡事都要跟着王爷走。上头不问及我们，我们不要开口。"无奈左宗棠的脾气不容易改，他的性格不是愿意事无巨细都听命于人的。

还有一次，李鸿章为永定河堤防工程上了一道奏折，廷臣知道左宗棠在外搞过水利，比较内行，特找他来讨论。他对水利很有兴趣，马上就要上工地去察看。他这种勇于任事、办事急如星火的认真态度，应该说是难能可贵的。不料恭王和同僚们都很惊讶，面露不解之色。恭王又慢吞吞地说："不等奏准，就匆忙出京，若是太后问起来，我将如何对答呢？"左宗棠却没有料到有此一问，他反问道："然则我们一举一动都得奏准么？"恭王说："在朝廷中，就得这样办！"给他碰了一个不大不小的钉子。

在朝廷中，一举一动一言一行都必须十分谨慎。礼仪虽看似小事，有时却也会成为大问题，至于说错了话，可以惹出大祸。那年三月出了一件大事，左宗棠也因之闯了一个"大祸"。初十日早朝，慈禧太后因新病初愈，在宫内休息，只慈安一人临朝。及到傍晚时分，忽然宫中传来消息，慈安太后驾崩。大臣们都赶到朝房，听候传旨，大家静静坐着，谁也不敢多讲话。

只有左宗棠又忍不住了，他对这件突如其来的消息实在感到惊异，就和同僚们说："今早见到安圣还好好的，怎么突然就晏驾了？我就不相信。"大臣们听了都失色，恭王赶紧叫他不要说下去。他说话声音素来高，已给太监们听到了，立即报告慈禧。原来东西太后共同垂帘听政，表面上和好，慈安太后是正宫（东宫），名位比慈禧高，为人正派，待人也好，受到臣子们爱戴，慈禧一直嫉妒在心。慈安的暴死是一宗疑案，有人传说慈禧为了独掌大权，在慈安食物中下了毒。不管怎样，左宗棠在朝臣中莽莽撞撞，说出这种大惊小怪的话，必然会遭到慈禧的疑忌，他在京师的日子也不会好过了。

第四十九章　在军机的短暂日子里

兴办水利——增洋烟税——受排挤调离京师——"正人在位之难也"

　　清朝廷中大臣们一个个精通世故，谨小慎微，看上面眼色行事说话，对宫廷斗争也多少有些了解。其中也有少数正直、爱国、有学问的人，但在封建专制的大气氛下，只能唯唯诺诺，随波逐流，不敢争先出头，多说一句话。道光年间有一位曹文正公（振镛），官运亨通，晚年更受恩遇，死后谥文正，在清朝200余年中，也没有几个"文正公"，这是最高的谥号，论其政绩，却又没有什么。他的门生曾向他请教，他说："无他，但多磕头，少说话耳。"

　　偏偏左宗棠是心直口快的人，他大半生是在军营战阵中度过，想到什么就说什么，从来也藏不住话。来京师一个多月，言行莽撞，在廷臣们看来，简直是不通世故，如今连慈禧太后也得罪上了。朝廷中对他就产生了各种各样的看法和议论，深谙世故的人鄙夷他，好心的人为他担忧，小心谨慎的人疏远他，以免受他株连。背后骂他的人也越来越多。

　　三月十九日晚间，大臣们齐集宫中，参加慈安太后的晚祭。左宗棠因故未到。大臣们纷纷议论开了，有些人趁此说左宗棠的坏话。宝鋆和左宗棠素来不合，也大放厥词，说左宗棠简直是"一团茅草"。翁同龢在场，听了大不以为然，但只能默不作声。他回家后在日记上记下了这件事，感叹道："窃恐左公不免龃龉矣，正人在位之难也。"

　　第二天，翁同龢陪醇王在梓宫前行礼，回到西配殿休息时，他和醇王做了长谈，劝他调和左相与朝臣宝相等的矛盾，不要使左相为难。奕𫍰表示同意，当然，这类调和工作其实是很难做的。

在封建朝廷中，当个正人不容易，当正人又想保持长久的地位更难，此所以翁同龢感叹："正人在位之难也。"他已预料到左宗棠在军机中不能长久，可能他对自己也有预感。若干年后，他因推荐戊戌变法六君子，也遭到革职处分。

宝鋆是宗室，是有来头的人。他与左宗棠早就有嫌隙。同治七年左宗棠在河北作战时，宝鋆弟宝森曾来访谒他。宝森拿了宝鋆的名柬，他的意思不过是借借宝鋆官大，可以得到左宗棠的优礼，不料左宗棠不买账，反而大发脾气，认为他是倚仗官势。左宗棠本来瞧不起满人官吏，就厉声斥责宝森一番，这也太让人面子下不去了，因此宝鋆一直怀恨在心。左宗棠来到京师，还和他同值军机，他也就一直没有好气。

在朝有嫌隙的不止宝鋆一人。左宗棠常骂旗人官员无能，恨他的人暗暗记下了他骂旗人官员的湖南土话："冒得寸用"，即"无一寸之长"。传播开来，惹怒了满人和蒙人官员，这些人在朝中都是有势力的。另外，他在外任时，对待下属很严格，有些人被他奏劾罢官，自然怀恨在心。其中一些文人后来又当了京官，他们还因同乡、同学等关系结成帮伙，背后对他冷嘲热讽，还写些歪诗挪揄他。

福建文人林寿图就是一位。林寿图的同乡名士郑孝胥，就是后来到伪满洲国当总理大臣的大汉奸，也写诗讥讽左宗棠，说他自己没有考上进士，因而瞧不起进士。其实左宗棠虽不认为凡是进士就都是有学问有才能的人，但对那些真有道德和学问的进士，如陶澍、林则徐、龚自珍、魏源、贺长龄、贺熙龄、胡林翼等，都是十分尊敬的。

左宗棠说一口湖南话，也遭人嘲笑。他初次见太后时，太后见他年老，一清早上朝很辛苦，便问他能否早起？左宗棠答道："臣在军营里五更就起床，弄惯了。""弄惯了"是湘阴土话。他在军机值班时事情不多，不惯老闲坐着，就和同僚们说："坐久了，可以散吧。"还常念一句诗："八方无事诏书稀。"大学士李鸿藻（字寄云，号兰荪）写了一首《竹枝词》讥讽他：

> 军营弄惯入军机，饭罢中书日未西。
> 坐久始知春昼永，八方无事诏书稀。

这首歪诗，好事者广为传播。但许多人对李鸿藻身为国家元老，又与左宗棠同值枢密，却不能和衷共处，如此轻薄，大不以为然，也为国事深感忧虑。

郭嵩焘远在长沙，也听到京师来人传述此事，不禁在日记中发了一通牢骚感叹说："轻薄如此，京师论者亦皆不谓然也！"

左宗棠在来京之前，已料到在朝中难以有所作为，他那认真负责的脾气又难以改变。对于同僚们揶揄侮弄倒不在意，看到朝廷许多弊端，很想振刷一番，但是朝中规矩烦琐，处处都是限制，要想干点事，有什么想法，丝毫难于展布。提出一个问题，同僚们就会多方阻难，而要上一道奏折，却又急于星火，要求即刻办好，没有仔细研究推敲的时间。同僚们知道他要研究某一件工作时，不帮他的忙，只冷眼旁观，让他一人东翻西找，寻检资料，弄得他顾此失彼，搞了几天还茫无头绪，因此要办的事大都半途而废，真可谓有志难酬。

在京师几个月，他办的事中，有两件值得一提。

一件是提高鸦片烟进口税，因为和英国订有《南京条约》，不能限制洋烟进口，国内禁烟也难于办到，因此他提出增加鸦片税捐，这样烟价必贵，那么瘾轻者必戒，瘾重者必减，由减吸以致断瘾；比起凭一纸公文禁止，反而引起官吏丁役骚扰民间，更为利多弊少些。但即使要增税，也必须先得到英国同意。他与李鸿章于是年四五月间与威妥玛商谈数次，威妥玛不同意提高洋烟进口税，道理上说不过去，就采取拖延策略。左宗棠认为"天下事当以天下心出之"，即是"人民的事应由人民自己来决定"，他上疏朝廷，请敕下各督抚将军全国上下来讨论洋烟提税方案，反对过去那种对洋务事事守秘密的办法。谕旨下后，虽然总理衙门的主事者认为将洋务交全国讨论，事无先例，但他毅然将谕旨连同《加洋药税厘疏》公之于众。威妥玛看到事情已公开，自己又理亏，就勉强答应了。洋烟原来每百斤征进口税银30两，现加征税厘为150两；内地私种土烟也加重捐税。左宗棠说："所以议加税捐者，非为聚敛丰财起见，而在禁民为非，用税捐示罚。"实在也是不得已的下策。

另一件事是兴修水利。他来京前先遣王德榜、刘璈和王诗正共率三千马步兵驰赴张家口，原是应付俄国威胁、准备作战的部队；他到京后，中俄《伊犁条约》已签订，这支部队的任务也得改变。京师附近几条河流的水患很严重，左宗棠对办水利素来重视，王德榜在甘肃开过渠，也有经验。于是奏请兴修京师和直隶上源水道，调王德榜、王诗正各营到涿州修筑永济桥堤。五月十二日，他亲自到涿州察看，十九日由涿州出发，勘察了金门闸坝，沿南岸河堤巡视。二十三日到达天津，和李鸿章商议修治永定河，决定由淮军和楚军分段工作。他认为下游要疏浚，上游也要整治，以防急湍和泥沙大量下泻，决定由王诗正负责下游，王德榜整治上游。

五月二十五日，他从天津乘船溯流而上；二十七日，到赵北口转还涿州；二十九日，视察永济桥工地；六月初八日，取道石景山回到北京。这次外出视察水利，前后约一个月，接触些实际工作，比闷坐在军机内要高兴得多。这是他来京师后唯一的一次赴外地视察。

他原来曾打算终老京师，到京不久，张夫人和儿子、孙儿女们都从湖南来到北京陪侍。他们赁居在东安门内西堂子胡同一所中型四合院内，虽然并不富丽堂皇，却也很精致。宅门与正房有抄手游廊贯通，楠木雕架隔断。小小的花园内假山玲珑，花木茂盛。左宗棠公余闲暇，就在南书房读书写字，享受了一段难得的家庭生活的乐趣。

在京师时，他得到一张拓印的石鼓文，文字两旁还留有空隙，他用小楷将韩愈和苏轼的《石鼓歌》抄写上，悬挂在室内，并将书室名为"石鼓阁"。他的书法在当时已有名，遒劲秀媚，大多写的是行、隶书，偶尔也写篆书，但很少写楷书。这四幅楷书石鼓诗颇为珍贵，后来曾由上海中华书局刊印发行。这年他还重新将历年所作诗文收集成册，自题书名《盾鼻余渖》，在京师刻印，收文93篇、诗37首，分为5卷。

有一次他听说曾国藩的次子曾纪鸿也在京师，曾国藩没有留给他什么钱。曾纪鸿爱好数学，对科名不在意，没有做官，生活困窘，又生了病，真是贫病交加。左宗棠去看望了他，十分不忍，为他提供医药费用。不幸曾纪鸿不久病逝，殡殓衣棺和送丧还乡的费用都筹措不出，左宗棠都一一为他付清，待他和自己子女一样。那时曾纪泽正在伦敦出任驻英法公使，他得知兄弟死耗和左宗棠的帮助，十分感动，特写信给左宗棠殷殷致谢。左宗棠和曾国藩曾因洪福瑱的下落而"失和"，两人曾公开互相攻击，但在实际上两人和曾、左两家的私交则和好无间，难怪引起人们对他们"失和"的怀疑。

左宗棠在京师的生活颇不寂寞，常有同事友好来寓所谒访他，翁同龢也常来石鼓阁和他长谈，游处之乐胜过边地。但在工作上屡遭挫折，又受朝臣们的排挤侮弄，还有些"言官"不时为一点礼仪小事，或无中生有的事，上章劾他，也使他烦恼。他虽然生性心直口快，在官场中说话有时过于鲁莽，但究竟是聪明绝顶的人，无意中触犯了慈禧，事后自己心里当然明白。他的功劳和威望太高，朝廷对他外表上还是很敷衍的，但是京师究非久居之地，他终于放弃了终老于斯的念头，决定以衰病为由，告老还乡。

是年六月，夜空中出现彗星。在封建时代，彗星出现被认为是不祥的兆头，预示着将有兵事或灾荒，照例皇上要引咎自责。这次清朝廷也特旨反省，欢迎臣民们提意见。一些官员就纷纷上言，指出朝政弊端，批评政府，朝廷原是做做样子的，看到批评来势汹汹，有些坐不住了，准备压制一下。

左宗棠就上疏说："言路宜开不宜驳斥，惟宜核实持平出之。其近理者，应详加推究。若无所指实者，苟稽于众而无可吹求，则姑置之，免长告讦而启朋党之渐。"

这就是说：要广开言路，对大家的意见不要去驳斥，而应核实，公正对待。对有道理的意见应详加研究；对那些不能核实的意见，则应放置一边，不要去追究责任，以免产生相互攻击、诬陷、拉帮结派等弊端。

这是他对封建政治下实施初步民主的意见，亦即"言者无罪，闻者足戒"的意思。这也是他这次来京师提出的最后一条意见。

七月初三日，他中暑得病，请10天假，后来又续假20天，到次月（闰七月）十三日，他以病难于很快痊愈为由，正式提出请开去大学士和所有各差使缺。皇上不许，优旨赏假一月。到八月病仍未愈，又赏假两月。左宗棠是以病假拖延，朝廷则在研究如何安排他。

九月初六日，他的病假还未满期，朝廷下诏授任两江总督兼充办理南洋通商事务大臣，将他调出京师。两江总督和直隶总督同是地方大员中最重要的位置，又兼南洋通商事务大臣，职位仍然隆重，兼之在地方上还具有实权。

十月初六日，太后、皇上召见。左宗棠自陈过蒙矜恤，非意望所及。慈禧太后说："两江总督的工作比你在京师工作繁忙岂止数倍？因为你向来办事认真，外国人也怕你的声威，你去可能省些事故，因此还得你辛苦一番。你可多用些人才，分担你的工作。"谈了一个多小时才辞出。

慈禧是个极为精明的人，她有自己的主意。左宗棠功劳太大，在朝野中外享有极高的声誉，不宜轻易放他回乡，还须重用他，至少表面上应如此，方能收拾人心，不得罪于天下。她说外国人也怕左宗棠声威，这是实情。清政府受列强欺凌日久，还是可以利用左宗棠为朝廷做些事的。慈禧深知宗棠不过性情戆直，说话莽撞，现已老态龙钟，又已交出兵权，不是会图谋不轨的人，这点可以放心。还有，宗棠西陲立功是在慈禧执政之时，宗棠的功劳也是她的功劳。历代太后执政的虽也有几位，但只有她是在垂帘听政之时，戡乱万里之外，武功赫赫。如果损毁左宗棠的名誉，势必也会损毁她自己的名誉，因此左宗棠的

左宗棠与醇亲王合影

名声必须保全。李鸿章等曾多次向她攻讦左宗棠夸张、骄蹇，言官对左宗棠多次疏劾，她一概不理睬。当然，她也厌恶宗棠在朝中的"狂态"，因此将他调离京师，以后让他挑点重担子，各地劳苦奔波，他的日子不会长久的。

于是，左宗棠即刻准备出京赴任。他已多年未回故乡，请准先便道回湖南省墓。那时永定河下游河工已告竣，上游在丁家滩下尾店筑成了石坝五座，还没有全部完工，便留下王德榜一军主持扫尾的工程。

临行前，醇王奕𫍻邀左宗棠合照一幅相，并将相片送请当朝名公题诗，翁同龢也题了诗。这幅照相题名《王侯并坐图》，一直保存在左家中，"文革"时期被毁失了。

临走的前几天，左宗棠居室门楣上长出了五颗玉芝，左三右二；室内房梁两端也各长了两颗。玉芝即灵芝，是象征瑞祥的草本植物。宗棠很高兴，把这间居室取名"玉芝阁"。同僚们也纷纷来参观。周寿昌（字荇农）阁学写了一篇《玉芝阁颂序》，形容玉芝："盂圆盘大，轮囷郁律。根柎连理，白逾截肪。日光照之，华纹细腻。宾从仰观，诧所未睹。"

宗棠在临行仓促之际，还写了一篇《红蝠山房记》，这篇文章主要是为王文韶（字夔石）的红蝠山房写的，但文中有一段也记述了石鼓阁和玉芝。他认为已到告老还乡、颐养天年的时候，却奉命以大学士督两江，人们认为长出玉芝是好兆头，他却说："休乎？咎乎？"提出了怀疑。然而他既以身许国，也就不计较成败利钝了。

第五十章 "梦到梧塘屋两间"

二十年后重回故乡

光绪七年（1881年）十月二十日，左宗棠陛辞出都，眷属也一同回湘。十一月二十五日抵达长沙。他自咸丰十年（1860年）八月离开长沙后，一直没有再回家乡，一别已是21年。这期间，周夫人、二哥景乔、儿子孝威、女儿孝琪和孝瑸都相继去世。回到司马桥老宅，楼阁依旧，可是物在人非，他已不能再见到逝去的夫人和儿女们，他那乍回故乡的满怀喜悦，顿时化为无限的怀念和伤感了。

这所宅子是咸丰年间胡林翼和骆秉章共同买下送给他的，原来只有两进房子，共约20间房和一些空地。后来人丁增多，四个儿子娶了媳妇，生子孙儿孙女，房子已不够用。光绪四五年间，孝宽负责管家，又将南邻李姓旧宅买下，利用其地基改建了一进正屋，前面有一大厅，大厅左为书房，右为客厅。院前植以花木，这些都是左宗棠自己设计的，准备退休后在此终老。他说："只要夏不热，冬不寒，明窗净几，起居自适足矣。"百年之后，即作为祠堂，可省修建之费。他原想退休后回到乡下，但乡下没有住宅，也没有找到合适的地点，长沙又有现成房子，因此放弃了乡居计划。

他走进新建的花厅里，抬头看到木板墙壁上挂着一副对联，"身无半亩，心忧天下；读破万卷，神交古人。"是他25岁时（1836年）写以自勉，30年后，在福州准备西征时（同治五年），又重写此联，用以勉励儿孙的。那时他以为语气有自夸之嫌，但是年轻人志趣固不妨高些。回忆初次写这副对联时，他正住在湘潭岳家周氏西楼，与周夫人日夕钻研地学，这种美好的日子已经渺茫不可再得了。

　　他还牵挂着那一片菜地和小小的池塘，20 年前在湖南幕府工作余暇，常到地里种菜、养鱼，如今不知怎样了。于是独自一人走到后园去，看见菜圃内仍种了些菜，长得很茂盛。家人知道他的爱好，勤加培养。池塘里也还养着几十尾鱼，他低头看着鱼群在浅水中摇头摆尾地嬉游，忽然在水中看到映照着自己苍老的面容，战场上的风沙在他的额头上画下了好些道深深的皱纹，使他想起了他的年轻时代和忠贞的伴侣诒端夫人。他们曾在早晨和傍晚无数次地在这个园子的小道上漫步，儿女们的音容笑貌依然还在眼前。他抬起头来，天空中有一片变幻莫测的白云在缓缓地移动，和 20 年前的景物一样。他不禁叹了口气，几滴眼泪沿着脸颊流了下来。

　　回到一别多年的故乡，也容不了他沉湎于往事之中，纷繁的应酬等待着他。这次回乡，是立功绝域、拜相封侯、衣锦荣归，当地官员和亲朋好友纷纷来拜望、宴请他，对一些重要的官员，特别是一些老朋友，他还得去拜望。按照清代的封建规矩，他出行时有一大批随从，大轿前有兵丁、执事手持旗伞衔牌等，牌上有各种头衔，如"二等恪靖侯""东阁大学士""一等轻骑都尉""赏穿黄马褂""两江总督""南洋通商事务大臣"等。

　　长沙城小，街道狭窄，每当他出行时，街道两侧都挤满了围观的人群，大家都想看看家乡出的这位大人物。左宗棠素性豪爽，他索性命将轿帘打开，和老百姓会面，路上还不时和他们谈笑几句。

　　在他所要拜望的老友中，有郭嵩焘、郭昆焘兄弟，他们都是年轻时的至交，现在都卸职在家。特别是郭嵩焘，在他危困时曾救助过他，后来又被自己参劾罢官，多年来始终未能释然于怀。在他回长沙的 20 余天前，郭嵩焘在《申报》上看到两则消息：一是高心夔（号碧湄）去世；另一是左宗棠诏授两江总督，十月二十日左右可出都。咸丰年间左宗棠遭官文、樊燮构陷时，高心夔和郭嵩焘都曾在皇上前讲过好话，救过左宗棠。两则消息同时刊出，他不免感叹万分："碧湄才人，终身蹭蹬；而左恪靖发扬蹈厉，一往无前。两人命运何其悬殊！"显然，他对自己的命运也有所感喟。

　　到长沙后的第三天，左宗棠就去拜访郭嵩焘。他以为公事是公事，私交是私交，他和郭嵩焘的私交是不可泯灭的。郭嵩焘座上已经有几位友人，他们纵谈许久。宗棠和嵩焘在处理外事上意见不同，宗棠就娓娓谈他在直隶修治水利、疏浚永定河的经验，嵩焘认为"颇能自成其说"。宗棠批评沈葆桢对西征协饷不力，以为忘恩背义，嵩焘却窃笑："而不自知为忘恩背义之尤者也。"他们这次重会，总算不错。第二天，嵩焘去回拜他。嵩焘看到宗棠这次成功归来，驺从甚盛，也不禁赞叹："左季高亦云豪矣?！"

两天后（十二月初一日），左宗棠请郭嵩焘兄弟吃饭。郭嵩焘叫郭昆焘准备几样菜肴送去赴宴，自己却推辞不去。左、郭两家是经常往来的，孝宽又托几位朋友一定要拉嵩焘去，他却坚持不去，认为"此去无以为名"。初二日，他主编的《湘阴县志》完成了，他准备送一本给左宗棠，但听说宗棠已去湘阴，只得作罢。

半个月后，左宗棠离开长沙刚两天，郭嵩焘听到一则消息，有言官奏劾李鸿章某件事，廷议交左宗棠查办。他非常不高兴，在日记中写道："心绪颇恶。"他和李鸿章在思想、政治态度、对外事务等方面颇为一致，是同路人；和左宗棠则格格不入。他和宗棠私交的破裂，恐怕不仅止于曾被参劾罢官。此后，他们没有再见面了。

左宗棠在长沙还有一位老友要去拜访，是李概（字仲云）。22年前当他受官、樊陷害，处于最悲惨、危险的境地时，准备离长沙赴北京会试，手头拮据，李概慷慨解囊，赠他三百金，才得以成行。虽然后来在襄阳被胡林翼派人拦住，未到京师，但他始终不能忘怀李概在他困难时对他的帮助。22年来他戎马倥偬，没有能及时将这笔钱还给李仲云，这次决心要了却这桩心愿。不想他回长沙后，才得知李概已于数月前去世。他不胜怅怅，只能前往灵前祭奠，并将银送还李概后人。他写了一副挽联：

> 古谊契苔岑，论交我在纪群列；
> 骚心壮寥寂，并世天生屈贾乡。

他还写了一篇短序，记述这段赠金经历，序末说："诣灵奠醊，并出囊余金偿夙诺，盖谓此意固不可负也。呜呼！岂寻常酬答之私云尔哉！"这真有点像吴季札留剑于墓门之意了。从挽联中可知，他对李概的评价很高，认为他是怀才不遇、侘傺一生的屈原、贾谊一流人物。

他在长沙停留的时间很短，但仍很关怀长沙城的建设和人民生活疾苦。他乘船经过湘江时，发现湘江风浪大，行船危险，就亲自沿江察看，建议开挖北郊碧浪湖旧址，从铁炉塘新河疏浚进去，形成一个大湾，面积约一平方里。遇到大风大浪时，船只不能在湘江边停靠，可以避进此湾。因为碧浪湖已成平地，需要开挖丈余，才能引江水进入，工程较大，约需数万金费用。当时只是拟议，几年后左宗棠捐出了二万两银，这个大湾后来建成了，即在现开福寺后。到1960年才逐渐壅塞。

左宗棠回到故乡，和家人亲友短期的团聚还是很快乐的。年初虽然张夫人和几个儿孙到京师陪侍，但女儿孝瑜、孝琳因已出嫁，二儿孝宽留长沙照管家务，都未能去京长期陪侍。这次回来，看到分别多年的女儿、女婿、外孙儿女、侄儿辈等，大家高高兴兴，对一个老年人，确是难得的乐事。

回长沙后不久的一天晚上，女婿陶桃和女儿孝瑜备了家宴，请老父亲和全家共聚，席上全是家人。宗棠兴致很好，他平日在儿孙面前比较严肃，但其实是一个生性幽默、喜欢说说笑话的人。他环顾一周，然后笑着对陶桃说："两江名总督，湖南出了三人，一位是你老太爷文毅公，另一位是曾文正公，再一个就是我。可是他们二位都不及我的命好。"

陶桃和孝瑜、孝宽、孝勋等都要听听老父的命究竟好在哪些地方，只听宗棠又说道："文毅没有拜相，文正虽然封侯拜相，但是生前没有能回家乡，我倒兼而有之了。"

陶桃等听了方知原来如此，觉得也很有道理，只听宗棠又说："我也有一点不及他们呢。"

合座都要听听是哪一点不及文毅和文正二公，宗棠摸摸他的短须，笑嘻嘻地说："我的胡子可没有他们那么长呀！"

家人们平日不敢在他面前高声言笑的，这时禁不住笑得前仰后合。

他在长沙度过了七天的愉快生活，十二月初二日起程回湘阴故里，祭扫祖墓。从咸丰四年离开白水洞，离别故里已二十六七年了。他对家乡的一草一木，都有深厚的感情。他先去祖父母墓前祭扫，然后来到童年时祖父教他读书识字的梧塘书屋。他在外地多年，还时常回忆起这一段美好的黄金时代的生活，也常梦回梧塘书屋。他看到友人罗权如所画的一幅《读书秋树根图》时，就想到了他自己的书屋，题诗说：

图开松桂书千卷，梦到梧塘屋两间。

可是眼前看到的，却只是两间敝旧、狭小的房子，已非复记忆中的童年流连游处的乐地了，但是后山坡上仍然是一片茂密的树木，虽然时值冬令，仍有青松翠柏掩映其间，使他想起童年时爬上山坡摘栗子的情形。祖父夸他分栗子公平，将来能成大器。母亲说他可以封侯，不想如今真的封侯拜相了。可是祖父母、父母早已长眠地下、墓木已拱了。这是可哀又无可奈何的事。

他来到柳庄，柳庄的景色依然美好，十几株梅树在寒冬怒放，门楣上还悬着他题的"柳庄"二字。他在田头漫步，回忆那年大灾荒，他和周夫人在柳庄门前施粥施药，眼前一群群扶老携幼、面黄肌瘦的灾民，那时的心情委实不好受。而今二十余年过去了，他已是皤然老翁，虽然为国立了功业，在各地也没有忘记尽力为老百姓做一些好事，但是国家仍然贫弱，广大人民仍然生活在贫困之中。他呢，日暮途长，尽管朝廷和人民还对他寄予期望，不容许他优游林下，自己却知道能力和体力都有限了，只有勉力而为之吧。

因为有重任在身，在湘阴不能久留，回到长沙后就检理行装。十二月十四日他和家属离开长沙，起程前往江宁履任。

"行尽秋山路几重，故山回首白云封。"当他乘坐的轮船沿湘江顺流而下，离家乡愈来愈远时，他想起了旧作中的这两句诗。"行行重回首"，他和梦中常到的梧塘、柳庄、梓木洞以及司马桥老宅，永远告别了，从此再也没有回来。

第五十一章　"湘间邗上，今我复重来"

到南京——陶、林二公的继承者

光绪七年（1881 年）十二月三十日（除夕），左宗棠抵达南京，随即接任两江总督，受印视事。

南京在清代又称江宁，一名金陵、白下，或石头城，背山面水，龙盘虎踞，形势万千，是中国七大名都之一，兵家必争之地，也是七朝金粉繁盛之乡。两江总督管辖江、皖、赣三省，是中国最富庶的地方，又据长江下游入海要冲，无论在政治、经济和军事上，都十分重要。因此两江总督在地方大员中，地位最为显赫。

左宗棠住进总督府后，随即想起了两位他所崇仰的前任：一位是陶澍，一位是林则徐。43 年前（道光十八年）他去京师会试落第后，曾应邀绕道南京进谒陶澍，在总督府盘桓数日，二人订了深交。那次是来做客，这次旧地重游，却是入主督府了。陶、林二公在他微时就对他寄予深厚的期望。他接任两江总督，虽然已隔了好几十年，但他决心做二公的继承人，履行二公未竟的遗志。

陶、林二公在江南任内的重点施政，一是水利，二是盐务；另外，江苏滨海，海岸线长达千余里，海防极为重要。左宗棠到任后，首先也是抓这三项任务。他说："两江时务之要，无过海防、盐务两端；而水利，尤民命攸关。三吴之富强贫寡，全在乎此。"列强侵略中国，海防首当其冲，而水利和盐务则是与人民利益攸关的事业。

他到南京时正逢过年，刚过完元宵节，他就急不可耐地去巡视境内各地的兵力，还要去勘察以水害著称的淮河和运河的水利形势。光绪八年正月十六日，他率随从出省城阅兵，二月初一日到扬州，初二日道经高邮，视察南运河工程，初五日到清江浦，一方面调阅江北各营，一方面巡视运河堤工和淮河形势，随后沿中运河，历顺清河、张福口、运口等处，视察礼河正坝。到正月二十五日回到南京。通过亲自勘探研究，他对淮河水害有了一定的了解，定出了兴修水利的方案。

淮河本来有自己入海的大道，自金、元以来，黄河南移，夺去了淮河故道，后来黄河又改道北徙，淮河故道被黄河夹带的泥沙淤塞，河床升高，泄水不畅，而地形北高于南，淮水如非盛涨，就不能遵循故道入海，因而改道由洪泽湖向南辗转流入长江，淮河也就成了容易泛滥、多灾多难的河流。左宗棠沿黄河故道勘察到云梯关，又由大通口到响水口，查勘引黄河入海道路。他提出一项雄心勃勃的治淮规划：先将入海口段淤泥挖开一条深水道，引淮水流经云梯关一带，独行入海，责成兵夫分段挑浚两旁淤地。这项工程十分浩大，他认为"事在人为，不惜费，不惜劳，天下无不办之事"。

但他也认为这项工程应逐步实行，不可求速。当前农事更为急迫，应保证农民有一个好收成，因此首先兴修运河东西两岸堤工，疏浚下河各州县支河，既免于泛滥，又便利灌溉和运输。在他两年多的任期内，举办了几件重要的水利工程：

一是打通朱家山工程。过去每当汛期，安徽滁州、来安、全椒的山水由三面下注，加上定远、合肥的水，汇入三汊河绕经六合两百余里，始流入长江。每值淫雨水涨，因为河流纤缓，不能及时泄水，因而泛滥成灾。滁州、来安、全椒、江浦和六合的圩田数十万顷全被淹没。如果打通朱家山，引滁河水经由浦口宣化桥入口，水患可大大减少。这个方案在乾隆、嘉庆时就屡次有人提出，但是因工大费繁，始终没有实行。左宗棠下了决心，调集湘淮军30营，刻日兴工。他历来兴修水利，都是采取"借兵勇以代民力"的做法，目的是"不资民力，且能代民劳，而民享其逸"。

朱家山工程自浦口起至张家堡接通滁河，绵亘20余里。为了打通河道，朱家山中段石脊须挖深20余丈。左宗棠亲往探视，见"石根内幡，坚凝如铁，连成一片……最难措手"。正好王德榜从直隶调来。王德榜兴修水利有经验，在甘肃狄道州曾挖过山、开过河，宗棠命他率部队相助，采用爆破法，凿石穿孔，埋入火药，层层爆炸，光绪十年二月终于开通了朱家山河。这项工程的完成，不仅沿江圩田平时受利，遇山洪暴发，也可避免过去人畜庐舍漂没之惨。船只可由内河航行，不必经历大江风涛，对农、商都有益。

另一项工程是修治赤山湖。湖在句容境内，汇集茅山诸水流，经溧水、上元、江宁流入秦淮河。湖底因多年淤积升高。湖堤也坍坏，旱时干涸，汛期又漫溢湖周农田。左宗棠命兵勇在湖南岸加筑圩堤，长20余里，堤上遍植桑秧保护堤岸。又在下游修建桥闸；秦淮河流经南京通济门和金川门，进入长江，在这两处修建石闸坝，以收纳附郭诸水。濒江圩堤沟道也都次第加以修治。

还有一项工程是修治范堤和潮墩。淮南通泰场范堤原是北宋范文正公仲淹所议建。自盐城北接阜宁，南抵海门，亘六百余里。堤下聚居了许多"盐民"，俗称"灶户"，他们在此设灶熬盐以谋生。堤外修建了许多潮墩，是灶户避风潮之处，因为年久失修，潮墩多已损毁。前一年飓风大作，海潮澎湃而至，席卷漂没庐舍千数百所，淹毙民户不可胜计。左宗棠亲往堤边视察，与盐运使商量，先集资修筑潮墩，以保护盐民安全，然后再修筑范堤。是年七月，通泰场潮墩修成96座，次年（光绪九年）五月，范堤也筑成。

江苏沿海盛产盐，苏淮盐务影响国家收入、广大盐民和盐商贩的利益，受到历任地方官的重视。左宗棠竭力推行陶澍试行过的票盐制，以往贩盐只由少数盐商垄断，票盐制则准许任何人贩盐，只要按规定领取盐票，付出一定盐价买盐，缴纳税款，就可以到各地销售。一票盐按时值计一二千两银。推行盐票是使自由贸易取代封建垄断，既增加了国税，又便利了民商。左宗棠同意魏源、包世臣的主张：农业重要，商业也重要，有时候商业更为重要。

扬州是盐商会集之地，自古繁华属东南之冠，又是南北通衢要道。左宗棠年轻时赴京会试南归时经过扬州，在邗江小面馆里吃了一碗鸡汤面，当时是穷书生，正饥肠辘辘，觉得味道美妙无比，以后常常想起扬州鸡汤面，和家人朋友谈起来，还津津有味。40年后他为视察苏淮水利和防务，数度经过扬州，他倒不曾为瘦西湖和二十四桥的美景所打动，却回忆起年轻时吃过的那碗扬州鸡汤面。这年他到瓜州阅兵，特命犒赏所有将士每人鸡汤面二碗，由自己掏腰包，不要公家花钱。他对将士们说："古来名将都与士卒同甘共苦，你们都多年跟随我南征北战，备尝艰苦。我享受了美味，怎敢不和你们共同分享呢？"将士们吃了美味的鸡汤面，虽然是件小事，心里却很悦服。从此邗江鸡汤面出了名，经过该地的人都要尝一尝，因此利市三倍。

他在南京除了办水利、盐务外，还重视其他能使国强民富的洋务，如电讯、铁路、矿山等。他看到上海有许多洋商银行，就主张创办本国的银行，以抵制洋人操纵中国的金融。西方列强为了扩张侵略势力，还想染指中国的电讯和铁路事业，他们提出用外资在长江铺设一条水下电缆，直达汉口。左宗棠认为铺设宁汉电缆是很有利的事，但是不同意由外人铺设，利权不能外溢。他立即建议清廷，由中国自行建设陆上线路，经费由本国商人自筹。这条从南京南岸到汉口的电报干线，全长1600里左右，于光绪十年（1884年）竣工。

左宗棠积极鼓励和支持民办企业，光绪八年有一位候选知府胡恩燮在徐州创办了利国驿煤铁矿，用机器开采，不请"官本"，全部由商集股办理。创办初期，投资大，收益少。左宗棠就上奏代为请求减免税款，以保护民办企业，"维持商本，而塞漏卮"，以便和外国产品竞争。他还看到沿海地区洋油（煤油）倾销，就下令两江各府州县广植乌桕树，取乌桕子可榨油，以代替洋油供民间照明之用，抵制洋油的倾销。

这几年左宗棠虽然年龄更大了，身体更差了，但仍经常到各地视察。光绪九年他到高邮、邵伯、泰州、泰兴一带视察河工，沿途百姓陈列香案迎送，一是感谢筑堤修堤，上一年因而获得了丰收；一是感谢减免了厘金，老百姓得到实惠。老百姓都说："几十年来从没有见到制台到我们这儿来过。"左宗棠对百姓热烈欢迎的情形很受感动，又觉受之有愧。他后来写信告知儿子说："好官可做，好官之名亦实不易副。"古人云："盛名之下，其实难副。"封建时代，也有少数官吏想为人民做点好事，但是困难重重，阻力很大，宗棠深有体会，他自觉为老百姓做的好事是太不够了。

光绪九年（1883年）正月，他在南京为陶澍和林则徐建立了陶、林二公祠，合祀二位先行者，他写了一副对联：

> 三吴颂遗爱，鲸浪初平，治水行盐，如公皆不朽；
> 卅载接音尘，鸿泥偶踏，湘间邗上，今我复重来。

左宗棠慨然以陶、林二公的继承者自居，他不仅继承了二公办水利、农业、盐政、漕运等事业，还继承了中华民族大无畏的爱国主义精神，没有辜负陶、林二公的知遇之恩。

第五十二章　在两江总督衙门的生活

早餐：红薯和蚕豆——午餐：常有一盘狗肉——满小姐回娘家
——"待文正之子若弟，无异文正之存也"

　　两江总督衙门是江、皖、赣三省最高权力机构所在，也是总督的官邸。衙门外观森严，大门常开，有亲兵守卫。里面庭院深深，从甬道进去，第一进是大堂，第二进是接见官员谈论公事的客厅和签押房，第三进是内眷住房。这里陶澍、林则徐和曾国藩的眷属都住过多年，如今左宗棠、张夫人和儿、孙、媳妇等也住在这里。几个儿子中，孝宽常年在长沙管家，孝勋、孝同遇到乡试期间要回乡参加考试，他们经常在两地来往，孙儿孙女们多住在南京。左宗棠过了一段热闹的家庭生活。

　　他每天清晨四五点钟天尚未明即起床，洗漱后立即到签押房批阅公事；到了天明，一家男女老少齐集在大厅里用早餐，左宗棠坐在当中，家人侍坐两侧。早点通常是蒸红薯和煮蚕豆，他的九孙念惠①后来回忆说：小孩们只能分到半个红薯。吃完早点，左宗棠就和张夫人及儿子们谈论家事，有时讲些古圣先贤的故事和格言给儿孙听，除了夫人和两位女儿可以坐着，其余人都得站着聆听。据念惠回忆说：他的声音极为洪亮，眼光炯炯逼人，孙儿女们看到那副眼神，很有点害怕。

　　早饭过后，他立即开始工作。那两年还算太平无事，但他对军事防务等一点也不放松，特地在总督署内设一营务处（相当于现在的参谋处），每天要到营务处办事数小时，中午就在该处用膳。随他来南京的几位老部下如王德榜、王

---

　　① 左念惠：作者的伯父。

诗正等也常到营务处议事，他们无所不谈，既讨论军事防务，也讨论水利建设，中午就在一起用饭，有客人和僚属来谈公事，也留在一桌吃饭。桌上常有一盘狗肉。

湖南人有爱吃狗肉的习惯，江浙人则多数不愿吃，左宗棠就劝他们尝尝，还说："这肉名叫地羊肉，味道很美，何为不食？"说着还用筷子夹一块狗肉送到客人碗内。有一次，曾国藩女婿聂缉椝在营务处共进午餐，左宗棠夹了一块狗肉到他的碗内，劝他尝尝美味。聂缉椝虽然是湖南人，但坚决不吃狗肉，趁宗棠不留意，偷偷把它夹到桌上，可巧又给宗棠见到了，他就问："美味怎么不吃？"聂缉椝回答道："素来戒吃牛肉和狗肉，不敢犯戒。"宗棠笑笑而已。

到南京不久，有一次他外出拜客，经过城北一带，看见跨仪凤门有一座高山矗立，却是光秃秃的。他问随从人员这座山的名字，随从告诉他是狮子山。他慨叹道："狮子无毛，何以壮观瞻？"立即拿出100两银子，命随从官员采办松柏桑茶等树苗，栽种在狮子山上。又命调查附近各山的土性，广种各种树苗，在城内空地也遍植桑柏松杉数百万株，以供人民养蚕和樵采。南京城经战乱后，还留下大片荒地，他命设立清丈局，做出规划，用公款修造城北房屋数百所，租给老百姓住。这样，老百姓的生活有所改进，流离失所的人有了安居之处，南京城的市容和绿化也有所恢复。

他在南京也如在其他各地一样，十分重视文化事业。他来之前有人建议撤销金陵书局，他到南京后，不仅不撤，还集资赶印各种书籍。那年正逢大比之年，来南京购书、观光的士人很多，书局果然生意兴隆，胜于往昔。他为南京钟山书院题了一块"正谊明道"的匾额，钟山书院后来改为南京中学，民国时期还有人在该校看到那块匾额。

江苏地方上的士绅很有势力，常常干预公事。左宗棠很厌恶这种行径，但又不宜随便得罪他们。当士绅们来晋见他、将有所干谒时，不能拒之门外，他就想了一个办法。客人就座后，照例端茶敬客，寒暄两句，他就滔滔不绝一个人谈起来，内容是无所不有。据客人们说：多半谈的是西征军的经历，如何克敌制胜，如何神机妙算，都是客人听得腻烦的，他谈得眉飞色舞，客人又无从插口，只能一旁恭听。谈得差不多，随从就端起茶碗，按照清代官场规矩，这就是示意时间已到，"端茶送客"了。那些士绅碰了软钉子，一个个气得不得了，却又无可奈何，背后骂他骄倨，或说他昏庸老朽，只会摆功自夸，殊不知他的用意。

也有一些湖南同乡，特别是本家、亲友等，纷纷来南京找他求差使，他一概不收录，自己掏出腰包，送路费给他们回家。他定下一个办法，在南京下关轮船码头给一半旅费，到了汉口后，托人再付给一半。本家和亲友埋怨他不讲"情谊"，他也计较不了这许多。不过他认为做官并不容易，要有一定本领；要爱老百姓，诚心诚意为百姓做事；要廉洁方正。他不能将官随便封给本家子侄和亲戚朋友。其实他也是很讲情谊的，对于来求职未遂的人，总要尽心安排送他们回家。他常说，为本家和亲友受累不少；对于故人子女，他也总悉心照护。

那年曾国藩的满女纪芬（湖南话称幼儿女为满儿女）和夫婿聂缉椝正在南京，夫妇二人曾多次拜谒左宗棠。纪芬晚年自号崇德老人，在她的《自订年谱》中记述了他们这一段有趣的交往。

光绪七年岁尾，左宗棠刚到南京不久，纪芬就去总督署拜谒，在大堂下轿，步行走过数重庭院，才到内室。恰好那天宗棠因公外出，没有见着，只见到了张夫人和几位儿媳。两江总督衙门是纪芬旧居之地，同治十一年曾国藩去世，她才和全家回湘，如今恰已整整 10 年。她抚今追昔，百感交集，以后不想再来这块伤心之地了。

左宗棠回署后，知道了这件事，以为她还会再来，但是久等不见来。聂缉椝是常在营务处见到的，宗棠问过他几次，要纪芬来见见，她始终不来。有一天宗棠专派了一乘轿子，将她接来督署，还特地开了中门，让轿子一直抬到三堂内院。纪芬下轿，见了宗棠后，进入内室，不觉流下眼泪。

宗棠问她为什么伤心，她回答道："回到了旧居，想起了当年光景，尤其是想到了先文正公已不在人世，不觉悲伤泪下。"宗棠也感叹不已。

宗棠又问她："文正公是壬申年生的吗？"

纪芬回答说："是辛未年生的。"

宗棠说："那么比我长一岁，你把我当作叔父好了。"

他让纪芬在督署中各处看看，又找到她 10 年前的卧室中去流连一番，纪芬很感动。

后来曾国荃来到南京，宗棠高兴地告诉他说："满小姐已认我家做娘家了。"

纪芬夫婿聂缉椝（字仲芳），是湖南世家子弟，家里很有钱，但没有得一科第。他原随亲戚陈展堂应前任两江总督刘坤一之约，来到南京已经有两年了。陈任江宁筹防局总办，他任帮办，月薪很低，每月只支银八两，幸亏湖广总督李瀚章送他一份湖北督销局的干薪，每月 50 两，这才勉勉强强度日，然而对他这种阔人出身的子弟,这点钱还是远远不够。左宗棠初到南京,没有留意这个不起眼的年轻人,而且曾国藩生前曾有"坦运不佳"之说,对坦腹东床的几位女婿全不中意,因此宗棠对国藩这位满女婿的印象也平平,没有给他派上好差使。纪芬不敢向宗棠当面请求,后来向宗棠儿媳透露了点他们的窘况,希望有所照顾。纪芬多年后还回忆说,这实在是不得已、说不出口的事。

左宗棠初次见到聂缉椝后,印象还不错,聂缉椝那年才27岁。宗棠听他提到家世后,就问他:"有一位名继模的,写过一篇诫子书,是不是府上先代?"缉椝答道:"是先太高祖。"宗棠又问他:"你还能记得那篇文章吗?"缉椝答道:"能够。"宗棠说:"二十年前我在《皇朝经世文篇》中读到这篇文章,甚为嘉叹,至今还能背诵。"于是就背诵了几段。缉椝听到有漏落的句子,赶忙为他纠正。宗棠很高兴,说:"数典不忘祖,你还能记住祖先的文章,这就不错。"留他在营务处午饭。

以后每次缉椝因事来营务处时,总留他共进午餐,在多次谈话之间,他觉得缉椝并不是想象中的纨绔子弟,肯说直话,对洋务也颇讲求。经过一段时间的考查,第二年就委派聂缉椝为两江营务处会办。

这个差使还是较清苦,不久又委派他为上海制造局会办,这是个阔差使。那天聂缉椝和一些同僚进见,在座好几位都委得了一份阔差。左宗棠送走他们后,单独留下聂缉椝,对他说:"今天你可高兴了吧?那班人都是为贫而仕,唯有你可当大事,可勉自为之!"因此聂缉椝一生中感激宗棠的知遇最深。

聂缉椝兴冲冲来到上海,见了制造局总办李兴锐(字勉林)。李兴锐是曾国藩的门生,对老师昔日戏言"坦运不佳"也有所闻;他又见到过曾纪泽的日记。

光绪四年曾纪泽出使英、法时,两位妹婿陈远济(字松生)和聂缉椝都要求跟去,曾纪泽委用远济为二等参事,但拒绝了缉椝。他在九月十五日日记中写道:"同为妹婿,挈松生而阻仲芳,将来必招怨恨。然数万里远行,又非余之私事,势不能徇亲戚之情面,苟且迁就也。松生德器学识,朋友中实罕其匹,同行必于使事有益。仲芳年轻,而纨绔习气太重,除应酬外,乃无一长,又性根无定,喜怒无常,何可携以自累?是以毅然辞之。"

在曾纪泽的眼中,妹夫缉椝只是一个一无所长的大少爷,跟他出国会成为他的包袱。聂缉椝没有能跟上这位"讲原则"的大舅子出洋当差,因此只得到南京来坐冷板凳,领份干薪度日。这次好容易委了份阔差,不想李兴锐又了解他的"底细",也怕背上包袱,并不欢迎他。因为是制台的委派,也不便得罪他。

李兴锐就写了一封信给左宗棠，引述曾纪泽日记中对缉椝的评语，又说曾国藩生前也不喜欢这位女婿，因此准备送他一份干薪，不必到局上班，只当个挂名差使。这和左宗棠希望他干一番事业的旨趣大相径庭，因此宗棠回了一封长信给李兴锐，说："聂仲芳非我素识，据一些同僚称他肯说直话，我见他在此尚称驯谨。近来对造船、构炮诸事，极意讲求；机器一局正可借以磨砺人才。仲芳尚有志西学，故欲其入局学习，并非以此位置闲人，代谋薪水也。"

左宗棠对曾国藩的评介和曾纪泽的日记所谈，都颇不以为然。信中又说："文正尝自笑坦运不佳，于诸婿中少所许可，即栗诚亦不甚得其欢心，其所许可者只劼刚一人，而又颇忧其聪明太露，此必有所见而云然。然吾辈待其后昆，不敢以此少形轩轾。"

他认为曾国藩对儿子和女婿都要求过高，他和李兴锐都是曾国藩的后辈，不宜用他的高标准来要求、评介他的子婿。他在信中还引述上年在京师时，曾纪鸿贫病交加，竟然早逝，他竭力帮助纪鸿，"慨然为谋药饵之资，殡殓衣棺及还丧乡里之资"，并不因曾国藩不喜纪鸿而有所歧视。

曾纪泽那时在伦敦，知道此事后，特地致书左宗棠道谢，"意极拳拳"，说明兄弟感情仍很深。他认为曾纪泽日记所云，不过"是劼刚一时失检，未可据为定评。传曰：思其人，犹爱其树，君子用情，惟女厚焉"。

至于工作，他的态度仍是公事公办，建议对待聂缉椝应是，"能则进之，不能则禀撤之，其幸而无过也容之，不幸而有过则攻之讦之，俾有感奋激励之心，以生其欢欣鼓舞、激励震惧之念，庶仲芳有所成就，不至弃为废材，而阁下有以处仲芳，亦有以对文正矣"。

接着，他谈了一段与曾国藩的交情，曾左交恶天下共知，因此这段话受到人们的重视：

> 弟与文正论交最早，彼此推诚相与，天下所共知，晚岁凶终隙末，亦天下所共见。然文正逝后，待文正之子若弟及其亲友，无异文正之存也。

左宗棠早年与曾国藩共事，亲密无间；曾国藩去世后，他对待国藩子女如同自己的子女，而纪泽、纪鸿、纪芬兄妹对宗棠也十分尊敬。纪芬在回忆录中不仅说夫婿"中丞公一生感激文襄知遇最深"，还记下了他们二人对宗棠的赞扬："其学问之博，谋略之远，治事之勤，求才之切，皆有不可及者。"

　　曾国藩和左宗棠在朝奏中互相攻讦，因而"失和"，为天下所共知。如果二人真正互相仇恨，在家庭和子女面前一定会有所流露。纪芬依依膝下，对父亲的思想感情自然很了解，如果曾国藩真正仇恨左宗棠，她的感情必然站在父亲一方。即使后来夫妇受左宗棠的恩遇，但父亲受过宗棠的"攻击"，总难免对宗棠有一些偏见的。她对宗棠的赞扬却如此完美和高大，完全看不出曾、左二人和两家有什么龃龉，那一段"曾、左失和"就很令人怀疑，似乎曾、左二位闹"失和"，是专为了让"天下所共见"的，究竟失和是真是假？含意为何？后人猜测纷纭。无怪乎徐一士在研究了左宗棠和曾纪芬夫妇的交往后说："益见宗棠之于国藩诚有异乎寻常之凶终隙末者矣！"

　　李兴锐收到左宗棠的回信后，认为他的意见合理，于是聂缉椝正式上任。他在工作中显示了一定的才干，也很认真负责，没有辜负左宗棠的期许。光绪八年，法国加紧在越南的军事占领，并且在中越边境布置兵力，蠢蠢欲动。左宗棠命令上海制造局日夜加紧生产兵器，年底赶制了100门山炮，聂缉椝亲自押解到南京，旧历除夕也没有在上海家中度岁。他勤恳工作，升迁很快，不久接任总办，后又升为上海道，历任江苏、安徽、浙江三省巡抚。

　　宗棠去世后，孙女元宜嫁给聂缉椝之子其昌，左、聂、曾三家又结了亲戚。

　　光绪八年（1882年）十月二十四日，左宗棠得了第12个孙儿，即孝勋的第二子，宗棠为他取名念恒，字南孙，意思是他在南京总督任内出生的。这是宗棠生前最后得到的一个孙子。

第五十三章 "夷情恭顺，皆窃谓从来未有也"

巡视江南——上海租界升龙旗，外国兵船升炮致敬

光绪八年（1882 年）四月初十日，左宗棠离开南京，前往镇江、常州、苏州、上海等地。此行目的是：一方面检阅江南营伍，另一方面视察上海制造局的兵器生产，积极备战，以对付列强特别是法国迫在眉睫的侵略。

十六日晚他乘坐"满江红"船抵达苏州胥门码头，随即上岸到抚台衙门拜会卫静澜巡抚，商讨江苏的治理情况，十七日下了大雨，十八日天晴，到大校场阅兵。二十日离开苏州，"满江红"船由"白云"轮船拖带，经由淀山湖、松江，于二十二日下午 3 时驶入上海黄浦江中，制造局总办刘兴锐派"江安"轮船迎接。"满江红"靠拢上海码头后，地方官员都来迎接拜会，左宗棠只接见了几位重要官员，如上海道、江苏藩司、制造局总办等，其余人均辞谢。码头上备有绿呢大轿，准备迎接他去行馆休憩，也被他辞却，为了避免糜费，他决定留住船上。

第二天早上 8 点，他离船登岸，先到制造局参观机器、制炮等厂。上海地方要员都会集在制造局。上午 10 时，英、奥、比等国领事和天主堂主教带同翻译官都来局拜会。左宗棠一一接见，叙谈片刻，因为拜会的人多，每次时间不能过长，到时候他就扶起座旁的龙头拐杖，欠身起来，在旁的亲兵便高呼送客，一路传送到大门口，由地方官代送上轿。

午饭后，左宗棠乘坐绿呢大轿出门拜客，这只是一种官场形式。因为左宗棠的地位和威望崇高，他所回拜的方伯、观察、总办等，以及英、法、美、德各领事对他的来访都予以"挡驾",这是有礼貌的谢绝,表示不敢接受他的回拜。他又到陕甘粮台,与胡雪岩叙谈了一会儿,胡雪岩为西征筹款尽心尽力,宗棠因此赏识他,他们之间与官场的泛泛关系又有所不同。

上海最大的报刊《申报》对左宗棠这次巡视江南逐日做了详细报道。据报,他在苏州和上海出访时,仪从颇为威严,绿呢大轿前有两个清道牌子,上书"清道飞虎"和"肃静回避",后面紧接着各种官衔牌,计有:钦差大臣、二等恪靖侯、太子太保、东阁大学士、两江总督部堂等,前导仪仗另有旗锣伞扇。轿子最前由一名将领(提右营守府)骑马领队,其后有八名头品顶戴和两名二品顶戴的武将骑马前导,扶轿的也是几位戴蓝顶、晶顶和花翎的官员。簇拥在轿前后的有:恪靖亲兵手持钢叉、大刀、洋枪各八名,马队八名,戈什哈八名;制造局炮队营兵持全副銮驾在后随从。"宪躬端坐舆中,身穿黄缎马褂,手持芭蕉扇,瞻视尊严,精神矍铄,虽年逾古稀,犹似五十许人。"

在苏州出行时,"沿途观者密如栉比,有不远数十里,等候一二小时,而必欲一觇颜色者",都想看看这位建功绝域的英雄,"咸以获睹伟人为荣"。在上海也是如此,所经各处,各铺户都除下招牌,排香案恭迎;经过租界时,租界当局换升中国龙旗,外国兵警执鞭清道,声炮十三响,恭谨有加。二十三日那天正下雨,外国人乘坐马车者遇到左宗棠的"宪驾",赶紧避道而行;中国人乘坐黄包车和小车者都下车,站立道旁,一路上观者如堵,都诧为从来所未有。

在苏州和上海都有几个老百姓拦舆告状。在苏州有一位安徽当涂人拦舆递禀,在轿前再三叩头呼冤;又一位江都人,面容枯槁,衣衫褴褛,将禀词装入竹筒内,在座船旁投河告状;在上海有一位老妇人拦舆喊冤。随从都将禀词收下,都是控告当地官府欺压,百姓无从申诉,久闻左宗棠办事公正,如今以钦差大臣、总督身份来临,就抱着一线希望来告状,这也是缺乏法治的封建社会中老百姓的苦处。左宗棠收下禀词后,见到当地官员时,都叮嘱他们务必妥善处理。

上海道在邑庙豫园萃秀堂备好了筵席,堂中铺陈华丽,堂前搭了蒙上五彩绸缎的吹鼓亭和辕门,贴上"东辕门""西辕门"金字,辉煌夺目。左宗棠厌恶这类铺张浪费,坚决辞掉了宴会。下午4点拜客完毕,径回到码头登上轮船休息。

次晨,他的座船向吴淞口进发,检阅海岸防务和水陆各军。当地驻军苏松、福山、狼山、崇明各镇和海澄、沪南各营,事先在张华浜布置了陆军校场。张华浜是各兵船湾泊处，离吴淞陆程四里，原来有一营盘，为了迎接检阅，又扎了东、西辕门，吹鼓亭和五色篷帐，悬灯结彩，极形华丽。在营门南有500名海澄营兵，沿黄浦江列队，中有大刀、钢叉队数十名，洋枪队300名，队伍前飘扬着四方形五色旗数十面，青、黄、红、白旗各十余面。在营门北面有苏松镇标中营兵500名列队，队伍中武器也是五花八门，计有鸟枪、抬枪、长枪、虎衣、藤牌、弓箭手各队，大纛14面，绿缎红边，中间金线绣龙，另有小旗百余面，与大旗一式。每队领队一人，背插红方旗，上有"督阵"两字，颈悬战鼓。南北两岸，旗帜密布，江中炮船十余艘都悬挂彩旗，钧和、飞霆、策电、驭远、威靖五艘兵船均升黄色龙旗。于时"旗旆飞扬，波涛明灭，江山如画，壮士如云"。

10时许，江南提督和浙江提督的座船首先从黄浦江上由南向北驶来，各兵船都升炮相迎。11时一刻，左宗棠船到，各兵船连珠炮响，水兵们都爬上桅杆，站立成三层，两岸排列的军队也都放枪迎接。检阅过后，左宗棠随即换乘澄庆号兵船出吴淞口，先到各炮台巡视一周，然后检阅口外30余艘兵船操演和打靶。检阅完毕，仍旧乘澄庆号兵船回张华浜，就在船上过夜。

第二天原拟检阅陆军，因天雨停止。第三天仍下雨，到下午2时许稍停，左宗棠委托李提督和刘臬司代为检阅，不久又淅淅沥沥下起雨来，因此只看了打靶演习，每人打五发，都打中靶。二十六日清晨，左宗棠仍乘坐"满江红"船，由"白云"轮船拖带，离张华浜回沪，文武员弁和水陆各军在张华浜口恭送，枪炮之声不绝。二十七日起程回南京，完成了第一次海防巡视。

那年十月，他的身体更差了，记忆力也大不如前，于是上疏请予开缺。疏中说，他从上年病假期中奉命出督两江，"莅任至今，力疾经营，未遑朝夕。而病久不愈，近时心绪昏瞀，动辄遗忘。日间校理官书，阅毕茫然，不复省忆。稍一压搁，积成堆垛。思泉日涸，疏误已多。若不吁请开缺，寤寐实有难安。合无仰恳圣慈，准其开缺，回籍调理，或冀闭门静摄，得以稍延残喘，则有生之日，皆报国之年也"。

尽管他老病请退，但仍念念不忘国防和民生，在疏中提出了当前应办的事，认为海防、盐务、水利三者是江南最重要的事，说这次他到江南，"惭无报称，惟农田水利一事，躬亲相度，微效略有可睹"。还说："如蒙恩旨开缺，遇天气晴和，还要赴下游各工地省视一周，再行归里。"真正是："老骥伏枥，志在千里；烈士暮年，壮心不已。"

朝廷没有同意他的请求，温旨慰留，给假三个月养病。

在假期中，他并不好好休养，仍然关注着三件重要的事：一是海防，一是盐务，一是水利。他还经常去各地视察。

光绪九年（1883年）正月，他离南京沿江而下，经里河、下河，视察海岸各盐场，又巡视范堤和清水潭等堤工程进度。二月十八日到朱家山河工地，王德榜军队正在开凿长十余里高数十丈的石脊，遇到困难。左宗棠教他们凿石穿孔，装入火药爆破，解决了施工问题。二十七日又到句容勘验新筑成的坼堤，教筑堤人员沿堤埂种植桑秧防护。二十九日，由二三汊河顺流视察通济门石闸。

四月，扬州地区运河堤工告成；五月，范堤筑成。秋天发大水，水涨到一丈六尺余。幸而几项水利工程已完成，就依次开放车逻、南关各堤，里下河农田得到保障，是年仍获得丰收。

光绪九年正月、九月和次年正月，他又几度到上海、崇明等地视察沿海沿江防务和新建的渔团。这几次到上海，同样受到中外人士的热烈欢迎。左宗棠在给儿子的信中曾叙述光绪九年正月到上海的情况："到上海时，中外官绅商民陈设香案，亲兵及在防各营列队徐行，老稚男妇观者如堵，而夷情恭顺，升用中国龙旗，声炮致敬，较上次尤为有礼。"在上海多年的胡雪岩及其他随行人员都说，外国人素来瞧不起中国人，更瞧不起中国官吏，这次以这样隆重的礼仪来接待左宗棠，是从来没有过的事。

《申报》记载了光绪九年九月和十年正月左宗棠最后两次巡阅沿江和吴淞口炮台，并检阅水利情况，当他的座船通过黄浦江时，各国军舰上的员兵都持枪站立桅杆旁，并升炮恭迎，中国炮船及岸上的洋枪，连环不绝，座船停泊时，放鞭炮万响。中外士女瞻望风采者，聚集两岸和路旁，几无立足之地。英、美、德、俄、奥等国领事都往他的座船晋谒。座船离沪时，各国兵船又升炮送行，水手们也都持枪上桅表示敬意。《申报》记载说："一时烟雾弥漫，枪炮络绎，晓行风景，大将旌旗，足称壮观。"

左宗棠几次出巡，不仅在于检阅沿江沿海的防务，积极备战，以防万一，同时也意图显示中国的决心，对内增强全国人民的信心，对西方列强则示以不可轻侮。西方人素来崇拜强者和胜利者，自从西征军收复新疆、俄国退还伊犁后，西方各国对中国军队和中国人的看法有了改变，对征服新疆的统帅左宗棠本人也高度崇敬，如《西国近事汇编》中说：

左钦帅急先军食，谋定而往，老成持重之略，决非西人所能料。……中国至喀什噶尔一律肃清，可谓神矣。……使欧人当此，其军律亦不过此。平时欧洲轻料中国，谓中国人不能用兵，今观中国之恢复回部，足令吾欧人一清醒也。

左宗棠在出巡中受到中外人士的热烈欢迎。他们对收复新疆的英雄是出自内心的崇敬，他这几次显示武力和决心，提高中国威望的意图，看来已初步实现。

第五十四章 "并力一向，千里杀敌""老命固无足惜"

法国侵入越南——海陆防加紧备战

　　西方舆论虽然对于中国政府收回新疆给予了高度评价，中、西人士对于左宗棠的丰功伟绩和爱国主义精神也衷心敬佩，慈禧太后对他说："外国人怕尔之声威。"的确也有事实根据。但是和清政府打交道多年的西方列强，却深知清朝廷中害怕外国人的本质和主流并没有改变，在收回伊犁的过程中和其后不久，他们就看出来，朝廷中的投降派正日益得势，王公大臣们因为被西方强大势力包围，又连吃过几次败仗，显然丧失了信心。

　　慈禧作为最高权力者，为了保持自己的权位势力，苟且图存，宁愿牺牲国家的一定利益，换取暂时的安逸。她早已抛弃了过去支持左宗棠收复新疆的正确的态度。而帝国主义的侵略本性是不会改变的，对殖民地的掠夺不会中止，对中国这样一块肥肉，也决不会停止它的侵略。中国如果不能举国一致、上下一心，单靠左宗棠这样的少数爱国者，西方侵略者是不会惧怕的。

　　当时在海上横行霸道的首推英、法两国。光绪八年至十年间，法国的侵略焰势最汹。英国因为在鸦片战争中在中国东南沿海占了大便宜，暂时采取比较保守的态度，在一旁观望。它已占领了亚洲最大的一块殖民地印度，要保住印度，一方面向北侵入西藏，一方面向东企图占领缅甸。法国也有很大的野心，企图与英国平分远东势力范围，主要目标是控制整个印度支那，先占领越南，然后从越南北部进入中国西南云贵地区，与广州湾连成一片，形成稳固的势力圈，进而瓜分中国。

越南和中国的关系源远流长。早在 2200 年前，秦始皇废封建，置郡县，越南北部归属于象郡管理。汉武帝时，在越南北部和中部设立了交趾郡、九真郡及日南郡；东汉时称交州；唐代置安南都护府，因此后来亦名安南。乾隆五十四年（1789 年）封阮文惠为安南国王，为中国的藩属（保护国），史家称为新阮，原占据顺化府自立的广南王阮潢一系；则称为旧阮。新阮攻灭旧阮后，阮潢的后人阮福映逃入暹罗（今泰国），与法国传教士关系密切，曾派其儿子去法国，请求援助复国，还订立了割让化南岛为报酬的《法安同盟草约》。当时法国正值大革命时期，草约没有正式签字，法国政府也没有正式派兵。但是阮福映得到法国将校数十人以及驻印度的部分法国军队的"私人志愿"襄助，嘉庆七年（1802 年）攻占河内，消灭了新阮王朝，统一安南。他随即派使臣到北京报告清朝廷，请改国号为"越南"，嘉庆帝同意他的请求，并册封他为越南国王。

法国与越南有了上述关系，不久，法帝拿破仑被放逐，路易十八复位，派公使与越南修好，要求履行条约，割让化南岛。阮福映认为条约并未经正式签署，法国又没有依约正式派兵援助，所以予以拒绝，与法国渐渐失和。

咸丰二年（1852 年）拿破仑第三即帝位，他为了在国外炫耀武力以收拾国内人心，决定在越南下手。先派公使向越南要求履行旧约，割让化南岛，并许可通商传教，越南政府不同意，双方由争执以致动武，法船开炮攻击。越南人民气愤之下，接连发生仇杀教士的事件，还误杀了西班牙教士，于是法西联军进攻越南，先占领广南港，后又转移南下，攻占西贡。越南曾派大军围攻西贡达两年之久。这时正值英法联军侵略中国的战争结束，在华法军得以抽调到西贡增援，不仅打退了西贡围军，又占领了南部其他一些地方。同时越南发生内乱，只得向法西联军求和，于 1862 年订立了城下之盟的《西贡条约》，越南割让了边和、定祥、嘉定三州及康道尔群岛与法，另外赔偿法西联军军费 400 万法郎，准许传教、通商自由，给予内河航行权，还规定此后越南如割让土地与其他国家时，须经法国许可。这显然是将越南置于法国的保护下了，不过还没有明文否定越南与中国的藩属关系。

同治六年（1867 年）印度支那半岛西南部的柬埔寨发生民变，法军以代平民乱为名，攻占了永隆、安江、河仙三州，于是下交趾六州全被法国占据。

同治十三年（1874 年）法国又强迫越南订立了《法越和亲条约》20 条，根据这项条约，此后越南的外交事务必须受法国监督，越南有内乱、外患时，法国有援助的义务，越南的海陆军教练官和军舰兵器等一切军用品，均由法国供给，另外，开河内、东奈、宁海三处通商口岸，并允许法国船只在红河自由通航。实际上越南已沦为法国的保护国。

不久，越南政府逐渐发现《西贡条约》与《和亲条约》都成为本国的枷锁，还不及作为中国的藩属自由，又派使节到北京，请求仍为中国的保护国。清政府也认为越南素为中国藩属，通过驻法公使曾纪泽向法国提出抗议，但是法国不承认中国对越南有发言权，置之不理。相反，还加紧在越南的侵略行动，进而准备侵略中国的西南和沿海各省。

国内有识的爱国人士都已看到形势的危急和加强海防的重要。光绪八年（1882 年）彭玉麟提出制造 10 艘小型兵船，增防海口。左宗棠在视察江南海口后，认为南洋如有警，两江应当支援，也建议再购买快艇五艘，以备缓急。光绪九年正月，他再度去上海视察时，恰逢彭玉麟由湖北查案回船到江阴，二人约好在吴淞口相会。

彭玉麟和左宗棠是湘军中老同事，二人都是主战派，意气相投。彭玉麟看到他增购船炮、加强海防的各项布置，十分高兴，说："布置如此周密，不怕外国人来，只怕他不敢来。"

左宗棠又将他对付外国兵船的策略告诉彭玉麟和将校们，说："外国船若来，我们只要列船守定炮位，确有把握。除了炮击它的锅炉、气管、烟囱外，更挑选一批熟习水性的勇士，遇有机会就跳上外国船，炸坏它的机器，外国船可以夺取过来。趁现在将领弁丁士气可用，勇者给以重赏，怯者示以严罚，将士们齐心合力，大功必成。我与彭宫保乘坐舢板督阵誓死，正古人所谓'并力一向，千里杀敌'之时也！"

将校们在一旁听了，都很兴奋，齐声说道："我们忝居一二品武职，都各有应尽之责。两老不临前敌，我们也会拼命报国的。"

左宗棠和彭玉麟听了都很高兴。左宗棠说："这是每人都应尽心尽力的事，何分彼此！或者四十多年咽下的一口恶气可以借此一吐。从此

湘军水师统领彭玉麟

以后，外国人凶威被挫，不敢再动辄挟制要求，如此乃是我的愿望。"彭玉麟也说："这样就断送老命也值得！"

左宗棠、彭玉麟和将领士兵们早有为国效死的决心，在侵略者面前，准备和敌人一拼，决不惧怕外国人，也有对付的策略。

光绪八九年间，法国借口红河船运受到越南人的阻挠，派一支舰队开到红河保护航运，实际上是扩张侵略。它先攻入北圻，不久占领了河内，光绪九年三月又占领了南定。越南部队无力抵抗，但是当时有一支中国农民起义部队，即刘永福率领的黑旗军，驻扎在红河上游一带。他们是当太平天国覆亡时由广西逃来的。早在同治十二年（1873 年）法军进攻河内时，黑旗军就曾抗击，并给法军以重创，因而刘永福被越南阮氏王朝封为三宣副提督。这次越南又派永福去对付法军，同治九年四月十三日两军在河内城西二里的纸桥进行了一场恶战，黑旗军再一次取得胜利，并将法侵略军司令李维业击毙，引起了法国国内震动，但是侵略者不死心，法国政府立即委派新统帅，增加兵力，发动新的进攻，一部分兵力对付黑旗军，其余直指京都顺化府，越南已岌岌可危，全境濒于沦陷。

左宗棠看到形势危急，预料侵略者的下一个目标将是东南沿海，立即上疏给朝廷，要求加强筹办海防。第一条意见是加强江海防务，吴淞口是要隘，也是长江门户。由崇明、宝山绕白茅沙，即可掠狼山、福山，径犯长江，白茅沙首当其冲，应在该处设置重险，加筑炮台，增派兵船驻守。另一条意见是设立渔团。沿海渔民约有一万数千人，熟习水性和地形，过去也曾有少数渔民为外国船只做向导的。现在应把他们组织起来，对青壮年进行训练，合格者拔为水勇。这个发动群众、抗御外侮的办法很快就实行了，九个月后成立了数千人的渔团。

清朝廷看到法军加紧进攻越南，云桂边境危急，表示了一些强硬的态度，命云贵总督岑毓英、两广总督张树声督办边防，统大军进入越南；命广西布政使徐延旭和云南布政使唐炯进兵谅山、山西和北宁；任命刘永福为越南经略大臣。又命令李鸿章赴广东督办越南军务，诏令左宗棠调集江南淮楚各军，准备开赴前线支援。似乎真的准备和法国打一仗了。

法国其实是色厉内荏，当时根本没有在远东打一场全面战争的力量，看到中国态度强硬起来，就使出软手段，法驻华公使宝海耍弄花招，向李鸿章假惺惺地声明："法国并没有与中国失和的意思，但不能承认越南是中国属国。"

李鸿章是一贯主张妥协退让的，他于是上了一道秘密奏折给朝廷——《法越交涉事端重大遵旨妥筹全局折》，认为决不能与法国作战，法国海军强大，"其船械之精，操演之熟，海上实未可与争锋"。陆军虽可一战，"但一时战胜，未必历久不败；一处战胜，未必各口皆守"。而中国的国力呢？"各省海防，兵单饷匮，水师又未练成，未可与欧洲强国轻言战事。"总之，中国只有投降。

他心中有数，知道这派亡国投降论会为多数国人所反对，所以奏折秘密进呈，还写信告知老部下湖南巡抚潘鼎新说："密稿抄呈秘览，幸勿示人，又讥鄙人为和事老人矣。"

李鸿章对朝廷命他赴广东督办越南军务，也十分不满，在与友人的信中咒骂道："若以鄙人素尚知兵，则白头戍边，未免以珠弹雀。枢府调度如此轻率，殊为寒心。"

在对待法国的侵略上，左宗棠的态度与李鸿章迥然相反。他认为越南与中国接壤，如越亡，则中国藩篱尽撤，广东边宇危，滇、黔之边腹均形棘手，后患何以胜言？他了解到法国很孤立，西方各国并不支持它的侵越行动，法亦势成骑虎，现在只是虚张声势，中国应速派援军赴越，现海道已为法国封锁，非走广西、云南边界不可，于是派遣王德榜赴湖南永州，就地广筹军火，并且募集兵勇数千人，准备开赴云桂增援。自己也请求亲自到滇、粤督师。

他写信告知杨昌濬说："法越交兵，朝廷束手无策，不得已，为赴滇、粤边界之请，先令王朗清（即王德榜）挑募广勇赴边察看军情地势，弟率各营继进，一往图之，为西南数十百年之计，以尽南洋大臣之职。衰朽余生，得以孤注了结，亦所愿也。"表达了他为国家长治久安、尽职尽责，虽战死疆场，亦在所不惜的英雄志愿。

然而清朝廷本质上是一贯害怕外国人的，收到李鸿章的密折后，完全同意他的投降观点，立即将李鸿章召回天津，前次派赴越南的各军停止前进，又借口云南、广西已经备有重兵，不同意左宗棠去滇、粤的请求。清朝廷一时又为妥协投降的阴影所笼罩。

左宗棠无可奈何，但他对海防仍然不放松，几次抱病去沿海视察新建立的渔团和炮台工事。光绪九年（1883年）九月，他到江阴、靖江、通州（南通）、海门、崇明、吴淞等地，检阅渔团水勇，水勇们演习泅水、凫水、爬桅、超跃、打靶等，技艺娴熟，"精能过人"，参观者都诧为罕见。左宗棠对操演纯熟的水勇分别赏给功牌、银牌或印委，对技艺生疏者予以训斥，渔团都"欢欣鼓舞，踊跃争先"。在崇明检阅时,突然遇到暴风,在归途中还到清江视察运河堤工,商议淮河归回故道的工程,但是已染上病,旧疾复发,左目几乎失明。医生说是:"肝脾火郁,心失所养,非悉心静摄,难期见效。"因此他再次上奏,自陈衰病,请准予开缺,回籍调理,奏中还提出兴办江南水利的意见,念念不忘朱家山开河工程:"引淮水仍归云梯关入海一着,足以截断众流,捍卫淮扬数州县亿万生灵,且可化灾区为腴壤。"

清朝廷因这时中越边境战事告紧,还需要借重他的威望,不同意他告假回籍,谕旨说:"览奏,目疾增剧,殊深廑系。该督威望素著,现值筹办海防之际,正资倚任。所陈拟办江南水利,亦于民生大有关系。左宗棠着赏假两月,安心调理,毋庸开缺。"还下诏,敦促王德榜成军出关。

左宗棠于是通知王德榜在永州招募了10营兵勇,号为"恪靖定边军",又筹了一批军火粮饷,促他即往桂越边境增援。

光绪十年(1884年)正月,王德榜率恪靖定边军抵达广西南宁。这时左宗棠的目疾更厉害了,再次奏请开缺,并推荐由曾国荃、杨昌濬、裕禄三人之一取代他。在谕旨尚未批下时,正月初五日正当大家高高兴兴过年的时候,他却抱病又到了清江,研究引淮入故道的工程,因地势北高于南,为避免洪患,提出次第施治的详细方案。二十三日回到扬州,又去崇明、上海等地检阅渔团和海防工事。二月朱家山河工程落成,二月初二他到朱家山河视察,初三日回到南京,这是他任两江总督的最后一次出巡。

回南京后,他再次上疏告病。朝廷因他一再疏请,勉强同意了他暂时告病休养,赏假四个月。内阁学士周德润得知后,上疏说:"勋臣不宜引退,请旨责以大义,令其在任调理。"

朝廷于是又下谕旨说:"左宗棠勤劳懋著,朝廷倚任方殷,当此时局艰难,尤赖二三勋旧之臣竭诚于济。岂肯任其功成身退,遽赋归田。只因该大学士目疾增剧,而两江地大物博,政务殷烦,又难静心调摄,是以降旨准其开其总督之缺,仍赏假四个月回籍。原欲其安心调理,俾得早日就痊,出膺重寄。该大学士素著公忠,谅不至稍耽安逸。着即赶紧调治,一俟稍愈,不必拘定日期,即行销假,以付委任。"

一个月以后,三月十三日,曾国荃奉朝廷之命来到南京,代理两江总督;左宗棠交卸了职务,暂时在家中休养。

那时中越边境战事突趋紧张,进驻越南的清军纷纷溃退。当一年前徐延旭和唐炯的军队进驻谅山、山西、北宁等地时，法军正分两路进攻顺化和刘永福的黑旗军，徐延旭和唐炯坐视黑旗军被攻击，不往援助。后来黑旗军打了胜仗，他二人又掠为自己的功劳，上报朝廷，因而被升为广西和云南的巡抚。法军攻顺化的部队却节节胜利，不久逼近首都，强迫越南订了《顺化条约》，越南承认为法国的保护国，外交、关税、民政、司法，一切均受法国理事官的监督，越南实际已亡于法国。不久，越南内部发生政变，不承认《顺化条约》，法国因而再向越南发动全面进攻。

驻守镇南关外的淮军提督黄桂兰，一方面受李鸿章主和投降的影响，一方面淮军纪律欠佳，本人又酗酒荒淫，越南人民恨之入骨，战事一起，全军溃败，他亦自杀。徐延旭和唐炯也不战而退，被清廷革职拿问。奉命指挥战争的云贵总督岑毓英也望风而逃。刘永福的黑旗军退到了云南边境的保胜（老街）。只有左宗棠派去的王德榜恪靖定边军还扼守在谅山和镇南关一线。法国海军又派军舰向福建和江南海口驶近，竟图海陆两面夹击中国。

左宗棠得知战况紧急，气愤已极，当时他的目疾稍好了些，也来不及回湖南家乡休养，四个月假期只休息一个月，就立即销假。他看到王德榜一军独守谅山、镇南关，军力单薄，恐防有失，就上疏请派前浙江提督黄少春在湖南招募新军，前往广西增援。黄少春也是他部下一员猛将。那时法国因为军事布置尚未就绪，玩弄缓兵之计，法国公使到天津，通过一个与李鸿章关系密切的曾任天津税务司的德国人德璀琳向李鸿章提出议和。清朝廷本来对战争就畏首畏尾，犹疑不决，不同意左宗棠的意见，下诏停止招募新兵，而且召左宗棠进京。

第五十五章　红顶商人的悲剧

阜康银号倒闭——曾国荃奉命查办

光绪九年十一月初旬，左宗棠正在南京总督署内养病，国内金融界发生了一件虽不算大、影响却不小的事件：胡雪岩开设的阜康银号突然倒闭。

阜康号原设在杭州，后来遍及各省和京师，生意做得很大，信誉卓著，利息又高，京师上自王公大臣，下及官绅富人，都纷纷将重资寄存在该号。各地老百姓有些许余钱，也多在该号存款取息。十一月初五傍晚，据说是从天津来一电报，说阜康号在南方有亏损，京师存户听见消息，纷纷赶往挤兑，该号没有准备那么多现金，无法应付，到半夜里就倒闭了。

存户一气之下，将银号洗劫一空。据说恭亲王奕䜣和协揆（协办大学士）文煜都在该号存有巨款，每人都损失百万余两银子。也有寒士辛辛苦苦攒得几百两银，存放在该号倚为生命，也化为乌有。京号倒闭消息迅速传开，一夜之间，遍设全国各地的阜康钱庄、银号都纷纷倒闭。

阜康老板胡雪岩是左宗棠赏识的一位红人，他曾为收复新疆战役代向洋商和华商筹借巨额军饷，又采运西方武器，使战事迅速取得胜利，他也立下大功。他还为左宗棠办过许多其他事情，如为甘肃制造局和织呢总局采购机器，运往兰州，推荐西方技师协助二局开工；又为肃州文殊山金矿购运采金机器，为平凉泾河购运开河机器，推荐技师。这些都是胡雪岩通过上海德商泰来洋行办理的。福建船政局的筹办，他也有功。他还根据宗棠的指示，将桑秧和蚕种送到新疆，并送去一批蚕桑专家等。他做事干脆利落，按时办好，解决了许多困难问题，所以深受宗棠器重。宗棠近几年常去上海巡视，每次去总要看看常驻上

海的胡雪岩，和他谈谈采购西方枪炮机器的问题，以及通过他了解西方的一些情况。这对不过是一名候补道的胡雪岩，自然也是一种不寻常的优礼。

胡雪岩究竟何许人也？他的来历如何？清人笔记中称他为"东南大侠""陶朱、猗顿之流"的传奇人物。其实他只是一个亦官亦商的双栖者，既是长袖善舞的大富商，又是官场中毫不重要的候补道员。候补道是等候补实缺的闲职，但他却非同小可，是布政使衔，戴红顶子（头品），赏穿黄马

胡雪岩画像

褂，宅中还累赏御书。因此他又有一个"红顶商人"的雅号。

他是杭州仁和人，字雪岩，这个字比他的名流传更广，有些人只知他的字，而不知其名。原是杭州钱铺里一个伙计，是在太平军攻占杭州前后发迹的。那时战火连绵，道路阻梗，物资匮乏，胡雪岩趁机操纵金融和粮食，倒买倒卖，发了一笔财。正好浙江巡抚王有龄由苏州藩台来杭上任，胡雪岩去投奔他，王有龄正需要会搞钱的人，很倚重他，帮他开办了阜康钱庄，又委他以粮台工作。他于是左右逢源，大发起来。太平军攻占杭州后，王有龄自杀身亡。

胡雪岩正在运粮途中，听到消息后，就把粮船掉头，隐藏在钱塘江上游。左宗棠入浙前已听到有关他的情况，原拟到浙后重办他。不想他先赶到江西左宗棠营地，将粮船献上。左宗棠一见之下，觉得乱世需才，倒赏识起他来。宗棠军克复杭州后，他也随军同来。宗棠委他办理赈抚、劝捐等，他都尽心尽力去办，做出了成绩，很得信任。

他有他的优点，办事讲信用，重承诺，慷慨好施，受到与他打交道的中外客商的信任。他除了开设钱庄外，又开办了一家胡庆余堂药店，在各省遍设分号，还做其他生意。钱庄和药材都是赚钱的买卖，他的生意越做越大，钱越积越多，生活也越骄侈。在杭州元宝街有一座大宅，连亘几个街坊，仿西洋式营造，修了又拆，拆了又修，富丽堂皇。蓄养了数十名姬妾，生活服饰如同王者。他也颇行小惠，在药店设施药处，办慈善局，对贫民施粥，无靠者死后施给棺木衣衾。又用金钱结纳杭州士大夫，士大夫们受了小恩小惠，感激不已，甚至

有翰林在他面前自称门生。因此声誉鹊起，毁之者固多，誉之者亦不少，"东南大侠"的名称就此传开了。

同治四年，左宗棠在福州创办船政局，胡雪岩也是倡议人之一。他当时在杭州，宗棠准备将他调来福建。儿子孝威正在京师赶考，得知此事后，立即写信给父亲，告知他在京师所听到的有关胡雪岩的一些情况，意思是劝父亲使用这类人时要慎重一些。宗棠觉得儿子的意见很好，虽然不尽全面，回信说："胡雪岩人虽出于商贾，却有豪侠之概。上年浙江战乱时，他曾出死力相救，办理赈抚等事，也实有功于桑梓。外间因请托未遂，又有冒领难民子女者被他严词拒绝，故不免有蜚语之加。我上年已有所闻，细加访察，尚无其事。"

关于胡雪岩广置姬妾一事，外间议论最多，宗棠说："这是杭城未复时以前的事。古人云：'人必好色也，然后人疑其淫。'遭人议论，这是他咎由自取。他现在尚未来闽，我也不预备去催他来了。"信末，表扬了孝威，说："你既听到这些情况，自当禀知我，但不宜向人多说，致惹议论。"

胡雪岩广置姬妾，以后并没有改变，可能他在左宗棠面前有所收敛，宗棠被他瞒过。他的骄奢淫逸的生活方式是不可能轻易改变的。这在当时是一个道德品质问题，也是上层社会普遍存在的问题，受舆论的谴责，却不是法律问题。宗棠不包庇他的短处，但却看重、利用他的理财经营能力。虽然没有再催他来，第二年底，宗棠离闽之前，胡雪岩仍然和周开锡一同来到福州，协助沈葆桢开办福州船政局的工作。宗棠曾邀约过他，所以不便拒绝，宗棠离闽后，不久他也回到了上海。

左宗棠西征时，委任胡雪岩为沪局采运委员。他在上海为西征军采运军火，筹借军饷；又为甘肃织呢局、文殊山金矿、泾河水利工程等采购机器，延聘外国技师。他还做情报工作，经常将上海中外报纸上的重要消息及时报告宗棠。当然，他对西征最大的贡献是向中外商借到一笔巨款军饷。西征军饷本来议定是由东南各省协助提供的，但各省积不缴解，欠饷达数千万两。军队没有饷，怎能作战？而且还可能哗变。每到岁末，左宗棠真是忧心如焚，在营帐前彷徨叹息。幸亏胡雪岩先后向洋商和华商借到巨款，解了燃眉之急。当时清政府信用不佳，放债风险大，不论是向外国人还是中国人借巨款，都绝非容易的事。胡雪岩居然能借到巨款，这是靠他平日的信用，也是他的办事能力强。他居然能向英商汇丰银行等借到几百万两银子，用来攻打英政府扶植的阿古柏傀儡政权，也可见其手腕之高了。

左宗棠在保荐胡雪岩的奏折中说:"臣军西征度陇,所历皆荒瘠苦寒之区……各省关欠解协饷,陈陈相因,不以时至,每年岁事将阑,辄束手悬盼,忧惶靡已。胡雪岩接臣缄牍,无不殚精竭虑,始向洋商筹借巨款,继屡向华商筹借,均如期解到。"对宗棠束手悬盼的事,无不殚精竭虑,最后又都办成,自然会博得宗棠的信任和感激,任何人也都会欣赏这样的助手和办事人员。所以宗棠说他的功绩"与前敌将领无殊"。通过宗棠的奏荐,他的顶子红了,还赏穿黄马褂。一般穿黄马褂的必须有军功,而且由皇帝主动特赏。宗棠认为他的功绩不亚于军功,居然向朝廷指名请求,朝廷因为尊重左宗棠,也居然答应了。

胡雪岩不仅做药材生意,开银号、钱庄和当铺,还做出口丝茶生意。光绪九年他用巨款购了一批生丝囤积起来,准备与垄断生丝出口市场的洋商较量一番,结果较量不过人家,亏损巨大。地方官员又乘人之危,加以倾轧。上海道邵小村向洋商借了一笔款,是由胡雪岩担保的。小村见胡雪岩形势不妙,趁机赖账不还。胡雪岩无力应付洋商,夹击之下,终于破产。

阜康银号的倒闭,使千百万小民深受其害。但在封建社会里,老百姓遭受苦难不算一回事,而阜康也牵涉王公大臣和官僚们,这就是非同小可的大事了。朝臣们因此在太后面前告状,于是朝廷下谕旨:"该商号江西候补道胡雪岩着先行革职,即着左宗棠饬提该员严行追究,饬令将亏欠各处公私款项,赶紧逐一清理。"接着又下谕旨,饬将侵取西征借款行佣补水等十万六千余两于备抵商业内,迅速变价,照数拨入,限期解赴甘肃粮台应用。

朝臣们知道胡雪岩是左宗棠一手提拔的,阜康号倒闭,他们恨之入骨,也迁怒于左宗棠。胡雪岩是江西候补道,发事又在上海,理应归两江总督查处。他们也有等着瞧的意思,看看左宗棠究竟如何处理这位手下的红人。胡雪岩在西征借款中收取回扣(佣金、贴水),引起舆论不满,朝臣们也都嫉恨,这次又把佣金事提出来,显然是要将他置于死地,同时也将左宗棠牵扯进去。他们知道左宗棠绝不会收取佣金,但总有个失察之罪,朝臣们的用心亦云苦矣!

御旨到达南京时,左宗棠已调离两江总督,所以严究胡雪岩违法一案就由接任的曾国荃处理。曾国荃经过一番调查,做出了客观公平的结论,在给朝廷的复奏中,首先说明西征借款是必要的,由于光绪三四年间各省灾荒,无力量接济西征军饷,"左宗棠深恐因缺饷引起士兵哗噪,贷银接济,情形迫切;虽然所费较多,而其所全甚大"。因为借款西征,保全了新疆,收复了伊犁,它的意义是与借款的损失无法比拟的。

曾国荃接着又为胡雪岩申辩，说明借款不容易，借外商巨款更不容易；商业上是"挟资求利，到处务欲取盈，计较锱铢"。收取佣金贴水等，"乃事之所必然；至若保险水脚，皆轮船之定章。……以胡雪岩素业商贾，不足深责，公议早已洞属无遗。而为公家屡借巨款，咄咄立应，是其当日声名可以动众，究之就中点缀，所费当自不赀"。

他为胡雪岩撇清了，在商业中收取佣金是正常的，借款也需各处打点，胡雪岩需要不少花费。左宗棠委托胡雪岩借款西征，是应该办的事，不仅没有错，况且是于国家大有好处的事。至于胡雪岩商业上的失败，本来就与左宗棠无关。当然，左宗棠既没有力量也没有责任去帮助他。

世称"曾左失和"，是因曾国荃攻陷南京后谎报洪福瑱已死而引起的。所以"曾左失和"应该是曾国藩、曾国荃和左宗棠的失和。世人只见曾国藩和左宗棠公开绝交，但曾国荃和左宗棠始终和好，左宗棠在病离两江总督任时，推荐曾国荃自代，曾国荃在办理胡雪岩一案时，不仅为胡雪岩开脱，更为左宗棠西征借款竭力辩护。二人互相推崇维护，丝毫不见失和仇恨的迹象，两家后来又结成姻亲，无怪乎世人对"曾左失和"有种种猜测了。

胡雪岩被革职后，不久胡庆余堂药店和杭州元宝街院宅都被协揆文煜占有，大概是抵偿存款损失吧。由于曾国荃竭力维护，胡雪岩没有被进一步加罪，然而这位红极一时的"红顶商人""东南大侠"，他那种骄奢淫逸的帝王生活是彻底破灭了，后来在穷愁潦倒之中死去。只剩下"胡庆余堂"那块招牌仍在各地悬挂着，只是已数易其主。还有那"红顶商人"传奇式的故事，至今还在社会上流传。

第五十六章　再入军机

中法战争爆发——马江之战——福建水师覆灭

　　光绪十年（1884年）四月，左宗棠奉诏赴京入见，他已交卸了两江总督。正在北上途中，听到李鸿章与法使福禄诺在天津签订了《中法简明条约》，约中规定：中国承认法国占领越南，撤回驻在越南的军队，并允许法国商品由云南、广西自由输入内地等。这项条约严重地损害了中越两国人民的利益，又向侵略者打开了中国西南大门。

　　左宗棠是一贯的主战派，在离南京之前，还曾写信给总理衙门，主张为抗拒侵略，不惜与法国一战。听到这项卖国条约的签订，宛如一盆冷水向头上泼来，气愤至极，立即向朝廷写寄一份"时务说帖"，反对在侵略者面前采取妥协投降政策，认为这样将遭受被瓜分的危险。他说："法人之得陇望蜀，势有固然，殆全越为法所据，将来生聚教训，纳粮征税，……吾华何能高枕而卧？若各国从而生心，如俄人垂涎朝鲜，英人觊觎西藏，日本并琉球，葡萄牙据澳门，鹰眼四集，圜向吾华，势将猱糠及米，何以待之？此固非决计论战不可也。"

　　他认为只有决战，才能解救中国被列强瓜分的危局。他还分析了敌我形势，以为战胜法国是完全可能的："法人欺弱畏强，夸大喜功，实躁急而畏难，近时国内党羽纷争，政无专主，仇衅四结，实有不振之势。吾华果示以力战必不相让，持之期年，彼必自馁。况虚悬客寄之师，劳兵数万里之外，炎地烟瘴异常，疫疠流行，死亡踵接，有此数忌，势难持久，此议和之应从缓也。"

　　至于国内形势，他也做了分析：海防早有准备，兵船、炮台林立，将士应命，"声势已张，无虞侵犯"。他又兴办了沿海渔团，"数月以来，成效渐著，外人颇为震慑"。他虽已年过七十，衰病之身，却仍雄心勃勃，再次要求亲赴前线督师，"不效，则请重治其罪，以谢天下"，表明了他必胜的信心。

他并不是盲目的乐观，他认为，在中越边境陆防上，有两支部队可恃。一支是王德榜率领的恪靖定边军，这是他派去的嫡系部队，具有顽强的战斗力，自不待言。另一支是刘永福的黑旗军。刘永福原是在广西的一支独立的农民起义部队的首领，同治五年（1866年）进入越南，因为队伍以七星黑旗为标志，因此被称为"黑旗军"。黑旗军因曾协助越南王朝击退法国侵略军，被越南册封官职，受到倚重。后来又屡挫法军，他的队伍原来已有两千多人，后扩充到万余人以上。因为黑旗军是农民部队，朝中一些人诬蔑之为"匪"和"土寇"，左宗棠却给它以很高评价，他说："刘永福以一健卒为越南捍卫边疆，力挫凶焰，为一般人所难能。……刘永福在中国本非乱民，而在越南则为义士。"他为了保护刘永福，证明他并非"乱民"，写信告知总理衙门大臣恭亲王奕䜣说，刘永福原是王德榜部下散勇。这却并非事实，只不过是他深恐刘永福因出身问题受到排斥，有损边防力量所行的一时权宜之计而已。

他又从江宁军火库中调拨水雷、火箭等运往前线，写信给云贵总督岑毓英，嘱他帮助刘永福，说："越南所以能苟延者，赖有刘永福。……以兵器等暗助刘永福，俾有所凭借，不致为所摇撼，则越南定而滇、粤边境亦安矣。"同时，他还吩咐王德榜带军械资助刘军。

李鸿章与福禄诺在天津签订的《中法简明条约》，不仅左宗棠反对，也遭到朝野的不满，一时弹劾李鸿章的奏章多达47封。社会上一些人称他为"汉奸"。李鸿章排行第二，人称李二先生。当时苏州有一位著名丑角戏剧演员叫杨三，因病去世。好事者撰了一副对联云：

杨三已死无苏丑；
李二先生是汉奸。

这副"无情对"因为对仗工稳，传诵一时。其实，"汉奸"（正确说，应是"华奸"）并非李鸿章一人，同情他的大有人在。慈禧对他就深为依畀，将弹劾他的奏章搁置一边，对左宗棠的意见也不采纳。

五月二十日左宗棠抵达京师，朝廷仍命他入值军机，上谕说："该大学士卓著勋绩，年逾七旬，著加恩毋庸常川如值。遇有紧要事件，预备传问，并着管理神机营事务。"朝廷对他仍然优礼有加。可是正值边事紧张，他是办事认真负责惯了的，坐在家中反而不习惯，不久他就主动申请，以后仍每天到军机处值班。

他先住在西华门弘仁寺，后来搬到金鱼胡同贤良祠。朝廷着他管理神机营，这是卫戍京师的重要任务。神机营的大小官员都来拜谒，车马盈街，十分拥挤。其余六部九卿、亲朋故旧也纷纷来拜，如无要事，他均辞谢不见。主战派欢迎他的到来，对他寄以希望；主和派则厌恶他，暗中准备排斥他。主战派的首领是醇亲王奕譞，其他朝内外大臣还有翁同龢、陈宝琛、张之洞、彭玉麟、刘锦棠等。

翁同龢对左宗棠重回京师，满心喜悦，第二天就去西华门拜访，恰值左宗棠外出，没有见到。以后他们又经常来往，讨论国事，当时朝内外最关心的是对法和战的事，他们都是主战派，谈得很投机。左宗棠对翁同龢说："对法国必须打一仗。王德榜、李成谋、刘明灯这些老部将都足以打败法国兵，无足可怕。"他还反复告知翁同龢，心理因素在战争中的重要性，说："打仗是一门学问，最重要的是气定（稳定的心理因素），气定则一人可胜千百人；否则，千百人将为一人所驱。"

左宗棠也常去见醇亲王，奕譞力主抗战，二人都认为目前朝野内外风气萎靡疲沓，如不及时振作，后患不知伊于胡底。法国人的要求，即使勉强答应，也不过如剜肉医疮，只能暂救目前之急，于长远更有害。何况法国人并不是真想打仗，也没有力量打，只是骑虎势成，虚声恫吓，只要国人上下一心，何愁不能挫败其阴谋？

针对投降派的畏外、失败心理，左宗棠愤然说："胜固当战，败亦当战！"表现了中国人宁愿站着死、不愿跪着活的英雄气概。当时的《申报》特别记载了这段话，还评论说："侯相此言，真不愧英思壮论，义正词严。彼法人闻之，当亦色然气阻矣。"

奕譞对左宗棠很尊重。每当宗棠到军机处时，轿子来到隆宗门，早有两名苏拉在旁伺候，扶他进门。皇上召见，有两名太监奉旨前来，专为扶掖他入内。进内右门时，醇亲王让宗棠先走。慈禧对左宗棠也很客气。有一次召见，因宗棠听力不很好，慈禧就自己将宝座移前，然后面谕机宜。当时报纸记载此事，以为左宗棠受清皇室宠爱非同寻常。

左宗棠抵京后不到半月，中法形势发生了突变，一方面，清朝廷看到朝内外纷纷反对《中法简明条约》，又因法使福禄诺临行前曾对李鸿章说："法方将派军队巡查越南边境，并要驱逐黑旗军。"李鸿章没有上报，被人告发，因此予以"申饬"。同时，两江总督曾国荃奉旨与法使巴德诺在上海商讨条约细则，擅自答应给法方抚恤银 50 万两，也予以严旨申饬。

一方面，法国还认为《中法简明条约》对中国让步过多，被议会否决。闰五月初一日，法军 700 多人借口巡边，逼近谅山观音桥中国军驻地，突然发动进攻，被清军击退，激战二日，法军伤亡近百人，被迫后撤。法政府反诬中国破坏了天津和约，要求赔偿银 3800 万两，清军立即退出谅山，否则将以海军进攻。清政府拒绝赔款。于是法军在中越边境加强兵力，进犯宣光、保胜、谅山等地，又派海军中将孤拔率领舰队向我国东南沿海进发，进行战争威胁。一时气氛紧张，南、北洋同时戒严。

左宗棠立即上奏，分析了当时形势，并指明应付的办法，说："法国人上次议和不可信，明是缓兵之计，现在看得很清楚了。当前唯有严饬防军稳扎稳打，痛予剿办，才是唯一的办法。"他再一次申请，派黄少春率领旧部一营，再新募四营兵，开赴前线增援。

朝廷还没有来得及考虑左宗棠的意见，黄少春部队也没有成行，法国舰队就已经向东南沿海驶近。闰五月底，一支法国舰队驶入福建马尾军港。马尾是中国内港，船政大臣何如璋竟不敢阻止，他是李鸿章的亲信，深知李鸿章一意主和，为了避免与法军冲突，不惜放弃国家主权，竟让这支法国舰队停泊在中国的军事要港达一个多月。福建地方大员们大多是李鸿章淮系将领和官僚，对眼皮底下的敌舰队竟视而不见。中国兵船和法国兵船停泊在一处，何如璋却不许中国兵船移动，不许海陆各军备战，真是咄咄怪事！

六月上旬，孤拔率领法舰 13 艘也驶抵台湾海峡。六月十五日，突然向基隆发动进攻，旋即登陆占领基隆炮台。督办台湾防务的福建巡抚刘铭传率部队进行了抵抗，将法军击退。法军在基隆吃了败仗后，法国政府十分恼怒，一方面通知停泊在马尾港的法舰队准备策应，一方面命令驻华代理公使谢满禄向清政府提出最后通牒，并于七月一日下旗离开京师。

七月初三日，法国驻福州领事通告何如璋："本日对华开战！"何如璋听到这样重大的消息，却坚守秘密，不做任何准备，还对部将们说："昨天还得到李相电告，和议大有进步。你们听到的开战消息必系谣传。"

然而马尾港内的法国舰队却毫不客气，立即大炮齐发，只用一个多小时就击沉了港内全部中国船只，包括由 11 艘兵船组成的福建水师和另外 19 艘商船。这支由左宗棠苦心经营的马尾船政局制造的兵船组成的舰队，在毫无准备的情况下仓促应战，因为战机全失，虽然进行了英勇抵抗，船只相继被击沉，福建水师将士阵亡 760 余人。法舰又开炮击毁马尾造船厂，然后退出马尾，遭海岸炮台还击，被击伤数艘。

这支实力仅次于南、北洋水师的福建水师，就这样在投降派的手里糊涂而荒唐地被消灭了。这就是有名的"马江之役"，是清政府又一次可耻的失败，也是中国人民的耻辱。

马江之役，福建水师全军覆灭，可是投降派不仅不承认自己犯下的罪，李鸿章反而带头夸耀法军的胜利，说什么法舰在数刻钟内就将中国船全部击毁，足以证明中国人万难御敌。结论当然是只有讲和投降。然而全国人民却沸腾起来。因为中法军队在中越边境早已开战，基隆和马江之战也是事实，法国驻华代理公使又已下旗离京，清朝廷不得不面对现实。七月初六日，即马江之败三天后，宣布对法开战。朝中的主战派以奕谟、左宗棠为首，态度很坚决。

中法宣战后第九天，七月十五日傍晚，左宗棠来到醇亲王官邸，要求奕谟同意他亲赴福建前线督师，与法军决一雌雄。奕谟见他要求很坚决，马上就要去前线，急如星火，就劝他不要着急，少安毋躁。其实，奕谟同情他，也赞成他去，认为唯有他去可以一拼。奕谟立即上奏太后。三天后，诏令左宗棠以钦差大臣督办福建军务，命他急速赴福建督师。奕谟当即写信给总理衙门，叙述当时左宗棠谈话时的情况说："左相犹如伏波将军（马援）的气概：'老当益壮，男儿要当死于边野，以马革裹尸还'耳。"

左宗棠接到谕旨后，他在金鱼胡同的寓所每日车马盈门，来访者络绎不绝，主战派都十分高兴。醇亲王奕谟率领贝勒、协揆等每天都来寓中，商谈对法作战事宜。京师人士和全国人民都很高兴，以为清政府是在认真准备打一仗了。

朝中的主和派势力仍然很大，他们和一些满蒙贵族、官僚要员等对左宗棠回到京师就一直不满，随时准备排斥、打击他，给他一点颜色看看。当他回京还不到一个月，就以一点小事，告他行文外省用印不当，朝廷给予申饬。就在他即将出京的 20 多天前，礼部尚书延煦还参了他一本，是因为万寿圣节，群臣在乾清宫行礼庆寿，左宗棠到班迟误，行礼失节，因此上疏纠劾。延煦的疏很厉害，说："左宗棠是以乙科（举人）入阁（拜相），皇上的恩赏已远优于他的功劳，乃他竟日骄肆，辜负了皇上的恩典，乞予以惩儆。"

大凡官员们相互奏劾，特别是奏劾朝中大员时，都是要揣摩、看准"上面"的意思，所谓"善体圣意"；延煦借礼仪上的小事，扣左宗棠一顶大帽子，指责他没有中进士，本不够入阁当宰相，又居功骄肆，辜负皇恩，罪名不可谓不大。他原揣度慈禧圣意，本来就不喜欢左宗棠，又倾向议和派，对左宗棠的主战并非真心支持，因此为讨慈圣的欢心，参奏一本，同时也替议和投降派和满蒙王公大臣们出口气，能参倒更好，否则也煞煞左宗棠的威风。

不想慈禧看到延煦奏疏后，心中不悦。她将奏疏给枢臣们看，说："这是与礼节有关的事，照例应由各部大臣共同具疏，何以只延煦一个人署名呢？"

恭亲王奕䜣心领神会，立即说："左宗棠确是失礼，但勋臣应保全。延煦这件疏就留下，不予办理好了。"慈禧点头同意，她立意要保全在她垂帘听政时立下大功的左宗棠。这点，延煦并没有揣摩到，因而碰了一个钉子。

这件事原可不了了之，可是奕谡听到后，十分生气，立即专折参劾延煦，奏词很激切，说："左宗棠之入阁拜相，特恩出自先朝（同治），延煦是什么人？竟敢讥刺先朝皇帝恩赏不当。左宗棠劳苦功高，年老体衰，朝见圣上时，两宫皇太后且予以优容；行礼偶有失仪，可由礼臣照例纠参，不应延煦一人以危词耸上听，显见其意是在倾轧。"

慈禧看到奕谡的奏折，于是谕斥延煦，并交部议处。左宗棠行礼失仪，也交部议处，罚俸一年。但从此朝臣知道慈禧有意保全功勋之臣，不敢再公开诽谤、加罪左宗棠了。主战派即所谓持清议者，本来就不满李鸿章和投降派的所作所为，也一致拥护左宗棠，于是京师中舆论是一片扬左抑李的调子。

左宗棠离京前，慈禧特别召见他几次。谈到法国人挑衅、马江之战惨败等，慈禧赫然震怒，宗棠也慷慨陈词，义形于色，君臣似乎是一心一德。

他又去醇王府辞行，奕谡以福建全省安危谆谆嘱托，还叮嘱他："彼此有紧要商办事件，必须速到时，可打电报来。"当时电报是最快速的传递工具了，但是宗棠考虑电报局内有洋人工作，关涉对外事件，恐妨泄露，认为还是只能用密件传递，更为安全；奕谡听了也以为然。可见当时机密、重要部门如电报局，也掌握在外国人手中，国家大事也不敢利用它，连王公大臣也受制。

清政府的腐朽无能，百孔千疮，确是沉疴日下，即使有少数爱国者愿意效死疆场，为国尽忠，但是投降势力如此猖獗，恐怕也回天乏术了。

七月二十五日，左宗棠离京的前一天，特地到翁同龢寓所辞行。他们交往数年，意气相投，话别之际，无所不谈。宗棠说起作为朝中大臣，最重要的是

"辅导圣德"。封建王朝的皇帝代表国家，一言一行，如有不正确处，大臣就应善加"辅导"，换句话说，即是加以教导，这真是谈何容易！翁同龢在日记中记下了这句话，还写道："默自循省，愧汗沾衣也。"他没能做到，惭愧的汗水流湿他的衣襟了。

左宗棠又对他说："凡小事精明，必误大事。"意思是生活中应重视的是原则性的、重大的问题，如国家大事、道德修养、学问事业等，对那些细微"小事"如金钱、名望、官职等不必看得太重，甚至斤斤计较，否则，在大事上反将失误。翁同龢非常欣赏这句话，在日记上写道："有味哉！有味哉！"左宗棠在翁同龢寓所谈了很久，翁同龢记载他的所谈后说："其言衷于理而气特壮！"临别时二人依依不舍，珍重道别，这也是他们最后的一次见面。

七月二十六日黎明，左宗棠到内廷告辞，慈禧又召见，温谕慰劳。奕訢知他即将出都，特在中右门外设筵为他送行。他回到寓所后，各位王公大臣都去送行，他一概辞谢，又考虑到出门时营兵们都会在大道两旁跪送，为了免除他们的辛劳，于是轻车简从，绕道出宣武门，到前相国李鸿藻家辞行。李鸿藻留他午饭，为他饯别。饭后离开李府，一行经正阳门、崇文门，出东便门，到通州下船，径往江南和入闽。全国人民闻讯鼓舞，当时《申报》报道说："闻闽省水师失利，侯相慷慨请行，圣心嘉许，遂拜督师之命，文信国之精神，郭汾阳之勋业，侯相可谓兼之矣！"

这次左宗棠回京师，只住了三个月，以七十余高龄仆仆征途，自请亲赴前线，无怪乎舆论对他高度赞扬，誉之为"烈士暮年，壮心不已"。也有人说，左宗棠不习惯京师生活，与朝中权贵不甚协睦，所以请求离开的。也有人认为，慈禧对左宗棠有所忌恨，但他是勋臣，表面上必须保全他，暗地里则想除掉他，因而调动频繁。从光绪七年至十年的三年时间，工作调动四次，南北奔波，疲于奔命，以致精疲力竭、心血耗尽。这些说法虽也有些道理，但不一定正确。左宗棠如此老迈，慈禧不一定对他有所忌了，倒可能真要利用他的中外声望；而他自己，为国驰驱，效死于疆场之上，马革桐棺，原是他的毕生愿望。

第五十七章 "半壁东南资保障, 十闽上下仰声威"

重到福州——加强海防——潜渡台湾——福建人心大定

清朝廷派左宗棠以钦差大臣督办福建军务后, 又对福建军政官员做了部署和调整, 原会办福建海疆事宜大臣张佩纶及船政大臣何如璋等被撤职查处, 任命杨昌濬为闽浙总督、穆图善为福州将军, 充当左宗棠的副手。杨昌濬是他的旧部下和老朋友; 穆图善以前在西北也共过事, 但关系不融洽。台湾道刘璈是他的老部下, 福建巡抚刘铭传则是淮系将领、李鸿章的亲信。

左宗棠一行在通州上船, 沿运河南下, 准备先到南京做短暂停留。在赴宁途中, 台湾再次爆发了法军的侵略战争。法军孤拔的舰队在两个月前进攻基隆失败后, 于八月十三日又向基隆发动新的进攻, 抢滩登陆。据守该地的刘铭传部队进行还击。法军不过四五千人, 兵船不到20艘; 清军水师虽已不存在, 但陆军数量仍多, 远远超过法军。在清军奋力抵抗下, 法军势已不支, 本来可望取得又一次胜利的。这时驻扎在基隆以西沪尾 (淡水) 的营务处知府李彤恩接连三次飞书告急, 说是侦悉法军将于明日来攻沪尾, 该地兵力不足, 请速派兵救援。沪尾原有提督孙开华的军队, 但李彤恩认为该部队无作战能力, 其实是畛域之见。刘铭传做出了错误的判断, 偏信了李彤恩, 却忘记了基隆大敌当前, 匆忙调派大部队往援沪尾, 以致基隆空虚, 遂为法军轻易占领。

基隆失守之后, 台北岌岌可危。台北知府陈星聚要求刘铭传派兵进攻基隆, 一些将领和本地土著营兵也自告奋勇, 纷纷要求进兵收复基隆。当时法国陆军兵力并不强, 收复基隆本不难办到, 但是刘铭传却不许 "孟浪进兵", 还以 "本人无此胆识，无此兵力"为借口来推托。刘铭传过去也是一名南征北战的勇将，在马江之战前后，他也主战，曾请求李鸿章派南、北洋水师助战，并说："法船不难驱逐出境。"遭到李鸿章拒绝。刘铭传是李鸿章嫡系，不敢违背李鸿章的意旨，只得唯命是从。以后他始终不肯出战，基隆一直为法军占领，直到中法战争结束，法军才撤离基隆。

基隆被占之后的次月，法军才向沪尾进攻。孙开华部队是有一定战斗力的，给予了坚决抵抗。法军屡次强行登陆，都被击退。双方互相炮轰了几天，到八月二十二日，法兵舰先用炮轰中国营房作掩护，然后放下数十只小艇，共有数百名法军蜂拥上岸。清军立即三面包抄，南面是孙开华部队，北面是淮军，中间是健营士勇，恶战四小时，直战到中午。法兵不支，纷纷逃窜下海，清军奋勇尾追，法军舰开炮掩护营救，但是已有法国数艘小艇沉没，法军伤亡百余名，清军只伤亡数十名。这场战役共经历了九天，清军大获全胜，法军以失败告终。

然而法军占领了基隆，从台湾的整个战局形势看，它依然是胜利者。接着，它又占领了澎湖，并宣布封锁台湾海峡。福建既丧失了水师，全省海岸处于无防的境地。尤其是守土有责的地方官员庸懦麻痹，一心一意妥协求降，人心惶惶，害怕法国兵随时都会打进省来。

左宗棠于八月二十六日抵达南京，停留了十余天，为入闽抗法做了一些布置，调来旧部五千人，随同去福建前线。由于台湾战事紧急，清廷又诏令前陕甘总督杨岳斌帮办左宗棠军务。杨岳斌是以前的湘军水师统领，也是左宗棠老友，当时福建水师覆灭，急需外地海军增援；南、北洋舰队分别掌握在南、北洋大臣曾国荃和李鸿章手中，但都按兵不动。左宗棠到南京后，立即奏请朝廷，命由南、北洋各派兵船五艘，由杨岳斌率领从海道驶往福建支援。

九月十三日，左宗棠动身离宁，取道江西去福建履任。福州官绅士民听到他即将到来，都欢欣鼓舞。他于十月中旬进入福建，二十四日由延平起程，福州司、道、州、县以及文武官员陆续前往离福州约一二百里闽江岸的水口和竹崎迎接。左宗棠的行辕设在福州北门黄华馆（现福州三中校二部），馆内布置一新，大厅中挂了一副欢迎的对联：

> 数千里荡节复临，水复山重，半壁东南资保障；
> 亿万姓辂车争拥，风清霜肃，十闽上下仰声威。

联语冠冕堂皇，显然是出自大手笔。左宗棠于同治四年曾来福建，第二年（1866年）离闽时，福建人争相挽留。朝廷曾许下愿："不难令左宗棠复来闽也。"18年之后，他果真再来了，而且又正当福建危急存亡之秋，无怪乎福建人民抱着极为兴奋和期待的心情来迎接他。

十月二十七日左宗棠抵达福州，全城官员聚集在洪山桥接官亭迎接，士绅和老百姓则在浙绍会馆迎候。据《申报》记载，当时盛况空前，一路所过之处，街坊店铺，都摆设香案，放炮燃香；全城人士扶老携幼，争先快睹者，以数万计。甚至幽闺琼姬，小家碧玉，如云如水，都以一望风采为荣。

左宗棠于下午2时入城，见到他的人都说他精神矍铄，不减从前。有一位署名"采樵山人"的目击者，在《中法马江战役之回忆》一书中记载说："钦差大臣左宗棠进入福州时，威风凛凛，旗帜飘扬，上面大书'恪靖侯左'字样。队伍两行，个个肩荷洋枪，步伐整齐，后面一人乘肥马，执长鞭，头戴双眼花翎，身穿黄绫马褂，主将左宫保是也。"自马江战败后，福州官民一夕数惊，风声鹤唳，"一见宫保，无异天神降临，所以敬礼如此。"《申报》还说："想帷幄运筹，訏谟独裕，蠢尔法人，当不难灭此朝食也。"福建人十分信任左宗棠，自他到达后，福州人心大定。

到福州的第二天，二十八日黎明，左宗棠即去拜会总督、将军、巡抚，布置地方防务，听取他们的汇报。二十九日，拜谒林文忠公祠徐祠。这位昔日抗英的英雄，逝去倏忽已30年了；回忆当年湘江舟中夜话，宛如昨日。林则徐谆谆叮嘱："中国之大敌，其俄罗斯乎？！"如今新疆伊犁已收复，俄罗斯的凶焰暂时收敛，法兰西又来了。中国人如不自强，敌人将会一个接着一个来，有时还会联合起来侵略中国。左宗棠在林文忠公祠前徘徊悼念，不胜感叹。

到福州后的首要任务，是加强海岸防守。兵船虽已丧失殆尽，还有炮台要塞。闽江入口北岸的长门和琅岐岛上的金牌是两处要隘，左宗棠命迅速将该两处炮台修复，又在闽江口竖立铁桩，用铁索拦江连接，没入水中，用机器操纵，只准许本国船只通过，如敌船来，就将铁索升起，使其无法进入。又在距省城30里的林浦、魁歧及闽安右路出海的梅花江，都用垒石填塞大部分江面，仅容小船通过。以上各处都建设炮台，派兵驻守。又命将海口水道标志立即取掉，沿港遍布水雷，将沉没于马江的兵舰打捞上来，卸下舰上大炮，移装到陆上炮台。经过这一番布置，沿江沿海防务较前大为巩固。

十二月二十六日，正当除夕临近之际，法国军舰突然聚集在马祖澳，准备趁中国官员欢度新年之际，发动一场突袭。左宗棠和杨昌濬得到消息后，立即同往海防前沿巡视。那天正下着大雨，海边风又急，他们冒着风雨巡行，经过南台、林浦、马江、闽安、长门、金牌各要塞，视察了各处炮台和防军，所到之处，各营将士排队试枪，炮台试炮，军容整肃。由于海口已被封塞，马祖澳的法舰不敢轻举妄动。二十八日，有几艘法舰由白犬洋开来试探，左宗棠正在长门要塞，即下令开炮轰击，法舰见防备森严，只得灰溜溜地掉头开走了。

为了增强防务和兵力，左宗棠又仿照在江南的办法，创设渔团。他派出干员分赴福州、福宁、兴化、泉州四府各海口，会同当地官员士绅办理渔团。选择勇敢善水的渔民为团长，施以作战训练，严明赏罚。不仅战时可以配合正规军作战，平时还可负担侦察港内外敌舰动向的任务。

福州和福建全省的防务大大加强了，人心也更为安定了。可是法军仍然占据基隆，法舰封锁了台湾海峡，还四出游弋，防止中国军队东渡，并劫掠过往商船。虽然它不敢进入闽江，占据基隆的法军也始终株守一隅，不敢深入台湾内地，但是刘铭传的部队不敢进击基隆，又不断呼救请援。左宗棠认为，如基隆在法人手中，台湾不解围，福建仍然得不到安宁，所以决心要派兵去收复基隆。

增援台湾有很大的困难，闽台隔着一道台湾海峡，法舰在游弋、封锁。要增援台湾，首先须有强大的海军护航，而福建水师又已覆没。于是左宗棠定下了一条偷渡之计。

他事先曾奏请南、北洋水师各派兵船五艘，由帮办杨岳斌统率，自海道赴援。这时他用声东击西之计，通知杨岳斌率南洋兵舰"放洋"，声言要开赴台北；暗中却命王诗正率领"恪靖援台军"三营共千余人，从泉州府蚶江一带乘坐渔船，扮作渔人，黑夜偷渡，冒险越过封锁。

光绪十年底、十一年初之交，王诗正率部队历经艰险，经澎湖到达台南，投入了保卫台湾的战斗。左宗棠又派了营务处道员陈鸣志潜赴台湾，与刘铭传等商量收复基隆的策略。

左宗棠由西北去京师时，带去了三名部将：王德榜、刘璈、王诗正。到京不久刘璈即调任台湾道，王德榜现已赴中越边境。这样，三名部将都随左宗棠在抗法前线。基隆失守时，左宗棠正在来闽途中，已从刘璈的禀报中得知详细经过。照理台湾战况应由巡抚向左宗棠汇报，但刘铭传隐匿不报，刘璈很不满意刘铭传基隆之失，就据实禀报老上司。

左宗棠到福州后第三天，向清廷奏报了基隆和沪尾两战经过，指出了刘铭传指挥失误："始则为李彤恩所误，继又坐守台北，不愿进取，皆机宜之坐失者也。"他在奏中还提出应惩办李彤恩："李彤恩不审敌情，虚词摇惑，基隆久陷，厥为罪魁。拟请旨将知府李彤恩即行革职，递解回籍，不准逗留台湾，以肃军机。"刘铭传是地方大员，又是朝廷"有功之臣"，左宗棠虽没有要求惩处他，但也提出了批评督责："臣思刘铭传之懦怯株守，或一时任用非人，运筹未协所致。……拟请……密敕刘铭传速督所部克日进兵，规复基隆，毋任该夷久于盘踞。"

刘铭传的后台势力很大，李鸿章是慈禧的大红人，刘铭传根本没有理睬左宗棠"规复基隆"的意见，反而对左宗棠在朝廷前批评他十分恼怒，对他这位下属刘璈尤其怀恨在心。这道奏折也触怒了李鸿章，然而他们对左宗棠无可奈何。

清廷对这道奏折批示："着该大臣（左宗棠）饬令刘璈随事禀承刘铭传妥为办理，共奏肤功，不得稍有畛域之见。"似乎是在责备刘璈没有随事禀报刘铭传，而越级禀报左宗棠，是存有"畛域之见"。也可见那时清廷已偏向于李鸿章、刘铭传的一方了。

第五十八章　镇南关、谅山大捷

战场胜利却换来屈辱外交——前线将士"拔剑砍地，恨恨连声"

王诗正的渡海部队于光绪十一年（1885年）正月十八日到达台南，随即进驻五堵。当时法国兵正在八斗登陆，攻占了月眉山要地。二十日，王诗正立即派刘见荣和易玉林分兵二路，抄越敌军，去抢夺月眉山。第二天法军在大桢峰增援，清军勇猛进击，提督胡少亭、罗国旺带领部队首先登山，不幸阵亡。王诗正亲自督战，清军士气奋发，要为胡、罗二提督报仇，法兵伤亡惨重。看着正面抵敌不住，就分一部兵由暖暖街绕到清军后方攻击。后方各隘口是由台湾士勇把守的，缺乏训练和实战经验，抵挡不住法军，清军于是退守五堵。这一仗势均力敌，互有胜负。但是法国人尝到了中国陆军的厉害。

不久，杨岳斌军也由泉州渡过台湾海峡，抵达东南岸的卑南。法国舰队司令又在战斗中被击毙，法方看到台湾守军力量加强，不能轻易取胜，加之法国国内问题重重，就希望早日结束战争，从腐朽的清政府那里捞一点便宜。于是把矛头转移到主战场的中越边境，妄图取得战场上的胜利，胁迫清政府迅速妥协投降，以获取在中国的更多的权益。

当时法军已基本上占领了越南全部。在广西、云南边境的越南境内外，还驻有一些清军部队。其中有三支属于主战派的爱国力量。

一支是刘永福的黑旗军，本来驻守在河内附近，曾多次击败法国侵略军，后来因为缺乏支援，被迫撤退到云南边境的保胜。刘永福那时已接受了清政府给予的"记名提督"的官衔。

另一支是冯子材的部队。冯子材原是天地会农民起义军叛将张国梁的部将，

冯子材

刘永福

曾随张国梁对太平军作战，后来任广西提督，不久因年老退职。新上任的两广总督张之洞看到中越边境紧张，又把他请出来。他此时已有 70 岁，但是精神矍铄，老当益壮。他欣然应命来到抗法前线，部队驻守在凭祥、镇南关一带。

还有一支是王德榜的恪靖定边军。王德榜于光绪七年随左宗棠到北京，光绪九年又随到南京，不久请假回原籍湖南江华省墓。左宗棠命他随带一批军火回湘，转运广西省城存放；又命他招募广东勇丁数营，准备开赴桂越边境作战。因当时李鸿章正在乞降求和，清廷拒绝了左宗棠派王德榜去中越边境的请求，及至法军扩大侵略，战火逼近广西边境，这才同意王德榜募兵去前线。光绪十年一月王德榜率领新招募的十营兵，组成"恪靖定边军"，开赴广西。左宗棠又从江南抽调数十员战将，如记名提督杨文彪、记名总兵陈厚顺、副将谭家振、游击龙定太等加入恪靖定边军，充实该军的力量。

除了这三支力量外，在云南边境还有由云贵总督岑毓英率领的云南部队。自刘永福受任记名提督后，黑旗军实际上已由岑毓英指挥，岑毓英表面上抗法态度坚定。光绪十年十月，曾与黑旗军配合，在三圻城围攻法军，打了一次胜仗。据李鸿章的观察，岑毓英是一个"机变"的人。他后来看到议和派占优势，也就采取观望态度。

在广西边境有广西地方部队，原由巡抚徐延旭指挥，徐延旭革职拿问后，李鸿章急急派遣淮系干将潘鼎新继任巡抚。李鸿章的意图非常明显，是派他来破坏战局的，潘鼎新自然忠实贯彻他的意图。恪靖定边军驻在广西辖境内，先受徐延旭指挥，后受潘鼎新指挥。王德榜是主战派领袖左宗棠派来的大将，现在既在潘鼎新管辖之下，潘鼎新自然会千方百计给他刁难，以致排斥、打击和陷害。

王德榜奉命带领四营兵驻守谅山，另外四营守镇南关。潘鼎新也率部队入驻镇南关，并命王德榜留下一营助守，其余三营都开往谅山。光绪十年五月，法军加紧向清军进犯，王德榜向潘鼎新请示战守机宜。潘鼎新回答说："如法军打来，战亦违旨，退亦违旨，已电总理衙门请示。"

这听来很像是笑话，一位守土有责的地方大员竟发出如此荒谬的指示，在敌人的攻击面前，打也不行，退也不行，这叫前方将士如何办呢？王德榜无可奈何，只好命令部队坚守阵地，"以守为战"，处于被动挨打的势态。

不久李鸿章和福禄诺签订了天津《中法简明条约》，和局势将形成，潘鼎新就命王德榜军自谅山后撤，退回到广西境内的龙州。不料订约后不到两月，法军背约，突然发动观音桥战役，清军被迫还击，王德榜奉命率部队向越境挺进。他将军火辎重囤积在高平，准备单独负责高平一路战事，并与云南方面清军取得联系。但潘鼎新又命他停止在高平的活动，移军镇南关，不久又改命他开往谅山附近的那阳地区，等他刚到那阳，又命他转移到板峒，然后又调他到奉谷。这样乱七八糟地调动王德榜，明明是折腾这支爱国部队，也是与主战派为难。

清朝廷在观音桥事件和马江惨败后，一方面出于舆论压力，一方面由于形势所逼，态度坚决起来，主战派暂时占了上风。七月清廷下令各省督抚督率战守，以后如再提出议和、赔偿等，即交刑部治罪。不久黑旗军配合滇军在三圻附近打了一次胜仗，歼灭法军二三千人，潘鼎新秉承李鸿章意旨，却命黑旗军退回国境。清廷得知后，严厉斥责了潘鼎新，并通令前线各军不许擅自后退示

苏元春和亲兵

弱，违令者按军法从事。似乎令出必行，真正是要摒弃和议，决心一战了。

法军乘黑旗军撤退，大举进犯谅山的桂军，潘鼎新被迫反击，将敌军击退数十里，打了一次小小的胜仗。可是他又感到违背了李鸿章的意旨，惶恐不安地向李鸿章解释说："并不是我去攻击法军，是法军先攻击我，我若不抵御，全军都将覆灭。"李鸿章回答他说："败固不佳，胜亦从此多事。"这表面上是奇谈怪论，打败了固然不好，打胜了也不好，实质上是彻底的投降腔调，民族气节是一点也没有了。潘鼎新心领神会，从此也再没有战意，尽管那时留在越南的法军兵力单薄，正可乘虚出击，但潘鼎新却按兵不动。

光绪十年（1884年）十一月下旬，法军争取到了时间，增强了在越南的兵力。它立即发动新的进攻，以主力部队攻击王德榜驻守的丰谷。王德榜军奋勇抵抗，经过一昼夜的激战，伤亡惨重，军火已不继，援军苏元春部违命不到，王德榜已招架不住，只得率军突围，转进到板峒，后来又退到车里。法军就转而进攻潘鼎新驻守的谅山。潘鼎新急命王德榜军来援。十二月二十九日，王德榜将军火辎重转移到禄州，自己率部队赶往谅山支援。他的部队还没有赶到，潘鼎新的守军在法军猛烈攻击下，毫无斗志，不战而溃，大部队一直逃到镇南关。法军紧追不舍，潘鼎新军继续溃退，一路上还大肆劫掠，广西边境地区一时兵荒马乱，老百姓叫苦连天。主帅潘鼎新逃得无影无踪，史书记载，说他"不知所往"。

这次谅山、镇南关失守，完全是潘鼎新秉承李鸿章投降路线的恶果。但他后来又钻出来，反而把责任推在主战派、英勇抵抗的王德榜身上，将自己的责任赖得一干二净。

当潘鼎新军队狂奔乱窜时，王德榜和老将冯子材约定，二人率部坚守阵地，伺机打击法军，由冯子材守凭祥，王德榜守油隘。法军在攻占镇南关后，发现孤军深入，不敢久停，就放火烧关，军队退到文渊。冯子材于是趁机率军进入镇南关内，立即在关前隘筑垒掘壕固守，与驻守油隘的王德榜部互相呼应。

二月初七日，法军不甘心失败，再度来犯，几次猛袭关前隘，冯子材军一连失去数垒，形势危急。王德榜及时从油隘派兵来援。他采用了刘锦棠的用兵策略，派出一支正面部队作为佯攻，另出一支奇兵，翻越荒山僻径，从甫谷抄攻法军后路。法军没有料到这一支奇兵，毫无防备，后路部队被全部歼灭，军火辎重也都被王德榜军缴获。前线法军发现后路被截断，军火又已匮乏，士气涣散，法军将领还想鼓动士兵进攻，以振奋涣散的军心，但士兵们已无心恋战。

老将冯子材已得知王德榜军在后路击溃敌军的消息，他身先士卒，带领部队奋勇抵挡，王德榜军从法军背后攻来，法军在夹击之下，全线崩溃。二月十一日，冯、王两军将镇南关所失营垒全部收复，又乘胜克复文渊。十三日苏元春军也加入作战，三军联合攻占了敌军老巢驱驴，当夜收复谅山，这就是举世闻名的"镇南关—谅山大捷"。

清军一直追赶法军到坚老，法军统帅尼格理在战斗中受重伤。同时，刘永福的黑旗军在西线也获得临洮大捷。

越南人民得知清军大胜，纷纷闻风响应起义。越南官员将北宁等处义民集中起来，成立"忠义五大团"，打出冯子材军旗号，自愿为清军挑饭、做向导，随军助剿。中国国内人民也都欢欣鼓舞。

当法军战败的消息传到巴黎时，引起了法国全国上下的震动。发动侵略战争的茹费里内阁在法国人民的抗议和反对派的攻击下随之倒台。法国当时并没有足够的力量，去支持一支万里外的部队作战，在海陆两线都不能得手的情况下，他们就急于求和，企图捞取一些便宜，暂时结束这一场在远东的纠葛。

西方各国在侵略瓜分中国的问题上，向来是既有矛盾，却又相互协调、帮助的。他们既不愿意看到法国单独取得过多的胜利，也不愿意中国人强大起来，真能打败西方国家。拿破仑早就说过："当中国这头睡狮醒来的时候，全世界都会发抖。"他们不愿意这头睡狮醒过来。

一个在中国任海关总税务司的名叫赫德的英国人，早些时候已看到形势于法国并不很有利，就出面进行所谓"调停"。清政府虽然与法国宣战，其实投降派占压倒优势，他们接受赫德的调停。赫德派了另一个英国人税务司金登干去巴黎，和法国政府秘密谈判。法国政府那时还没有把中国放在眼里，企图在战场上多捞一点，以便在谈判桌上更为有利；谈了一个多月，尚不得要领。当法政府得到镇南关、谅山大败的消息后，就改变态度，愿意稍许降低条件，达到和议。

清政府中的投降派认为这是最好的求和机会。李鸿章是既怕打败仗又怕打胜仗的人，如今打了大胜仗，又害怕得不得了，他认为只要和外国打仗，"大局将不可收拾"。他对于金登干传递来的信息，认为是求之不得。清政府于是委托金登干和法国政府于光绪十一年二月十九日签订了《中法议和草约》，内容除停战外，重申在天津订立的《中法简明条约》有效，并规定中国从越南撤兵。这个草约立刻送往清朝廷认可，以备中法两国正式签约。在《草约》签订的第三天，即二月二十二日（1885年4月7日），慈禧太后立即下诏停战。

停战令迅速传到前线，这时中越边境将士士气高昂，中越军民同仇敌忾，正在奋勇追击溃败的法军，突然传来"停战撤兵"的谕旨，将士们惊讶万分，人人愤恨不已。据史书记载说，将士们"拔剑砍地，恨恨连声"。王德榜和冯子材正在追击法军途中，得到谕旨后，虽然气愤万分，但只能服从圣旨，放弃已收复的城池，将军队撤退到广西境内。

上谕三月初一日停战，十一日撤兵。冯子材和王德榜这些前线将领实在气愤不过，在规定停战那天子刻（零时），打电报给两广总督张之洞说：

去岁上谕：议和者诛！请上折诛议和之人。士气可奋，法可除，越可复，后患可免。

这是前线将士对卖国投降分子的严厉的挞伐，然而无济于事，这封电报不会取得什么结果。

相反，投降派本来就对主战派恨得牙痒痒的，这时他们气焰正张，就准备一个一个来收拾那些主战派。主战派首领左宗棠、张之洞等一时动摇不了，就先从容易收拾的低层下手。光绪十年底、十一年初，广西巡抚潘鼎新不战溃逃，连失谅山和镇南关，他却将罪责推到王德榜的身上，朝廷中主和派掌权，偏听偏信，将王德榜革职。当他得到革职命令的时候，正在乘胜追击法军途中，以一个为国立下大功的人，却蒙此千古奇冤，有正义的知情人士都愤恨不已。

彭玉麟听到后，深感不平，上奏陈明实情，为他雪冤，肯定他立的功绩，说："二月初六、七，冯子材苦战两月之久，非王德榜截其后路，断其军火，关内外夹攻，则（法军）亦不能如此大溃。"

当左宗棠派王德榜去中越前线时，曾叮嘱他："此次奏派赴越，切勿有初鲜终，负我期望。现在朝命主战，有机即图，不可畏难。"后来王德榜与潘鼎新意见不能协调，一个主战，一个主和，王德榜又向左宗棠请示，宗棠告他："事机之来，仍须拿定主意，相机剿办，不可过为潘抚军遥制，致误戎机。""将在外，君命有所不受"，何况一巡抚，何况又是主和派。宗棠认为当时朝廷主战，对于主和派逃跑主义的命令，则不可尽听，以免丧失战机。

殊不知慈禧和朝廷后来改变了主意，这是他所未料到的。当然，即使已料到这一点，将士在疆场上仍然要奋力作战，不能多所顾及。

潘鼎新打击、陷害主战派，是秉承李鸿章的意旨，王德榜不过是小目标，大目标是左宗棠。潘鼎新知道左宗棠曾指示王德榜不必听他的调度，为了陷害宗棠，就企图将他自己谅山、镇南关失守的责任反推在宗棠身上，他给张之洞的电报说："朗清信左帅'勿听节制'一言，掣肘贻误至今。"其意是：谅山、镇南关失守是由于王德榜受左宗棠指使，未听他的调度所致，真是弥天下之大谎。王德榜知道后，"毛发悚然"。他究竟是一名武将，没有料到官场中斗争如此卑鄙恶毒，自己受陷害还不要紧，让他所尊敬的老上司蒙受委屈，他却十分痛心。

左宗棠派遣王德榜率恪靖定边军去中越前线，正是由于他指示王德榜奋力抗战，勿受主和派节制，这才取得了镇南关、谅山大捷。如果王德榜听信潘鼎新的指示，也就不会有这次震惊中外的大捷了。

历史给了王德榜一个不幸的结局，他终于被革职，由于彭玉麟等主持公道，总算没有进一步治罪。不久，冯子材和刘永福也陆续调职，官方给他们多方刁难，他们三人都在寂寞潦倒中郁郁以终。

第五十九章 "出师未捷大星陨"

"台湾为七省门户，关系全局，应建置行省"——在福州去世——
"遗恨平生，不能瞑目"——予谥"文襄"——"城中巷哭失声"

谅山大捷的消息传到福州，左宗棠十分兴奋，福建前线的将士和全省人民也都欢欣鼓舞。可是这种兴奋、欢欣的情绪没有能持续多久，接着就传来朝廷下诏停战撤兵的消息，又使左宗棠惊诧万分。他和投降派斗争了许多年，对他们的伎俩也有所了解，但是在大胜之后却妥协投降，却是万难料到的事。他坚决反对轻率议和和撤兵，对事态的发展气愤不已。虽然知道自己的话朝廷已不会听，但仍然要尽最后一次努力，试图阻止议和和撤兵，改变局势，虽则可能是一次徒劳。

他立即上密奏给朝廷说："要盟宜慎，防兵难撤。……用兵之道，宜防尔诈我虞；驭夷之方，贵在有备无患。法国自逗兵以来，忽战忽和，反复无常，不可信任。去年签订《简明条约》，旋又毁约挑衅，观音桥之战反诬赖为我先开，威胁恐吓，无所不至。现在又请议和，怎可轻信？目前沿海沿边各省，经过惨淡经营，防务已稍微周密；今在战胜之余，又轻率议和，日后办理洋务，势必更为困难。"

左宗棠也知道和议既已签订，要改约势必很困难，不得已退而求其次，又补充说："前约（《中法简明条约》）已置越南度外，而新失之基隆、澎湖必当归还，然后可许。"要求朝廷至少要收复基隆、澎湖，多少挽回一点损失。

这道奏折上去，并没有下文，这也是意料中事。但是后来清廷在订立细约中，坚持要回了基隆和澎湖，总算是采纳了一点左宗棠和主战派的要求。虽然这道奏折的主要目的——阻止议和和撤兵没有达到，但它揭露了法国侵略者的狡诈和阴谋，指明了我沿海沿边已有较周密的防务，抨击了投降派的卖国行为，也批评了清朝廷支持投降派的错误，左宗棠的坚定的爱国立场和直言无讳的勇气，博得了主战派和全国人民的衷心拥戴。

左宗棠上密奏后的第三天，三月初七日，李鸿章与法国公使巴德诺（Jules Patengtre）正在天津商谈条约的最后内容，根据巴黎草约逐条核定，修改增补。全国人民本来都陶醉在谅山—镇南关大捷的喜讯中，这时忽然听到议和投降的消息，如同一盆冷水从头顶上浇下来，顿时反法、反和议的情绪和言论高涨。但是封建时代的人民对国家大事毫无发言的权利，尽管他们义愤填膺，清朝廷全不把他们放在心上。于是有一些人把希望寄托在主战派主帅左宗棠的身上。

张之洞的消息比较灵通，他得知李鸿章秉承慈禧的意旨，正在天津搞和议阴谋，自己虽然是两广总督、名倾朝野的大员，但在强大的投降势力面前，仍然感到"人微言轻"，只有左宗棠这样威扬中外的功勋元老，才是举足轻重、影响大局的人物。三月十七日，他打电报给左宗棠，要求他出面为国家主持正义，急图补救，电文说：

> 闻中法详细约款十条，日内即将画押，无非有利于法，有害我华之事。我虽已一再上奏劝阻，但初则反遭切责，后则不予理睬，人微言轻，无术挽救。若再草草画押，后悔曷追？公有回天之力，幸速图之，但勿道洞言。

左宗棠的密奏已经递上去20天了，迄今并无回音。张之洞和其他主战人士以为左宗棠有回天之力，还寄希望于他一人。其实左宗棠何尝有回天之术？"天"掌握在慈禧手中，慈禧现在和李鸿章上下相呼应，沆瀣一气。他们都极端害怕与外国作战，他们认为，只要一战，大局就将不可收拾，慈禧的金銮宝座就坐不牢，又将重演逃出京师的闹剧了。他们已完全丧失了对国家、对民族的信心，谁去进谏，也听不进去了。

宗棠回想在离京前向慈禧告辞时，慈禧义愤填膺地向他表示支持主战的一幕，简直是一场骗局。但他此时已无可奈何，只能唉声叹气而已。

投降派的势力如此之大，张之洞以两广总督的身份，不仅说话不管用，自感"人微言轻"，而要求左宗棠说话，还要"勿道洞言"，请他保密，别泄露了他的"主谋"，以免遭到报复，可见投降派当时的凶焰，他们对异己分子将会采取恶毒的手段。

事实确是这样。他们最痛恨的是左宗棠。李鸿章在塞防与海防之争中，输给了左宗棠，早已憋了一口恶气。但他深体圣意，知道慈禧要保全左宗棠，所以对宗棠还不敢也不能直接下手，但是对他的部下却要下手了，这至少也能使宗棠气个半死。首先开刀的是王德榜。王德榜是宗棠亲自派往中越边境抗法的，如今王德榜打了胜仗，立了功，却遭到朝廷的革职，这的确使左宗棠十分气愤和伤感。他伤感的不单是为王德榜个人的厄运和不公正的待遇，更伤感的是，朝廷是非不分、邪恶横行。贪生怕死、庸懦谄佞之徒当权，正直爱国的人反受排斥打击，如此下去，势将伊于胡底？想想国家前途，确实令人寒心。

投降派的毒手不仅施之于中越前线的王德榜，同时又转移到台湾的刘璈。上年基隆失守，刘璈直接向左宗棠禀报，使巡抚刘铭传受到朝廷斥责，刘铭传早已恨之入骨。现在投降派得势，老靠山李鸿章炙手可热，正是报复的时机。

同治十一年三四月间，台湾有一名包办洋药厘金董事叫陈郁堂，侵吞了鹿港厘金四万余两，提审不到，刘铭传就给刘璈安上一个罪名，说是因他包庇，并且和陈郁堂通同作弊。包庇罪是很容易给人加上去的，只要不许被告说话，也无须罪证。本来这类案件应交由闽浙总督审理，李鸿章恐怕杨昌濬会主持公道，因而在朝中耍了花招，专派大员前来查办，结果是刘璈有冤无处申，遭到革职、籍没家产，还定下死罪（斩监候），后来改为流放黑龙江。

刘璈字凤翔，号兰洲，湖南岳阳人，以前跟随左宗棠西征新疆，立下功劳。他精明强悍，是一位爱国者。光绪七年（1881 年）任台南道道员。中法战争期间，坚守台南，法军始终不敢进犯。就在他被查办的前几个月，法军舰队停泊在安平海面，舰队司令通过英国领事约他去舰上会见，意思无非是欲加以威胁、恫吓，不战而占领台南。他的部下劝他不要前往，以免上敌人圈套，他却认为必须去，如不去，敌人必以他为胆怯，他岂是胆小怕死的人！

他在去法舰之前，预先做了布置，叮嘱守将说："如果有警，立即开炮轰击法舰，切不要考虑我个人的安危。"

他登上法舰与法军司令会见后，法军司令果然威吓他说："台南城小兵弱，你们怎能抵挡我军进攻？"

刘璈傲然回答道："今日相见，不谈军事问题。至于城小兵弱之说，城譬如土，兵譬如纸，唯有民心强劲如铁。我们万众一心，何畏你区区法军！"

法司令无言可答。刘璈喝足了法国香槟，尽醉而归，台湾人传为美谈，对刘璈也格外尊重。台湾人民见到刘璈遭受投降派的打击，蒙冤含屈，无不痛心疾首。台湾史传详细记载了这一冤案，大书："士论冤之。"（连横：《台湾通史·刘璈列传》）打击刘璈，实际也是打击左宗棠。宗棠心里自然明白，但他权不在手，加之老病侵寻，也无能为力了。

光绪十一年四月二十七日（1885年6月4日），李鸿章和巴德诺在天津签订了屈辱的《中法会订越南条约十款》，承认越南为法国的保护国，给予法国在广西、云南通商的特权，包括减税等利益，规定以后中国在这两省修筑铁路时，要与法国协商会办。由于法军在战场上战败，没有索取"赔款"，并答应从基隆和澎湖撤兵，投降派认为面子上已过得去，条约立即得到清廷和慈禧的批准。

这项条约不仅不敢抗议，而且公然承认法国占领越南，又打开中国西南大门，使法国人得以长驱直入。这项屈辱的条约是在战场上取得了胜利之后签订的，真是世界外交史上的奇闻！

中法和约的签订，是对左宗棠的一个重大打击。他闻讯后悲愤无比，但回天乏术，无可奈何。他以古稀之年、多病之身，来到抗法前线，全凭着一股爱国热忱，而今战事已经结束了，屈辱的条约已签订了。投降派不但不以为耻，反而气焰嚣张。他的两员抗法部将却遭到不白之冤，种种事实无不使他痛心疾首。

他原是奉命来闽督办福建军务、抵抗法军侵略的，现在法战已了，留在福建没有必要了，加之他的身体也愈来愈坏，精神上的打击更使他疲惫不堪。五月初七日，即中法条约签订后10天，他上疏请求回京复命，并恳求开缺回里治病。朝廷赏假一月，但未准许开缺。

当时他的病势已很严重，他曾描述自己的健康情况："自到福建以来，食少事烦，羸瘦不堪；手腕颤摇，难以握笔，批阅文件，万分吃力；时间稍长，即感心神彷徨无主，头晕眼花。有时浑身痛痒，并经常咯血；偶尔行动，即气喘腰痛。"

六月初十夜间，忽然痰涌上来，气喘不已，手足抽搐，昏迷过去。医生赶紧进药急救，经过一个多小时，才苏醒过来。

他自知在世的日子不多了，思前想后，国家仍如此积弱，许多曾想要办的事都没有来得及力，于是竭尽最后一点衰微的精力，将所考虑到的有关国计民生的重要问题，向朝廷做最后一次建议。六月间他一连上了几道奏疏，提出"专设海防大臣"等问题。由于在中法战争中，南、北洋水师不予支援，各省督抚也各自为政，以致海战未能取胜。因此他建议统一海防事权，由海防大臣全权管理，"驻扎长江，南控闽越，北卫畿辅"。他还建议：兴办电报和加强造船事业，改善营制，严格军队训练，振奋士气。还有：必须加紧修建铁路，不仅有利于军事，对民用也极重要。他提出了具体的建议：先兴建由清江浦（运河的一个重要码头，现为清江市）至通州（通县）的南北铁路干线，可由官招商股试办。以后再修建横贯东西的铁路干线，以沟通大西北与内地的联系。这些都是他第一次来福州时就曾考虑的问题，只是那一次来去匆匆，想办的事都没有办，20年转瞬过去了，许多重要的事情至今也没有办好。

他还有一件最关心的事：加强台湾的防务。他说："台湾孤注大洋，为七省门户，关系全局。"建议将福建巡抚移驻台湾，"以资镇摄"。并进一步提出：应将台湾改建行省。台湾不仅为海防要地，而且物产富饶，每年收入超过广西、贵州等省，"自然之利，不可因循废弃"，前途大有可为。

他在遗折中最后说："凡铁路、矿物、船炮各政应及早举行，以策富强之效，上下一心，实事求是，则臣虽死之日，犹生之年。"

他爱国家、爱人民，坚忠执着，至死不渝，令人想起诸葛亮"鞠躬尽瘁，死而后已"的精神。真是：

"春蚕到死丝方尽，蜡炬成灰泪始干。"

清朝廷采纳了他的部分意见，光绪十一年九月初五日，他去世后一个多月，朝廷下令台湾开置行省。又过了若干年，南北铁路干线建成，电讯网络、船炮厂矿陆续发展起来，海防以至全部防务都由专司负责，但那已是遥远的事，他已经来不及见了。

他的病势愈加沉重，再一次奏请开缺回籍。七月初四日，朝廷批准了他的请求，下达谕旨："览奏病情，殊深廑念。自应俯如所请。左宗棠著准其交卸差使，不必拘定假期，回籍安心调理。该大学士夙著勋勤，于吏治戎机，久深阅历，如有所见，仍著随时奏闻，用备采择。一俟病体稍痊，即行来京供职。"

光绪十一年七月二十七日（1885年9月5日），台风袭击福州，接着下起了倾盆大雨，左宗棠已处于弥留时刻。他口授遗疏，由儿子在榻前记录下来：

此次越南和战，实中国强弱一大关键，臣督师南下，迄未大伸挞伐，张我国威，遗恨平生，不能瞑目！

他怀着满腔爱国热忱，南下抗法，结果是一纸屈辱的和约，他能瞑目吗？他已经陷于昏迷状态了，突然他醒过来，眼前似乎出现一道光明，恍惚回到柳庄门前，正在和周夫人、全家为灾民施粥施药，眼望着灾民一群群走过去，心头充满着同情和叹息；忽然又回到了那间梧塘书屋，白发苍苍的祖父在教他咿咿呀呀念书。然而，刹那间一切都过去了，病榻前儿子和亲人们听见他低声喃喃自语："哦哦！出队！出队！我还要打。这个天下他们不要，我还要。我从南打到北，从西打到东，我要打，皇上也奈何不得……"

他的声音越来越低，终于那双目光炯炯的眼睛阖上了，他停止了呼吸，告别了曾经生活、战斗七十四个年头的人世。

福州城经历了一整天的狂风暴雨，那天晚上，城东北角崩裂两丈多宽，城下居民却未受到损害。大雨下了一夜，第二天清晨，居民得到了噩耗，街巷中一片哭声。一位署名"采樵山人"的福建士人记录下当时情形说："全城百姓一闻宫保噩耗，无不扼腕深嗟，皆谓朝廷失一良将，吾闽亦失一长城。"

朝廷得到遗疏后，皇上震悼，下谕说：

> 大学士左宗棠学问优长，经济阔远，秉性廉正，莅事忠诚。由举人兵部郎中带兵剿贼，迭著战功。蒙文宗显皇帝特达之知，擢升卿寺。同治年间，剿平发逆及回捻各匪，懋建勋劳。穆宗毅皇帝深资倚任，畀以疆寄，沴陟兼圻，授为钦差大臣，督办陕甘军务。运筹决胜，克奏肤功，简任纶扉，优加异数。朕御极后，特命督师出关，肃清边围，底定回疆，厥功尤伟。加恩由一等伯晋为二等侯。宣召来京，管理兵部事务，在军机大臣上行走，并在总理各国事务衙门上行走。竭诚赞画，悉协机宜。旋任两江总督，尽心民事，裨益地方，扬厉中外，恪矢公忠，洵能始终如一。上年命往督办福建军务，劳瘁不辞。前因患病，吁恳开缺，叠经赏假，并准其交卸差使，回籍安心调理。方冀医治就痊，长承恩眷，讵意未及就道，遽尔溘逝。披阅遗疏，震悼良深。左宗棠着追赠太傅，照大学士例赐恤，赏银三千两治丧，由福建藩库给发。赐祭一坛，派古尼音布前往致祭。加恩予谥"文襄"，入祀京师昭忠祠、贤良祠，并于湖南原籍及立功省分建立专祠。其生平政绩事实，宣付史馆。任内一切处分，悉予开复。应得恤典，该衙门察例具奏。灵柩回籍时，着沿途地方官妥为照料。

清朝廷在左宗棠生前重用他，死后也备加恩恤。照例未中进士、入词林者，逝后谥号不能用"文"字，谥以"文襄"是特恩。左宗棠的儿孙也一一受赐恤。

九月初八日，朝廷派来的特使、新任福州将军古尼音布（字子清）代行御祭。随后灵柩出发，送回湖南原籍。出殡之日，《申报》记载："送葬者自督抚、将军、学政、司道各宪之下，均徒步徐行，闽人士感公恩德，一律闭门罢市，且罔不泣下沾襟。自皇华馆至南台，沿路张结素幔，排列香案。绅士及正谊书院肄业生皆在南台中亭路祭。远近观者，如海如山，路为之塞。是非公德泽及人，曷克令人爱慕如此！"

左宗棠逝世的消息传到江浙关陇新等地，人民都很伤感，"如失所亲"。次年安葬在长沙郊外善化八都杨梅河柏竹塘之阳。左宗棠生前曾有一愿望，死后与诒端夫人同穴。但因他的葬礼规格高，周夫人墓地狭隘，只得另觅新址，他的这一遗愿没有能实现。

第六十章 千秋功过谁评说

生前：誉多毁少——"绝口不言和议事，千秋独有左文襄！"
——西方舆论："足令吾欧人一清醒也"

左宗棠度过了极不平凡的一生。他生于中华民族饱经忧患的时代；去世时，民族灾难仍在继续，而且还不断加深。

当他青年时，帝国主义进攻中国的第一声炮响，英国发动了鸦片战争。他开始认识到西方列强侵略中国的阴谋，不顾及自己卑微的地位，潜心研究对付西方侵略的策略，写出了《料敌》《定策》等六篇抗英策论。对于清政府的腐败无能，失望已极，叹息"天下事败坏至此，古今所未有"！

当他 38 岁时，太平军革命爆发，他以同情和观望的态度，"遁迹深山"，在长达九年间，多次辞谢清政府地方大员的邀请，在亲友的强劝下，为了"保卫桑梓"，虽曾二度出参湘、鄂幕府，但遇有机会就辞谢回山。据传他曾会见过洪秀全，因政见不合而离去，这虽不一定是事实，但太平军确实曾在他隐居深山中时去寻找过他。当天京大变乱后，太平王朝内部大分裂，荒唐的神权统治和政治上的腐败充分暴露，败局已定。

左宗棠始于 48 岁时由胡林翼、曾国藩等推荐，正式加入清军行列。其后参与了平定太平军、捻军、回民起义的战事，统一了中原，收复了肃州和河西走廊，打通了进军新疆的要道，实现了"欲靖西陲，必先清腹地"的战略决策。由光绪二年（1876 年）二月率兵出关，至光绪三年十一月，仅用了不到两年的时间，就收复了被英俄走狗阿古柏侵占达 13 年的新疆，不久又以武力做后盾，协助外交顺利解决了伊犁的回收。在他去世前一年，亲临福州前线，指挥抗法战争，加强福建海防，派遣王诗正渡过台湾海峡，安定了台湾战局；派遣王德榜率领恪靖定边军到中越边境，配合冯子材军打败了法国侵略军，获得镇南关—谅山大捷。然而清政府却在战胜之后签订了屈辱的和约，使他在忧愤中逝去。

他的一生贯穿了一个伟大的爱国主义者——一方面和外国的侵略者，一方面和国内的投降派——进行坚持不懈的斗争的经历。

作为一位伟大的爱国者，为祖国立下了重大功勋的英雄人物，理应是盖棺论定了，却又并非如此。在他生前身后，既有许多赞誉，也有不少批评甚至诽谤。特别是身后近百年间，国内史学界曾有过各种截然不同的评价。这显然是因为中国正处在一个新旧交替的时期、一个革命的时代。国内既存在复杂的民族矛盾，又存在复杂的阶级矛盾，如果脱离了历史条件来评价历史人物，或者带着偏见，自然就会得出截然不同的结论。"文革"时期对于封建时代的历史人物几乎全盘否定，就是一个极端的、鲜明的例子。

在左宗棠生前和死后一段日子里，和他同时代的人几乎一致给他以崇高的评价（除了少数投降派以外）。他为人民做过不少好事，办事公正，自奉俭朴，为官清廉，养廉金大部捐输公益，这些都得到人民的好感。尤其是收复新疆的功绩，更博得全国人民的一致赞扬和尊敬。他在陕甘和两江总督任内每当赴各地视察和出行时，汉、回、维等各族人民都自动到道旁排香案迎接。离任时，士民夹道攀留。去世后，福州城中巷哭失声，江浙关陇士民奔走悼痛，如失所亲。封建时代的人民难得遇到一位好官，尤其是正当中华民族遭受西方列强侵略瓜分的危急存亡之秋，朝廷内一片妥协投降之声，左宗棠以大无畏的精神，面对强敌，战胜侵略者，保障了国家领土的完整、社会的稳定和人民的安居乐业，人民敬爱他，并寄予热切的希望，这是很自然的。他去世后，有多副挽联说他"系天下安危者数十年"，代表了当时朝野上下的看法。翁同龢在

左宗棠坐像

日记中长叹："伤已，不仅为天下惜也！"张一麟说："吾国咸、同以后，对外用兵，唯公之收复伊犁（新疆）与战胜谅山，为空前绝后之举。"章太炎也说："左氏横于赤县者尚二十年，当是时，白人虽觊觎，犹敛戢勿敢大肆。"左宗棠青年时以诸葛亮自况，后来收复160万平方公里的新疆，时人誉为周秦汉唐以来所未有，他对中华民族做过的贡献其实远远超过诸葛亮。当时人说："文襄勋绩，南平闽越，西定河湟，过于六出祁山远矣！"（刘体仁：《异辞录》）

中国人收复新疆，在国际上也引起了巨大反响，素来瞧不起中国的外国人也改变了看法，对中国军队的胜利和中国将领的能力表示钦佩和赞扬。英国人包罗杰（D. C. Boulger）说："中国人克复'东土耳其斯坦'，是从一个多世纪以前乾隆征服这个地区以来，一支由中国人领导的中国军队所曾取得的最光辉的成就。""中国人的所有军事行动都有他们的非凡的深谋远虑特点，表明中国将军们的非凡才干，也表明他们士兵们的服从、勇敢和耐力。"（《阿古柏·伯克传》）西方舆论又说："当初陕甘总督左钦帅募兵于关外屯田，外国人方窃笑其迂。乃今观之，左钦帅急先军食，谋定而往，老成持重之略，决非西人所能料。……计二十日中经过一千二百里荒野沙漠，而得三城一大捷，由是叶尔羌、和阗各城先后克复。中国至喀什噶尔一律肃清，可谓神矣。……使欧人当此，其军律亦不过此。平时欧洲轻料中国，谓中国人不能用兵；今观中国之恢复回部，足令吾欧人一清醒也。"（《西国近事汇编》）

左宗棠晚年几次经过上海租界，外国兵弁执鞭清道，换升中国龙旗，声炮

长沙城内左文襄公祠内的假山

十三响，以表示敬意。据说租界洋人从来没有对中国官员这样尊敬过。外国人不仅尊崇他收复新疆的功业，对他廉洁、朴素的生活作风和为国为民的爱国精神，也十分敬佩。曾到哈密大营与左宗棠共同生活过一段时期的德国人福克赞扬他说："爵相年已古稀，心犹少壮，经纶盖世，无非为国为民；忠正丹心，中西恐无其匹。爱民犹如赤子，属员禁绝奢华，居恒不衣华服，饮食不尚珍馐。非有古大臣亮节高风，曷克臻此？""老臣蹇蹇，砥柱中流，不特清廉寡欲，硕辅朝廷，凡一切爱民敬事之诚，尤旷代所罕见也。"（《申报》光绪六年十二月初十日）

和他同时代的人对他的赞扬是主流，但也有骂他和批评他的人，不过仅是少数。以李鸿章为首的投降派在许多重大问题上，如塞防、海防之争和收回伊犁、中法之战等，与左宗棠的意见尖锐对立。在公开争论之余，李鸿章也不时在背后进行诽谤。如当左宗棠进兵新疆之际，李鸿章给刘铭传写信说：左宗棠"拥重兵巨饷，又当新疆人所不争之地，饰词欲战，不顾国家全局，稍通古今者，皆识其奸伪"。这支冷箭很恶毒，如果不是清朝廷当时不为所动，恐怕左宗棠将被撤职拿问，新疆也将收不回来了。

光绪十年五月，正当中法战争紧张，"主战""主和"又在激烈争论之时，李鸿章写信给会办福建海疆事宜大臣张佩纶说："闻有请恪靖南征者，此老模糊颠倒，为江左官民所厌苦。若移置散地，固得矣。然夷情大局懵然，必有能发不能收之日。"给左宗棠扣上一顶"模糊颠倒"的帽子，然后将他"移置散地"（即"靠边站"），国家不用他，人民无从倚靠他，左宗棠的主战论就从此休矣。

和李鸿章同声相应的还有郭嵩焘。郭嵩焘不仅因曾被左宗棠参劾，对他记恨在心，在诗、文、日记、书信等中，经常骂左宗棠"忘恩负义"，发泄对他的不满；在对外交涉、主和投降方面，也和李鸿章一致，与左宗棠格格不入。在收复新疆的战争中，他曾反对左宗棠继续用兵，代英国为阿古柏政权"乞和"；在中法战事方面，他更是深恐战争蔓延，终日惶惶不安，对主战的左宗棠、彭玉麟、奕譞怨谤备至。他在日记中写道："吾自醇邸与左相竭力图开海衅，日夕忧惶，至于眠食不安，而于朝廷反复参差，尤见朝政之乱。"他认为："中国无可战之机，无可战之势，亦无可战之理。"总之，绝对不能打仗，只能投降退让，才可以苟延残喘。

李鸿章、郭嵩焘的这派议论，其实是代表了从慈禧太后以下所有投降派的观点。不过投降派当时不得人心，对于左李之争，时论认为："左素主战，以未得一决雌雄为憾事，清议归之；李最不欲战，而中日之役，迫其一试，竟丧令名，为士大夫所唾弃。……李尝为清议诋以卖国，拟为秦桧。"（徐凌霄：《凌霄汉阁笔记》）所以李鸿章、郭嵩焘和投降派的攻击，并没有损及左宗棠的声誉。

曾、左失和，在当时是一件有影响的事，官场和社会中议论纷纷。由于左宗棠是曾国藩部下，又曾受曾国藩推荐，突然反目，舆论可能会倾向曾国藩，其实却又不然。争议之始是有关小天王洪福瑱的下落，后来事实证明左宗棠所说是对的，洪福瑱确已由天京逸出，曾国藩所报洪福瑱已被俘获是不实之词，所以一时议论都认为二人失和，曲在曾国藩，尽管曾左失和的内幕时人并不了解。加之曾国藩后来在处理对外事件中有委曲求全、忍让屈辱的表现，如处理天津教案，又如对收复新疆曾率先提出"暂弃关外，专清关内"之议，这些都引起人们的不满，一时舆论大都"抑曾而扬左"。曾国藩的门人僚属中有许多有名文人，他们都为此不平，如薛福成（字叔耘）在《庸庵笔记》中虽承认："余尝怪世之议者，于曾、左隙末之事，往往右左而左曾。"但提出两条理由为曾国藩辩解："一则谓左公为曾公所荐，乃致中道乖违，疑曾公或有使之不堪者，而于其事之本末则不一考焉。一则谓左公不感私恩，专尚公议，疑其卓卓能自树立，而群相推重焉。"两条理由都很牵强，他的结论也很矛盾，既说："夫公义所在不顾私恩可也。"却又说私恩不可背："既受其荐拔之恩，复挟争胜之意以求掩之。……是人何惮而不背恩哉！"世人不了解曾、左失和真相，却妄加评议，无怪乎左宗棠感叹说："同时纤儒妄生揣拟之词，何直一哂耶！"

曾国藩的一些文人门生为曾、左失和事，始终对左宗棠不满，在"失和"一事本身做不出文章，就寻找左宗棠的缺点和不足进行讥评。另外，左宗棠曾参劾过一批下属，其中也有一些文人，如史念祖（字绳之）曾随左宗棠西征，任按察使，因杀降回为左宗棠劾罢，一直怀恨在心；又如林寿图是位诗人，曾任陕西布政使，并主持甘肃后路粮台，也因事为左宗棠劾罢。林寿图的福建同乡诗人郑孝胥等均对左宗棠不满。这些人批评左宗棠"骄倨、专横、狂妄自大、气度褊狭"，"年老糊涂、颠顸"。对他没有考中进士，也时时加以讥讽。文人笔记流传较广，影响颇大。其实对左宗棠性格和修养上的弱点的批评，也不是全无根据的，不过常渲染过分。左宗棠年轻时有骄傲自大的毛病，他自己就说过："每一念及从前倨傲之态、诞妄之谈，时觉惭赧。"他中年以后受"师友箴规之益，乃少自损抑"，说明后来改了一些。到老年时，可能又有些故态复萌。总之，当时人的种种批评都还不属大是大非的问题，也无损于他对国家民族做出的巨大贡献。

对于左宗棠的用人，曾有过一些批评。如著名文人王闿运（字壬秋），他所写的记述湘军和太平军作战史实的《湘军志》，曾受到当时和后世的推重。他不满意左宗棠，也不满意曾国藩，曾批评胡、曾、左三人都不能善用人才，说："胡文忠能求人才，而不知人才；曾文正能收人才，而不用人才；左季高能访人才，而不容人才。"以王闿运在文坛的盛名，这几句话流传很广，有些人没有详考事实，很容易轻信这几句外表显得漂亮、似乎言简意赅的话，其实内容却并不符合实际。

就胡林翼说，世人均赞他"荐贤满天下"，林则徐和左宗棠都是他极力推荐，而后才建功立业、名扬中外的，怎能说不识人才？曾国藩手下用了大批人才，包括左宗棠、彭玉麟，以及后来随左宗棠西征的一些部将，左宗棠就称他有"知人之明"，自愧弗如，怎能说他不用人才？

至于左宗棠，他也善于识人和用人，并非不能容人的褊狭、专断的人。以他远征西北的事功为例，当时条件极为艰苦，朝野攻讦不断，如果他不是团结了一大批出色的人才，怎能期望在短短的两年内取得那么大的胜利呢？他不仅团结了湘军将领如刘锦棠、刘典、刘松山、杨昌濬、王德榜、王诗正等，也团结了满军、豫军、川军等将领如金顺、张曜、徐占彪、金运昌、陈湜，以及旄善五营的回军将领崔伟、禹得彦，和陕甘、新疆地方军领袖董福祥、徐学功等一大批人。在极端恶劣的环境下，有时几个月发不出薪饷，但是将士们不畏艰险，英勇奋战，团结一致，视死如归，若说主帅左宗棠不容人才，这是无法解释的。

左宗棠手下也有些文人，但被他重用的有名文人则很少。这因为他是重实际、讲"经世致用之学"的人，他肩负的重任决定了他所需要的人才，如刘锦棠、张曜、王德榜这样能征善战的武将，或是刘典、杨昌濬、魏光焘、饶应祺等能筹粮、筹饷、治理后方的文臣。即使如"东南大侠"胡雪岩，他能筹借军费，又能采办军火，对于左宗棠也是不可多得的人才。至于王闿运，虽然名重一时，文章写得很好，却既不为曾国藩赏识，也不为左宗棠所重。《湘军志》是很有名的，但史实多舛误，郭嵩焘、郭昆焘兄弟曾为之订正。同治十一年左宗棠看到他写的《篁邨（丁果臣）传》，颇为不满，认为："将胡文忠（林翼）说得极庸、李忠武（续宾）说得太愎。""徇一家一时私言，乱天下古今视听，文士笔端，往往有此。"可见左宗棠和王闿运在对人和事的判断方面，并不是志同道合的。

左宗棠生平不喜"华士"。所谓"华士"，是指华而不实的文人，缺乏实际本领，虽会写文章，但却常常言过其实。王闿运也是他所认为"华士"之列。周夫人曾笑他："你不喜华士，日后恐怕没有人为你作佳传。"他笑答道："自有我在，求之在我，不求之人也。"他死后果然没有有名的文人为他作"佳传"，但是死后12年湘潭罗正钧编写的《左文襄公年谱》，却是一本史料丰富，客观、公正的很好的"史传"，可以代替"佳传"了。

同治十一年，楚军在西北取得决定性胜利，指日将出关收复新疆，湖南著名文人吴敏树（号南屏）、郭昆焘、罗汝怀（字念生）、曹镜初诸人准备编写一部《楚军纪事本末》，详细记载楚军的战绩。楚军是左宗棠首先兴建的，这本书显然会以左宗棠为歌颂的主角。吴敏树等写信给左宗棠，告知此意，并请他将有关军务的历年奏折稿和咨文寄给他们。左宗棠不以为然，认为是多此一举，复信婉言谢绝，信中说："楚军战绩在奏章图史中已有详细记载，非悠悠之口所能增损，更无须自为表暴。"他在给儿子的信中，谈到此事，一方面对诸公的好意表示感谢："欲辑《楚军纪事本末》一书，意在表章余烈，用心周至，陈义甚高，实为佩慰。"一方面也表示了他的疑虑，直率地说："意在表章，实则赘说；且令同时之人多议论，不如其已。"他还表明了他对"名"的态度："士君子立

左宗棠诞辰 200 周年纪念

身行己，出而任事，但求无愧此心，不负所学，名之传不传，声称之美不美，何足计较！'吁嗟没世名，寂寞身后事'，古人盖见及矣。"

由于左宗棠的反对，《楚军纪事本末》没有成书，其实也是件可惜的事。如果能写好这本书，后人对楚军的战绩将会有更详尽的了解。以吴敏树等人的文学造诣，定将会写成一本文史兼优的书。当然，左宗棠对浮名的看法也是正确的，人的历史是自己写就的，历史最终总会有正确、公正的评价，"非悠悠之口所能增损，更无须自为表暴"。左宗棠不喜欢"华士"，没有一批文人为他广泛宣传，身后也没有人为他作佳传，然而他的功业已铭刻在广大人民心中。

有两句挽左宗棠的诗，当时脍炙人口，一直流传至今，诗句内涵和它的流传表明了人们对他面对外国侵略者时不屈不挠的民族气节和斗争精神的崇高敬意！诗云：

　　　　绝口不言和议事；
　　　　千秋独有左文襄！

第六十一章　侯府沧桑（上）

家庭、儿女、亲故——对子孙的教育："耕读为业，断不可令做官"

　　曾祖父左宗棠的一生已写完了，剩下的一点篇幅将记述他（也就是作者）的家庭情况、姻亲关系以及他对子孙的教育，遗留不多的遗物和故居的下落等，也许能为近代史研究者提供一些有用的史料，也许广大读者会感兴趣。在前面的章节中，作者是以一个普通中国人的身份，一个研究这一段历史的业余工作者的立场，客观地、实事求是地来撰述一位历史人物的生平。现在却要回到自己的家庭位置，回到左家的一员，以左宗棠的曾孙这个特定的身份，来写这后面的几章。当然，我仍然会力求保持客观、实事求是的态度，来叙述家庭中的种种情况。

　　我们这一辈（景字辈）在家中称曾祖父为老爷爷、曾祖母为老奶奶。当我们和不同辈的父辈或子侄们谈及宗棠公时，常称为文襄公，亲友间也如此称呼。在 20 世纪 40 年代以前，社会上也习惯用文襄公尊称，不过常在前面加一"左"字而已。直到现在，一些了解历史的老人还如此称呼他。我的写作身份既已回到家庭中，下面文章中也就用文襄公的称呼。对其他长辈，也都用平日在家中习用的敬称；书中出现的许多近代史中著名人物，如陶文毅、林文忠、曾文正、胡文忠、李文忠等都是我的长辈。对长辈用尊称是中国社会传统的习惯，也是一个良好的习惯吧，这不涉及褒贬的意思。

　　我出生于 1918 年，距文襄公去世已 33 年，祖父子建公（讳孝勋）也早已去世。当我七岁（1925 年）正是有比较清晰记忆的时刻，父亲南孙公（讳念恒）也去世。那时祖辈中只有祖母健在。家中掌故和故旧情况，除了少数出自《年谱》《家书》等外，主要是从祖母、母亲、伯父良孙公（讳念惠），以及兄姊等在闲谈中听来的，另外就是我亲身的经历。大姊㛢如（景芬）在她去世前一年（1984 年），因知道我准备写文襄公事迹，用已经颤抖的手给我写了几封长信，提供了一些极有价值的家中史料。她比我长 15 岁，她见到和听到的家中人和事比我多得多。可惜她已去世，见不到书成了。文襄公墓木已拱，和我讲述家中故事的亲人大都已去世多年了，当我提笔追述往事时，心头不免有无限苍凉之感。

道光十二年（1832 年），文襄公 20 岁时，入赘给湘潭周家。当时家中很穷，周家却很富。岳母王太宜人据说精于人鉴，有识人之明，她看中了这个穷书生。婚后两年，老奶奶（我们也称她周太夫人）一连生了两个女儿——大姑奶奶和二姑奶奶。婚后第四年，王太宜人以为女儿子息艰难，她看中了随女儿陪嫁的女侍，倒是有福相，定能多产几个男孩，因此命文襄公纳她为妾。周太夫人身体羸弱，她和女侍感情又好，也竭力劝文襄公从命。这位女侍就是我的生曾祖母，家中后来称为张太夫人。所以我们有两位老奶奶。

文襄公在年轻时，身为寒士，就有一妻一妾，这是由于岳母命令、夫人相劝而促成的。他后来官居高位，长年在军中过独身生活，直到逝世前一年，没有再纳过妾。两位老奶奶相处非常好，张太夫人将家务事一力承担。周太夫人在世时，家中称张太夫人为"姨"，后来称"老姨"。周太夫人逝世后，张太夫人扶正。二位老奶奶都被赠一品侯夫人。

道光十七年（1837 年）八月，张太夫人生了第一个女儿，也是文襄公第三个女儿，同年九月，周太夫人生了第三个女儿，即文襄公第四女。又隔了九年，直到道光二十六年（1846 年）八月，周太夫人才生下儿子孝威（子重）公，那年文襄公已 35 岁了。以后周太夫人没有再生育了。张太夫人则于道光二十七年（1847 年），咸丰三年（1853 年）、七年（1857 年）先后生下三个儿子，即二伯爷爷孝宽（子栗）公、祖父孝勋（子建）公和四叔爷爷孝同（子异）公。这样文襄公共有四子四女，周太夫人生了三女一子，张太夫人生了三子一女。中国社会是崇尚多子的，王太宜人会看相的本领于是传说开了。

文襄公疼爱儿子，但却不希望他们做官。对他们能否考上科举也不在意。相反，他多次告诫儿子，只要能读书、耕田，就是好子弟。他说："吾生平志在务本，耕读而外，别无所尚；三试礼部，既无意仕进，时值危乱，乃以戎幕起家。"以不求闻达之人，后来做了一番事业，封侯拜相，取得了极高的荣誉地位，"此岂天下拟议所能到？此生梦想所能期？子孙能学吾之耕读为业，务本为怀，吾心慰矣"。

他认为自己的遭遇只是一种奇迹，是时势造成。而封建官场中的黑暗一言难尽，想要在官场站住，就必须做违心的事，说违心的话，官场中谄上骄下、钩心斗角、卑鄙无耻的事应有尽有，他实不愿儿孙们再陷进去。他告诉周太夫人说："霖儿（子重公）兄弟总是读书家居为是，断不可令做官，致自寻苦恼。"给子重公的信也说："我生平于仕宦一事最无系恋慕爱之意，亦不以仕宦望子弟。"

他对儿子们都很了解，父亲性格"孤梗刚直"，儿子们也差不多，都不是做官的材料，而且天分也都不太高。大伯祖父子重公书读得较好，也很孝顺，年纪轻轻就中了举人，但27岁就病逝了。二伯祖父、祖父和四叔祖父都只考上秀才。子栗公因年长，一直在长沙管家，另外两位老奶奶在家，需要侍奉，家乡墓田、房屋要管理，文襄公经常将养廉金寄回家，分赡给族中穷苦本家，这些事都要人照管，所以子栗公也很忙，他终生未做什么官，只恩赏了一名郎中。祖父子建公恩赏了主事，曾在兵部学习行走，后来也未做什么大官，40多岁就去世了。四叔祖父子异公赏给了举人，但后未考上进士。他后来做过江苏布政使（藩台），是一名中级地方官员，算是儿子中官做得较大的一个了，他的寿命也最长，于1924年在上海去世，享寿68岁。

文襄公对几个儿子虽不要求做官、得科名，但在为人处世、读书明理等方面则要求严格，常常教导、批评他们。有一次子重公托一位抽鸦片烟的朋友为周太夫人买人参，文襄公知道后，狠狠批评了一番。又一次子栗公将司马桥旧宅加建了后栋，又改建了轿厅，多花了600余两银子，文襄公认为正当西事未宁、廉项将竭之时，兴办这种可办可不办的事，又不禀命，妄自举动，还说是要为他作60岁生日（同治十一年即1872年事），也狠狠批评了他。还有一次祖父母去浙江外家祝寿，文襄公认为祝寿无关紧要，不必夫妇同行，数千里航海省亲，尤非稳便；事前并不禀告老父，于礼不合，批评一番。祖母曾向我们谈起，对文襄公的批评，全家都怀着敬畏的心理。

我家和陶、胡、曾、李等家都有姻亲关系，和湘军中一些将领的家庭也结了亲，这也是很自然的事。家长是同事和朋友，彼此家庭间都较为了解，也是旧社会崇尚"门当户对"的习俗。最早是陶文毅公幼子少云公与大姑祖母结婚，这次倒不算门当户对，而是"齐大非偶"。文毅公任过两江总督，当时文襄公还只是乡村教师。后来文襄公老师贺公庶龙去世前遗命，将季女嫁与子重公，这次也还不能算门当户对。胡文忠公是文毅公女婿，已和我家沾了亲，后来文忠公妹同芝又嫁与文襄公二兄景乔公长子癸曳公，可谓亲上加亲。其他几位祖父母和姑祖父母的婚姻情况如下：

二伯祖母（子栗公夫人）是文襄公表兄余明珊公（讳东安）的女儿，也就是高祖母余太夫人的内侄孙女。同治年间明珊公曾去浙江看望文襄公，文襄公未留他在营工作，不久回湘。因为是母家亲戚，文襄公对他很照顾，常周济他。同治十一年明珊公两位儿子曾先后到甘肃来找文襄公，文襄公都没有委给差使，只是各分送 40 两和 50 两银子作为路费，遣送回乡。

祖母是夏憩亭（讳廷樾）的女儿。憩亭公原籍江西新建，曾随曾文正公在江西作战，后任长沙知府，与文襄公交情很厚。子重公去京会试时，即住在夏家。后来大姑母（讳又宜）又嫁与祖母的内侄剑丞公（讳敬观）。剑丞公是清末民初有名的诗人和画家。大姑母也有诗词集《缀芬阁诗集》问世。大姑母早逝，剑丞公于 1953 年在上海去世，留有《映庵诗、词、画集》《忍古楼词话》《随笔》等多种。

四叔祖母（子异公夫人）是王壮武公（鑫）的女儿。壮武公是罗忠节公（泽南）的学生。文襄公于咸丰元年（1851 年）在长沙初识罗公时，同时结识了壮武公和李勇毅公续宜。壮武公后来在长沙办团练，守城防，与文襄公共事，不久在与太平军作战中阵亡。文襄公筹建楚军时，邀请壮武公弟开琳统率壮武公旧部，开化（贞介公）则总全军营务。

周太夫人能文能诗，留有《饰性斋遗稿》、古体诗 8 首、近体诗 131 首，几位姑祖母禀承母亲遗传，也都能诗，倒是几位祖父没有留下诗集。大姑祖母慎娟公（讳孝瑜）是文襄公应文毅公遗命遣嫁与少云公的。她颇有才干，又孝顺父母，留有《小石屋诗草》近体诗 14 首。二姑祖母静斋公（讳孝琪），因自幼有病，终身未婚，年四十时去世，留有《猗兰室诗钞》，收古近体诗 79 首。三姑祖母湘姗公（讳孝琳），嫁与湘潭黎尔民公（讳福昌），尔民公的父亲吉云公（讳光曙），比文襄公长 18 岁，二人为忘年交。中英鸦片战争时，吉云公正以翰林入台谏，上疏直言："夷不可纵，款议不足恃。"弹劾主和大臣。文襄公当时是一名乡村教师，为他出了许多主意。和议成后，吉云公告病归家，咸丰初年去世，也是位直率敢言、忧民忧国的人。尔民公于同治二年曾想到杭州来，想请文襄公给他一个差使，但文襄公认为"无可位置"，去信阻止。同治四年他终于来到福建漳州大营，然而文襄公仍然认为"无可位置"，没有给他官做。他后来到江西任知县，境遇不很好，文襄公常接济他们夫妇。三姑祖母也能诗，留有《琼华阁诗草》近体诗 5 首。四姑祖母少华公（讳孝瑸）是与周太夫人内侄、王太宜人第二孙周公翼标结婚。翼标公英年早逝，四姑祖母忧伤而亡，时年 34 岁，留有《淡如斋遗诗》近体诗 13 首。

在四位姑祖母中，文襄公最喜欢二姑祖母，这不单是因为她自幼有病，而倍加怜爱，更因她言行举止极有周太夫人遗风。文襄公曾多次叮嘱几位祖父，要"善事二姊"，"敬之如兄"，可惜她死得太早。大姑祖母很能干，在家中威信也最高；二、四姑祖母都早逝去，三姑祖母随三姑祖父远仕在外，家中只有大姑祖母能做些主。当文襄公发脾气时，阖家上下谁也不敢说话，只有大姑祖母的话文襄公还能听得进去，大姑祖父少云公又是文襄公的爱婿。但是文襄公也常批评大姑祖母，说她"专尚其才"，即是有些恃才而骄，有些专断的意思。

文襄公不赞成儿子做官，也不赞成女婿做官。当他听到少云公捐资做道员时，很不满意，写信给子重公说："少云光景原可不必做官，尔大姊不知外间做官苦楚，一意怂恿，将来必有懊悔不及之日。"对四女婿尔民公"一意想做官"，后又捐了道员，也很不满意。他认为"做官原无好处"，"尔民捐升道员，自趋窘境"，"将来生计当日益窘迫"。

文襄公去世前几个月，在福州纳了一"妾"，姓章。文襄公去世后，她随家人回到长沙，一直住在司马桥宅中，阖家称呼她为"姥姥"。我幼年和少年时常见到她。文襄公纳"妾"时年已 74 岁，身患重病，姥姥才 18 岁，这是怎么回事呢？几十年来，文襄公南征北战，戎马倥偬，一直独身住在军营中。如有心要纳妾，早就纳了，何以到病危之际，却纳一妾呢？许多人觉得奇怪，因此也有各种传说。大姊姈如在去世前一年（1984 年）给我的信中，有两次谈到姥姥的情况，大姊是听祖母说的。真实的过程原来是这样：

光绪十年十月文襄公抵达福州，张太夫人因年老没有同去前线，儿女们都回到长沙，只有子异公陪侍在身边。这次是大姑祖母的主意，她最孝顺老父亲，心疼他老人家在外任重事繁，又年老多病，身边没有体己人服侍，于是在民间买了一个年轻女子，大姑母亲自送她到福州，说明是为老父更衣、洗脚。当时的社会风气，官宦人家买侍女姬妾是平常的事。文襄公正当前线战事紧张之时，自己身体很坏，生活已不能自理，除了关注国事之外，对家庭、生活等琐事已没有精力照管了。大姑祖母虽是番"好心"，实在却也是多此一举。

世人都相信文襄公的品德，几十年独身在外，官居督抚侯相，不再娶姬妾。德国人福克到哈密拜会文襄公，和他同住了一段时期，赞叹说："爵相年已七旬，身在沙漠之地，起居饮食，简省异常。内无姬妾，外鲜应酬之人。……尤旷代所罕见也。"何至在去世前几个月，身体状况据他自说已是："食少事烦，羸瘦不堪，手腕颤摇，心神彷徨，头晕眼花，浑身痛痒，时常咯血，气喘腰痛。"到了这种境地，倒有兴趣娶起妾来呢？曾看到一篇文人笔记，讥评为"老年德衰"，这显然是不了解其中经过，也真是厚诬古人了。

由于娶妾在当时是一件平常的事，家中人也没有必要把真相公布，因此引起了社会上一些传说。有一说姥姥是维吾尔族，是文襄公入新疆时娶的。这自然是无稽之谈。文襄公于光绪五年（1879年）五月到达哈密，十月离开，只住了五个月，福克于六月底到哈密，和他同住了几个月，亲眼见他一人独居，"内无姬妾"。他由哈密回京师后，尽管同僚中有些人对他揶揄备至，但也从未记载有纳妾的事，我看到的姥姥是一口长沙话，一生长斋拜佛，外貌也全无维吾尔族特征。

还有一个更是"有凭有据"的传说，有一份材料说，姥姥原是西安章知府的女儿，为次母所生，有兄弟二人均被豺狼咬死。她由于才貌出众，被选妃晋宫。光绪七年（1881年）文襄公进京，慈禧太后"怜他鳏老"，将这位妃子赐给他做侍妾，云云。这也当然是谣言，尽管做了一番不高明的编造。清朝一般满汉不通婚，清宫并不选汉女入宫做妃，既选入了妃，就不会外赐了。慈禧也并未赐宫女或妃子与汉人大员，如曾文正公、李文忠公等都未听说过有宫女为妾。如果真有其事，当时京师同僚文人很多，一定会有所记载。宫廷赐妃是皇上恩典，在当时是公开的"荣誉"，不仅文人笔记、小说会有记载，就连《年谱》《家书》等中也不会避讳，但是所有的公私文籍中都没有记载，只能说是子虚乌有的事了。可能是一些好心人为文襄公"老年娶妾"做出解说。祖母告知大姐的情况自然是真实的。祖母去世于1932年，那个时候根本不会想到为"娶妾"避讳，即使现在也用不着为此避讳，因为那是清朝的事。我现在不过是把事实讲清，也解除一些人的疑惑。

我少年时看到的姥姥，是一位和蔼的老人，面容清癯，身体瘦弱。她比祖母小十余岁，祖母那时近八十了，她六十余岁。她住在"湘山旧望"北大门内侧的一所小独院内，领了一个女孩子带养，就取名"带带"（或"待待"），比我大四五岁。姥姥长斋拜佛，只在喜庆节日到祖母房间来坐坐。祖母是祖辈中唯一仅存，也是阖家年事最高的人。祭拜祖宗仪式之后，她和姥姥以及家中吃素的人共进一桌素席。祖母平日不吃素，但在节日吃素，以示对佛的虔诚。阖家对姥姥都很尊敬。

1937 年，我离开长沙正在北平清华大学上学，家中来信告知，那年是姥姥七十寿辰，全家庆贺了一番，还请了戏班到家中演戏，很是热闹。那次是司马桥故宅的回光返照、最后的一次盛大庆典。那年夏天七月七日，抗日战争全面爆发。次年秋长沙大火，司马桥宅子烧毁了。家中有些人早已离开，有些人则仓皇逃走。那时带带已结婚，姥姥已先期逃到湘阴左家塅老家，避居在太傅祠内。有一天晚上遭到一伙强盗抢劫，多年留下的一点积蓄全被抢光。姥姥七十余高龄，经不起这样惊吓，身心受到极大打击，恹恹成病，于 1947 年去世，年八十岁，安葬在太傅祠后山上。

第六十二章　侯府沧桑（中）

"惟崇俭乃可广惠"，留下的财产不多——
"境遇以清苦淡泊为妙，不在多钱也"

中国旧时代有种习俗，在中上层社会中，除了每人有一个名字外，一家也有一个名字，称为"堂名"。最著名的如王姓"三槐堂"、杨姓"四知堂"等。一般都是由家长取一个吉利的名字作为堂名。文襄公为全家取名"怡怡堂"，立意是兄弟亲爱、全家和悦、怡怡尽乐。怡怡堂内又有四房，每房也有一个堂名，如大房取名"申福"，我们三房取名"载福"。到我们父辈又各有堂名，伯父堂名"三多"，取"多福、多寿、多男"之意。父亲堂名"三立"，是"立智、立仁、立勇"。我们的堂名看来雅致一点。

除了早夭的外，文襄公共有 11 个孙子、7 个孙女。怡怡堂内父辈们是按年龄顺序排行，姑母们则在每小房内排行。大房有大、三、五三位伯父。大伯祖父子重公去世早，没有能袭爵，文襄公去世后，由大伯父丰孙公（讳念谦）承袭恪靖侯爵。大伯母是文毅公孙女、大姑祖母的女儿，是一头回门亲。三伯父毅孙公（讳念恂），五伯父劬孙公（讳念慈）。三位伯父都是 40 余岁就去世了。侯爵由大伯父的独子君年二哥（讳景祜）承袭，没有当几年，民国改元后，侯爵就不复存在了，只是这个空洞的称号在亲友中间还存在许久。三位伯父都没有做上大官，功名也只限于秀才。五伯父能诗，有《辨雕堂可存稿》诗集传世。余生也晚，没有见到三位伯父，但是三位伯母都见着了。五伯母我见到的是继配江夫人，是上海走红的大律师江一平的姑母。原配的五伯母则是李勇毅公续宜的长孙女，早去世。

二房有四、八、十等三位伯父。四伯父恩孙公（讳念恕）和十伯父念飏公去世早，我没有见到；八伯父纯孙公（讳念忠）和三位伯母则都见到。四伯母是周太夫人内侄孙女、王太宜人重孙女，是左家和周家又一次结亲。

二房姑母元宜公嫁与聂隽威公（讳其昌）。隽威公父亲仲芳公，是曾文正公女婿，崇德老人（纪芬）的夫君。这样，我家和文正公家也成为亲戚。仲芳公是文襄公一手提拔，由一候补闲员委派为上海制造局会办红差使，不几年升为总办，上海道，苏、皖、浙巡抚。文襄公对自己的女婿倒未曾委派过任何官职，也可见曾、左二家世谊之厚。

四房也有三位伯、叔父。七伯父讳念赔，字绳孙；十一伯讳念康，字台孙；十三叔讳念蒦，字矩孙。我于民国 14 年（1925 年）回长沙时，七伯父还健在，大约半年之后，他就去世了。我那年七岁，还记得参加了他的丧礼。七伯母是曾忠襄公（国荃）孙女，讳广敖。十三婶是李文忠公（鸿章）侄孙女，讳国裕。我家因此和忠襄公曾家、文忠公李家都有了姻亲关系。记得伯父曾和我谈起，他听四叔祖父说过，有一次遇到文忠公，文忠公对四叔祖父说："你老太爷和我做了一生对头，但我们所争都是公事，从未涉及私人意气。"可以套用张一麟评介二公交往的一句话说："其然，岂其然乎？"（《古红梅阁笔记》）

四房的三姑母嫁与湘乡杨公汉生。汉生公是昌濬公的孙子，昌濬公是文襄公的老朋友、老部下。文襄公去西北后不久，他任浙江巡抚。光绪元年杭州发生了一起有名的"杨乃武与小白菜"冤狱。杭州郊区农民葛品连暴死，品连妻有姿色，诨名"小白菜"，品连母怀疑她与举人杨乃武有奸，以"身死不明"告到县里，也有传说因县令刘锡彤的儿子垂涎小白菜，唆使品连母诬告，意图将来小白菜判官卖，他可据为己有。县里锻炼成狱。后因地方士绅和一些京官主持公道，出来说话，告到都察院，一直上闻慈禧，冤狱才得以平反。刘锡彤被处绞刑，杨昌濬以失察革职，犯了官僚主义的错误。他回乡闲居二年后，文襄公邀他来陕甘。他在西行途中，见到夹道杨柳，浓荫如幄，绵延几千里，遂写下"新栽杨柳三千里，引得春风度玉关"的诗，名闻遐迩。文襄公去世前在福州主持中法战事，昌濬公任闽浙总督，是他的抗法助手。不久，昌濬公移督陕甘，后来因"左右通回，不能制"的"庸暗"罪名被罢官。光绪二十三年（1897年）去世，朝廷开恩释去所有处分，但没有得到谥号。我见到三姑父母时，他们家道已中落，多年来一直寄居在岳家，三姑父赋闲家居，终日无所事事。那时旧家子弟这种情况的很多，我们家也不少。

最后谈谈我们三房，只有伯父和父亲二兄弟，另有两个叔叔早逝，但我们有四位姑母，大姑母又宜公和大姑父夏公剑丞的情况在上一章中已述及，这里再做些补充，特别是大姑父去世前不久和我的一次谈话，对我印象至为深刻。

大姑母有才华，28岁始与剑丞姑父结缡，生下三位表兄和二位表姐后，早逝，年未满40岁。剑丞姑父是清光绪二十年举人，曾任复旦、中国公学监督，江苏提学使等，民国初年曾一度出任浙江省教育厅厅长，后来一直寓居在上海前法租界一所小宅内，以吟诗、填词、作画自娱。大姑母也能诗词，夫妇经常互相唱和。有一年除夕，楼中几盆梅花，先春破萼，嫣然怒放。大姑母在花下置酒肴，夫妇对酒赏花，兴致很高。大姑母弹起风琴，奏姜白石"暗香""疏影"咏梅古调。两人又随着乐声各赋一首《暗香》，一首《疏影》，是和白石老人词的原韵：

暗　香

缀芬

四山寒色，渐冷魂唤醒，灯楼横笛。细蕊乍舒，雪底阑边好攀折。惊听催春戏鼓，休闲搁，吟笺词笔。趁此夕一醉屠苏，花暖烛摇席。

南国，思寂寂，叹岁去岁来，万感萦积。翠禽漫泣，仙梦罗浮那堪忆。清漏帘间滴尽，疏竹外，云封残碧。怕暗暗年换也，有谁见得。

暗　香

映庵

透帘雪色，正小楼傍水，寒飘歌笛。弄手橘香，却遣香妃与亲折。春向南枝破蕊，同吟玩，尊前呵笔。又盼得一岁花开，攀取入欢席。

京国，事寂寂，但瘦岛祭诗，故纸堆积。泪棠漫泣，橡蜡红销只成忆。还照椒盘彩胜，香雾薄，螺杯浮碧。怕暗换双鬓影，拟簪未得。

疏　影

映庵

风廊散玉，数漏声点点，灯夜催宿。列几苔盆，吟嚼寒葩，斜行共写藤竹。娇红强半春犹浅，但梦熟，溪桥南北。想翠禽两两芳心，未肯一生栖独。还记开门大笑，水仙更伴汝，江上横绿。却料明年，的砾装花，已是繁香连屋。鸣琴不弄相思调，惯拍唱，萼红新曲。启镜查，试觅胭脂，染入岁朝缣幅。

疏　影

缀芬

苔盆种玉，倚绣屏婀娜，深夜无宿。碧袖天寒，朔管频吹，凄风弄响檐竹。薰笼纸帐烘才暖，但笑索，枝南枝北。想姹红，悉待春来，让却此花开独。同向灯筵送岁，醉颜对镜浅，杯映眉绿。末世悲歌，及早收身，可有孤山林屋？宵残腊尽匆匆去，瞬息奏，落梅酹曲。恐渐携，卧陌长瓶，酒渍扫香裙幅。

大姑母"疏影"词："末世悲歌，及早收身，可有孤山林屋？"是劝大姑父处于民国初年军阀混战的乱世，还是以隐迹山林为好，与文襄公在道光末年时的思想类似。"暗香"词"思寂寂，叹岁去岁来，万感萦积"似成了谶语。不久大姑母即去世。当时商务印书馆出版的《近百年名人录》中收入了大姑母的事迹。大姑母是文襄公女孙中唯一留有诗词集的人。

大姑父 50 岁始学画，后来竟成为名画家。在寓所成立康桥画社，与友人朱孝臧（祖谋，字藿生）、陈三立（字伯严）与衡恪（字师曾）父子、吴梅（字瞿安）等吟诗词、作画，过从甚密。叶恭绰（字誉虎）评他的词云："鉴丞平生所学，皆力辟径涂，词尤颖异，三十后已卓然成家。今又二十余载矣。词坛尊宿，合继王（士禛）、朱（彝尊），固不徒为西江社里人也。"（《广箧中词》四）晚年他以卖画为生。敌伪时期汪精卫曾慕名找他，请他到敌伪政府任职，被他严词拒绝。

我幼年见到大姑父时，他约五十岁，已满头白发，神情严肃。1945 年底抗战胜利，我从美国回到上海，直到 1950 年离沪去京，这五年期间，常去看望他，过从甚密。他是一位有学问、有道德的人，他那时已七十多岁，银须白发，我和他年龄相差很大，但却能谈得来。有一次谈起辛亥鼎革的事，我说："如果不革命，我家境况会比现在好得多，但是我赞成孙中山革命，宁愿要革命，不愿要腐朽的清朝封建统治。革命是必要的，对国家和人民都有好处。"大姑父听了立即回答道："我也是这样想，尽管在清朝我的地位和生活更好些，但我也赞成革命。"他是清朝举人，当过清朝的官，当时来往仍有一些逊清遗老。在我的印象中，他当然也是一位遗老、一位保守派。听了他直率真情的回答，不觉肃然起敬，原来他是一位很开明的人。由此我也得到一个教训：用表面的、浮浅的、自以为是的思维方式去观察人和事物，往往会得出轻率、错误的结论。我离开上海前向他告别，他说："恐怕我们不会再见了。"三年后，他在上海去世，享寿79岁。

二姑母适长沙徐家，婚后不幸早逝，二姑父哀伤过度，不久也去世。三姑母也适长沙徐家。三姑父讳显立，字戊舟。三姑母生下一位表姐和一位表兄后，不久也早逝。戊舟姑父续娶外祖父饶公子维第五女，即母亲之妹，我们称五姨。五姨生下一位表妹后也早逝。三姑父却享高龄，新中国成立后任湖南文史馆馆员，1970年2月去世，寿八十三岁。徐家与我家关系深，渊源长久，可上溯到文襄公和春航公。戊舟姑父的祖父讳棻，字芸渠，以进士入翰林，同治、光绪年间回长沙任岳麓书院山长历二十余年。戊舟公的父亲讳树钧，字叔鸿，咸丰举人，曾署理江南布政使。堂伯父树铭公以进士入翰林，后任工部侍郎、尚书，兄弟均有时名。树铭公的父亲讳夔（字俞臣）和叔父讳蓉，即戊舟公的二位伯祖父，于嘉庆年间曾在长沙随春航公就读。文襄公那时才十四五岁，也随父就读，他当时年最幼，但是"好弄，喜大言"（喜欢开玩笑，说大话），每写好一篇文章，就拿到俞臣公面前夸耀一番。俞臣公涵养高，只是笑笑而已。俞臣公去世后，文襄公写了一篇《长沙徐君墓表》，记载了这一段往事。徐家是长沙大族，书香世家，除出了几位翰林、进士外，还出了一些书法家。三姑父的六弟绍周公（讳桢立）就是一位海内知名的书法家，而且工诗善画，殁后有《馀习庵稿》存世。此外，长沙徐家还出了一位著名的革命家：徐老特立。特立丈是三姑父的族兄，徐老的事迹尽人皆知，就无须介绍了。

满（四）姑母静宜，适攸县龙家。满姑父讳绂慈，字达夫，号杜园，也是位诗人。早年留学日本，20世纪30年代曾任国民政府交通部邮政司长，40年代中期去世，有《杜园诗稿》遗世。满姑父的父亲湛霖公（字芝生）光绪间任刑部侍郎，致仕后回长沙，光绪二十九年（1903年）与友胡元倓（字子靖）、侄龙璋（字砚仙，曾任湖南按察使）、子绂瑞（满姑父之兄）等创办明德学堂（即现在的明德中学），邀集了黄兴、张继、陈天华、王正廷、谭延闿、黄一欧等任教或任董事。校址设在长沙北门湘春街左文襄公祠内，后迁至泰安里现校址。明德学堂一时成为革命家聚会之处。光绪三十年二月十五日华兴会即在明德董事龙璋住宅内举行成立大会，旋计划于是年十一月六日在长沙起义，后事泄，黄兴躲避到西园龙宅，由龙绂瑞丈、胡子靖校长等营救脱险。我有一些兄长曾在明德中学就读，我也是明德中学学生。

伯父讳念惠，字良孙，大排行第九，中过秀才，在清末当过安徽滁州知州，民国时当过浙江兰溪烟草局长等小官。五十来岁后退休在家。伯母姓赵，宁湘人，是曾憨烈公（国华）的外孙女。伯母和七伯母则是堂表姊妹。

父亲讳念恒，字南孙，大排行第十二。是己酉科（宣统元年）拔贡，在文襄公孙辈中算是功名较高的了。清代制度，每十二年（酉年）在各省考选一次拔贡，约与举人的地位相当，即可入京师会试。因为两年后改元，科举也废除了，父亲自然没有再参加会试。他也只当过些小官。民国7年（1918年）大姑父剑丞公出任浙江省教育厅长，邀他去当第一科科长。民国14年（1925年）改任临安县知事，到任未数月，因伤寒病误服了中药柴胡等，病转重，转到杭州就医，未几病逝，享年仅44岁。他是父辈中少数酷爱诗文的人之一（五伯父也能诗）。民国7年湖南省因军阀混战，兵荒马乱，祖母和母亲等都避居乡间，父亲一人留守长沙宅中，正值春暖花开，月明夜静之时，他写了一首感时的诗：

戊午春仲书感

昔闻父老谈兵祸，今见妻孥泣道歧。

坐席更无三月暖，卜居终觉万方危。

春晴院锁花如锦，夜静庭空月弄姿。

顾我何心恋清景，倩谁两地破愁思？

在杭州七年，他和当时著名诗人散原老人（陈三立）、闲止翁（汪贻书）、瓶斋翁（谭泽闿，延闿之弟）、映庵（夏敬观）姑丈、杜园（龙绂慈）姑丈等，结邻湖曲，吟诗饮酒。他的酒量很大，常作豪饮，这肯定戕害了身体。去世后，映庵大姑丈整理他的遗作，有《诚斋诗钞》一卷刊印存世，大姑丈为之作序。散原老人挽诗云：

结邻湖曲笑啼同，酒圣诗豪落眼中。

出管名山非俗吏，竟戕狂药问天公。

陪游忍忆僧床对，娱老翻悲子舍空。

剩检遗编侪作者，流传犹识故家风。

大姑父和父亲的感情极好，对他评价也很高，挽诗中说："济以心性平，固不嫌傲岸，此才似太傅，公论在月旦……"在诗集序中，以柳子厚序杨凌文集相比："叹其既悟文而疾既，即功而废，卒不得穷其工，竟其才，追惜而悼慕之。"父亲为人正直，敢作敢当，家中出了什么事，大家不敢说话，他却出来主持公道，家人都佩服他，可惜天不永年。我后来听几位伯母谈起他时，都还有惋惜之意。

母亲姓饶，讳君枚，湖北恩施人，是子维公（讳应祺）的第三女。子维公幼年颖悟好学，曾自作浑天仪，旋转自如，合乎法度，受到当时人称赞。12岁就考上秀才，同治元年（1862年）中举人。后来参与文襄公军幕，光绪三年（1877年）署陕西同州知府。那几年秦晋亢旱，赤地千里，子维公号召士绅捐款救灾，自己首先捐出俸银。他办了一系列赈抚救灾的事：开放粮禁，招抚流亡，组织屯垦，发给牛种，蠲免杂税，收到很好的效果。次年收成稍好，又教民兴修水利和植树，设置义仓，规复书院，复兴文化事业。士民感谢他，为他立了生祠。文襄公极为赏识他，疏荐于朝廷。他升迁很快，光绪十年（1884年）任甘州知府。光绪十一年，文襄公去世后，他迁兰州道，署按察使。光绪十五年（1889年）调新疆喀什噶尔道，又改镇迪道，兼按察使衔，光绪十七年署布政使，光绪十九年实授，光绪二十一年（1895年）授新疆巡抚。他是新疆建省后，继刘锦棠、魏光焘（护理）、陶模诸公之后的第四任巡抚。这四位巡抚都是文襄公所识拔。

子维公善于理财，在新疆办理军事、外交也很出色。新疆本是好地方，遭兵乱后，民物凋敝。他办理屯垦，疏通贸易，开源节流，数年后库储充盈。他多次击退逃亡俄国的阿古柏、白彦虎残部的侵扰和河湟分裂主义分子的窜入。对付英、俄两强邻的边界纷争，他以理力争，决不迁就。有一次俄国人派兵占领了帕米尔高原，子维公派员交涉，严正指出该处立有清高宗（乾隆）御制平寇碑，明明是中国领土。俄国人只得退走。又一次总理衙门和英国人订立界约，约上写明："以坎部让与印度，以塔墩巴什帕米尔及喇斯库穆全境皆让与中国。"子维公不同意这种写法，抗议说："喇境本是我国领土，不得谓之让。"后来俄国人得知消息，以为既将喇境算作英国领土，那么俄国也要利益均沾，分得一些，还派兵威胁。子维公将议约界限详细告知俄人，并派兵严守边防，俄国人始无词而退。

子维公以新疆僻处西北，密迩强俄，兵虽多而兵器窳劣。他一方面从德国采购快枪万支，又在本地设机器厂，制造子弹。还开办了于阗和塔城两处金矿，垦荒田，开渠井，兴办工业。这些做法都是师承文襄公的。光绪二十八年（1902年）他奉调安徽巡抚，行抵哈密，不幸因病去世。

子维公极敬佩文襄公，他有一个愿望，一定要和左家结成姻亲。文襄公生前有一条不成文的家规：不许后代和现任官吏结亲。左、饶结亲是一个例外。一方面因子维公要求坚决，盛意难却；另外也因文襄公去世已久，因此两家商议，当时父母亲都未婚，年龄又相若，就定下亲了。大约是在子维公去世前一二年，由外祖母和二舅父聘卿公（讳凤璜）护送母亲由乌鲁木齐起程，跋涉数千里，到长沙完姻。

子维公也是位清官。母亲没有带来丰厚的妆奁，但带来了一箱药材，内中有贵重的羚羊角和犀牛角，以及阿胶、厚朴、当归、法夏等。这些药材特别是前两种，既贵重又稀少，药店内往往配不到。全家人甚至亲友、族人、邻里们，有病配不到这几味药时，就来向母亲告求一些，母亲有求必应，从不吝惜。在我十几岁时，还见到有人向母亲乞讨羚羊角，母亲亲自将羚羊角取出，磨一些粉末给她。那小箱药材已佚散了三十来年，也只剩下那两种贵重而用量很少的羚羊角和犀牛角了，不久，也就分散完了。

我在十一二岁时曾去武昌外祖母家住过半年。外祖母是一位和善而能干的人，她那时已七十多岁，但身体很好，十分勤劳，终日在院子里跑来跑去，喂喂鸡，看看小孙子们，待人接物全家上下都夸赞她。后来我才知道她原是一名婢女，外祖父收为妾后，后来又扶正的。抗战时期她避居到恩施乡下，以88岁高龄去世。

我共有六个舅舅，有两位早故，印象最深的是二舅凤璜（字聘卿）公和四舅凤璪（字冕卿）公。我于1925年随母亲由杭州回湖南时，道经武昌，在外祖母家短住了几天。那时外家也算处在一个兴盛时期，二舅任湖北省官钱局局长，住着一栋富丽堂皇的住宅；四舅任湖北省督军萧耀南的秘书长。两位舅父实在是我一生中所见过的最和善、忠厚的人，始终是和颜悦色，从没有见他们发过脾气。我和四舅父相处时间不多，只在饭桌上遇到，他是长辈，又比我年长约40岁，但对我这个小孩子，却异常客气，每次必要招呼我坐下，不像我们左家长辈们在晚辈面前那么严肃。他不多说话，人人都说他是一个大好人，但命运并不算好。他和四舅母没有生育，将早故的六舅的遗孤抚养为子，可是这位表弟在小学一次赛跑比赛中，心脏病突发死去了。四舅父后来曾任国民军徐源泉的秘书长，抗战前去世。四舅母是魏公光焘（字午庄）的女儿。光焘公是魏源公族孙，一直随文襄公西征，曾任甘肃平庆泾固道多年，对地方建设有所建树。后来继刘公锦棠护理新疆巡抚，又调任陕甘总督、两江总督等职，是湖南邵阳（今宝庆）人。

我和二舅父相处时间较多。他后来住在北平，抗战军兴后，他一人离家来到后方，在重庆北碚开设中医院，自任院长。他是位儒医，医道高明，后来曾选入立法院委员。新中国成立时他在北京住家，迎接解放军入城。他的儿子毓菩表弟是位老地下党员，他家曾帮助过一些革命人士潜往解放区。他潜心佛学，与赵朴初等来往较多。1952年去世，寿七十八岁。

父亲和母亲都是正直的人，也都很开明。母亲虽生在官宦人家，却有民主的思想，她对仆人们十分和善，我从没有见她向人发过脾气。我的祖辈和父辈有纳姬妾的，父亲不纳妾。母亲告诉我，父亲说过："若要家不和，讨个小老婆。"所以决不娶妾。母亲也不畜婢女，她最厌恶畜婢，因为外祖母就是一位婢女，我的生曾祖母张太夫人也是一位婢女。每年秋天佃夫来城交租，总向母亲诉苦，要求少交点租，她总一口答应。因为外祖母出身贫寒，所以她对于穷苦人都抱有同情的态度。我们自幼也受她的影响，也可说是一种朴素的民主思想，认为一切人不论是有多高的地位、财富、名誉和成就，但在人格上都应该是平等的。其实这也是受文襄公的影响。既然认为人人平等，对待大官富人就不会去阿谀奉承、趋炎附势，这也就是文襄公所自说的"孤梗刚直"的脾气吧。

祖母信佛，伯母中有信佛的，也有信基督教的。母亲不信任何宗教，她绝不相信天道报应那一套。她曾对我说："我绝不相信什么神佛，什么好人好报，要是有的话，你父亲不会那么早死了。"她的话简单明了，无可辩驳，很有说服力，具有朴素唯物的思想。父亲早早去世，遗下母亲和我们兄弟姊妹一大摊子。我们虽生长在侯府，生活也是很辛劳的。

现在谈谈文襄公留给我们的财产吧。他老人家留给我们的不多，也可以说，以他的地位官爵，留给我们的实在是够少的了。他在去世前九年就立下了分配遗产的遗嘱，写信告知二伯祖父说："吾积世寒素，近乃称巨室。虽屡申儆不可沾染世宦积习，而家用日增，已有不能撙节之势。我廉金不以肥家，有余辄随手散去，尔辈宜早自为谋。大约廉分拟作五分，以一为爵田，余作四分均给尔辈，已与勋、同言之，每分不过五千两也。爵田以授宗子袭爵者，凡公用均于此取之。"两年后（光绪四年），又再次向几位儿子说明："尔等四分，各以五千金为度。"

我家上代原来是寒士，文襄公于咸丰十一年（1861年）任浙江巡抚，以后历任总督、钦差大臣、大学士、军机大臣等前后二十余年，不说那些例规和不正当收入，单是养廉金每年就有二三万两银子，每年他只留给家中二三百两作为家用，如果将余钱积存起来，至少也有四五十万两，但他从不积钱，只是随手散去。他早做好准备，只留下二万两银子给子孙，每个儿子每人五千两。他认为足够了，儿孙们应自己努力，不要依靠祖宗。生活艰苦些，才能成才。他告诫儿子们说："古人经济学问都在萧闲寂寞中练习出来。""子弟欲其成人，总要从寒苦艰难中做起"。同治元年（1862年）他写信给大伯祖父说："付今年薪水银二百两归……念家中拮据，未尝不思多寄，然时局方艰，军中欠饷七个月有奇，吾不忍多寄也。尔曹年少无能，正宜多历艰辛，练成材器。境遇以清苦淡泊为妙，不在多钱也。"以后他还经常告诫家人要勤俭度日："勤俭忠厚四字时常在意，家门其有望乎！"

他有一句名言："惟崇俭乃可广惠。"他不仅教导子弟俭朴度日，自己也过着俭朴的生活。当了督抚以后，仍然是"非宴客不用海菜，穷冬犹衣缊袍"。据有人说，现在办公室人员用的套袖，就是他老人家发明。当然，这项发明权他老人家不一定当得起，但是他多年亲自书写奏疏信件，确是常用布袖套保护衣袖的。他的门人王家璧（字孝凤）的衣袖也经常坏，见到文襄公着套袖后，很有启发，也仿效起来，写信给他说："璧时见客，亦衣袖露两肘，盖苦肘常据案，袖着处洞然。昨天营中见我师治军书，着布护袖，归而仿为之，因号'宫保袖'。拟赋一诗，比之周公舄、夫子袂、诸葛巾、李西平绣帽，以彰勤邦俭家之美德，为后世法式，且借以解嘲焉。"他随即写了《宫保袖歌》，送给文襄公。文襄公也很幽默，回信给他说："奉读大著《宫保袖》一首，兴会飙举，为方袍幅巾大增声价，读之不禁为之起舞。乃一舞而袖长，屡舞而肘见，不如先生之袂良矣，其将敛手以退乎？"

"宫保袖"因而出了名，人们都知道文襄公生活俭朴。俭朴，就可以多留些钱，留钱干什么用呢？随手散去，多做些好事，如救济灾民和穷苦无告者，帮助清寒知识分子，以及公益的事：修兰州城墙，办书局、书院，资助西征军粮饷，购买羊种扶贫，南方菜种、桑秧等移植西北，等等。他还按时接济贫苦族人和外家（周太夫人娘家）子弟，并在左家塅办义仓、义学。他指示家人说：

"族众贫苦患难残废者，无论何人，皆宜随时酌给钱米寒衣，无俾冻饿。""凡我五服之内，兄弟贫苦者，生前酒肉药饵，身后衣衿棺木，均应由我分给。"

周太夫人娘家以前富有，后来中落了。文襄公每想起从前贫寒时赘居周家，总不免有恻然之心，因此经常周济内侄们。这些就是"崇俭所以广惠"的意思，就这样"广惠"，他的几个养廉金自然所剩无几了。

他对族中子侄们给以帮助，只止于救济危困。有许多族人，也有女婿、侄儿等，看到他做了大官，纷纷不远千里来找他谋个一官半职，他对此则一概拒绝，遣送回家，每人还得送给路费十余两至四五十两不等，根据家庭情况和本人态度来定。这么多一批一批亲族来找他，不仅花了他不少钱，也使他大为操心。他不禁感叹说："我年七十矣，从未得子侄之力，亦并不以此望诸子侄。乃子侄必欲累我，一累不已，乃至于再，何耶？"

来找文襄公有所请托的，不仅是族人、亲友，还有同乡、世谊、部下等。有些人还带来礼物，现代谓之"走后门"。文襄公对重礼一概不收，因为显然是贿赂。

家中传说一个故事：一次有一位下属来拜望文襄公，临走留下了一坛子泡菜作为水礼，文襄公见礼物不贵重，也就收了。客人走后，家人打开坛子一看，原来是一坛金子。文襄公立即命人将来客追回，将"礼物"退回，还批评了一番。

又有一次，胡雪岩从上海送给他一份礼物，其中有一架金座珊瑚顶和两支人参，他将这两件贵重礼品退还胡雪岩，只收了一些食品，自己也还报一些甘肃土产。他对自己要求严格，常说："不欲以一丝一粟自污素节。"一生廉洁，经手西征军饷达几千万两银以上，即使是按官场例规，他也可享受的一些补贴，也一概不受，大多是送与灾民。

他不仅不要钱，不收藏珠宝异物，也不收集古籍字画。曾文正公曾记下他的话说："凡人贵从吃苦中来。""收积银钱货物，固无益于子孙；即收积书籍字画，亦未必不为子孙之累。"文正公在日记中赞叹说："多见道之语。"（至理名言）文襄公还早说过："吾本无珍异之物。"我们三房中就没有珍宝异物，也没有名贵的字画。我少年时有一次偶然翻检父亲遗下的一束字画，大多是朋友馈赠，其中有一幅署名为文徵明的画，我告知母亲是幅名画，母亲说，那是父亲买的，后来发现是件赝品。伯父们的家里也没有听说有什么名人字画或古董。

祖父分得了 5000 两银子，置办了些田房产。几位姑母出嫁，又花掉了一些，所剩无几。父亲一直在外工作，每月有薪俸 100 余元，勉强可以养活我们。他不用家产田房租钱，家产由伯父掌管。父亲去世后，遗下母亲和我们兄弟姊妹一大摊子，就全靠微薄的田、房租生活，景况也十分窘困了。我们分了家，祖母、伯父、母亲每人一份。母亲每年可收 200 石租谷，合四五百元，另外长沙城中有几所小房子，每月共收房租二三十元，全年总共收入八九百元。我们有 10 个兄弟姊妹，母亲是开明的人，让我们二个兄弟、八个姊妹全都上学，我们回到长沙以后的那几年，兄弟姊妹上小、中、大学的都有，每年学费就是一笔大数目。

　　家中尽管收入不多，但排场仍是要维持的。我刚回长沙时，家中还有二名轿夫，祖母出门还乘轿，但后来就逐渐紧缩。分家后我们还用了二名女仆，一名男厨师；逢年节喜庆，应酬必不可少。我们平日生活的清苦，就可想而知了。

　　左家情况也不都一样，有几房会经营些，有几位伯母带来了丰厚的妆奁，境遇就好些或好得多。但据我观察，多数是不很富裕的。伯父们大都死得过早，堂兄弟们都在外辛劳奔波，当教师、医生、工程技术人员的都有，也有赋闲在家的。没有出什么大官、大军人，或商贾富豪，大都是自食其力的普通劳动者，这也符合文襄公所望于子弟的吧！

第六十三章　侯府沧桑（下）

高墙大院里的生活——平淡亦多彩，欢乐复忧伤

我家在长沙的住宅原是由骆文忠公（秉章）和胡文忠公（林翼）合资购买，送给文襄公的。咸丰七年（1857 年）文襄公在骆文忠公幕中已有几年，因在长沙无房屋，家人一直住在湘阴柳庄。那时胡文忠公任湖北巡抚，骆文忠公是湖南巡抚，两位文忠公看到文襄公家人两地分居，生活诸多不便，又是个寒士，因此凑了五百两银子，买下这所老宅，送给文襄公。文襄公很欢喜这所宅子。这里原是南宋司马辛弃疾练兵旧址，他的军营取名为"飞虎寨"。该地原有一座桥，后人为纪念这位爱国英雄和大词人，就名为"司马桥"。后来桥没有了，地名仍然保存。这里位于城东北角（现已算市中心），老宅有两进、二十余间房子，还有一片菜地，几亩池塘，既可种菜，又可养鱼，"虽近城市，却似山村"。周太夫人率领全家于咸丰七年由柳庄迁来，以后一直住在这里。

文襄公在这所宅子里住了三年，咸丰十年（1860 年）他离湘出征，以后20 余年一直没有回家。家中人丁逐渐增多，原来的房屋已不敷应用。二伯祖父当家时，加盖了后进；光绪四年（1878 年）又买下了南邻李姓屋基，改造为正屋，与旧房连成一片。文襄公虽远在西北，却很关心司马桥住宅，他希望新疆战事平定后，就回长沙养老。他对住宅的修建提出了很具体的意见，写信给几位祖父说："司马桥李氏屋可通为本宅前进，方向一式。惟头门宜改向西，中空一夹道。由头门进夹道，由夹道转进前栋正屋大门。大门以内，中为大厅，厅左为夹室，储书籍，厅右为吾会客之所。旁为住屋，前植花木，后为厨，足供栖止，夏不热，冬不寒，明窗净几，起居自适足矣。吾百年后，即为吾祠堂，

左宗棠用过的粉瓷菜碗

可省修建之费也。"

司马桥新改建的那一部分房屋，基本上是按文襄公的意见建造的，即后来二房住的房子。只是文襄公去世后，并没有将那里作为祠堂，而是另在北门湘春街盖了一座颇为"壮丽"的左文襄公祠（今人民文化宫），在各地也修建了一些专祠，未免违背了文襄公的节约精神。

直到光绪七年十一月，文襄公从军机处调两江总督，才有机会请假便道回湖南省墓，在司马桥故宅停留了不到二十天，此后没有能再回来。他多年来念念不忘的在故宅终老的愿望，终于没能实现。

我是在民国 7 年（1918 年）四月在司马桥宅内出生的，但生后几个月就由父母率全家同去杭州，在杭州一住七年。1925 年父亲去世，这才又和母亲、祖母等一家同回到长沙，住了 11 年。直到 18 岁那年（1936 年）去北平清华大学上学，离开家中一年，次年暑假回家。几天后爆发卢沟桥事件，北平沦陷，抗日战争开始，清华南迁到长沙，与北大、南开合并成立临时大学，我在长沙又停留了一年。1938 年再度离开，以后就再没有见到那所老宅子了。我在老宅前后住了 12 年，度过了美好的黄金童年时代，虽然它已消逝，但仍然活在我的记忆之中，它展示了一幅贵族家庭没落的图画，一个旧时代的消逝。

司马桥是南北走向的一条小街，长约一百米，宽四五米，路面用麻石铺砌，那时长沙城内街道大致都是如此。这条街僻处长沙东北隅，但却是一条南北通衢要道。北端与三公祠、营盘街交叉，一直北向通过湘春路出城。南端通过水风井和贡院东街（今中山路）相交，再向北过东长街，由青石桥向南，就到了繁华的司门口和八角亭。司马桥和附近街道虽然没有大商店，但也终日熙熙攘攘，行人车辆不绝。在我的童少年时代，窄小的街上除了慢悠悠的行人外，只有人力车和自行车，小汽车还绝无仅有。最出风头的是一路铃声叮当的私人包车。

怡怡堂的四大房全住在司马桥宅子里，它占据了整条街的东侧，除了南端十字路口有一家小南货（副食品）店和北端路口的胡庆余堂药店（创办人为胡雪岩）外，路东高大的围墙内就是我家。有三座大门，南端的称为"老头门"，也许是最早修建的吧，由二、四房共用。中间的门有门额，题名"齐园"，是我们三房的大门，门前有一对石狮。北端的门题额为"湘山旧望"，是大房的大门。文襄公去世后，四大房分了家，大房分得北面的菜地，在菜地南部盖了一幢长约50米的二层红砖洋楼，由大、三、五伯母家分居。洋楼前有一排高大的梧桐树，面临一座小花园，园内栽有桃、李、蜡梅、石榴、柿树和葡萄架。四房分得了宅子东南的园子和水塘。水塘改建成一座长方形的池子，池子的南北两面各盖了一座白色的二层洋楼，分别由七伯和十一伯父母居住。楼和池子的东边有一座小花园，有假山和小茅亭点缀其间。二房和三房分得原来的旧房子（包括后来新建的房子）。由老头门进去，通过一条甬道，甬道尽端（东端）是四房的二门；甬道中途向南，是二房的二门，门口有一对石鼓。这是旧宅前栋正屋的大门。进门后居室结构是按文襄公的规划修建的。前面二进和偏院由四、八、十等三位伯父母分居，后面二进是我们三房，由伯父、祖母和母亲分居。每进房子都有一方天井分开，中间是一间大堂屋，一般做餐厅用，两边前后各四间居室。祖母和伯父住在前面一进，母亲和我们住在后一进的东侧，西边则为公用客房和书房，也做过我的住房。我们住房的西面原有一块空地，也盖了一座二层洋楼，可能原来准备自己住的，可是设计得不好，房前没有空地，直对齐园大门内的轿厅，楼梯设在一旁，又窄小黑暗。我们没有住，楼下租给文毅公后代，楼上则堆放杂物。

　　四大房虽然分了家，但各房之间并没有明显的门墙阻隔，平日也都敞开着门，俨然是一个大家庭。二房和三房只隔一方天井；三房后面是大房的花园，只隔了一道矮矮的篱笆墙，虽有一小边门，门虽设而常开。全家虽有三座大门，但内部来来往往，通行无阻。虽然分了家，相处融洽，仍如一家人。我们的父母辈和兄姊辈经常来往，互相看望。当时是孩子的我，也有一群年龄相仿的堂、表兄弟姊妹，我们常在宅内各处奔跑游戏。我的卧室窗前，正对着大房花园里的几棵高耸的梧桐树，每天清早树上的鸟儿乱鸣，把我从睡梦中惊起。我更喜欢四房池塘旁的那个小亭子，平常很幽静，独坐在那里，看花丛中蝴蝶飞舞和池塘内游动的鱼儿，时时闻到一阵花草的清香，可以享受一下城市里难得的大自然的趣味。

最令我们兴奋的是那些喜庆节日，特别是过旧历年。从学校放寒假开始，我们就一天天屈着指头算计，到过年还剩几天了？到了旧年除夕，总算盼到过年了。从除夕夜直到元宵节晚上，这15天是中国人的"狂欢节"。孩子们不仅有好吃的，穿新衣服，全家人都聚在一起，还有许多亲戚朋友来拜年、串门，真是难得的热闹。旧历年还开了禁，准许大人和孩子玩一些平日不能玩的东西，如放鞭炮、玩灯、打锣鼓，以致赌钱。这都是令孩子们异常兴奋的事。

每逢过年，不单是孩子们高兴，长辈和仆妇等都忙坏了。除夕前半个月，母亲和伯母就结伴到长沙城内有名的南货店"九如斋"去采办年货，买一大堆年糕、点心、糖果回来。她们还要准备摆供的果盘，将桂圆、荔枝、红枣等干果用细线串起来，放在盘中，堆成一个尖塔。到了除夕那天，就将各色果盘和蜡烛、香炉等放好在供桌上，挂上红桌布围。供桌是设在全家祭祖宗的堂屋内，就在祖母和伯父住的那进房子的堂屋，因为那是最老的房子。堂屋正中的木板墙壁上安放着一座大神龛，里面存放着祖宗和去世的所有家人的神主。到了除夕下午，伯父指挥着家人，将所有的神主都从神龛内请下来，按辈分、年龄一一排列在三张方桌拼成的供桌上。供在正中的是我的高曾祖父母松野公和杨太夫人，即文襄公的祖父母；依次是高祖父母春航公和余太夫人，文襄公和周、张太夫人，伯叔祖父母，祖父，伯父母等。也有父亲的神主，每次我见到它，心中总有一阵悲怆之感。堂屋的三面墙壁上还挂上祖宗的喜容（画像），男人都是朝珠补服，女人是绣花红裙。奇怪的是父亲和几位伯父，还有几位堂兄，在清朝没有做过官，在民国政府里倒干过事，却也穿上清朝补服，也可见20世纪20年代内地的封建习惯势力还十分顽固。

除夕晚上、大年初一和初五（"五终"）的中午、元宵节晚上，要摆供祭祖，将一桌丰盛的筵席，端端正正摆在供桌上，放上酒杯和筷子，请祖宗过年，吃年饭。家中人要按序向祖宗神主磕头，男先女后。神龛下面的长几上，放了一口小磬，平日是闲放着，这时却是祭祀礼仪的指挥者。由一位老家人用一根小木棒敲打着磬，发出清脆、悦耳的声音，我们就随着磬声跪拜行礼。行礼毕，阖家男女老少聚谈一会儿，这也是平常难得的机会，然后分手了。供桌上的菜肴撤下来，由管理全家祭祀和公田的伯父一房享用，他照例要约请各房代表共来会餐，但各家都准备了自己的年夜饭，一般都辞谢。母亲和我则经常应约去吃一顿，因为是陪祖母。

元宵节前，街道上的花灯队有时也到我们家来玩玩灯。有一次在我们的轿厅里舞了一阵龙，我只感到新奇、热闹。后来几位大哥哥、姐姐导演我们办了一次小小的"灯会"，那热闹劲儿至今记忆犹新。我和比我长两岁的达哥（景权）各骑一盏白马灯，马头挂在身前，马尾拖在身后，在前面开路，取"一马当先"之意。后面跟着一大群兄弟姊妹，都只十来岁，每人提一盏五色的鱼灯、兔灯、狮灯等。有几位姐姐、哥哥走在队伍后面，拿着锣鼓，敲敲打打。我们这个队伍在宅内一家家拜年，还一路放鞭炮，每到一家，伯母和姑母们就笑容可掬地出来接待，摆出果盒请我们吃，还要夸我们几句。在宅子里转了一圈，虽然感到疲乏，我们却像打了一次胜仗，人人做了一次演出的主角。这是一次充满童年时代欢娱的回忆。这样愉快的灯会，以后没有再举行了。

除了过年外，我们还有许多愉快的时候：端午、中秋、长辈的生日、兄姊的结婚，都有一番热闹。祖母的寿诞是一场盛典，因为她是家中辈分最高、年龄最大的人。她的生日是中秋前一日，八月十三晚上吃寿面，十四日更是宾客满堂，平日不常来往的陶家、曾家等都来拜寿。那天伯父穿上半新的缎子长袍马褂，满脸笑容，平日那副严肃的面色不见了。伯母也穿上红裙，显然还是清朝的规矩。母亲和其他守寡的伯母们则只穿素服。家中一片喜洋洋的气氛。我们回长沙后的第七年（1932年），祖母去世了，享寿83岁，在当时是高寿了。从此以后，我没有再遇到那种欢乐、热闹的家庭场景。

在我的脑海中，也留下了一些不愉快的、悲怆的记忆。我们家中的老人多，在司马桥宅生活的11年中，不断有长辈逝去。自父亲故后，紧接着是七伯父，后来是祖母、大伯母、三伯母、伯母等。办丧事是一件大事，人死了，棺材要在家中停放许多天，要作七七（七个七天），请和尚来念经。每当我看到哪家的堂屋内悬上白帐幔，两边墙壁和柱子上挂满了白绫或白纸挽联时，心中就有一种悲凉之感。特别是逢到大祭典，如出殡前夕，一位德高望重的老先生用悲痛欲绝的声调，慢吞吞地念着逝者生平的祭文，这时匍匐在灵前的孝子和帷幕后面的孝妇孝女低低地抽泣，这种情景真令人肠断。还有，每次祭典结束之前，要行一次绕棺礼。由一群和尚敲打着木鱼和铙钹，口中念着经，领着孝子、孝孙，以及有服的男吊客，慢慢地绕棺行走，要走好几圈。家中长辈的丧礼，我也得参加绕棺。我们穿着白布孝袍，手中擎着一支香，低着头，虔敬而哀伤地随着和尚们默默地走着，一面听着那单调的念经和咚咚的木鱼声，伴随着四周的抽泣，眼前还不时闪动着挂在灵台正中的逝者放大的照片，仿佛正在向我们微笑。每当这时刻，我的心忧伤极了，好似到了人生的尽头，我算是初次尝到了人生的悲哀的味道。

在我那短暂的童、少年时代，既有欢乐，也有忧伤和烦恼，但是最多的时候是在平淡中度过的。每天早上背着书包上学，中午回家匆匆吃了饭，又赶到学校去；下午四五点钟，拖着一双疲惫而又轻松的脚，悠悠晃晃回到家来，玩耍一两个小时，晚上又开始做习题，复习功课。通过许多寒暑假，通过数不清的考试——小考、期中和期末考、入学考试、毕业会考等，总算从小学升到中学，又从中学升到大学。上了大学，于是离开长沙，离开了生活了十几年的司马桥宅子了。回想人生，即使是童、少年，也是多么艰辛啊！

至于那所老宅子，如果还有什么值得我怀念、记下来的地方，恐怕要数它那古老敝旧的程度了。两位文忠公买进来时，本来就是座旧宅，送给文襄公后，也已80年了。房屋倒是高大宽敞，除了两端是砖墙外，所有房间都是用木板间隔的。时间久了，板壁裂了许多缝，冬天冷风飒飒地吹进来，晚上一家人围坐在母亲房中的炭火炉边，背诵课文，说一会儿闲话，周身烤得暖暖的，然后上床睡觉。夏天倒是很凉快，天井里还搭起凉篷，太阳下山后，将凉篷拉开，躺在竹床上乘凉，听姐姐们讲故事，这也是童年最令人回忆的时光。秋风吹起时，暑气全消，空气又清新、凉爽，又干燥。独自在房内读书，不时会听到天花板发出的吱吱喳喳干裂的响声，乍听到时真不免吃一惊。天花板上还有一层低矮的阁楼，四周没有墙壁，只用栏杆围着，不能住人，只堆放各种杂物。当有人在阁楼上行走时，楼板上的灰尘就会扑簌簌地落下来，而且楼板上走动的声音也着实令人不安。好在平常很少有人上阁楼去。可是有时在沉寂的午后或昏黑的夜晚，偶尔会听到阁楼上窸窸窣窣的碎步声。家人仆妇们就传说开了，有人说楼上住了大仙（狐仙），也有人说有猴子，还见过。但后来我们却发现有一只长着一身红毛的野猫，那是我见过的最美丽的猫，它偶然出现在楼梯口。家人们曾想办法把它哄下来，将装了鱼的饭放在楼梯口，但野猫将饭吃光了，却又跑掉了，我们终于没有抓到它。它习惯于过自由的、野性的生活，不久就消失了。

在这所我曾消磨了黄金时代的老宅里，最使我怀念的，还是曾经生活在这所宅子里的人们，特别是我的母亲。童年的生活是艰难、清苦的。父亲去世后，母亲挑起了一家十口人的重担。她只能量入为出，严格限定了每天的小菜钱，我们也很少零花钱。我印象最深刻的，是每到春秋两季学校开学时，母亲为筹措我们的学费而满脸愁容，有一次托伯父向父亲生前的好友——一位有钱人借点钱，遭到拒绝。母亲既失望又沮丧，只好将剩下的一点点首饰拿去变卖。至今母亲那呆滞、失望的目光仍留在我的记忆之中。母亲也变卖过少量的田地房产，这在当时是视为败家、不光彩的事，家庭中和社会上的压力很大。我们虽住在那门前有石狮子、高墙后面的侯府里，实则正如小说家所说，外强中干，底子已经空虚了。我们的生活虽然清苦，但是很愉快，母亲慈爱，兄弟姊妹和睦，家庭气氛和谐。

各房的境况虽不一样，整个大家庭的气氛也是和谐的。文襄公生前一再告诫我们："境遇以清苦淡泊为妙，不在多钱。""子弟欲其成人，总要从寒苦艰难中做起。尔曹能谨慎持家，不至闲饿。若任意花销，以豪华为体面，恣情流荡，以沉溺为欢娱，则吾多积金，尔曹但多积过，所损不已大哉！"

我现在回想，文襄公的教训真是至理。如果他留了许多钱给我们，我们恐怕会变成游手好闲、放荡荒唐的花花公子，求为一自食其力的普通劳动者，恐也不可得了。

第六十四章　尾声——司马桥故宅在 大火中消失

国民政府焦土抗战——长沙全城一炬成灰——
"可怜败瓦残垣里，都是寻常百姓家"

在我的童年时代，还经历过多次兵灾和火灾，随着岁月的流逝，我们宅子里的老人相继谢世，那座老宅也濒临它的末日了。

民国成立十余年，虽然号称革命成功、帝制推翻，但是国内军阀混战始终没有停过，人民生活也没有好过。长沙是自古兵家必争之地，这里先后来过许多军阀，有北洋军阀吴佩孚、张敬尧、赵恒惕、叶开鑫，国民党唐生智、何键和桂系李宗仁、白崇禧等，你来我往，互相争夺，战争不断。当战争临近，长沙城内可以听到枪炮声，有时停泊在湘江中的帝国主义兵舰也会开炮威吓。人心惶惶，老百姓对哪位军阀都不感兴趣，谁来了也不过这样，只求过几天平平安安的日子。那年头物价虽低，但收入普遍低，工作不易找，生计难维持，多数人都过着俭朴的生活。

那时距帝制推翻已久，我们侯府的光辉早已黯淡，高墙深院中的生活，与普通百姓相差无几，和那些新兴的军阀、官僚、豪商、富贾相比，则望尘莫及。好在我们恪守先曾祖父文襄公的教训，对于清苦、淡泊的境遇倒也能满足。我们和普通长沙人一样，生活在闭关自守、自给自足且又多灾多难的环境中。我们所共同祈求的是，那些战争灾难、天灾人祸千万别降临到我们的头上。

然而灾难却不断降临。除了兵灾外，就是火灾。长沙的房屋大多是由木板构成的。家家户户用煤炉烧饭，用炭盆取暖和烘烤衣服。星星之火，立即引起燎原。我家东北角有一条小巷，名叫"三公祠"，是火灾多发区，因为聚居的小户人家众多。那几年连续发生过几次火灾，大多在三公祠附近。

起火的时刻多半是在夜间，我们刚入睡不久，被沸腾的人声和救火车的笛声惊起，赶紧披衣起来，跑到院子里一看，熊熊的火焰已腾空升起，把黑暗的夜空照得通红，而且似乎近在眼前。我们都惊慌失措起来，母亲匆匆忙忙从那只还是陪嫁过来的旧玻璃衣柜中取出一只小手提箱，随身紧紧携着。我估计那里面是一些房地契，还有一点零星首饰，算是家中最贵重的东西了。我们聚集在院子里，心惊胆战地观察着火势，看到那火势越来越旺，祖母一人坐在屋内，就低着头念佛。慢慢火焰总算熄灭了，人声也渐渐静了，大家饱受一场虚惊，躲过了一场灾难。长沙市井中迷信的人就张扬说，三公祠那片地是火神的窝，隔一段时间，火神就会发发脾气，显一显威风的。

1930年夏天，火神真正降临了司马桥宅子。那次火灾，至今记忆犹新。那年春天我刚从小学毕业，上了初中。不久桂系部队打过来，占领了长沙城，原来的省主席何键逃走了。大约是七月初的一个黄昏，学校已放暑假，我吃过了晚饭，正独坐在自己房中，突然听到一声巨响，仿佛我们这座宅子震塌了，整个天也垮了下来。那真是我有生以来听到的最大一次巨响。待定一下神，张开眼睛四处看看，一切还是照旧，房屋纹丝不动，并没有塌下。我正惊惶得不知出了什么事，突然又听到一阵噼噼啪啪的枪弹爆炸声，我走出房门，突然见到大房花园东墙外面，冒出很高的熊熊大火。那座墙本来就很高，是为了挡风防火，名为"风火墙"。但火焰比风火墙还要高。我想，不好，是隔壁起火了，赶快跑到母亲房内，那时姊妹们都已聚集在那里了。然而情况更不妙，接连响起了不停的爆炸声。隔壁原来听说是一个制造局，后来才知道是一座军火库。有人说，军火库爆炸了。枪炮子弹横飞，加上火势，救火也极困难。我们一时不知所措，似乎大难临头了。

我们的住房与火区只隔一座墙，大家感到很不安全，准备逃离这所宅子。伯父、伯母、母亲和我们大家簇拥着祖母聚集在齐园大门内的轿厅内，一面观察着火势的变化，一面商量下一步怎么办。突然又一声巨响，显然是又一发炮弹引发爆炸了，顿时整个轿厅的大梁都震动起来，似乎就会塌下。大家感到这里不安全，就有人到大门口张望，回来报告说：街上行人很少，店铺都关门了，但有少数人头顶着棉被匆匆奔走。

大家担心子弹会飞过来，火会烧过来，大人们决定离家躲一躲。当爆炸声稀疏些时，大家于是簇拥着祖母，母亲提了那个小手提箱，我们分别拎个小包，带点随身衣物，就匆匆忙忙地硬着头皮走上了街。只有年老的刘婆婆不肯走，她在我家已几十年了，从小把几位姐姐和我抚养大的，早已把我们的家当作她自己的家。她说不害怕，坚决要留在家中看家，我们就这样快快地向西走，子弹爆炸声还在不断响，穿过教育会坪，在一位亲戚家里暂停一下，后来又走到更远的府后街曾家，也不记得是文正公还是忠襄公后人的家了。曾家老伯母很和善、殷勤地接待祖母和我们，我们在那里过了一夜，枪炮声也渐渐听不到了。

第二天一早，听说火已灭了。我们回到司马桥，大门和高墙依然如昔，走进大门，看到老宅无恙，安下了心。只是屋内有些凌乱，水迹斑斑。刘婆婆说，昨夜救火车开进来了。令我们惊讶的是，大、二、三房都无恙，但四房已全部烧光了，包括那两幢精美的洋楼、花园、水塘和我常爱去闲坐的那个小茅亭。据说是一颗炮弹越过风火墙，弹射到一座洋楼上，穿过屋顶，落在二楼，于是燃烧起来，不可收拾了。听了真不禁吁了一口长气，炮弹要是落在我们的阁楼上，烧起来更是快了。总算大幸！可是谁又知道，这一座军火库竟坐落在市中心居民区！

事后有人说，可能是何键部队逃离时，有意破坏的。也有人说，一方逃走了，一方还来不及接管，在这交接的空档中就出事了。不管怎样，这是旧政府的愚昧无知、贪婪自私造成的，也是旧时代的许许多多悲剧之一。

老宅烧去了四分之一，从精华讲，也许超过了四分之一。四房不久在城南另找了房子，大、二、三房仍然在老宅内照旧生活。我们和四房也隔了一座风火墙，有一扇小门开在我家的厨房里。打开那扇小门，迎面就是一片颓垣断瓦，昔日的高楼、池塘、小亭都已化为乌有。后来家人们在厨房门前辟了一小块菜地，夏天结出了好些大南瓜。我偶尔也在那块火烧荒地上散步，想起昔日在这里举行提灯盛会，不禁有沧海桑田之感。然而日子仍然要过下去，只是总有些感觉，似乎越来越不怎么好过。第二年秋天，"九一八"事变发生，日本军占领了东三省，国难当头，全国惶惶，这所老宅的末日似乎也将临近。

果然，1937年暑假当我从北平回到长沙不久，爆发了中日战争。那年冬天，三架日本飞机第一次空袭长沙，在东车站附近投下炸弹，炸毁了一家旅社，炸死了一对正在举行婚礼的夫妇。这样，长沙城沸腾开了，长沙人开始发觉战争已临到头上，那种虽然单调、清苦但却悠闲自在的生活过不下去了，于是纷纷逃离城市，躲避到僻远的乡下，至少先躲一躲敌机的轰炸。司马桥各房也都纷纷下乡，各自找各自的世外桃源。伯母娘家在宁乡乡下有一座大屋，赵家舅母接伯父一家去住。那里地处湘乡、湘潭、宁乡三县交界，不当要道，颇为僻静。敌机绝不会去轰炸，将来敌人也不至打到那里去。母亲没有合适的庄园可住，也在赵家舅母家附近租了两间农房，由大姐陪伴，暂时也避居到那里。

那一年我一直留在长沙。1937 年下半年在长沙临时大学念书，冬天临大迁往昆明，我就留在湖南大学借读。1938 年春天，日本飞机又来轰炸长沙了，这一次炸的是湖南大学，而且正好是我住的那栋借读生宿舍，整个宿舍都炸垮了，我住的那间房子屋顶已穿，睡的那张木床还无恙，只是挂在床头的一件棉大衣被炸弹碎片撕开了一个大洞。幸好那天是星期日，我于前一夜已过河回到城里家中了。可是炸死了一些外地来的同学。那时日军分几路向武汉逼近，长沙已临近前线，湖南大学决定迁往湘西，我也于暑假后离开长沙，前往重庆求学。

八月的一个黄昏，我拿了简单的行李，告别了还留在长沙的几位姐姐，匆匆地离开了司马桥故宅，也没有来得及好好看它一眼，和它珍重道别一番。料不到这一次却是我和老宅的诀别。到重庆后不久，广州、武汉相继沦陷。11 月的一天，突然看到报上头号新闻："长沙大火，全城焚烧殆尽。"我长叹了一口气，不久得到大姐从湖南乡间来信。11 月 12 日她因事尚留在长沙，因政府下令焚毁全城，她被迫和全城难民仓皇逃离，数万人争先恐后，抢渡过湘江，她回到湘阴乡下家中。后来风声渐渐平息，敌人并没有侵犯长沙，她又回长沙去看望，司马桥老宅只剩一堆瓦砾了。大、二房烧得干干净净，三房还剩下一个花厅。这次烧得很彻底，故宅荡然无存，整个长沙城也成为一片瓦砾了。

这就是有名的"长沙文夕大火"。当时的政府早就宣扬"焦土抗战"，焚烧长沙是执行"焦土抗战"最彻底的一次，也是空前绝后之举。它以为敌人来了，只得到一片焦土，既无房屋可住，又无粮食和劳力供应，敌人就会自动撤退了。这未免想得太简单、天真一点。其实深受其害的不是敌人，倒是千千万万的人民。

据说大火前湖南政府早已做了周密的放火准备，火种、汽油、放火人员等都准备好，只等一声令下。11 月 11 日岳阳沦陷，12 日从前线传来消息，敌军已渡过新墙河，驻长沙的部队和政府误听为"新河"，新河是在长沙近郊。一字之差，相差一二百里。负责人对于这么重大的问题并没有慎重对待，认真核实，竟仓皇下令放火，于是一炬之下，有几千年历史的名城竟烧得干干净净了。虽然事前也曾动员市民疏散，但政府又认为放火时机是机密，不可泄露，因此来不及逃出、被烧死的老百姓也有不少。而尤为可叹的是，大火烧了三天两夜，敌人并没有到长沙来，徒然自相惊扰，铸成千古大错。大火后不久，有位无名氏在长沙名胜天心阁残址，题诗二首：

> 一火咸阳尚不如，无端楼阁变丘墟。
> 池鱼失水哀殃及，暮燕窥梁叹烬余。
> 大错凭谁成铁铸？纤儿徒自败家居。
> 伤心万户全灰夕，城下何曾见敌车！

> 烈焰腾空起赤霞，六丁收尽古长沙。
> 赭山遥讶秦重怒，焦土终归楚自夸。
> 朱邸尚存骄将宅，碧油犹驶贵人车。
> 可怜败瓦残垣里，都是寻常百姓家。

司马桥故宅在一片火海中消失了。我于1941年曾回长沙去看看，只剩下断壁颓垣。古人云："爱屋及乌。"怀念起文襄公西征功绩，想想这是他老人家居住过且喜爱的故宅，不免有些伤感。然而，一切事物和一切人，从开始成长、发展，最后终归于消灭的结局，何况一座百年老屋。想到此，这又不算什么了。不会消亡的，只有那些曾为国家为人类做出过贡献、在历史上闪闪发光的人和他们的不朽的事业。我们且用与文襄公同时代的美国大诗人朗费罗（Henry Wardsworth Longfellow 1807—1882）的诗句，作为本书的结束吧：

> 伟大人物的生命，
> 全给我们启示，
> 我们也能让生命光辉灿烂；
> 当我们逝去，
> 我们将留下，
> 一行足印，
> 在时间的沙上。

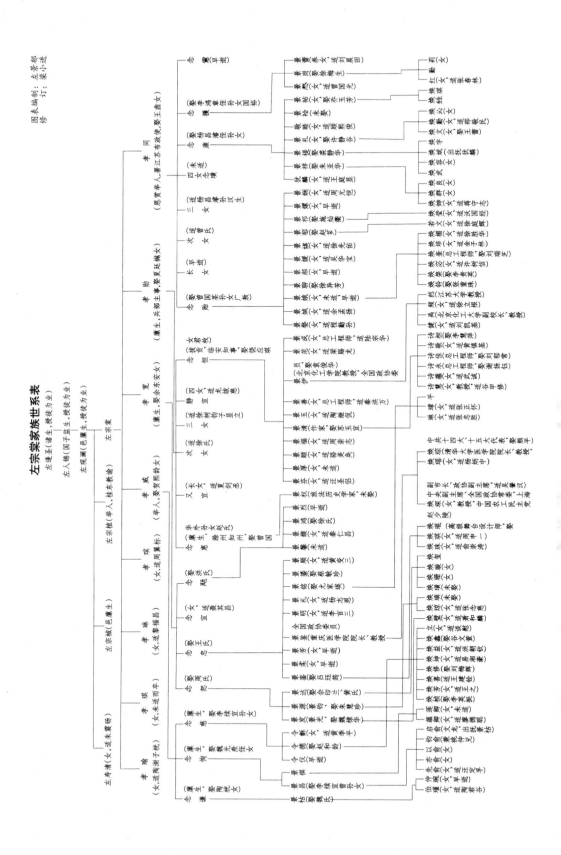

左宗棠家族世系表

附录一　左文襄公年谱简表

本表根据罗正钧撰《左文襄公年谱》摘录，并有所增补。

1812　嘉庆十七年壬申，1岁

十月初七（11月10日）生于湖南湘阴县东乡左家塅。取名宗棠，字季高。父观澜，字晏臣，又号春航，授徒为业。祖父母均健在，有二兄、三姊。

1814　嘉庆十九年甲戌，3岁

五月二十四日祖母杨太夫人卒，寿八十岁。

1815　嘉庆二十年乙亥，4岁

祖父松野公（讳人锦，字斐中）携之读书梧塘，特爱异之。常曰："是子足昌吾门。"

1816　嘉庆二十一年丙子，5岁

父春航公挈家迁居长沙，开馆授徒。与长兄伯敏（讳宗械）、二兄景乔（讳宗植）同入学。景乔是年入县学（秀才），年十三岁。

1817　嘉庆二十二年丁丑，6岁

读《论语》《孟子》。

九月二十六日松野公卒，寿八十岁。

1819 嘉庆二十四年己卯，8 岁

长兄伯敏入县学，二兄景乔补廪膳生。

1820 嘉庆二十五年庚辰，9 岁

初学为制艺（八股文）。

1823 道光三年癸未，12 岁

开始留意书法。伯敏岁试补廪膳生，二月卒，年二十五岁。

1825 道光五年乙酉，14 岁

景乔充湘阴县拔贡生。

1826 道光六年丙戌，15 岁

始应童子试。景乔入京朝考，列二等，选新化训导。

1827 道光七年丁亥，16 岁

五月，应府试，取第二名；因母病，未与院试归。

十月十六日，余太夫人卒，寿五十三岁。

1829 道光九年己丑，18 岁

读顾炎武《郡国利病书》、顾祖禹《读史方舆纪要》诸书，开始钻研经世致用之学。

1830 道光十年庚寅，19 岁

正月十八日春航公卒，寿五十三岁。

贺公长龄丁母忧归，一见推为国士，所藏图书悉借与阅览。

1831 道光十一年辛卯，20 岁

读书长沙城南书院，从贺公熙龄学。与罗泽南、丁叙忠为友。巡抚吴荣光设湘水校经堂课士，公七次取得第一。

1832　道光十二年壬辰，21岁

纳资为监生，应本省乡试。八月，入赘湘潭周家。夫人周诒端，字筠心。婚后乡试发榜，中第18名举人，景乔公中解元（第一名）。

冬，与景乔公赴京会试。

1833　道光十三年癸巳，22岁

正月至京师，会试未中，成《燕台杂感》七律八首，已关心新疆形势及建省诸策，若预知天下将乱，西方列强将为害。与胡林翼订交。

返湘后，将遗产谷田四十余石，悉畀伯敏公嗣子世延，自寄居湘潭岳家。

八月，长女孝瑜生。

1834　道光十四年甲午，23岁

十二月，次女孝琪生。

1835　道光十五年乙未，24岁

会试取中将揭晓，因湖南额溢，易中他省卷，挑取公誊录。

1836　道光十六年丙申，25岁

居周氏西楼，钻研地学，绘制全国、各省及分府地图，并绘历代地图，周夫人影绘之。

自为联语云："身无半亩，心忧天下。读破万卷，神交古人。"

遵岳母王太宜人命及周夫人劝，纳副室张夫人（原周夫人媵）。

1837　道光十七年丁酉，26岁

应吴荣光召，主讲醴陵渌江书院，任山长。

两江总督陶澍省墓道出醴陵，见公所为楹联，奇之，延见倾谈竟夕，订交而别。

五月，适朱氏姊殁。八月，三女孝琳生。

九月，四女孝瑸生。

冬，会试北上。

1838　道光十八年戊戌，27 岁

春正，在汉口遇欧阳兆熊，诵其《题洞庭君祠联》，兆熊奇之。

会试仍未中，归途迂道谒陶公澍于江宁。自是决计不复会试，开始钻研农学。

1839　道光十九年己亥，28 岁

来长沙，居碧湘宫景乔公宅，识邓显鹤、邹汉勋。钻研地理及历代兵事。于湘潭所居种桑千本，令家人饲蚕、治丝。

秋，贺庶龙先生赴京，公为诗饯别，会者十人。是年陶公澍卒，庶龙先生贻书命教其子桄。

1840　道光二十年庚子，29 岁

在安化小淹陶家坐馆，遍览陶家藏书。

鸦片战争爆发，英舰犯广州、浙江，陷定海。林公则徐被革职遣戍。公闻警忧愤，数贻书庶龙先生，论战守机宜。写成《料敌》《定策》等抗英策论 6 篇。

1841　道光二十一年辛丑，30 岁

英军占香港，再犯浙江镇海，宁波失陷。公闻而益忧之。台谏黎吉云征公意见，公对以须严惩主和顽寇、纵兵失律之臣。

1842　道光二十二年壬寅，31 岁

中英签订《南京条约》，公愤极，欲买山隐居。胡公林翼时至小淹，与公连床谈古今大政，恒至达旦。

1843　道光二十三年癸卯，32 岁

积数年束脩金，买田湘阴东乡柳庄，此为有家之始。

1844　道光二十四年甲辰，33 岁

九月，自湘潭移家柳庄。

1845 道光二十五年乙巳，34 岁

以农业为民生要务，著《朴存阁农书》。

1846 道光二十六年丙午，35 岁

以古农法耕柳庄田，种菜、植桑竹，以尽地利。八月，长子孝威生。

是岁，贺庶龙先生卒，遗命以季女字孝威。

1847 道光二十七年丁未，36 岁

四月，次子孝宽生。

八月，长女适安化陶桄。

1848 道光二十八年戊申，37 岁

是年大水，柳庄田禾被淹，家人皆病。公出与郡人士劝富室捐赈救灾，又于族里积谷备荒。

林公则徐任云贵总督，胡公林翼荐公于林，以事未赴。

1849 道光二十九年己酉，38 岁

于长沙开馆授徒。是年复大水，灾民络绎过柳庄。公罄所藏，与周夫人散米俵食，并配丸药与病者，全活甚众。

冬十一月，林公则徐引疾还闽，舟经长沙。遣人至柳庄招公。谒之湘江舟中。林公一见诧为绝世奇才，宴谈一夜乃别。

1850 道光三十年庚戌，39 岁

建仁风团义仓，悉捐家中长物，为族邻备荒用。

夏，广西天地会起义，林公则徐奉命督剿，卒于道。公与同县郭公嵩焘周历湘阴东山，拟隐居避乱。

冬，太平军在广西桂平县金田村起义。

1851 咸丰元年辛亥，40 岁

诏开孝廉方正科，郭公嵩焘等荐公应举，辞不赴。八月，太平军自武宣攻永安，湖南戒严。

1852 咸丰二年壬子，41岁

太平军进入湖南，江忠源败之于蓑衣渡，南王冯云山战死。七月，太平军进占桂阳及郴州，向长沙进发。张亮基移抚湖南。八月，公自柳庄徙居白水洞，诛茅筑屋，亲党多从避乱，胡公林翼荐公于张公亮基，公复书辞谢。亲友再三劝公出，公以保卫桑梓故，初入湘幕。

十月，太平军久攻长沙不下，撤围北上。

十二月，曾公国藩以侍郎居忧归里，奉命帮办团练，是为湘军之始。

1853 咸丰三年癸丑，42岁

正月，张亮基调署湖广总督，强公与偕。

二月，太平军攻克南京。

九月，张亮基移抚山东，公辞归，隐居梓木洞。湖南巡抚骆秉章数遣书币召公，公辞不出。

是年三月，三子孝勋生。

1854 咸丰四年甲寅，43岁

二月，公居白水洞，太平军占岳州、湘阴，扬言将入山索公。曾公国藩治军衡州，贻书邀公，公辞之。骆公复遣使入山敦促，公念时事益棘，乃再度入湘幕。

六月，湘军攻克岳州，太平军离湘境，公仍欲辞归，骆公勉留，自是以至咸丰十年，公遂专主湖南军事。

十二月，湘军水师败于湖口。

1855 咸丰五年乙卯，44岁

二月，太平军复占武昌。胡公林翼署湖北巡抚，公议援江西。在湘推行厘税及票盐制，罢大钱及钞票，减免漕粮浮收。

御史宗稷辰荐举人才，以公为首。

1856 咸丰六年丙辰，45岁

议遣刘长佑、萧启江、曾国荃三路援江西。

八月，太平天国内部发生大变乱、大屠杀，洪秀全联合韦昌辉在天京屠杀杨秀清及其党二万余人，旋又杀韦昌辉。不久，石达开亦离去。

九月，英国借口"亚罗号事件"进攻广州。

1857　咸丰七年丁巳，46 岁

胡林翼与骆秉章醵金五百两，购得司马桥宅赠公，是年自柳庄移家长沙。

五月，清廷拟命公帮曾国藩办理军务，征询骆秉章意见；骆秉章以湖南军事方急，奏留公。

九月，四子孝同生。

十一月，英法军舰占领广州，发动第二次鸦片战争。

1858　咸丰八年戊午，47 岁

提出抗拒英法策略：直捣香港巢穴，并派重兵防守天津。但未被采纳。

四月，英法军舰攻占大沽炮台，强迫签订中英、中法《天津条约》。

1859　咸丰九年己未，48 岁

石达开率部进入湖南，湘军在宝庆获胜，达开军退入广西。

十二月，因官文、樊燮构陷事件，离湘幕。

1860　咸丰十年庚申，49 岁

正月，自长沙启行赴京会试。三月，至襄阳，胡林翼遣人送信来止其行，邀赴宿松曾国藩大营，共商天下大势，建立曾左胡核心（联盟）。

因潘祖荫、郭嵩焘、肃顺极力疏救，官文、樊燮构陷事解。又得曾国藩、胡林翼保奏，奉旨以四品京堂候补，随曾国藩襄办军务。

五月，回长沙，建立"楚军"。七月，入江西，败太平军于景德镇。

英法联军攻占北京。

1861　咸丰十一年辛酉，50 岁

三月，击败太平军于乐平，李世贤潜遁。

五月，诏授太常寺卿，命率师援浙。七月，咸丰帝病逝。八月，湘军克安庆，胡林翼卒于武昌。十一月，奉诏督办浙江军务。太平军攻占杭州。十二月，诏授浙江巡抚。

1862　同治元年壬戌，51 岁

进军浙西。三月，败李世贤于清湖；六月，衢州解严。宁波道借洋兵助剿，公奏陈：对洋兵洋将须予以限制，否则客日强而主日弱。

是年，长子孝威入县学，又中举人。

1863　同治二年癸亥，52 岁

四月，诏授闽浙总督，仍兼浙江巡抚。

八月，攻克富阳。十二月，围杭州。

1864　同治三年甲子，53 岁

二月，攻克杭州，加太子少保衔，赏穿黄马褂。四月，洪秀全去世。六月，曾国荃攻陷天京。九月，封一等伯爵。仿造小轮船，试行于西湖。十月，离杭州南下去闽。

是年，因洪福瑱逸出事，与曾国藩"失和"。

1865　同治四年乙丑，54 岁

四月，到福州。清军攻克漳州。

七月，李世贤自潮州只身入镇平，为汪海洋所戕。十二月，汪海洋战死于广东嘉应州，太平军战事全部平息。

是年，奏请在闽改行票盐。

阿古柏侵入新疆南部。

1866　同治五年丙寅，55 岁

二月，回福州。三月，开蚕棉馆，又命各州县积谷备荒。设正谊堂书局。

五月，奏请自造轮船，为强国富民之计。设福州船政局，择马尾山下为造船厂址。

九月，调任陕甘总督，处理回事。奏请以沈葆桢为船政大臣，遣人赴洋购造船机器，设求是堂艺局（船政学堂）。

十月，离福州。十二月，抵武昌，奉诏先入陕击捻军。

年初，周夫人率家人至闽，年末由海道还湖南，至是遇于汉口。景乔公亦自长沙来会，旋皆别归，此后未再遇矣。

1867 同治六年丁卯，56 岁

正月，驻军汉口，提出"欲靖西陲，必先清腹地"之策。二月，离汉口。六月，抵潼关。十一月，西捻军渡河入晋。十二月，李鸿章平东捻。

1868 同治七年戊辰，57 岁

正月，西捻军逼近京郊，京畿震动，公及李鸿章、直隶总督官文、河南巡抚李鹤年均夺职。四月，西捻军越吴桥，犯天津。六月，捻军首领张宗禹在山东徒骇河赴水死，西捻军亡。晋太子太保衔。

八月，至京师入觐。皇太后问，西事何时可定？

答，以五年为期。

十二月，陕北反清首领董福祥等降清。

1869 同治八年己巳，58 岁

二月，清军攻占陇东董志原回军城堡及庆阳府城。五月，命刘松山、魏光焘等分北、中、南三路进击回军。八月，刘松山部进逼金积堡。

九月，奏陈处理回事政策：剿抚兼施，以抚为先。回汉一视同仁，不分汉回，只分良莠。

1870 同治九年庚午，59 岁

正月，刘松山战死，由侄刘锦棠继统老湘军。五月，发生"天津教案"。九月，金积堡合围。十月及闰月，阿古柏侵占吐鲁番地区及乌鲁木齐，新疆全境尽失。十二月，马化漋投降。

是年二月初二日，周夫人病逝于长沙。先七日，四女孝瑸殉夫死。

1871 同治十年辛未，60 岁

三月，俄军占领伊犁地区。

四月，在西安设书局，刊刻经籍。

六月，清军进攻河州回军。七月，函刘锦棠速销假回甘，准备出关对付俄国。

是年，设制造局于兰州，制造枪炮弹药，以总兵赖长主其事。

1872　同治十一年壬申，61 岁

正月，河州回军首领马占鳌投降。二月，徐占彪军进抵肃州城郊。曾国藩卒于江宁。

四月，内阁学士宋晋议撤福建船局，公复奏驳之。

五月，新疆叛军派遣维吾尔族部队三千人入援肃州回军。

七月，公自安定入驻兰州。

十月，刘锦棠等军攻西宁，回军首领马桂源、本源逃走，清军攻克西宁。

十二月，奏陈乌鲁木齐都统成禄残害各族人民的种种不法行为，奉旨拿问。诏金顺兼领其军出关。

于兰州修治督署后园，制机轮抽提黄河水，注园中"饮和池"，供民汲饮，为文记之。

是年五月，景乔公卒于长沙。

1873　同治十二年癸酉，62 岁

二月，奏陈："欲杜俄人狡谋，必先定回部，欲收伊犁，必先克乌鲁木齐。"

七月，赴肃州督师。九月，马文禄投降，清军收复肃州，打通进军新疆要道。白彦虎窜入新疆。

诏授协办大学士、一等轻车都尉。

十月，巡视嘉峪关，返兰州。

十二月，上谕："着即出关，收复乌鲁木齐。"奏陈关塞用兵之策，在精不在多。

奏请甘肃与陕西分闱乡试。

是年冬，福建船工将竣，已造成舰船 15 艘。

是年二月十三日，次女孝琪病逝，年四十岁。七月十四日，长子孝威卒于家中，年二十七岁。

1874　同治十三年甲戌，63 岁

二月，奏免甘肃积欠钱粮。

三月，金顺、额尔庆额军相继出关。

四月，日本侵入台湾，沈葆桢渡海设防。各省停解西征协饷。奏请借洋商银三百万两，许之。

七月，晋东阁大学士。

九月，总理衙门为加强海防，提出练兵、造船、筹饷等六条，广征各大臣、督抚意见。

十一月，李鸿章奏复：新疆旷地，收复不值，将来亦断不能守；宜停撤西征军，以匀作海防军饷。

十二月初五日，同治帝病逝。

1875 光绪元年乙亥，64 岁

二月，廷议海防塞防之争，密征公意见。奏对："东则海防，西则塞防，二者并重。"坚持进军新疆，收复失地。军机大臣文祥亦力主进剿，事遂定。谕旨命公以钦差大臣督办关外剿匪事宜，金顺帮办。

五月，俄使索思诺福齐等五人来西北大营，窥探虚实，公接之以礼。俄使提出由俄支援部分军粮。

八月，奏以刘锦棠总理行营营务处，率老湘全军西征，刘典帮办陕甘军务。

1876 光绪二年丙子，65 岁

正月，刘锦棠率老湘全军进肃州。额尔庆额、冯桂增攻玛纳斯城，失利，桂增死。

二月，沈葆桢反对借洋款。诏曰："左宗棠出师塞外，必须士饱马腾。"准借中外商款及各省协饷，凑足一千万两。

三月，公进抵肃州。湘军谭上连等率部出关。

四月，刘锦棠大军继发，中外反对又起。公不为所动，定西征战略，缓进急战，先迟后速，致力于北，而收功于南。

闰五月，湘军进古城。六月，进济木萨。合金顺军进阜康，攻克古牧地，拔乌鲁木齐三城。

八月，克玛纳斯城，北路平。

英使威妥玛代帕夏乞降，公函陈总理衙门，揭露英诈降阴谋。

十月，诏荣全还京，金顺为伊犁将军，促公进兵南路。公仍坚持缓进急战。时大雪封山，请缓至明春雪融，许之。

1877　光绪三年丁丑，66 岁

二月，金运昌卓胜军出关。

公申明纪律，严禁杀掠，维胞附贼反正者，悉与宽贷。

三月，清军攻克达坂城。刘锦棠军直捣托克逊，徐占彪、张曜军连克辟展等城。三军合攻克吐鲁番，马人得降。纵归各族同胞纷纷宣扬清军宽大政策，叛军益解体。

四月，阿古柏于库尔勒自杀，次子海古拉西窜库车，中途为其兄伯克胡里所杀。伯克与清叛将何步云分守喀什噶尔满、汉城。

库伦大臣志崇上言"划地自守之策"，反对继续进军。廷臣亦谓西征耗费过多，公奏驳之。复奏云："重新疆者，所以保蒙古；保蒙古者，所以卫京师。"并奏请新疆建行省，改郡县。

六月，山西、河南大旱，陕西及甘肃庆阳亦饥，公倡捐养廉银万两。

英国通过驻英公使郭嵩焘代喀什噶尔政权请降，俾其立国，公奏驳之。

八月，西征军进曲惠，白彦虎掘开都河，漫流百余里，附近城镇水深数尺，农田尽淹，庐舍荡然。

九月，刘锦棠军克喀喇沙尔、库尔勒、拜城。白彦虎掠回、维民西逃。刘锦棠军救出难民以十万计。拜城及阿克苏城维民不欲西徙，开城出迎清军。旋又收复乌什，南疆东四城悉平。

十一月，清军克喀什噶尔、叶尔羌、英吉沙尔、和阗。白彦虎、伯克胡里逃入俄境，南八城悉平。

晋封为二等侯。

1878　光绪四年戊寅，67 岁

正月，上疏言："新疆改设行省，事关西北全局。"

喀城外国侨民均震慑中国军威，西方舆论谓："平时欧洲轻料中国，谓中国人不能用兵，今观中国之恢复回部，足令吾欧人一清醒也。"

四月，刘典以病请归，奏起杨昌濬继之。

八月至十月，白彦虎多次扰边，刘锦棠击破之。

十月，清廷命崇厚为全权大臣使俄，商议收回伊犁事。

公复奏详陈新疆善后方略，新疆应改行省，为长治久安之计。

十二月，刘典卒于兰州。

1879　光绪五年己卯，68 岁

正月，俄国唆使阿古柏残部越境来犯，刘锦棠等军击退之。七月，又进犯；八月，大败犯敌，自是残敌不敢再大举犯边。

八月，崇厚与俄国订约，丧失伊犁附近大量土地及主权，朝议大哗。公奏陈利害，提出："先之以议论，委婉而用机（谈判）；次之以战阵，坚忍而求胜。"决意备战，并拟进驻哈密督战。

十二月，崇厚回京，奉旨交刑部治罪。

是年，于兰州设织呢局。遗书告诫诸子："耕读为业，务本为怀。""我廉余不以肥家，有余辄随手散去。""廉余拟作五分，四千每人一分，每分不得过五千金。"

1880　光绪六年庚辰，69 岁

正月，诏命驻英法大臣曾纪泽赴俄国复议。

二月，公复奏以战备支援谈判，定三路收复伊犁之策。

四月，出关，舁榇以行。五月，抵哈密。俄扬言将派兵舰来华，封锁辽海，沿海戒备。

七月，清廷准备妥协，诏公回京，"以备朝廷顾问"。公奏荐刘锦棠督办新疆军务，张曜帮办军务。

八月，兰州织呢局开工。

十月，刘锦棠至哈密接替，公启行入关。沿途前所植杨柳，已浓荫如幄，此称"左公柳"。

俄国在东北展示兵力，公令王诗正、王德榜即率军入关，赴屯张家口备战。

十一月，抵兰州，诏杨昌濬护理陕甘总督。

十二月，发兰州，所过士民夹道攀留。

1881　光绪七年辛巳，70 岁

正月，中俄和议成约，还伊犁全境。

公抵京师，陛见，诏入值军机，在总理各国事务衙门行走，管理兵部事务。

二月，奏调王诗正、王德榜各军兴修顺天直隶水利。

三月，慈安皇太后卒。

四月，议增洋、土烟税捐，以湮其流。赴涿州、天津等地视察水利工程。

六月，奏陈："言路宜开不宜驳斥。"

七月，中暑，乞假。

闰七月，以病难速痊请开大学士缺及各差使，优旨赏假一月。

八月，复赏假两月。

九月，诏授两江总督兼充办理南洋通商事务大臣。二十日出都，请便道回湖南省墓。

十一月，抵长沙，距咸丰十年离长，已二十年矣。

十二月初，回湘阴谒墓。十二月二十二日，到江宁，受印视事。

1882　光绪八年壬午，71 岁

正月，出省阅兵。二月，至扬州、高邮、清江浦等地，视察运河堤工，勘察淮河故道，并调阅江北各营。二十五日回省，复调营兵修句容赤山湖。

四月，出阅江南营伍，至上海，过租界，西人除道，换升中国龙旗，声炮致敬。

七月，通泰场潮墩成 96 座。

再次奏请于新疆建行省，不可遽撤兵。

十月，目疾增剧，奏请开缺。提出两江要务为海防、盐务、水利三者。诏给假三个月。

十一月，修筑范堤。

1883　光绪九年癸未，72 岁

正月，建林文忠、陶文毅二公祠于江宁。

巡视范堤及省内务水利工程、各盐场。

二月，视察朱家山河工程，至句容，赤山湖工竣。

三月，法攻越南，破南定。公疏请筹办海防，并创立渔团。

四月，诏公调江南淮楚各军赴前敌抗法，并诏李鸿章赴广东督办越南军务。旋又罢各军不行。

五月，范堤工成。

六月，法攻越南益急。公遣王德榜自永州解济边军，募广勇数千人，并请身赴滇粤督师，清廷止之。

九月，出阅渔团，至崇明，还至清江视察运河堤工，议复淮河故道。在途染病。

十月，还江宁。自陈衰病，奏请开缺。诏赏假两个月，命公促王德榜成军出关。公檄王德榜于永州募十营，号"恪靖定边军"，筹军火饷需，助其行。

1884　光绪十年甲申，73岁

正月，目疾增剧，再奏请开缺，并荐裕禄、杨昌濬、曾国荃自代。扶疾至清江视察导淮规划。复赴扬州、靖江、崇明，视察渔团，抵上海。

是月王德榜军抵南宁。

二月，视察朱家山河，河工成。

三月，曾国荃至江宁受代。

滇、粤边军溃退，北宁、兴化相继为法军侵占。独王德榜军五千人扼守谅山、镇南关。法兵舰分驶福建、江南海口。公愤极，销假。请增派黄少春于湖南募新军赴边支援。法国复行缓兵之计，诣天津请和。诏停募兵，召公入见。

五月，至京师，仍入值军机，并管理神机营事务。法军分犯宣光、保胜、谅山，南北洋戒严。闰五月，法军进犯观音桥，被守军击退。

七月，法军舰大举进犯闽洋，福建海军溃败马江，全师覆没。法军转攻台湾。

清政府被迫对法宣战。诏公以钦差大臣督办福建军务，主持对法作战事宜。

公陛辞启行。八月，抵江宁，调旧部五千人从征。诏前陕甘总督杨岳斌帮办军务。

法军侵占基隆。

九月，自江宁由江西入闽。

十月，抵福州，人心大定。议调兵援台，设沿海渔团。法军舰封锁海口，遣王诗正率恪靖定边军自泉州冒险潜渡援台。

新疆正式设省，刘锦棠任首届巡抚。

十二月，法军舰集马祖澳，将乘岁除进犯。公冒风雨巡视长门、金牌炮台，封塞海口，法军引去。

1885　光绪十一年乙酉，74 岁

正月，王诗正军抵台南，与法军战于月眉山。杨岳斌军自泉州渡海至卑南。法军占领镇南关。

二月，王德榜率定边军，会广西提督冯子材，大破法兵于镇南关、谅山。法人复请议和，清廷下诏停战。

三月，公密陈："要盟宜慎，防兵难撤。"反对罢兵、议和。

四月，李鸿章与法国公使签订《中法新约》，承认法国占领越南。战场胜利，却换来屈辱外交。

五月，疾愈剧。以和议成，愤极，疏请回京复命，并恳开缺回里治病。诏赏假一月。

六月，奏陈："台湾孤注大洋，为七省门户，关系全局，请移福建巡抚驻台湾。"

七月二十七日（9 月 5 日）病逝于福州。

遗疏云："此次越南和战，实中国强弱一大关键。臣督师南下，迄未大伸挞伐，张我国威，遗恨平生，不能瞑目！"

福州城中巷哭失声，江、浙、关、陇士民闻之，皆奔走悼痛，如失所亲。

清廷震悼，追赠太傅，予谥"文襄"，建立专祠。

1886　光绪十二年丙戌

十一月，葬于善化（长沙）八都杨梅河柏竹塘山之阳。

附录二 参考书目

一、左公宗棠及同时代人著作

（清）左宗棠著，杨书霖编校：《左文襄公全集》

（清）罗正钧：《左宗棠年谱》

（清）胡林翼：《胡文忠公遗集》

（清）曾国藩：《曾文正公全集》

（清）林则徐：《林则徐集》

（清）李鸿章：《李文忠公全书》

（清）郭嵩焘：《郭嵩焘日记》

（清）郭嵩焘：《养知书屋遗集》

（清）翁同龢：《翁文恭公日记》

（清）王闿运：《湘军志》

（清）王定安：《湘军记》

（清）朱德裳：《续湘军志》

赵尔巽等编：《清史稿》

二、现代人著作

孙中山：《孙中山全集》

毛泽东：《毛泽东选集》

邓小平：《邓小平文集》

[苏联] 列宁：《列宁全集》

[苏联] 康士坦丁诺夫主编：《历史唯物主义》（译本）1955 年版

W. L. Bales：*Tso Tsungtang Soldier and Statesman of Old China*（《左宗棠——旧中国的军事家和政治家》），1938 年版

曾纪芬：《崇德老人自订年谱》，1949 年前有单行本，1986 年岳麓书社重印，附于《曾宝荪回忆录》后

[美] 埃德加·斯诺：《西行漫记》1938 年版

秦翰才：《左文襄公在西北》，商务印书馆 1964 年版

范文澜：《中国近代史》（上卷），人民出版社 1955 年版

简又文：《太平天国全史》，1962 年香港版

范文澜：《中国通史》，人民出版社 1965 年版

丁名楠、余绳武等：《帝国主义侵华史》（第一卷），人民出版社 1973 年版

胡绳：《从鸦片战争到五四运动》，人民出版社 1981 年版

杜经国：《左宗棠与新疆》，新疆人民出版社 1983 年版

董蔡时：《左宗棠评传》，中国社会科学出版社 1984 年版

杨东梁：《左宗棠评传》，湖南人民出版社 1985 年版

秦翰才辑录：《左宗棠逸事汇编》，岳麓书社 1986 年版

沈传经：《福州船政局》，四川人民出版社 1987 年版

湖南师大学报编：《笔谈左宗棠》，1985 年版

杨慎之编：《左宗棠研究论文集》，岳麓书社 1986 年版

湖南师大文史研究所编：《左宗棠研究学术讨论会论文集》，1987 年版

余子：《掌故丛谈》，香港大华出版社 1974 年版

三、近期重要报刊文章

包尔汉：《再论阿古柏政权》，载于《历史研究》1979 年第 8 期

杜经国：《试论左宗棠的爱国主义思想》，载于《光明日报》1978 年 12 月 19 日

杨东梁：《"海防与塞防之争"浅析》，载于《光明日报》1981 年 2 月 10 日

沈传经：《左宗棠是林、魏的后继者》，载于《光明日报》1982 年 10 月 6 日

左景伊：《左宗棠的爱国主义精神在历史上闪光——记王震同志谈左宗棠》，

载于《光明日报》1983 年 10 月 16 日

邓广铭、张希清:《论历史唯物主义与爱国主义的关系》,载于《光明日报》1984 年 2 月 1 日

王震:《怀念包尔汉同志》,载于《人民日报》1989 年 9 月 14 日

左景清:《曾左失和内幕》,载于《湖南文献》(台湾)1982 年第 10 卷第 2 期